MINISTÈRE DE LA GUERRE.

ÉTAT-MAJOR GÉNÉRAL.

AIDE-MÉMOIRE

DE

L'OFFICIER D'ÉTAT-MAJOR

EN CAMPAGNE.

2ᵉ ÉDITION.

PARIS.

IMPRIMERIE NATIONALE.

1ᵉʳ AOÛT 1884.

AIDE-MÉMOIRE

DE

L'OFFICIER D'ÉTAT-MAJOR

EN CAMPAGNE.

MINISTÈRE DE LA GUERRE.

ÉTAT-MAJOR GÉNÉRAL.

AIDE-MÉMOIRE

DE

L'OFFICIER D'ÉTAT-MAJOR

EN CAMPAGNE.

2e ÉDITION.

PARIS.

IMPRIMERIE NATIONALE.

1er AOÛT 1884.

AIDE-MÉMOIRE

DE L'OFFICIER D'ÉTAT-MAJOR EN CAMPAGNE.

1ᴿᴱ PARTIE.

ORGANISATION.

Chapitre Iᵉʳ. — ÉNUMÉRATION DES ÉLÉMENTS CONSTITUTIFS DU CORPS D'ARMÉE.

1°. — Quartier général.

État-major : 15 officiers, 65 hommes de troupe, 66 chevaux, 8 voitures.

État-major de l'artillerie : 11 officiers, 22 hommes de troupe, 25 chevaux, 2 voitures.

État-major du génie : 6 officiers, 11 hommes de troupe, 16 chevaux, 2 voitures.

Direction des services de l'intendance : 4 fonctionnaires de l'intendance, 6 officiers d'administration, 23 hommes de troupe, 16 chevaux, 2 voitures.

Sous-intendance du quartier général (administration du quartier général et des troupes non endivisionnées, la brigade de cavalerie exceptée) : 1 fonctionnaire de l'intendance, 2 officiers d'administration, 7 hommes de troupe, 5 chevaux, 1 voiture.

Direction du service de santé : 2 médecins, 1 pharmacien, 1 officier d'administration, 7 hommes de troupe, 7 chevaux, 1 voiture.

Service vétérinaire : 2 vétérinaires, 3 hommes de troupe, 4 chevaux, 1 voiture.

Trésorerie et postes : 5 agents, 17 sous-agents et hommes de troupe, 17 chevaux, 6 voitures.

Prévôté : 1 officier, 14 hommes de troupe, 15 chevaux, 1 voiture.

Vaguemestre du quartier général et force publique : 1 officier, 41 hommes de troupe, 31 chevaux.

Escorte du général commandant le corps d'armée : 3 officiers, 56 hommes de troupe, 62 chevaux, 1 voiture.

Vivres régimentaires du quartier général : 8 hommes de troupe, 10 chevaux, 5 voitures.

Éventuellement : Section télégraphique de 1ʳᵉ ligne : 4 officiers, 76 hommes de troupe, 48 chevaux, 12 voitures.

Effectif total du quartier général d'un corps d'armée, la section télégraphique de 1ʳᵉ ligne non comprise : 61 officiers ou assimilés, 274 hommes de troupe (37 sous-officiers, 24 caporaux ou brigadiers, 213 soldats), 1 cantinière, 274 chevaux (104 d'officiers, 114 de selle de troupe, 56 de trait), 30 voitures (2 à 1 cheval et 2 roues, 26 à 2 chevaux et 4 roues, 1 forge à 4 chevaux et 4 roues, 1 voiture de cantinière à 2 chevaux).

2°. — Première division d'infanterie.

A. — Quartier général.

État-major de la division : 8 officiers, 33 hommes de troupe, 37 chevaux, 2 voitures.

État-major de l'artillerie : 5 officiers, 9 hommes de troupe, 12 chevaux, 1 voiture à bagages, 1 voiture médicale. Cette dernière voiture marche avec les batteries de la division.

État-major du génie : 1 officier, 1 homme de troupe, 2 chevaux.

Sous-intendance : 2 fonctionnaires de l'intendance, 3 officiers d'administration, 11 hommes de troupe, 7 chevaux, 1 voiture.

Trésorerie et postes : 4 agents, 10 sous-agents et hommes de troupe, 10 chevaux, 3 voitures.

Justice militaire (personnel permanent) : 2 hommes de troupe.

Force publique : 1 officier, 24 hommes de troupe, 19 chevaux, 1 voiture.

Escorte du général commandant la division : 1 officier, 25 hommes de troupe, 26 chevaux.

Vivres régimentaires du quartier général : 3 hommes de troupe, 4 chevaux, 2 voitures.

Effectif total du quartier général d'une division d'infanterie : 25 officiers ou assimilés, 118 hommes de troupe (25 sous-officiers, 9 caporaux ou brigadiers, 84 soldats), 117 chevaux (43 d'officiers, 54 de selle de troupe, 20 de trait), 11 voitures (1 à 1 cheval et 2 roues, 9 à 2 chevaux et 4 roues, 1 voiture médicale à 1 cheval et 2 roues).

B. — Première brigade d'infanterie.

État-major de la brigade : 3 officiers, 10 hommes de troupe, 10 chevaux, 1 voiture.

Deux régiments d'infanterie (à 3 bataillons).

Les généraux commandant les brigades d'infanterie n'ont pas d'escorte spéciale. Le général de division détache auprès d'eux, de son peloton d'escorte, le nombre de cavaliers nécessaires pour le service.

C. — Deuxième brigade d'infanterie.

Même composition que la première brigade.

D. — Artillerie divisionnaire.

Un groupe de 4 batteries montées de 90^{mm}.
Une section de munitions d'infanterie.
Une section de munitions d'artillerie.

E. — Génie divisionnaire.

Une compagnie du génie et son parc.

F. — Ambulance divisionnaire.

Personnel médical et administratif.
Aumônier de la division.
Détachement d'infirmiers et de brancardiers militaires.
Détachement du train des équipages militaires attelant les voitures de l'ambulance.
Un second détachement du train conduisant les mulets.

G. — Convoi administratif des subsistances de la division.

Personnel administratif.
Détachement de commis et ouvriers militaires d'administration.
Détachement du train des équipages militaires attelant les voitures du convoi.
Troupeau de bétail sur pied.

3°. — Seconde division d'infanterie.

Même composition que la première division.

4°. — Bataillon de chasseurs à pied.

Ce bataillon, qui est à la disposition du commandant du corps d'armée, peut être attaché temporairement à l'une ou à l'autre des deux divisions d'infanterie.

5°. — Brigade de cavalerie.

État-major de la brigade : 3 officiers, 7 hommes de troupe, 11 chevaux, 1 voiture.

Sous-intendance : 1 fonctionnaire de l'intendance, 1 officier d'administration, 5 hommes de troupe, 4 chevaux, 1 voiture.

Force publique : 10 hommes de troupe, 10 chevaux.

Régiment de dragons (à 4 escadrons).

Régiment de chasseurs ou hussards (à 4 escadrons).

Ambulance : personnel médical et administratif, aumônier de la brigade, détachement d'infirmiers militaires, détachement du train des équipages militaires attelant les voitures d'ambulance.

Éventuellement : Une batterie à cheval (détachée de l'artillerie de corps), un service de trésorerie et postes, et un convoi administratif des subsistances. Ce n'est qu'exceptionnellement, quand la brigade opère isolément, qu'il peut lui être attribué, sur l'ordre du général commandant le corps d'armée, un service de trésorerie et postes ainsi qu'un convoi administratif; ces éléments sont alors prélevés sur les éléments correspondants du quartier général du corps d'armée.

Il n'est pas constitué d'escorte spéciale pour les généraux commandant les brigades de cavalerie.

6°. — Artillerie de corps.

État-major de l'artillerie de corps : 6 officiers, 13 hommes de troupe, 17 chevaux, 1 fourgon, 2 voitures médicales, 1 voiture pour le transport des blessés. Ces trois dernières voitures marchent avec les batteries de corps.

Un groupe de 4 batteries montées de 90^{mm}.

Un second groupe de 4 batteries, dont 2 montées de 90^{mm} et 2 à cheval de 80^{mm}. Une des batteries à cheval peut être détachée auprès de la brigade de cavalerie du corps d'armée.

Deux sections de munitions d'artillerie.

7°. — Parc d'artillerie.

État-major du parc : 8 officiers, 12 hommes, 15 chevaux, 2 voitures.

Commandement des troupes du parc : 5 officiers, 1 homme de troupe, 6 chevaux de selle d'officiers.

Détachement d'ouvriers d'artillerie.

Détachement d'artificiers.
Quatre sections de parc.

8°. — Équipage de pont.

Une compagnie de pontonniers.
Une section de parc attelant l'équipage.

9°. — Réserve et parc du génie.

Direction du parc : 1 officier, 2 hommes de troupe, 2 chevaux.
Une compagnie du génie, dite de réserve, avec son parc.
Parc du génie du corps d'armée (détachement de sapeurs-mineurs, et détachement de sapeurs-conducteurs attelant le parc).

10°. — Ambulance du quartier général.

Personnel médical et administratif.
Aumônier du culte catholique, ministre du culte protestant, ministre du culte israélite.
Détachement du train des équipages militaires attelant les voitures de l'ambulance.
Un second détachement du train conduisant les mulets.
Infirmiers et brancardiers militaires.

11°. — Hôpitaux de campagne.

Personnel médical et administratif.
Détachement d'infirmiers.
Détachement du train des équipages attelant les voitures des hôpitaux.
(Le corps d'armée comprend six hôpitaux attelés.)

12°. — Convoi administratif des subsistances du quartier général.

Commandant du train des équipages militaires du corps d'armée.
Personnel administratif.
Détachement de commis et ouvriers militaires d'administration.
Deux détachements du train des équipages militaires attelant chacun une moitié du convoi.
Cadre et réserve de commis et ouvriers militaires d'administration.
Troupeau de bétail sur pied.

13°. — Convoi auxiliaire des subsistances.

Commandant de l'escadron du train des équipages de l'armée territoriale.
Quatre compagnies du même escadron, attelant des voitures de réquisition.

14°. — Réserve d'effets d'habillement et de petit équipement.

Personnel administratif.
Détachement de commis et ouvriers militaires d'administration.
Réserve d'ouvriers d'administration.
Détachement du train des équipages militaires attelant le convoi.

15°. — Dépôt de remonte mobile.

Détachement du train des équipages militaires.
Chevaux de remonte de selle, de trait, chevaux et mulets de bât.
Réserve d'objets de harnachement.

Éventuellement: Ordonnances d'officiers sans troupe. Le dépôt reçoit en subsistance les ordonnances d'officiers sans troupe qui deviennent disponibles.

16°. — Boulangerie de campagne.

Personnel administratif.
Détachement de commis et ouvriers militaires d'administration.
Détachement du train des équipages militaires.

CHAPITRE II. — ÉNUMÉRATION DES ÉLÉMENTS CONSTITUTIFS DE LA DIVISION DE CAVALERIE INDÉPENDANTE.

1°. — Quartier général.

Etat-major de la division: 9 officiers, 29 hommes de troupe, 39 chevaux, 2 voitures.

Services administratifs : 2 fonctionnaires de l'intendance, 2 officiers d'administration, 8 hommes de troupe, 7 chevaux, 1 voiture.

Trésorerie et postes: 3 agents, 10 sous-agents et hommes de troupe, 10 chevaux, 2 voitures.

Télégraphie: 1 officier, 2 hommes de troupe, 3 chevaux, 1 voiture.

Justice militaire (personnel permanent): 2 hommes de troupe.

Force publique: 1 officier, 22 hommes de troupe, 22 chevaux.

Vivres régimentaires du quartier général: 1 homme de troupe, 2 chevaux, 1 voiture.

Éventuellement : cadre du convoi de vivres de réserve de la division : 3 hommes de troupe, 3 chevaux. Ce cadre marche avec les équipages du quartier général lorsque le convoi de vivres de réserve n'est pas constitué.

— Il n'est pas attribué d'escorte spéciale aux généraux de division de cavalerie.

Effectif total du quartier général d'une division de cavalerie indépendante, non compris le cadre du convoi de vivres de réserve: 18 officiers ou assimilés, 74 hommes de troupe (17 sous-officiers, 3 brigadiers ou caporaux, 54 soldats), 83 chevaux (36 d'officiers, 34 de selle de troupe, 13 de trait), 7 voitures (1 à 1 cheval et 2 roues, 6 à 2 chevaux et 4 roues).

2°. — Brigade de cuirassiers.

État-major de la brigade : 3 officiers, 7 hommes de troupe, 11 chevaux, 1 voiture.

Deux régiments de cuirassiers (à 4 escadrons).

3°. — Brigade de dragons.

Composition analogue à celle de la brigade de cuirassiers.

4°. — Brigade de chasseurs ou hussards.

Composition analogue à celle de la brigade de cuirassiers.

5°. — Artillerie.

Un groupe de 3 batteries à cheval de 80^{mm}.

— La division de cavalerie indépendante n'a pas de sections de munitions; ses batteries se réapprovisionnent aux sections de munitions d'artillerie du corps d'armée le plus à portée.

6°. — Ambulance.

Personnel médical et administratif.

Aumônier de la division.

Détachement d'infirmiers militaires.

Détachement du train des équipages militaires attelant l'ambulance.

7°. — Service des subsistances.

Personnel administratif.

Détachement de commis et ouvriers militaires d'administration.

Eventuellement : convoi de vivres de réserve de la division et convoi auxiliaire.

—La réunion des fourgons régimentaires à vivres du quartier général, des régiments de cavalerie et des batteries à cheval constitue le convoi de vivres de réserve. Ce convoi est placé sous les ordres d'un officier que désigne le général de division, et auquel est adjoint le cadre désigné ci-dessus.

C'est au général de division qu'il appartient, soit de prescrire la formation du convoi, soit d'en ordonner la dislocation; il peut du reste aussi, suivant les circonstances, grouper dans chaque brigade les voitures à vivres des deux régiments et y adjoindre celles d'une batterie à cheval, de manière à former des convois de vivres de réserve de brigade.

Quant aux convois auxiliaires qui peuvent être formés éventuellement pour une division de cavalerie indépendante, notamment lorsqu'elle est dans les lignes de l'armée et non plus en avant de ces lignes, ils sont constitués exclusivement avec des voitures, des attelages et des conducteurs de réquisition.

CHAPITRE III. — COMPOSITION DES ÉLÉMENTS CONSTITUTIFS DU CORPS D'ARMÉE ET DE LA DIVISION DE CAVALERIE INDÉPENDANTE.

§ 1ᵉʳ. — ÉTATS-MAJORS.

GRADES ET FONCTIONS.	OFFICIERS		TROUPE.					CHEVAUX		
	du cadre actif.	de réserve.	Secrétaires.	Ordonnances.	Conducteurs.	Estafettes d'état-major.	Plantons d'infanterie.	de selle.	de trait.	VOITURES à 2 chevaux.
État-major de corps d'armée.										
Général commandant le corps d'armée........	1	»	»	3	2	»	»	6	4	2
Officiers d'ordonnance...	2	2	»	4	»	»	»	8	»	»
Général ou colonel, chef d'état-major.........:	1	»	»	2	2	»	»	4	4	2
Colonel ou lieutenant-colonel, sous-chef.........	1	»	»	2	1	»	»	3	2	1
Commandants du service d'état-major ou brevetés	2	»	»	4	»	»	»	6	»	»
Capitaines du service d'état-major ou brevetés	3	»	»	6	»	»	»	9	»	»
Lieutenants brevetés....	»	2	»	2	»	»	»	4	»	»
Secrétaires d'état-major..	»	»	10	»	»	»	»	»	2	1
Réserve de secrétaires et cadre.	»	»	6	»	»	»	»	»	»	»
Archiviste.	1	»	»	1	2	»	»	»	4	2
Estafettes d'état-major...	»	»	»	»	»	10	»	10	»	»
Plantons d'infanterie	»	»	»	»	»	»	8	»	»	»
	11	4	16	24	7	10	8	50	16	
TOTAUX........	15		65					66		8

GRADES ET FONCTIONS.	OFFICIERS		TROUPE.					CHEVAUX		VOITURES à 2 chevaux.
	du cadre actif	de réserve.	Secrétaires.	Ordonnances.	Conducteurs.	Estafettes d'état-major.	Plantons d'infanterie.	de selle.	de trait.	
État-major de division d'infanterie.										
Général commandant la division	1	»	»	3	1	»	»	6	2	1
Officiers d'ordonnance	1	1	»	2	»	»	»	4	»	
Lieutenant-colonel ou commandant chef d'état-major	1	»	»	2	1	»	»	3	2	1
Capitaines du service d'état-major ou brevetés	3	»	»	6	»	»	»	9	»	»
Lieutenant breveté	»	1	»	1	»	»	»	2	»	»
Secrétaires d'état-major	»	»	5	»	»	»	»	1	»	»
Estafettes d'état-major	»	»	»	»	»	8	»	8	»	»
Plantons d'infanterie	»	»	»	»	»	»	4	»	»	»
	6	2	5	14	2	8	4	33	4	
TOTAUX	8		33					37		2
État-major de division de cavalerie indépendante.										
Général commandant la division	1	»	»	3	1	»	»	6	2	1
Officiers d'ordonnance	1	1	»	2	»	»	»	4	»	»
Lieutenant-colonel ou commandant, chef d'état-major	1	»	»	2	1	»	»	3	2	1
Capitaines du service d'état-major ou brevetés	3	»	»	6	»	»	»	9	»	»
Lieutenant breveté	»	1	»	1	»	»	»	2	»	»
Capitaine du génie	1	»	»	1	»	»	»	2	»	»
Secrétaires d'état-major	»	»	4	»	»	»	»	1	»	»
Estafettes d'état-major	»	»	»	»	»	8	»	8	»	»
	7	2	4	15	2	8	»	35	4	
TOTAUX	9		29					39		2
État-major de brigade d'infanterie.										
Général commandant la brigade	1	»	»	2	1	»	»	4	2	1
Officiers d'ordonnance	1	1	»	2	»	»	»	4	»	»
Secrétaires	»	»	3	»	»	»	»	»	»	»
Plantons d'infanterie	»	»	»	»	»	»	2	»	»	»
	2	1	3	4	1	»	2	8	2	
TOTAUX	3		10					10		1

GRADES ET FONCTIONS.	OFFICIERS		TROUPE.					CHEVAUX		VOITURES à 2 chevaux.
	du cadre actif.	de réserve.	Secrétaires.	Ordonnances.	Conducteurs.	Estafettes d'état-major.	Plantons d'infanterie.	de selle.	du trait.	
État-major de brigade de cavalerie.										
Général commandant la brigade	1	"	"	2	1	"	"	4	2	1
Officiers d'ordonnance . . .	1	1	"	2	"	"	"	4	"	"
Secrétaires	"	"	2	"	"	"	"	1	"	"
	2	1	2	4	1	"	"	9	2	
TOTAUX	3		7					11		1

Escortes.

Escorte du général commandant un corps d'armée. — Un demi-escadron de dragons : 1 capitaine en second, 2 lieutenants ou sous-lieutenants de réserve, 3 maréchaux des logis dont 1 fourrier, 8 brigadiers dont 1 fourrier et 1 maréchal ferrant; 45 cavaliers (y compris 2 aides-maréchaux ferrants, 3 trompettes et 2 conducteurs), 1 forge à 4 chevaux. — Les officiers placent leurs bagages sur le fourgon du sous-chef d'état-major.

Escorte du général commandant une division d'infanterie. — Un peloton de chasseurs ou de hussards : 1 lieutenant ou sous-lieutenant, 2 maréchaux des logis, 4 brigadiers dont 1 fourrier, 2 trompettes, 17 cavaliers. — L'officier place ses bagages sur le fourgon du chef d'état-major de la division.

— Les trompettes des escortes sont munis à la fois de la trompette et d'un clairon, de manière à pouvoir exécuter les sonneries des deux armes.

Secrétaires d'état-major.

État-major de corps d'armée. — 1° Aux bureaux de l'état-major : 3 sergents, 3 caporaux, 4 soldats. — 2° Cadre : 1 sergent-fourrier, 1 tailleur, 1 cordonnier, 1 cantinière. — 3° Réserve : 3 soldats. — Total 16 hommes et 1 cantinière.

État-major de division d'infanterie : 1 sergent, 1 caporal, 3 soldats; total 5, dont 1 monté.

État-major de division de cavalerie indépendante : 1 sergent, 1 caporal, 2 soldats; total 4, dont 1 monté.

État-major de brigade d'infanterie : 1 caporal, 2 soldats; total 3.

État-major de brigade de cavalerie : 1 caporal, 1 soldat; total 2, dont 1 monté.

Estafettes d'état-major et plantons d'infanterie.

Les estafettes d'état-major sont des sous-officiers mobilisés par les régiments de cavalerie qui fournissent les escortes. Les plantons d'infanterie sont des sous-officiers fournis par les régiments désignés à cet effet par le général commandant le corps d'armée.

Pour les sous-officiers du train, *estafettes des postes*, voir le § VI du présent chapitre.

Voitures.

État-major de corps d'armée : 2 fourgons pour le général commandant et ses officiers d'ordonnance; 2 pour les bagages et archives du chef d'état-major; 1 pour les bagages et cantines à vivres du sous-chef, des officiers de l'état-major et des officiers du demi-escadron d'escorte; 1 voiture pour la cantinière du cadre des secrétaires d'état-major; 1 voiture-bureau; 1 voiture pour le transport des cartes.

État-major de division d'infanterie : 1 fourgon pour le général commandant et ses officiers d'ordonnance; 1 pour les archives, bagages et cantines à vivres du chef d'état-major, des officiers de l'état-major de la division, de l'officier commandant le peloton d'escorte et du commandant du génie de la division.

État-major de division de cavalerie indépendante : 1 fourgon pour le général commandant et ses officiers d'ordonnance; 1 pour les archives, bagages et cantines à vivres du chef d'état-major et des officiers de l'état-major de la division.

État-major de brigade d'infanterie : 1 fourgon.

État-major de brigade de cavalerie : 1 fourgon.

§ II. — INFANTERIE.
Régiment d'infanterie de ligne à 3 bataillons.

État-major : 1 colonel, 1 lieutenant-colonel, 1 officier d'armement délégué pour l'habillement, 1 lieutenant adjoint au trésorier, monté; 1 officier d'approvisionnement monté, 1 sous-lieutenant porte-drapeau, 1 chef de musique. — Les fonctions de major sont remplies par un capitaine adjudant-major qui conserve en même temps les attributions de son grade.

L'officier d'armement et celui d'approvisionnement sont tirés des compagnies; ils y sont remplacés par des officiers de réserve.

Petit état-major : 1 tambour-major, 1 caporal sapeur, 12 sapeurs ouvriers d'art, 1 sous-chef de musique, 38 musiciens.

Section hors rang : 1 adjudant-vaguemestre, 1 sergent-major chef artificier monté, 1 sergent-fourrier, 1 sergent brancardier, 1 chef et 3 ouvriers armuriers, 1 sergent, 1 caporal et 3 soldats secrétaires, 1 caporal conducteur des équipages, 1 caporal maître maréchal ferrant, 1 aide maréchal ferrant, 1 ouvrier bourrelier, 18 conducteurs de voitures et d'animaux haut le pied et 7 ordonnances.

Cadre d'un bataillon : 1 chef de bataillon, 1 capitaine adjudant-major monté, 1 médecin-major monté, 1 adjudant de bataillon, 1 médecin auxiliaire non monté, 1 sous-officier chef de caisson et 2 soldats pourvoyeurs de munitions, 1 sous-officier adjoint à l'officier d'approvisionnement, 1 caporal tambour ou clairon, 1 caporal brancardier, 4 conducteurs (fourgon à bagages, caisson et voiture médicale), 3 ordonnances.

Cadre d'une compagnie : 1 capitaine monté, 1 lieutenant, 1 sous-lieutenant, 1 lieutenant ou sous-lieutenant de réserve, 1 adjudant de compagnie, 1 sergent-major, 1 sergent-fourrier, 8 sergents, 1 caporal-fourrier, 16 caporaux, 4 tambours ou clairons, 1 conducteur de mulet d'outils, 1 caporal ou soldat infirmier (1 caporal par bataillon), 4 brancardiers. Dans le rang comptent 48 soldats porteurs d'outils, 1 cordonnier et 1 tailleur.

Voitures : 3 caissons de munitions à 4 chevaux (soit 1 par bataillon), 18 voitures à 2 chevaux, dont 4 à bagages, 1 portant une réserve d'effets, et 13 à vivres (1 pour l'état-major et 4 par bataillon, dont 2 portent du biscuit, 1 du biscuit, du riz, sel, sucre et café, 1 des conserves de viande et de l'avoine); 4 voitures à 1 cheval (1 d'outils, 3 médicales); 3 voitures de cantinières à 2 chevaux.

Mulets : 12 porteurs d'outils de pionniers (soit 1 par compagnie).

Bataillon de chasseurs à pied.

État-major : 1 chef de bataillon, 1 capitaine adjudant-major monté, 1 officier d'armement délégué pour l'habillement, 1 officier payeur monté, 1 officier d'approvisionnement monté, 2 médecins montés, dont 1 de réserve. Les fonctions de major sont remplies par le capitaine adjudant-major. L'officier d'armement, celui d'approvisionnement et l'officier payeur sont remplacés à leur compagnie par des officiers de réserve.

Petit état-major : 1 adjudant de bataillon, 1 sergent-major clairon, chef de fanfare, 1 caporal clairon.

Section hors rang : 1 sergent-major vaguemestre, 1 sergent-fourrier, 1 chef et 1 ouvrier armuriers, 1 sergent et 2 soldats secrétaires, 1 sergent chef de caisson et 2 soldats pourvoyeurs de munitions, 1 sous-officier adjoint à l'officier d'approvisionnement, 1 caporal conducteur des équipages, 1 caporal brancardier, 1 aide maréchal ferrant, 10 conducteurs de voitures et d'animaux de bât et haut le pied, 7 ordonnances.

Cadre d'une compagnie : comme dans l'infanterie de ligne.

Voitures : 1 caisson de munitions à 4 chevaux, 6 voitures à 2 chevaux, dont 2 à bagages et 4 à vivres (2 portant du biscuit, 1 du biscuit et des vivres de campagne, 1 des conserves et de l'avoine), 1 à 2 chevaux de cantinière, et 1 voiture médicale à 1 cheval.

Mulets : 4 porteurs d'outils de pionniers.

§ III. — CAVALERIE.

Régiment à 4 escadrons (cuirassiers, dragons, chasseurs, hussards).

État-major : 1 colonel, 1 lieutenant-colonel, 2 chefs d'escadrons, 1 capitaine instructeur, 1 capitaine faisant fonctions d'adjudant-major, 1 lieutenant ou sous-lieutenant adjoint au trésorier, 1 lieutenant ou sous-lieutenant porte-étendard, 1 médecin, 2 vétérinaires. Les fonctions de major sont remplies par un capitaine du régiment; celles d'adjudant-major, par le capitaine instructeur qui est plus spécialement à la disposition du colonel, et par un capitaine en second du régiment; celles d'officier d'approvisionnement, par le porte-étendard.

Petit état-major : 2 adjudants dont l'un remplissant les fonctions de vaguemestre, 1 maréchal des logis trompette-major.

Peloton hors rang : 1 chef et 1 ouvrier armurier, 1 brigadier et 2 soldats secrétaires, 1 brigadier ouvrier sellier, 21 conducteurs de voitures et 2 conducteurs de chevaux de main.

Cadre d'un escadron : 1 capitaine commandant, 1 capitaine en second, 4 lieutenants ou sous-lieutenants, 1 maréchal des logis chef, 1 maréchal des logis adjoint à l'officier d'approvisionnement, 1 maréchal des logis fourrier, 6 maréchaux des logis, 1 brigadier fourrier, 12 brigadiers, 1 brigadier maître et 2 aides-maréchaux ferrants, 1 infirmier (brigadier dans un escadron, soldat dans les trois autres), 4 trompettes. Dans le rang comptent 1 sellier, 1 bottier et 1 tailleur, non montés.

Voitures : 1° Dans les régiments de corps d'armée : 1 forge à

4 chevaux, 2 voitures de cantinière à 2 chevaux, 17 fourgons à 2 chevaux, dont 5 à bagages (1) et 12 à vivres (1 portant du biscuit, 1 du biscuit et des conserves de viande, 1 des conserves de viande, des vivres de campagne et de l'avoine, 9 de l'avoine), 1 voiture médicale à 1 cheval, et 2 voitures à 1 cheval pour le transport des blessés.

2° Dans les régiments des divisions de cavalerie indépendante : 6 fourgons à vivres seulement ; les autres voitures comme dans les régiments de corps d'armée.

§ IV. — ARTILLERIE.

États-majors de l'artillerie.

Au quartier général du corps d'armée : 1° *Commandement de l'artillerie du corps d'armée :* le général commandant, 1 capitaine aide de camp, 1 chef d'escadron chef d'état-major, 1 capitaine adjoint, 1 officier de réserve, 1 garde d'artillerie monté, 2 secrétaires d'état-major (1 caporal et 1 soldat), 6 canonniers d'escorte (1 brigadier trompette et 5 servants à cheval), 9 ordonnances et conducteurs, 1 fourgon à 2 chevaux pour le général, 1 fourgon à 2 chevaux pour les bagages, archives et cantines à vivres de l'état-major.

2° *Commandement des sections de munitions :* 1 chef d'escadron commandant, 1 officier de réserve adjoint, 1 médecin, 2 vétérinaires, 5 ordonnances. Ce personnel marche avec les sections de munitions du corps d'armée lorsqu'elles sont groupées. Ses bagages sont portés sur les voitures de matériel des sections de munitions de l'artillerie de corps, qui sont en outre pourvues de cantines médicales et vétérinaires.

Au quartier général d'une division d'infanterie : le colonel ou le lieutenant-colonel du 1er régiment de la brigade d'artillerie du corps d'armée, commandant l'artillerie de la division, 1 capitaine, 1 médecin, 1 médecin auxiliaire sous-officier monté, 2 vétérinaires, 1 fourgon à 2 chevaux, plus 1 voiture médicale à 1 cheval qui marche avec le groupe de batteries.

A l'artillerie de corps : le colonel du 2e régiment de la brigade, commandant l'artillerie de corps, 1 capitaine, 2 médecins, 2 médecins auxiliaires sous-officiers montés, 2 vétérinaires, 1 fourgon

---

(1) Dont 1 pour l'état-major et 1 pour chaque escadron. Les régiments de spahis n'ont que 4 fourgons à bagages.

à 2 chevaux, 3 voitures à 1 cheval (2 médicales et 1 pour transport de blessés). Ces trois dernières voitures marchent avec les groupes de batteries.

L'artillerie d'une division de cavalerie indépendante est commandée par un chef d'escadron.

Batteries.

Corps d'armée. — *1re division :* 4 batteries montées de 90^{mm}, n°s 1, 2, 3, 4 du 1er régiment de la brigade. — *2e division :* 4 batteries montées de 90^{mm}, n°s 5, 6, 7, 8 du 1er régiment de la brigade. — *Artillerie de corps :* 4 batteries montées de 90^{mm}, n°s 1, 2, 3, 4 du 2e régiment de la brigade, formant le 1er groupe; 2 batteries montées de 90^{mm}, n°s 5 et 6, et 2 batteries à cheval de 80^{mm}, n°s 9 et 10 du 2e régiment de la brigade, formant le 2e groupe. — En tout, 16 batteries.

Division de cavalerie indépendante. — 3 batteries à cheval de 80^{mm} provenant de régiments différents (n°s 11 des régiments de corps), et formant un groupe de marche.

Commandement d'un groupe de batteries : 1 chef d'escadron assisté de 2 officiers de réserve dont 1 faisant fonctions d'officier d'approvisionnement. Les bagages sont portés par les fourgons du groupe.

Cadre d'une batterie montée : 1 capitaine commandant, 3 lieutenants ou sous-lieutenants dont 1 de réserve, 1 adjudant, 1 maréchal des logis chef, 11 maréchaux des logis (dont 1 sous-chef artificier, 1 fourrier, 1 adjoint à l'officier d'approvisionnement), 12 brigadiers (dont 1 fourrier et 1 maître maréchal ferrant), 2 aides-maréchaux ferrants (3 dans les batteries divisionnaires), 6 artificiers, 2 ouvriers en fer, 2 ouvriers en bois, 2 bourreliers, 3 trompettes, 1 infirmier, 4 brancardiers. Dans le rang comptent 1 bottier et 1 tailleur.

La 1re batterie du régiment de corps d'armée compte, en plus, 1 chef et 1 ouvrier armuriers, et chaque groupe d'artillerie divisionnaire et de corps 1 brigadier brancardier.

Cadre d'une batterie à cheval : comme pour la batterie montée, mais sans brancardiers.

Voitures d'artillerie. — 1° *Batterie montée ou à cheval dans un corps d'armée :* 6 pièces, 9 caissons, 1 forge, 1 chariot de batterie, 1 chariot-fourragère; total 18 voitures, toutes à 6 chevaux.

2° *Batterie à cheval d'une division de cavalerie indépendante :* 6 pièces, 8 caissons d'artillerie, 1 caisson de cartouches, 1 forge,

1 chariot de batterie, 1 chariot-fourragère; total 18 voitures, toutes à 6 chevaux. En outre, dans chaque division, l'une des 3 batteries comprend 1 chariot de dynamite à 6 chevaux.

Voitures à bagages, à vivres, médicales et de cantinières. — 1° *Pour chaque groupe de batteries divisionnaires :* 2 fourgons à bagages à 2 chevaux, 1 voiture de cantinière à 2 chevaux, 12 fourgons à vivres à 2 chevaux (4 portant du biscuit, des conserves et des vivres de campagne, 8 portant de l'avoine), plus la voiture médicale de l'état-major d'artillerie divisionnaire.

2° *Pour les 2 groupes réunis de l'artillerie de corps :* 4 fourgons à bagages, 2 voitures de cantinière, 27 fourgons à vivres (7 portant du biscuit, des conserves de viande et des vivres de campagne, 20 portant de l'avoine), plus les 2 voitures médicales et la voiture de transport de blessés de l'état-major de l'artillerie de corps.

3° *Pour chacune des batteries à cheval attachées à une division de cavalerie indépendante :* 1 fourgon à bagages et 2 à vivres, et pour le groupe de 3 batteries 1 voiture médicale à 1 cheval et 2 voitures à 1 cheval pour le transport des blessés.

Sections de munitions.

Chaque corps d'armée comprend 2 sections de munitions d'infanterie et 4 sections de munitions d'artillerie.

1re division : section d'infanterie n° 1 et section d'artillerie n° 3, fournies par le 1er régiment de la brigade.

2e division : section d'infanterie n° 2 et section d'artillerie n° 4, fournies par le 1er régiment de la brigade.

Artillerie de corps : sections d'artillerie n°s 5 et 6, fournies par le 2e régiment de la brigade.

1° Sections de munitions d'infanterie.

Cadre d'une section : 1 capitaine en second, 2 lieutenants ou sous-lieutenants de réserve, 1 maréchal des logis chef, 8 maréchaux des logis (dont 1 sous-chef artificier et 1 fourrier), 7 brigadiers (dont 1 maître maréchal ferrant), 2 aides maréchaux ferrants, 2 ouvriers en fer, 2 ouvriers en bois, 6 artificiers, 2 bourreliers, 2 trompettes. Dans le rang comptent 1 bottier et 1 tailleur.

Voitures d'une section. — 1° *Voitures d'artillerie :* 32 caissons de munitions d'infanterie, 1 forge, 1 chariot de batterie, 1 chariot-fourragère; total 35 voitures à 4 chevaux, sauf le chariot-fourragère qui est à 6 chevaux.

2° *Voitures à vivres :* 3 fourgons à 2 chevaux.

2° Sections de munitions d'artillerie.

Cadre d'une section : comme pour les sections de munitions d'infanterie.

Voitures d'artillerie d'une section : 3 affûts de rechange (2 de 90^{mm}, 1 de 80^{mm}), 12 caissons de 90^{mm}, 3 de 80^{mm}, 1 forge, 1 chariot de batterie, 1 chariot-fourragère, 1 pièce de rechange de 90^{mm}. Total 22 voitures. Les deux dernières sections portent en outre un canon de rechange de 80^{mm} sur l'affût de rechange.

Les affûts sont attelés à 6 ou à 4 chevaux suivant qu'ils portent ou non une pièce de rechange. Toutes les autres voitures sont à 6 chevaux.

Voitures à vivres et de cantinière : pour chaque section, 3 fourgons à 2 chevaux (1 portant du biscuit, des conserves de viande et des vivres de campagne, 2 portant de l'avoine); 1 voiture de cantinière à chacune des sections n° 3 et 4.

Parc d'artillerie.

Le parc d'artillerie comprend un état-major, 4 sections de parc n° 1, 2, 3 et 4, fournies par le 1er régiment d'artillerie de la brigade, un détachement d'ouvriers et un détachement d'artificiers.

État-major du parc : le lieutenant-colonel du régiment de corps ou le directeur de l'école d'artillerie de la brigade (s'il est lieutenant-colonel), commandant le parc; 1 chef d'escadron de réserve commandant les sections de parc, 2 capitaines, 1 lieutenant ou sous-lieutenant de réserve, 4 gardes d'artillerie montés, 1 contrôleur d'armes non monté, 1 chef artificier, 2 ouvriers d'état (1 en fer, 1 en bois), 1 médecin, 2 vétérinaires, 1 infirmier, 2 fourgons à bagages et archives.

Cadre d'une section de parc : 1 capitaine, 2 lieutenants ou sous-lieutenants de réserve, 1 adjudant, 1 maréchal des logis chef, 7 maréchaux des logis (dont 1 fourrier), 10 brigadiers (dont 1 fourrier et 1 maître maréchal ferrant), 2 aides maréchaux ferrants, 2 bourreliers, 2 trompettes. Dans le rang comptent 1 bottier, 1 tailleur et 25 servants à pied. Les bagages des officiers sont portés par les voitures de matériel.

Détachement d'ouvriers d'artillerie : 1 capitaine en second ou lieutenant, 4 maréchaux des logis (2 ouvriers en fer, 2 en bois), 1 fourrier, 4 brigadiers (2 ouvriers en fer, 2 en bois), 6 maîtres et 85 ouvriers.

Détachement d'artificiers : 1 maréchal des logis ou brigadier, 1 maître et 13 artificiers.

Voitures du parc.

NATURE DES VOITURES.	VOITURES à 6 ch¹.	4 ch¹.	2 ch¹.
Section de parc n° 1.			
Affûts (1) de rechange { de 90mm	1	2	»
de 80mm	1	»	»
Caissons..... { de 90mm	18	»	»
de 80mm	»	1	»
Caissons à munitions d'infanterie	»	15	»
Caisson à munitions de revolver	»	1	»
Forge	1	»	»
Chariot de parc	1	»	»
Chariot-fourragère	1	»	»
Totaux	23	22	»
		45	
Section de parc n° 2.			
Comme la section n° 1, sauf que l'affût de 80mm ne porte pas de canon	22	23	»
		45	
Section de parc n° 3.			
Comme la section n° 2	22	23	»
		45	
Section de parc n° 4.			
Caissons de 90mm	15	»	»
Chariots de batterie portant la dynamite	»	2	»
Forges pour les réparations	7	»	»
Forge pour le ferrage	1	»	»
Chariots de parc pour les réparations	6	»	»
Chariot de parc pour les armuriers	»	1	»
Chariot de parc pour le harnachement	1	»	»
Chariot-fourragère	1	»	»
Matériel des équipages militaires. { Forges pour les réparations	»	2	»
Chariots de parc pour rechanges	»	4	»
Totaux	31	9	»
		40	
Récapitulation des 4 sections de parc.			
Affûts (1) de rechange { de 90mm	3	6	»
de 80mm	1	2	»
Caissons..... { de 90mm	69	»	»
de 80mm	»	12	»
Caissons à munitions d'infanterie	»	45	»
Caissons à munitions de revolver	»	3	»
Chariots de batterie portant la dynamite	»	2	»
Autres voitures d'artillerie	25	7	»
Fourgons à bagages de l'état-major du parc	»	»	2
Fourgons à vivres	»	»	19
Voiture de cantinière	»	»	1
Totaux	98	77	22
		175	
		197	

(1) Les affûts sont attelés à 4 ou 6 chevaux suivant qu'ils portent ou non une pièce de rechange.

Équipage de pont.

L'équipage de pont d'un corps d'armée est servi par une compagnie de pontonniers, et attelé par la section de parc n° 5, fournie par le régiment d'artillerie de corps. Cette section est sous les ordres du capitaine en premier de la compagnie de pontonniers.

Cadre d'une compagnie de pontonniers : 1 capitaine commandant, 3 lieutenants ou sous-lieutenants dont 1 de réserve, 1 adjudant, 1 maréchal des logis chef, 11 maréchaux des logis, 1 fourrier, 6 brigadiers, 14 maîtres, 2 trompettes, 1 infirmier.

Cadre de la section de parc n° 5 : 1 capitaine en second, 2 lieutenants ou sous-lieutenants de réserve, 1 vétérinaire de réserve, 1 adjudant, 1 maréchal des logis chef, 7 maréchaux des logis (dont 1 fourrier), 10 brigadiers (dont 1 fourrier et 1 maître maréchal ferrant), 2 aides maréchaux ferrants, 2 bourreliers, 2 trompettes.

Voitures de l'équipage. — *1re division :* 10 haquets à bateaux, 7 chariots de parc, 1 forge outillée; — *2e division,* semblable; — *réserve d'équipage :* 1 haquet à bateau, 1 chariot de parc; — *service de la section de parc :* 1 forge pour le ferrage, 1 chariot de parc et 1 chariot-fourragère. — Total, 41 voitures d'artillerie à 6 chevaux, auxquelles s'ajoutent 1 fourgon à bagages et 6 voitures à vivres à 2 chevaux; soit 48 voitures.

§ V. — GÉNIE.

États-majors du génie.

Au quartier général du corps d'armée : 1 colonel (ou 1 général de brigade) commandant le génie du corps d'armée, 1 chef de bataillon (ou lieutenant-colonel) chef d'état-major, 2 capitaines, 2 adjoints du génie montés, 2 secrétaires d'état-major (1 caporal et 1 soldat), 2 fourgons à 2 chevaux, dont un pour le colonel ou général et un pour les bagages, archives et cantines à vivres de l'état-major.

Au quartier général d'une division d'infanterie : 1 chef de bataillon commandant le génie de la division. — Il place ses bagages et archives sur le fourgon du chef d'état-major de la division.

A la réserve du génie du corps d'armée : 1 chef de bataillon directeur du parc, ayant sous ses ordres la compagnie de réserve et le parc du corps d'armée; 1 adjudant, 1 caporal tambour ou clairon. — Le chef de bataillon et l'adjudant placent leurs bagages sur les voitures de la compagnie de réserve du génie.

Troupes et parcs.

A chaque division d'infanterie est attachée une compagnie du génie, avec un parc formé de 2 voitures de sapeurs-mineurs à 4 chevaux, 1 cheval haut le pied et 2 mulets portant de la poudre et des artifices, plus 2 fourgons à 2 chevaux pour les bagages, les vivres et l'avoine.

La réserve du génie du corps d'armée est formée par une compagnie qui est suivie d'un parc composé comme ci-dessus et de 3 fourgons à 2 chevaux.

Le parc du génie du corps d'armée se compose de 7 prolonges à couvercle chargées d'outils de pionniers, 2 prolonges ordinaires transportant, l'une des cordages et agrès de pont, l'autre des outils portatifs de rechange, 1 caisson de dynamite et 1 forge. Les 9 prolonges sont à 6 chevaux, les autres voitures à 4. Avec le parc du corps d'armée marchent un détachement de sapeurs-mineurs et un détachement de sapeurs-conducteurs.

Cadre d'une compagnie divisionnaire : 1 capitaine commandant, 1 capitaine en second, 3 lieutenants ou sous-lieutenants montés dont 1 de réserve, 1 sergent-major, 1 sergent-fourrier, 10 sergents, 16 caporaux, 6 maîtres ouvriers, 2 tambours ou clairons. Dans le rang comptent 1 cordonnier et 1 tailleur.

Cadre d'une compagnie de réserve : 2 capitaines et 2 lieutenants du cadre actif (1 lieutenant du cadre actif et 1 lieutenant ou sous-lieutenant de réserve dans les bataillons de numéro pair). Le reste du cadre comme ci-dessus.

Détachement de sapeurs-mineurs du parc du corps d'armée : 1 sous-officier, 1 caporal, 6 ouvriers en fer et en bois.

Détachements de sapeurs-conducteurs. — *1° Parc de compagnie :* 1 brigadier, 7 soldats. — *2° Parc du corps d'armée :* 3 sous-officiers, 5 brigadiers (dont 1 maître maréchal ferrant), 1 aide maréchal ferrant, 1 trompette et 42 soldats.

§ VI. — TRAIN DES ÉQUIPAGES MILITAIRES.

L'escadron du train des équipages militaires du corps d'armée se fractionne en divers détachements. Les 6 compagnies fournissent au corps d'armée mobilisé 19 détachements, sa voir :

La compagnie n° 1 est attachée à la 1re division, *la compagnie n° 3* à la seconde. Ces deux compagnies forment chacune 3 détachements qui attellent : 1° les voitures de la trésorerie et des postes ; 2° l'ambulance ; 3° le convoi administratif des subsistances de la division.

La compagnie n° 2 forme 3 détachements dont les deux premiers attellent : 1° l'ambulance, 2° la première moitié du convoi administratif des subsistances du quartier général. Le troisième détachement est affecté au dépôt de remonte mobile.

La compagnie n° 4 forme 4 détachements qui attellent : 1° l'ambulance de la brigade de cavalerie; 2° les voitures de la trésorerie et des postes du quartier général; 3° la seconde moitié du convoi administratif du quartier général; 4° la réserve d'effets d'habillement et de petit équipement du corps d'armée. Cette compagnie fournit, en outre, un 5° détachement pour atteler une section télégraphique de 1re ligne portant le même numéro que l'escadron du train.

La compagnie n° 5 (compagnie mixte) forme 3 détachements pour les transports à dos de mulet de l'ambulance du quartier général et des deux ambulances divisionnaires. Un 4° détachement attelle 6 des hôpitaux de campagne du corps d'armée. Cette compagnie est chargée, en outre, d'administrer les ordonnances de tous les officiers sans troupe ou assimilés du corps d'armée, ordonnances qui comptent tous à l'effectif de la compagnie; elle reçoit à cet effet un 2° fourrier.

La compagnie n° 6 ne fournit au corps d'armée mobilisé qu'un détachement qui attelle la boulangerie de campagne.

— L'officier supérieur commandant l'escadron marche avec les détachements affectés au convoi des subsistances du quartier général. Un officier de réserve (lieutenant ou sous-lieutenant) lui est adjoint.

Les détachements du train des équipages militaires qui attellent, dans les divisions de cavalerie indépendante, les voitures de la trésorerie et des postes et l'ambulance divisionnaire sont fournis par des 6es compagnies d'escadrons désignés à cet effet.

Indépendamment des voitures spéciales qu'elles attellent, les compagnies n°s 1, 2, 3 et 4 reçoivent chacune, pour son service particulier, 2 forges, 1 chariot de parc et 1 chariot-fourragère à 4 chevaux. Ces voitures marchent avec les détachements affectés aux convois administratifs des subsistances.

Cadres des compagnies du train.

INDICATION des DÉTACHEMENTS.	Capitaines.	Lieutenants ou sous-lieut.s	Vétérinaires.	Adjudants.	Maréchaux des logis chefs.	Maréchaux des logis fourriers.	Estafettes des postes.	Maréch.x d. logis.	Brigadiers fourriers.	Brig.ers maitres maréch.x ferr.ts	Brigadiers armuriers.	Brigadiers.	Ouvriers.	Aides maréch.x ferr.ts	Bourreliers.	Trompettes.
1re compagnie montée.																
1re division d'infanterie — Trésorerie et postes....	"	"	"	"	"	"	4	"	"	"	"	"	"	"	"	"
Ambulance...	"	1	1	"	"	"	"	1	"	r	"	2	1	1	1	1
Convoi des subsistances...	1	1	1	1	1	1	6	1	1	"	13	5	2	3	2
Totaux....	1	2	2	1	1	1	4	7	1	1	"	15	6	3	4	3
3e compagnie montée.																
2e division d'infanterie. — Même composition........	1	2	2	1	1	1	4	7	1	1	"	15	6	3	4	3
2e compagnie montée.																
Ambulance du quartier général.....	"	1	"	"	"	"	"	2	1	"	"	3	1	1	1	1
1re moitié du convoi des subsistances du quartier général..	1	1	1	1	1	1	"	6	"	1	1	11	4	2	2	2
Dépôt de remonte mobile.........	"	1	"	"	"	"	"	2	1	1	"	3	"	"	"	"
Totaux....	1	3	1	1	1	1	"	10	2	2	1	17	5	3	3	3
4e compagnie montée.																
Ambulance de la brigade de cavalerie.	"	"	"	"	"	"	r	1	"	r	"	2	"	1	1	1
Trésorerie et postes du quartier général	"	"	"	"	r	r	4	r	"	r	r	1	"	"	"	"
Section télégraphique de 1re ligne..	"	"	"	"	r	"	"	1	r	"	"	2	"	1	"	1
2e moitié du convoi des subsistances du quartier général..	1	2	1	1	1	1	"	6	1	1	"	10	6	2	3	1
Réserve d'effets d'habillement et de petit équipement..	"	"	"	"	"	"	"	1	"	"	"	2	"	"	"	"
Totaux....	1	2	1	1	1	1	4	9	1	1	"	17	6	4	4	3

INDICATION des DÉTACHEMENTS.	Capitaines.	Lieutenants ou sous-lieut^ts.	Vétérinaires.	Adjudants.	Maréchaux des logis chefs.	Maréchaux des logis fourriers.	Estafettes des postes.	Maréch^x d. logis.	Brigadiers-fourriers.	Brig^rs maîtres maréch^x-ferr^ts.	Brigadiers armuriers.	Brigadiers.	Ouvriers.	Aides maréch^x ferr^ts.	Bourreliers.	Trompettes.
5e compagnie mixte.																
Transports à dos de mulets des ambul^ces { du quartier général..	n	1	«	«	«	«	»	)	1	«	»	2	1	»	«	1
de la 1re division...	»	1	«	«	«	«	»	1	1	»	r	2	1	«	»	1
de la 2e divisio ...	»	1	»	»	«	«	»	1	1	»	»	2	1	»	«	1
Hôpitaux attelés du corps d'armée....	1	1	2	1	1	2	»	6	»	1	»	6	3	2	3	»
TOTAUX....	1	4	2	1	1	2	»	9	3	1	»	12	6	2	3	3
Détachement de la 6e compagnie.																
Boulangerie de campagne..........	»	1	1	»	«	1	»	8	1	«	»	12	2	1	1	1

La compagnie n° 5 dispose de 9 mulets porteurs de caisses d'outils et haut le pied, répartis entre les trois ambulances auxquelles elle fournit des détachements.

Cadre du détachement affecté à une division de cavalerie indépendante: 1 officier, 7 sous-officiers dont 4 estafettes des postes, 4 brigadiers, 2 aides maréchaux-ferrants, 2 ouvriers, 1 bourrelier, 1 trompette.

§ VII. — INTENDANCE.

Direction des services de l'intendance du corps d'armée : 1 intendant militaire chef de service, 3 fonctionnaires de l'intendance dont 1 de réserve, 6 officiers d'administration (4 des bureaux, non montés, 1 des subsistances, monté, 1 de l'habillement et du campement, non monté), 10 commis aux écritures (1 sergent, 2 caporaux, 7 soldats), 2 fourgons à 2 chevaux pour les archives, bagages et cantines à vivres du personnel de la direction des services de l'intendance et du service vétérinaire.

Administration du quartier général du corps d'armée : 1 sous-intendant, 2 officiers d'administration des bureaux, non montés, 2 commis aux écritures (1 caporal, 1 soldat), 1 fourgon à 2 chevaux.

Division d'infanterie : 1 sous-intendant, 1 fonctionnaire de réserve de l'intendance, 3 officiers d'administration des bureaux, non montés, 4 commis aux écritures (1 sergent, 1 caporal, 2 soldats), 1 fourgon à 2 chevaux.

Brigade de cavalerie de corps d'armée : 1 sous-intendant ou adjoint à l'intendance, 1 officier d'administration des bureaux, non monté, 2 commis aux écritures (1 caporal, 1 soldat), 1 fourgon à 2 chevaux.

Division de cavalerie indépendante : 1 sous-intendant, 1 fonctionnaire de réserve de l'intendance, 2 officiers d'administration des bureaux, non montés, 2 commis aux écritures (1 sergent, 1 soldat), 1 fourgon à 2 chevaux pour les bagages et archives de la sous-intendance, de la force publique et de la justice militaire.

§ VIII. — SERVICE DE SANTÉ, AUMÔNIERS.

Direction du service de santé du corps d'armée : 1 médecin principal de 1re classe, médecin en chef du corps d'armée, 1 médecin aide-major, 1 pharmacien-major, 1 officier d'administration, 2 soldats infirmiers, 1 fourgon à bagages à 2 chevaux.

Service régimentaire.

Le service régimentaire est fait dans l'infanterie, la cavalerie et l'artillerie par les médecins des corps, lesquels disposent du matériel et des médicaments portés par les voitures médicales, et de sacs ou sacoches de pansement que portent les infirmiers de compagnie, escadron ou batterie. Ils sont assistés par les infirmiers et brancardiers des corps. — Dans les quartiers généraux de corps d'armée, de division d'infanterie et de cavalerie, les troupes du génie, l'équipage de pont et les convois administratifs, le service est fait par les médecins des ambulances ou des corps de troupe les plus à portée, conformément aux ordres donnés par le commandement.

Ambulances.

Ambulance d'un quartier général de corps d'armée : 1 médecin principal, 2 médecins-majors montés, 4 médecins de réserve non montés, 1 aumônier du culte catholique, 1 ministre du culte protestant, 1 ministre du culte israélite, tous trois montés, 3 officiers d'administration des hôpitaux, non montés, 32 infirmiers militaires (12 de visite, 17 d'exploitation, 3 commis aux écritures), 172 brancardiers. — *Cadre des infirmiers,* 4 sous-officiers, 4 caporaux. — *Cadre des brancardiers,* 4 sous-officiers, 8 caporaux. — *Cadres du train,* 2e et 5e compagnies, voir § VI.

Hôpital de campagne : 2 médecins-majors montés, 4 médecins de réserve non montés, 2 pharmaciens, 2 officiers d'administration, 46 infirmiers (14 de visite et 32 d'exploitation). — *Cadre des infirmiers*, 4 sous-officiers et 4 caporaux. — *Cadre du train* (5ᵉ compagnie), voir S VI. Il attelle 6 hôpitaux par corps d'armée.

Ambulance d'une division d'infanterie : 4 médecins montés, 2 médecins de réserve non montés, 1 aumônier de la division monté, 4 officiers d'administration non montés, 32 infirmiers (12 de visite, 17 d'exploitation, 3 commis aux écritures), 172 brancardiers. — *Cadre des infirmiers*, 4 sous-officiers, 4 caporaux. — *Cadre des brancardiers*, 4 sous-officiers, 8 caporaux. — *Cadres du train*, 1ʳᵉ ou 3ᵉ et 5ᵉ compagnies, voir S VI.

Ambulance de la brigade de cavalerie de corps d'armée : 1 médecin-major et 1 médecin aide-major montés, 1 aumônier de la brigade monté, 1 officier d'administration non monté, 16 infirmiers (4 de visite, 11 d'exploitation, 1 commis aux écritures). — *Cadre des infirmiers*, 1 sous-officier, 3 caporaux. — *Cadre du train*, 4ᵉ compagnie, voir S VI.

Ambulance d'une division de cavalerie indépendante : 4 médecins montés, 2 médecins de réserve non montés, 1 aumônier de la division monté, 3 officiers d'administration non montés, 28 infirmiers (25 de visite ou d'exploitation, 3 commis aux écritures). — *Cadre des infirmiers*, 2 sous-officiers, 5 caporaux. — *Cadre du train*, appartenant à la 6ᵉ compagnie d'un escadron désigné, voir S VI. — L'ambulance peut se diviser en trois fractions.

Mulets de bât.

Ambulance d'un quartier général de corps d'armée : 20 mulets de cacolets, 10 mulets de litières, 1 pour caisses d'outils, 2 haut le pied ; total 33.

Ambulance d'une division d'infanterie : 20 mulets de cacolets, 10 de litières, 1 de caisses d'outils, 2 haut le pied ; total 33.

L'ambulance d'une brigade de cavalerie de corps d'armée, les hôpitaux de campagne, et les ambulances des divisions de cavalerie indépendante ne comportent pas de mulets.

Voitures des ambulances.

NATURE DES VOITURES.	VOITURES à	
	2 chev*.	1 cheval.
Ambulance d'un quartier général de corps d'armée.		
Voitures légères d'ambulance........................	"	10
Voitures omnibus d'ambulance.......................	6	"
Voitures spéciales ou techniques (chirurgie 2, admin^on 2).	4	"
Fourgons pour le matériel et les vivres	6	"
Voiture pour le personnel...........................	1	"
	17	10
	27	
Hôpital de campagne.		
Fourgons pour le matériel...........................	8	"
Voiture pour le personnel...........................	1	"
Voiture pour les vivres et les bagages................	1	"
	10	"
	10	
Ambulance d'une division d'infanterie.		
Voitures légères d'ambulance........................	"	6
Voitures omnibus d'ambulance	4	"
Voitures spéciales ou techniques (chirurgie 2, admin^on 2)...	4	"
Fourgons pour matériel, bagages et vivres............	6	"
Voiture pour le personnel...........................	1	"
	15	6
	21	
Ambulance de la brigade de cavalerie d'un corps d'armée.		
Voitures légères d'ambulance	"	3
Voitures omnibus d'ambulance.......................	3	"
Fourgons pour matériel, vivres et bagages............	2	"
	5	3
	8	
Ambulance d'une division de cavalerie indépendante.		
Voitures omnibus d'ambulance.......................	6	"
Fourgons pour matériel, vivres et bagages............	6	"
	12	"
	12	

§ IX. — SERVICE VÉTÉRINAIRE, FERRURE ET REMONTE.

Au quartier général du corps d'armée compte un vétérinaire en 1er, chef du service vétérinaire, assisté d'un vétérinaire de réserve. Ce personnel place ses bagages sur le fourgon de la direction des services de l'intendance. Le vétérinaire en 1er peut être désigné pour prendre la direction d'un dépôt de chevaux malades de campagne.

Une voiture de pharmacie vétérinaire à 2 chevaux marche avec le chef du service vétérinaire du corps d'armée.

Dans la cavalerie, l'artillerie, l'équipage de pont et les trains, le service vétérinaire et la ferrure des chevaux sont assurés par les vétérinaires et les maréchaux ferrants des corps de troupes, lesquels disposent de cantines vétérinaires placées sur les voitures à bagages et de forges roulantes.

La réserve et le parc du génie ont également une forge et des maréchaux ferrants. Le service vétérinaire y est assuré par les vétérinaires de l'artillerie de corps.

Les chevaux des quartiers généraux des divisions, ainsi que ceux des compagnies divisionnaires du génie et des troupes d'infanterie, sont ferrés par les troisièmes aides maréchaux ferrants des batteries d'artillerie divisionnaires. Les vétérinaires de ces batteries sont chargés du service vétérinaire dans les unités précitées.

Les aides maréchaux-ferrants des régiments d'infanterie n'ont pas de forge à leur disposition, mais ils sont pourvus de sacoches d'outils, et peuvent ainsi faire des opérations à froid, remettre les clous et réparer les ferrures.

Les chevaux du quartier général du corps d'armée, et ceux du bataillon de chasseurs lorsqu'il n'est pas rattaché temporairement à une division d'infanterie, sont ferrés par le demi-escadron d'escorte, qui est pourvu d'une forge. Le service vétérinaire est fait dans ces unités par le vétérinaire de réserve adjoint au chef du service vétérinaire du corps d'armée.

La visite des animaux de boucherie des troupeaux est faite par des vétérinaires de réserve du train des équipages militaires, désignés à cet effet par le commandement.

Dépôt de remonte mobile.

Le personnel du dépôt de remonte mobile d'un corps d'armée est fourni par le train des équipages. — *Cadre,* voir § VI; soldats, 52 dont 2 conducteurs.

Comme chevaux de remonte, le dépôt doit normalement compter 100 animaux, dont 65 de selle, 15 de trait et 20 de bât.

Il est affecté au dépôt 1 fourgon à 2 chevaux pour le transport des bagages et du harnachement non employé, et 2 fourgons à 2 chevaux pour le transport des vivres régimentaires.

§ X. — SERVICE DES SUBSISTANCES.

Dans le *corps d'armée* les approvisionnements réglementaires de 1re ligne comprennent:

1° Des vivres dits du sac et de l'avoine que portent eux-mêmes les hommes de troupe et les chevaux. — Pour les officiers, les vivres du sac sont remplacés par ceux que peuvent contenir les cantines à vivres placées sur les fourgons à bagages;

2° Des vivres dits régimentaires et de l'avoine, formant le chargement des fourgons à 2 chevaux attribués aux unités constitutives du corps d'armée;

3° Des vivres et de l'avoine formant le chargement des convois administratifs des subsistances;

4° Des troupeaux de bétail sur pied.

Les *divisions de cavalerie indépendante* n'ont ni convoi administratif, ni troupeau de bétail sur pied constitués d'une manière permanente. Leurs approvisionnements se bornent donc, toutes les fois qu'on ne leur donne pas de convoi auxiliaire, à ceux que portent les cavaliers et à ceux que transportent les fourgons régimentaires. Il leur est d'ailleurs attribué, en vue des réquisitions qu'elles peuvent avoir à exercer, un personnel spécial comprenant 4 officiers d'administration des subsistances montés, 19 commis ou ouvriers d'administration (dont 1 sergent et 2 caporaux), 4 ordonnances pour les officiers d'administration, 1 conducteur, 1 fourgon à bagages à 2 chevaux.

Vivres régimentaires.

Quartier général d'un corps d'armée (non compris la section télégraphique de 1re ligne): 5 fourgons à 2 chevaux, dont 2 portant du biscuit et des vivres, et 3 de l'avoine.

Quartier général d'une division d'infanterie: 2 fourgons à 2 chevaux, dont 1 portant des vivres et 1 de l'avoine.

Quartier général d'une division de cavalerie indépendante: 1 fourgon à 2 chevaux portant des vivres et de l'avoine.

— Pour les *autres unités,* les renseignements sont donnés à l'arme ou au service correspondant.

Convois administratifs des subsistances.

Convoi du quartier général d'un corps d'armée: 3 officiers d'administration des subsistances, montés; 4 sous-officiers, 7 caporaux et 38 soldats de la section de commis et ouvriers militaires d'administration (dont 1 sergent, 2 caporaux et 2 soldats commis aux écritures). —Avec le convoi administratif du quartier général du corps d'armée marche la réserve de commis et ouvriers, savoir: 6 sous-officiers, 9 caporaux, 62 soldats (dont 1 caporal et 3 soldats commis aux écritures). — *Cadres du train,* voir § VI.

Convoi d'une division d'infanterie : 4 officiers d'administration des subsistances, montés; 5 sous-officiers, 8 caporaux, 51 soldats de la section de commis et ouvriers militaires d'administration (dont 1 sous-officier, 1 caporal, 2 soldats commis aux écritures). — *Cadre du train*, voir § VI.

Voitures des convois.

NATURE DES VOITURES.	VOITURES à	
	4 chev^x.	2 chev^x.
Convoi d'un quartier général de corps d'armée.		
Vivres. { Chariots de parc	14	"
Vivres. { Fourgons	"	34
Vivres. { Voitures de réquisition	"	58
Personnel et matériel des subsistances. { Chariot de parc	1	"
Personnel et matériel des subsistances. { Voiture de réquisition	"	1
Service de la 2ᵉ compagnie du train. { Chariot de parc	1	"
Service de la 2ᵉ compagnie du train. { Forges	2	"
Service de la 2ᵉ compagnie du train. { Chariot-fourragère	1	"
Première moitié	19	93
Vivres { Chariots de parc	14	"
Vivres { Fourgons	"	34
Vivres { Voitures de réquisition	"	58
Service de la boucherie.. { Voiture de réquisition	"	1
Personnel et matériel des subsistances... { Chariot de parc	1	"
Personnel et matériel des subsistances... { Voiture de cantinière	"	1
Service de la 4ᵉ compagnie du train. { Chariot de parc	1	"
Service de la 4ᵉ compagnie du train. { Forges	2	"
Service de la 4ᵉ compagnie du train. { Chariot-fourragère	1	"
Seconde moitié	19	94
Fourgons régimentaires des deux compⁱᵉˢ du train	"	12
TOTAUX	38	199
	237	
Convoi d'une division d'infanterie.		
Vivres. { Chariots de parc	24	"
Vivres. { Fourgons	"	44
Vivres. { Voitures de réquisition.	"	64
Personnel et matériel des subsistances. { Fourgon	"	1
Personnel et matériel des subsistances. { Voiture de réquisition.	"	1
Service de la boucherie.. { Voiture de réquisition.	"	1
Service de la compagnie du train. { Chariot de parc	1	"
Service de la compagnie du train. { Forges	2	"
Service de la compagnie du train. { Chariot-fourragère	1	"
Vivres régimentaires de la compagnie du train.. { Fourgons	"	7
TOTAUX	28	118
	146	

Dans chaque convoi administratif, les voitures portant les denrées sont divisées en 4 sections égales, dont chacune transporte un jour de vivres et d'avoine, plus 1/2 jour d'eau-de-vie.

Une section d'un convoi de quartier général comprend 7 chariots à 4 chevaux, 17 fourgons et 29 voitures de réquisition à 2 chevaux.

Une section d'un convoi divisionnaire comprend 6 chariots à 4 chevaux, 11 fourgons et 16 voitures de réquisition à 2 chevaux. En conséquence, un jour de vivres et d'avoine pour l'ensemble du corps d'armée (1/2 jour seulement d'eau-de-vie) forme le chargement de 19 chariots à 4 chevaux, 39 fourgons et 61 voitures de réquisition à 2 chevaux, soit 119 voitures (attelées de 276 chevaux).

Lorsqu'il y a lieu de former un convoi séparé pour la brigade de cavalerie, les éléments en sont prélevés sur le convoi du quartier général; la composition en est fixée par le commandant du corps d'armée.

Convoi auxiliaire des subsistances.

Quatre échelons, attelés chacun par une compagnie du train des équipages. — *Commandement du convoi :* 1 chef d'escadron, 1 médecin, 1 vétérinaire, 2 sous-officiers, 1 infirmier, 3 ordonnances, 6 chevaux. — *Cadre d'une compagnie :* 2 officiers, 1 adjudant, 1 maréchal des logis chef, 7 maréchaux des logis (dont 1 fourrier), 12 brigadiers, 2 maréchaux ferrants (dont 1 brigadier), 1 ouvrier en bois, 1 ouvrier en fer, 2 bourreliers, 2 trompettes, 25 chevaux de selle, 75 voitures de réquisition en première formation. — Tout le personnel est fourni par l'escadron du train de l'armée territoriale.

Bien qu'affecté pour ordre au corps d'armée, le convoi auxiliaire est à la disposition du général en chef, qui le met sous les ordres du directeur des étapes de l'armée pour être réparti suivant les besoins des divers corps d'armée.

Boulangerie de campagne.

4 officiers d'administration non montés, dont 1 de réserve; section de commis et ouvriers d'administration : 8 sous-officiers, 22 caporaux, 170 soldats (dont 1 caporal et 3 soldats commis aux écritures). — *Cadre du train,* voir § VI. Le détachement comprend un cadre de conduite pour 140 voitures de réquisition.

Voitures : 9 fourgons à 2 chevaux, 18 fours roulants et 18 chariots de parc à 4 chevaux.

Les boulangeries de campagne, affectées pour ordre aux corps d'armée, sont à la disposition du général en chef.

§ XI. — SERVICE DE L'HABILLEMENT.

Réserve d'effets du quartier général d'un corps d'armée : 1 officier d'administration de l'habillement et du campement, non monté (1). — *Commis et ouvriers d'administration :* pour le service du convoi, 2 sous-officiers, 5 caporaux, 27 hommes (dont 1 caporal et 3 soldats commis aux écritures); réserve : 1 sous-officier, 2 caporaux, 17 hommes. — *Cadre du train*, voir § VI. — *Voitures :* 3 fourgons (chaussure et petit équipement), 5 voitures de réquisition à 2 chevaux (effets d'habillement), 1 fourgon de vivres.

§ XII. — TRÉSORERIE ET POSTES.

Au quartier général du corps d'armée : 1 payeur principal et 1 payeur adjoint montés, 3 payeurs adjoints ou commis de trésorerie non montés, 2 gardiens de caisse et de bureau. — *Cadre du train,* y compris 4 estafettes des postes, voir § VI. — *Voitures :* 2 de levée de boîte à 1 cheval, 4 voitures à 2 chevaux (1 pour le personnel, 1 pour le transport des fonds), 2 fourgons de correspondance.

Au quartier général d'une division d'infanterie : 1 payeur particulier monté, 3 payeurs adjoints ou commis de trésorerie non montés, 1 gardien de caisse ou de bureau. — *Cadre du train,* y compris 4 estafettes des postes, voir § VI. — *Voitures :* 1 de levée de boîte à 1 cheval, 1 fourgon pour le personnel, 1 fourgon pour le transport des fonds.

Au quartier général d'une division de cavalerie indépendante : 1 payeur particulier et 2 payeurs adjoints ou commis de trésorerie montés, 1 gardien de poste ou de bureau. — Détachement du train : 4 estafettes faisant partie du *cadre* indiqué § VI. — *Voitures :* 1 levée de boîte à 1 cheval, et 1 fourgon à 2 chevaux pour bagages et transport des fonds.

Lorsqu'il y a lieu de constituer exceptionnellement un service de trésorerie et postes pour la *brigade de cavalerie d'un corps d'armée*, on attache à cette brigade le payeur adjoint monté du quartier général du corps d'armée, avec un gardien de caisse ou de bureau.

— Les agents de la trésorerie et des postes ont droit à des ordonnances du train des équipages militaires, à raison de 1 par agent monté et 1 pour deux agents non montés faisant partie du même bureau.

___

(1) Compte au personnel de la Direction des services de l'Intendance du corps d'armée.

§ XIII. — JUSTICE MILITAIRE.

Il n'est attribué de personnel spécial pour le service de la justice militaire qu'aux divisions d'infanterie et à celles de cavalerie indépendante. Ce personnel comporte, par division, 1 adjudant commis-greffier du cadre actif et 1 commis-greffier adjoint de réserve, lesquels placent leurs bagages et archives sur la voiture de la force publique pour la division d'infanterie, et de la sous-intendance pour la division de cavalerie.

§ XIV. — GENDARMERIE.
Prévôté.

Au quartier général d'un corps d'armée : 1 lieutenant-colonel ou chef d'escadron, prévôt du corps d'armée, 1 maréchal des logis adjoint au trésorier, greffier ; 1 maréchal des logis, 1 brigadier et 8 gendarmes à cheval, 2 ordonnances, 1 conducteur, 1 fourgon à 2 chevaux.

Détachements de force publique.

Au quartier général d'un corps d'armée : 1° *Pour le service du convoi :* 1 capitaine, vaguemestre du corps d'armée ; 1 maréchal des logis adjoint au trésorier, greffier ; 2 maréchaux des logis, vaguemestres adjoints ; 2 brigadiers et 25 gendarmes à cheval ; 1 ordonnance. — Ce détachement place ses bagages sur une des voitures du convoi administratif des subsistances du quartier général.

2° *Pour la garde des prisonniers :* 1 maréchal des logis, 1 brigadier et 8 gendarmes à pied. — Ce détachement place, au besoin, les sacs des hommes à pied sur la voiture du prévôt.

Au quartier général d'une division d'infanterie : 1 capitaine, faisant fonctions de prévôt de la division ; 1 maréchal des logis, adjoint au trésorier, greffier ; 1 maréchal des logis, 1 brigadier et 13 gendarmes à cheval ; 1 brigadier et 5 gendarmes à pied ; 1 ordonnance, 1 conducteur, 1 fourgon à 2 chevaux.

A la brigade de cavalerie de corps d'armée : 1 maréchal des logis et 9 gendarmes à cheval. — La caisse de comptabilité du détachement est placée sur le fourgon du sous-intendant de la brigade.

Au quartier général d'une division de cavalerie indépendante : 1 lieutenant, 1 maréchal des logis, 2 brigadiers et 18 gendarmes à cheval, 1 ordonnance. — Ce détachement place ses bagages sur la voiture du sous-intendant de la division.

§ XV. — ORDONNANCES ET CONDUCTEURS DE VOITURES.

Officiers et assimilés montés. — Tous les officiers et assimilés

montés ont droit à des *ordonnances*, à raison de 1 homme pour
1 ou 2 chevaux, 2 hommes pour 3 ou 4 chevaux, 3 hommes pour
5 ou 6 chevaux, etc.

Les ordonnances des officiers sans troupe, ainsi que ceux des
assimilés et ceux des officiers de gendarmerie, appartiennent au
train des équipages militaires (5ᵉˢ compagnies des escadrons).

Ceux des officiers d'ordonnance du cadre actif appartiennent
aux corps de troupe dont ces officiers font partie; ils comptent
en sus des effectifs réglementaires de ces corps.

Ceux des officiers de troupe appartiennent toujours au même
corps que les officiers et comptent dans les effectifs réglementaires
de ces corps. Ils rentrent dans le rang pour marcher et combattre.
Il n'est fait d'exception à cette dernière règle que pour ceux qui
conduisent des chevaux de main.

Officiers et assimilés non montés. — Les officiers de troupe non
montés sont autorisés à prendre chacun 1 *ordonnance* dans la
troupe sous leurs ordres; ces hommes doivent tous rentrer dans le
rang pour marcher et combattre.

Les soldats ordonnances des archivistes, payeurs adjoints ou
commis de trésorerie sont fournis par le train des équipages.

Enfin, il est attribué 1 ordonnance par médecin de réserve,
pharmacien ou officier d'administration, non monté. Ces hommes
sont pris dans les sections de commis et ouvriers militaires d'administration pour les officiers d'administration des bureaux, des
subsistances, de l'habillement et du campement, et dans les
sections d'infirmiers militaires pour les médecins de réserve,
pharmaciens et officiers d'administration des hôpitaux. Ils comptent à l'effectif réglementaire des portions mobilisées des sections.

Les *conducteurs de voitures ou d'animaux de bât* affectés en
propre aux corps de troupe sont toujours fournis, comme les
chevaux d'attelage et les animaux de bât, par les corps eux-mêmes;
ils comptent dans les effectifs réglementaires de ces corps.

Les cadres, conducteurs et chevaux d'attelage des équipages des
quartiers généraux sont fournis par l'un des régiments du corps
d'armée, de la division ou de la brigade, et comptent en sus des
effectifs réglementaires de ces régiments.

Les régiments de cavalerie ne fournissent que les conducteurs
et chevaux d'équipages des quartiers généraux de division de
cavalerie indépendante et de brigade de cavalerie; les régiments
d'artillerie fournissent ceux des équipages des états-majors de l'artillerie; le reste des équipages des quartiers généraux est attelé et
conduit par l'infanterie, à l'exclusion des chasseurs à pied.

Dans chaque corps d'armée, le régiment d'infanterie qui fournit les attelages et conducteurs du quartier général doit fournir en outre un cadre composé de 1 sergent et 2 caporaux.

Dans chaque division d'infanterie, le régiment qui fournit les attelages et conducteurs des équipages du quartier général doit de même fournir en plus 1 caporal.

Enfin, dans chaque division de cavalerie indépendante, le régiment qui fournit les attelages et conducteurs du quartier général fournit, en plus, 1 maréchal des logis et 2 brigadiers montés, qui forment le cadre du convoi de vivres de réserve de la division.

CHAPITRE IV. — RENSEIGNEMENTS SUPPLÉMENTAIRES

§ Ier. — QUARTIER GÉNÉRAL D'ARMÉE.

Composition d'un quartier général d'armée.

État-major général : 25 officiers, 84 hommes de troupe, 100 chevaux, 9 voitures.

État-major de l'artillerie : 7 officiers, 19 hommes de troupe, 23 chevaux, 3 voitures.

État-major du génie : 6 officiers, 13 hommes de troupe, 18 chevaux, 2 voitures.

Direction des services de l'intendance : 7 fonctionnaires de l'intendance, 15 officiers d'administration, 45 hommes de troupe, 35 chevaux, 5 voitures.

Administration du quartier général : 1 fonctionnaire de l'intendance, 4 officiers d'administration, 59 hommes de troupe, 7 chevaux, 1 voiture.

Direction du service médical : 3 médecins, 1 pharmacien, 1 officier d'administration, 18 hommes de troupe, 15 chevaux, 4 voitures.

Service vétérinaire : 2 vétérinaires, 2 hommes de troupe, 3 chevaux.

Trésorerie et postes : 6 agents, 18 sous-agents et hommes de troupe, 4 estafettes des postes, 26 chevaux, 11 voitures.

Imprimerie : 1 prote, 2 compositeurs, 2 hommes de troupe, 4 chevaux, 2 voitures.

Direction télégraphique : 6 officiers, 15 hommes de troupe, 16 chevaux, 2 voitures.

Justice militaire : 1 officier d'administration greffier, 1 adjudant commis-greffier et 2 commis-greffiers adjoints, tous trois de réserve (1 conseil de revision, 1 conseil de guerre).

Force publique et prévôté : 4 officiers, 85 hommes de troupe, (dont 79 de la gendarmerie), 33 chevaux, 1 voiture.

Section télégraphique de réserve (1 section de 1re ligne et 1 parc) :
5 officiers, 123 hommes de troupe, 85 chevaux, 19 voitures.

Escorte. — Un escadron de dragons ou de hussards : 1 capitaine
en second, 4 lieutenants ou sous-lieutenants, dont 2 de réserve,
1 maréchal des logis chef, 8 maréchaux des logis (dont 1 fourrier
et 1 adjoint à l'officier d'approvisionnement), 14 brigadiers (dont
1 fourrier et 1 maître maréchal ferrant), 4 aides maréchaux ferrants,
4 trompettes (munis à la fois de la trompette et d'un clairon). Dans
l'effectif comptent 1 sellier, 1 bottier et 1 tailleur. L'escadron reçoit
1 voiture à 2 chevaux pour le transport de ses bagages, et pour
celui des bagages et archives de la justice militaire et de la prévôté.

Équipages. — Les équipages d'un quartier général d'armée sont
attelés et conduits par une fraction de la 6e compagnie d'un escadron du train des équipages militaires, désigné à cet effet. Cette
fraction est commandée par 1 capitaine en second, qui marche
avec la direction télégraphique ; elle reçoit pour son service particulier 2 forges et 1 chariot-fourragère à 4 chevaux. Un vétérinaire
de réserve fait partie du détachement.

Détail des voitures.

NATURE DES VOITURES.	VOITURES à		
	1 cheval.	2 chev^x.	4 chev^x.
Voitures-bureaux. — État-major général	"	2	"
Voitures d'imprimerie. — État-major général	"	2	"
Fourgons pour bagages et archives. État-major général	"	6	"
État-major de l'artillerie	"	3	"
État-major du génie	"	2	"
Intendance (direction et adminis- tration du quartier général)	"	6	"
Direction du service médical	"	2	"
Direction télégraphique	"	1	"
Force publique et prévôté	"	1	"
Escorte	"	1	"
Voiture médicale. .... Direction du	1	"	"
Voiture pour transport des blessés. service médical	1	"	"
Voitures-levées de boîtes	4	"	"
Voitures pour transport de fonds.. Trésorerie	"	2	"
Voitures pour transport de personnel et	"	2	"
Fourgons de correspondance ..... postes.	"	3	"
Voiture-bureau. — Direction télégraphique	"	1	"
Voiture de cantinière. — État-major général	"	1	"
	6	35	"
Voitures de la section télégraphique de réserve	2	5	12
Voitures du détachement du train des équipages...	"	"	3
	8	40	15
		63	

Composition de l'état-major général.

GRADES ET FONCTIONS.	OFFICIERS		TROUPE.					CHEVAUX	
	du cadre actif.	de réserve.	Secrétaires.	Ordonnances.	Conducteurs.	Estafettes d'état-major.	Plantons d'infanterie.	de selle.	de trait.
Maréchal de France ou général de division, commandant en chef.	1	"	"	3	2	"	"	6	4
Officiers d'ordonnance............	3	3	"	6	"	"	"	12	"
Général de division ou de brigade, chef d'état-major général......	1	"	"	3	2	"	"	6	4
Général de brigade, sous-chef d'état-major général...........	1	"	"	2	2	"	"	4	4
Officiers supérieurs du service d'état-major ou brevetés.......	6	"	"	12	"	"	"	18	"
Capitaines du service d'état-major.	2	"	"	4	"	"	"	6	"
Officiers inférieurs brevetés	6	"	"	12	"	"	"	18	"
Archivistes	2	"	"	2	2	"	"	"	"
Estafettes d'état-major...........	"	"	"	"	"	10	"	10	"
Sous-officiers plantons...........	"	"	"	"	"	"	10	"	"
Secrétaires d'état-major..........	"	"	10	"	"	"	"	"	"
Maréchal des logis et brigadier du train.............	"	"	"	"	2	"	"	2	"
Attelage de la voiture de cantinière	"	"	"	"	"	"	"	"	2
	22	3	10	44	10	10	10	82	18
TOTAUX..............	25		84					100	

Direction du service des étapes d'une armée.

Le *service des étapes* est organisé par armée. Dans chaque armée, il est dirigé par un officier général, sous l'autorité immédiate du chef d'état-major général et sous la haute surveillance du *directeur général des chemins de fer et des étapes* placé au grand quartier général des armées.

Le *directeur des étapes* d'une armée a auprès de lui : 1° un état-major; 2° des chefs de service (artillerie, génie, intendance, santé, prévôté, trésorerie et postes, télégraphie militaire); 3° des moyens de transport et, s'il y a lieu, une escorte.

La composition de la direction du service des étapes est encore à l'étude ; le personnel sera emprunté en grande partie à celui du quartier général de l'armée.

Les organes d'exécution du service des étapes sont : les commandements d'étapes, les troupes d'étapes, les agents des divers services énumérés ci-dessus, enfin des personnels spéciaux d'administration civile et de police.

— Dans une armée opérant isolément, le directeur des étapes prend le titre de *directeur supérieur des chemins de fer et des étapes* et joint à ses attributions la haute direction du service des chemins de fer dans la zone qui relève du commandement de l'armée.

§ II. — GRAND QUARTIER GÉNÉRAL DES ARMÉES.

Composition du grand quartier général.

Lorsque plusieurs armées sont réunies sous un même commandement, il est créé un *grand quartier général* comprenant les éléments ci-après :

Maréchal de France ou général de division commandant en chef des armées ; — Officiers d'ordonnance ;

Grand état-major général, dirigé par le major général et les aides-majors généraux ;

Inspection générale de l'artillerie des armées ;

Inspection générale du génie des armées ;

Inspection générale des services administratifs des armées ;

Administration du grand quartier général ;

Inspection générale du service de santé des armées ;

Inspection générale du service vétérinaire des armées ;

Payeur général, avec un service de la trésorerie et des postes ;

Imprimerie de campagne ;

Direction générale de la télégraphie militaire, avec un détachement télégraphique ;

Inspection générale des prévôtés des armées ;

Détachement du train des équipages militaires ;

Escorte.

Direction générale du service des chemins de fer et des étapes.

L'ensemble des services de l'arrière de plusieurs armées réunies sous un même commandement est dirigé par un officier général placé sous l'autorité immédiate du major général. Il a le titre de *Directeur général des chemins de fer et des étapes*, réside au grand quartier général et est secondé par un état-major. Ses attributions comprennent :

1° La haute direction du service des chemins de fer dans la zone qui relève du commandement des armées ; à ce service appartient

la direction des chemins de fer de campagne, qui marche avec le
directeur général des chemins de fer et des étapes et lui est immédiatement subordonnée;

2° La haute surveillance du service des étapes dirigé, dans
chaque armée, par un directeur des étapes sous l'autorité immédiate du chef d'état-major général de cette armée.

Le personnel de la direction générale, dont la composition n'est
pas encore déterminée, sera prélevé sur celui du grand état-major
général.

Lorsque les lignes de communication des armées qui ont franchi la frontière deviennent trop étendues pour pouvoir être sur-
veillées efficacement par les directeurs des étapes de chacune de
ces armées, la zone d'action de ceux-ci est généralement limitée
à la portion du territoire ennemi la plus voisine du théâtre des
opérations. Le commandant en chef peut dans ce cas créer, entre
cette zone et le territoire national, des *commandements territoriaux
particuliers,* dont les titulaires sont sous l'autorité immédiate du
commandant en chef des armées, à moins d'une décision spéciale
qui les subordonne au directeur général des chemins de fer et des
étapes. Ces commandements, chargés de la garde et de l'administration du pays ennemi, sont constitués en personnel d'une manière
analogue aux directions des étapes spéciales à chaque armée, et ils
n'ont, comme celles-ci, aucune autorité sur le service des chemins
de fer de campagne.

§ III. — ARTILLERIE.

État-major de l'artillerie d'une armée : 1 général de division commandant l'artillerie de l'armée; 1 chef d'escadron ou capitaine, aide
de camp; 1 colonel ou lieutenant-colonel, chef d'état-major, 2 capitaines, 2 gardes, 6 secrétaires d'état-major (dont 1 sergent et 1 caporal), 10 ordonnances, 3 conducteurs, 23 chevaux, 3 fourgons
pour bagages et archives.

Parc d'armée ou grand parc de l'artillerie. — Un grand parc comprend un état-major, une batterie à pied tirée de l'artillerie de
forteresse, un détachement d'ouvriers et deux sections de parc
n° 6.

État-major du parc : 1 colonel ou lieutenant-colonel directeur,
1 officier supérieur sous-directeur et 2 capitaines adjoints, 1 médecin, 1 vétérinaire, 1 chef artificier, des gardes et ouvriers d'état
en nombre variable selon l'importance du parc.

Cadre d'une batterie à pied : 1 capitaine, 1 lieutenant, 2 sous-
lieutenants de réserve, 1 adjudant, 1 maréchal des logis chef,

14 maréchaux des logis (dont 1 sous-chef artificier et 1 fourrier), 13 brigadiers, 12 artificiers, 3 ouvriers en bois, 3 ouvriers en fer, 2 trompettes.

Cadre d'un détachement d'ouvriers : 2 maréchaux des logis, 1 fourrier, 2 brigadiers, 4 maîtres.

Cadre d'une section de parc n° 6 : semblable à celui des sections 1, 2, 3 et 4. (Voir page 21.)

Équipage de pont d'armée. — Un équipage de pont d'armée comporte: *4 divisions d'équipage*, chacune de 10 haquets à bateaux, 7 chariots de parc et 1 forge outillée; *1 réserve d'équipage* de 2 haquets et 2 chariots de parc; *pour le service des sections de parc,* 2 forges pour le ferrage, 2 chariots de parc et 2 chariots-fourragères. — Total, 82 voitures d'artillerie à 6 chevaux, auxquelles s'ajoutent 2 fourgons à bagages, 12 voitures de vivres et 1 voiture de cantinière à 2 chevaux; en tout, 97 voitures.

L'équipage est attelé par 2 sections de parc n°s 6 de brigades désignées à cet effet. Ces sections de parc ont des cadres semblables à ceux des sections de parc n°s 5 qui attellent les équipages de corps d'armée.

Il est servi par une compagnie de pontonniers dont le cadre comprend: 1 capitaine commandant, 3 lieutenants ou sous-lieutenants, dont 1 de réserve, 1 adjudant, 1 maréchal des logis chef, 17 maréchaux des logis, 1 fourrier, 11 brigadiers, 24 maîtres, 2 trompettes.

Il est commandé par un officier supérieur de pontonniers ayant auprès de lui 1 officier de réserve, 1 médecin, 1 vétérinaire, 1 infirmier.

Batterie de montagne en Algérie. — La batterie de montagne en Algérie comprend 140 mulets, portant 7 canons de 80^{mm}, dont 1 de rechange; 9 affûts en fer de 80^{mm} (avec roues, limonière et rallonge de flèche), dont 3 de rechange; 120 caisses à munitions d'artillerie, 33 caisses à munitions d'infanterie, 3 caisses à munitions de revolver, 3 forges, 15 caisses d'outils, instruments et approvisionnements, 11 caisses non garnies.

6 canons, 6 affûts, 60 caisses à munitions d'artillerie, 1 forge, 9 caisses d'outils, instruments et approvisionnements, 7 caisses non garnies, forment la batterie de combat. — Le reste du matériel constitue les sections de munitions d'artillerie et d'infanterie.

Cadre : 1 capitaine, 3 lieutenants ou sous-lieutenants (dont 1 de réserve), 1 adjudant, 1 maréchal des logis chef, 9 maréchaux des logis (dont 1 sous-chef artificier et 1 fourrier), 11 brigadiers (dont 1 fourrier), 6 artificiers, 4 ouvriers, 2 maréchaux ferrants, 2 bourreliers, 3 trompettes.

Batterie de montagne en France. — 6 canons de 80ᵐᵐ, 8 affûts (avec roues, limonière et rallonge de flèche) dont 2 de rechange. 105 caisses à munitions d'artillerie, 1 forge, 11 caisses d'outils, instruments et approvisionnements, 5 caisses non garnies.

Les 6 canons, 6 affûts, 46 caisses à munitions, la forge, la caisse aux instruments, 6 caisses d'outils et approvisionnements et 1 caisse non garnie, sont portés par 50 mulets et forment la batterie de combat.

Le reste du matériel, porté par 3 chariots de batterie modèle 1833, suspendus, constitue la section de munitions d'artillerie. Les coffres d'avant-train des chariots de batterie sont en outre chargés en munitions d'artillerie. (Voir page 62.)

Le *cadre* d'une batterie de montagne est le même que celui d'une batterie montée, avec 2 maréchaux ferrants seulement, au lieu de 4.

§ IV. — GÉNIE.

État-major du génie d'une armée : 1 général de division ou de brigade commandant le génie de l'armée, 1 capitaine aide de camp, 1 colonel ou lieutenant-colonel chef d'état-major, 2 capitaines, 1 adjoint, 1 caporal et 2 soldats secrétaires d'état-major, 8 ordonnances, 2 conducteurs, 18 chevaux, 2 fourgons pour bagages et archives.

Parc d'armée. — Le personnel d'un parc du génie d'armée se compose d'un état-major (1 chef de bataillon directeur, 1 capitaine et 2 adjoints du génie) et d'un détachement de sapeurs-mineurs (1 sergent, 2 caporaux, 15 soldats). Le parc est attelé par 2 compagnies nᵒˢ 6 d'escadrons du train des équipages militaires, désignés à cet effet.

Le matériel comprend : 40 prolonges ordinaires, 8 prolonges à couvercle et 5 haquets à nacelle (voitures à 6 chevaux); 1 caisson à poudre, 3 caissons à dynamite, 2 forges outillées et 1 voiture de sapeurs-mineurs (voitures à 4 chevaux), soit 60 voitures du génie; plus, pour le service particulier des 2 compagnies du train, 2 forges à 4 chevaux et 4 prolonges à 6 chevaux. Total, 66 voitures, dont 57 à 6 chevaux et 9 à 4 chevaux.

Compagnie d'ouvriers militaires de chemins de fer : 1 capitaine commandant, 1 capitaine en second, 2 lieutenants ou sous-lieutenants, 2 officiers de réserve, 1 sergent-major, 1 sergent-fourrier, 16 sergents sous-chefs de diverses professions (2 mécaniciens, 2 sous-chefs de gare et télégraphiers, 4 charpentiers, 2 ouvriers en fer, 4 poseurs, 2 gardes du matériel), 3 caporaux-fourriers, 22 caporaux de diverses professions (8 mécaniciens, 4 employés de gare ou de télégraphe, 4 poseurs, 4 charpentiers, 2 dessinateurs), 8 maîtres ouvriers (4 en bois, 2 en fer, 2 maçons), 2 tambours ou clairons).

A chaque compagnie sont affectés 2 demi-parcs de compagnie attelés et conduits chacun par un détachement de sapeurs-conducteurs (1 sous-officier, 2 brigadiers, 1 maître et un aide maréchal ferrant, 13 conducteurs). Un demi-parc comprend : 1 prolonge ordinaire à 6 chevaux, 1 prolonge d'ouvriers de chemins de fer, 2 voitures de sapeurs montés, 1 caisson à poudre et 1 forge de campagne ; soit 6 voitures techniques (les 5 dernières à 4 chevaux), auxquelles on ajoute 2 fourgons à 2 chevaux pour bagages et vivres, et 1 voiture de vivres à 1 cheval. Total, 9 voitures.

§ V. — SERVICE DES CHEMINS DE FER DE CAMPAGNE (1).

Direction des chemins de fer de campagne.

Une *direction des chemins de fer de campagne* comprend : 1 *directeur militaire*, avec voix prépondérante, 1 *directeur technique*, un personnel militaire adjoint et un personnel technique adjoint.

Le directeur militaire peut être en même temps membre de la délégation de la Commission militaire supérieure des chemins de fer auprès du directeur général ou supérieur des chemins de fer et des étapes.

Personnel militaire (composition actuelle) : 1 général de brigade (ou colonel) directeur militaire ; 1 officier supérieur du service d'état-major, adjoint ; 1 officier supérieur du génie commandant les troupes de chemins de fer du génie ; 1 officier supérieur d'artillerie, 1 capitaine du service d'état-major, 1 sous-intendant militaire, 1 médecin-major de 2ᵉ classe, 1 officier d'administration des bureaux de l'intendance, 1 payeur principal, 2 payeurs adjoints ou commis de trésorerie montés ; 2 secrétaires d'état-major, 3 commis aux écritures, 1 gardien de caisse ou de bureau ; 17 ordonnances, 12 plantons-ordonnances du personnel technique ; 1 sous-officier, 1 brigadier et 7 conducteurs du train des équipages ; 25 chevaux de selle, 13 chevaux de trait et 6 fourgons (dont 1 pour le payeur et 2 pour le transport du personnel technique).

Personnel technique. — 1 ingénieur des chemins de fer, directeur technique. — Service général : 1 ingénieur en chef adjoint au directeur technique, 1 chef de bureau, 3 employés principaux. — Exploitation : 1 chef du mouvement, 2 inspecteurs, 2 employés principaux. — Voie : 1 ingénieur, 1 inspecteur, 2 employés prin-

(1) D'après le projet de revision du règlement des 1ᵉʳ juillet 1874-27 janvier 1877 sur les transports militaires par chemins de fer.

cipaux. — Matériel et traction: 1 ingénieur, 1 inspecteur, 2 employés principaux. — Comptabilité: 1 chef de service, 1 caissier, 3 employés principaux. — Total, 24 agents.

Commission de chemins de fer de campagne.

Les *commissions de chemins de fer de campagne* sont subordonnées à la direction des chemins de fer de campagne. Une commission est composée d'un *commissaire militaire*, avec voix prépondérante, d'un *commissaire technique*, d'un personnel militaire adjoint, et d'un personnel technique adjoint.

Personnel militaire (composition actuelle) : 1 officier supérieur président, 1 capitaine du génie commandant les troupes de chemins de fer du génie (appartient, ainsi que ses chevaux et son ordonnance, au cadre d'une compagnie), 1 sous-intendant militaire de 2° ou 3° classe; 1 adjoint du génie (non monté), 1 officier d'administration des bureaux de l'intendance (non monté), 4 commis aux écritures (dont 1 sergent et 1 caporal), 2 conducteurs; 6 chevaux de selle, 4 chevaux de trait, 2 fourgons (1 pour les bagages et archives du président, 1 pour les bagages du reste du personnel). — Un payeur monté peut être attaché à la commission (avec le personnel en sous-ordre correspondant : 1 commis de trésorerie, 1 gardien de caisse, 2 ordonnances, 1 conducteur, 1 fourgon pour le transport des fonds).

Personnel technique: 1 ingénieur des chemins de fer, commissaire technique. Le commissaire technique est nommé par le Ministre de la guerre, sur la proposition de la commission militaire supérieure des chemins de fer, les Compagnies entendues. Le personnel technique adjoint est fourni par les sections techniques ou par les compagnies d'ouvriers de chemins de fer du génie.

Commandement de gare.

1 officier supérieur ou capitaine, *commandant militaire*, 1 *chef de gare*, chargé du service technique. — *Personnel militaire adjoint* de composition variable, selon l'importance ou la destination de la gare. — *Personnel technique adjoint* fourni, ainsi que le chef de gare, par les sections techniques ou les compagnies d'ouvriers de chemins de fer du génie.

Dans les stations de transition, il n'y a pas de commandement de gare de chemins de fer de campagne. Le service est fait par une commission de gare, qui relève d'une commission ou sous-commission de ligne, et dont le personnel technique appartient à la Compagnie nationale qui exploite le réseau en temps de paix.

Le commandant militaire d'une gare réunit à ses fonctions celles de commandant d'étapes, quand il n'en existe pas dans la localité desservie par la gare.

Section technique d'ouvriers de chemins de fer de campagne.

Ces sections sont fournies par les grandes Compagnies de chemins de fer et par l'administration des chemins de fer de l'État. Chaque section est dirigée par un ingénieur en chef de l'exploitation des chemins de fer et comprend 3 services :

1° *Service de l'exploitation,* dirigé par l'ingénieur en chef lui-même : 1 chef de comptabilité, 1 caissier, 5 employés principaux de la comptabilité, 3 médecins, 1 chef du mouvement, 2 employés principaux du mouvement, 1 distributeur des objets mobiliers et de consommation, 3 inspecteurs, 6 sous-inspecteurs et contrôleurs, 4 inspecteurs et contrôleurs du télégraphe, 8 chefs de grande gare, 30 sous-chefs de gare et chefs de station, 70 employés comptables, dont 20 sachant manœuvrer les appareils télégraphiques, 10 chefs d'équipe, 40 sous-chefs d'équipe ou facteurs, 40 aiguilleurs, 138 hommes de peine, 95 agents des trains ; total, 459 agents.

2° *Service de la voie,* dirigé par un ingénieur de la voie, chef de service et suppléant de l'ingénieur en chef : 1 chef de bureau de la voie, 8 employés principaux de la voie, dessinateurs et autres, 1 distributeur des objets mobiliers et de consommation, 3 inspecteurs, 2 sous-inspecteurs, 4 chefs de section, 4 sous-chefs de section, 15 chefs de district, 12 employés de section, 4 gardes-magasins, 4 chefs poseurs, 6 contremaîtres, 304 poseurs, gardes-lignes et ouvriers divers, 60 ouvriers d'art ; total, 429 agents.

3° *Service du matériel et de la traction,* dirigé par un ingénieur du matériel et de la traction, chef de service : 1 chef de bureau du matériel et de la traction, 5 employés principaux du matériel et de la traction, 2 inspecteurs, 2 sous-inspecteurs et contrôleurs, 3 chefs de dépôt, 3 sous-chefs de dépôt, 46 ouvriers ou hommes de peine des dépôts, 6 chefs ou employés de magasins et distributeurs, 3 chefs d'ateliers et de réparations du matériel, 20 contremaîtres, 80 ouvriers divers, 30 mécaniciens, 30 chauffeurs, 45 graisseurs et chauffeurs de machines fixes ; total, 277 agents.

Total d'une section : 1165 agents.

§ VI. — SERVICE DE LA TÉLÉGRAPHIE MILITAIRE (1).

Direction générale télégraphique : 1 directeur général de la télé-

_____
(1) D'après la circulaire du 16 mars 1884.

graphie militaire, 1 directeur ou sous-directeur adjoint, 1 chef de poste, 1 télégraphiste secrétaire, 2 ouvriers-plantons, 3 ordonnances, 5 chevaux. — *Détachement du grand quartier général :* 1 chef de section, 1 chef de poste, 20 télégraphistes, 2 chefs d'équipe, 2 maîtres ouvriers, 6 ouvriers, 2 ordonnances. — *Matériel :* 4 voitures à 2 chevaux (1 voiture-poste modèle 1884, 1 voiture légère, 1 voiture de transport du personnel, 1 fourgon à bagages), 1 chariot télégraphique à 4 chevaux. — *Cadre du train :* 1 maréchal des logis, 1 brigadier.

Direction télégraphique d'une armée : 1 directeur, 2 sous-directeurs, 2 chefs de section ou de poste, 2 télégraphistes secrétaires, 3 ouvriers plantons, 5 ordonnances, 8 chevaux. — *Matériel :* 2 voitures à 2 chevaux (1 voiture-bureau et 1 fourgon). — *Cadre du train :* 1 capitaine en second commandant le détachement du train affecté au quartier général de l'armée, 1 maréchal des logis, 1 brigadier.

Section de 1re ligne : 1 chef de section, 1 sous-chef de section, 2 chefs de poste, 10 télégraphistes, 6 chefs d'équipe, 6 maîtres-ouvriers, 20 ouvriers, 3 cavaliers-plantons, 4 ordonnances, 4 chevaux. — *Matériel :* 2 voitures dérouleuses à 1 cheval, 5 voitures à 2 chevaux (2 voitures-postes modèle 1884, 1 voiture légère, 2 fourgons), 5 voitures à 4 chevaux (3 chariots de travail, 1 chariot de réserve, 1 chariot-fourragère); total, 12 voitures réparties en trois ateliers, dont un de réserve. — *Cadre du train,* voir page 26.

Parc télégraphique : 1 sous-chef de section, 8 télégraphistes, 2 chefs d'équipe, 3 maîtres-ouvriers, 9 ouvriers, 1 ordonnance, 1 cheval. — *Matériel :* 1 voiture-poste modèle 1874, 4 chariots d'approvisionnement, dont 3 portant du câble et 1 du fil nu, 1 chariot-fourragère et 1 chariot de forge; soit 7 voitures à 4 chevaux. — *Cadre du train :* 1 maréchal des logis, 2 brigadiers, 1 aide maréchal ferrant, 1 bourrelier.

Section de réserve : une section de 1re ligne avec un parc. (Remplace la section dite de 2e ligne.)

Section d'étapes et de chemins de fer (remplaçant la section dite *supplémentaire de 2e ligne*) : 1 chef de section, 1 sous-chef de section, 2 chefs de poste, 25 télégraphistes, 4 chefs d'équipe, 2 maîtres-ouvriers, 8 ouvriers, 3 cavaliers-plantons et 6 plantons-ordonnances. — *Matériel :* 2 voitures à 2 chevaux (1 voiture de transport du personnel, 1 fourgon), 3 voitures à 4 chevaux (1 voiture-poste modèle 1874, 1 chariot télégraphique, 1 chariot-fourragère suspendu). — *Cadre du train :* 1 maréchal des logis, 2 brigadiers.

Service télégraphique dans les corps de troupe. — Dans chaque régiment de *cavalerie*, il est formé 2 ateliers de 3 cavaliers ayant reçu une instruction télégraphique spéciale; chaque atelier est pourvu de 2 paires de sacoches, portant du câble léger et du petit matériel. Les ateliers peuvent être réunis par brigade ou par régiment. Dans les divisions de cavalerie indépendante, les ateliers forment des *sections télégraphiques légères,* sous la direction d'un agent de la télégraphie monté, chef du service télégraphique de la division. Une voiture légère télégraphique à 2 chevaux, portant du matériel de réserve, complète le service.

Dans l'*infanterie*, certains corps de troupes ont un service de *signaleurs,* organisé par bataillon; le service repose sur l'emploi du fanion-signal et de la lanterne-signal (une paire de fanions et une lanterne par compagnie). L'alphabet Morse est employé pour ce genre de correspondance.

§ VII. — SERVICE DE LA TRÉSORERIE ET DES POSTES.

Quartier général d'armée: 1 payeur général, 1 payeur principal, 4 payeurs adjoints ou commis de trésorerie non montés, 1 gardien de caisse, 4 ordonnances. — *Détachement du train :* 5 sous-officiers (dont 4 estafettes des postes), 1 brigadier, 11 conducteurs. — *Voitures :* 4 levées de boîte à 1 cheval et 7 fourgons à 2 chevaux (2 pour transport de fonds, 2 pour transport de personnel et bagages, 3 fourgons de correspondance).

Grand quartier général : même composition.

§ VIII. — DOUANIERS ET FORESTIERS.

Cadre d'une compagnie active ou de forteresse de douaniers : 1 capitaine des douanes, commandant, 2 lieutenants des douanes, 6 brigadiers des douanes (dont 1 faisant fonctions de sergent-major, 1 de sergent fourrier et 4 de sergent), 8 sous-brigadiers des douanes (caporaux), 2 clairons ou tambours. Lorsque plusieurs compagnies sont réunies en bataillon, le bataillon est commandé par un inspecteur ou sous-inspecteur des douanes, qui peut être assisté d'un capitaine ou lieutenant faisant fonctions d'adjudant-major; le petit état-major du bataillon comprend un sergent vaguemestre.

Le cadre d'une section de forteresse de douaniers varie suivant l'importance de cette section sans jamais dépasser le cadre d'une demi-compagnie.

Cadre d'une compagnie active ou de forteresse de chasseurs forestiers : 1 capitaine commandant monté et 1 capitaine en second non monté (inspecteurs adjoints), 2 lieutenants ou sous-lieutenants (gardes généraux); 6 brigadiers forestiers (1 sergent-major, 1 sergent fourrier, 4 sergents), 8 brigadiers ou gardes forestiers de 1ʳᵉ classe (caporaux), 2 clairons.

Le cadre de la compagnie varie du reste avec les ressources en gradés stationnés sur la zone de recrutement ; il peut comprendre 1 adjudant. Le cadre des sections actives ou de forteresse varie suivant l'importance des sections, mais ne peut dépasser le cadre d'une demi-compagnie.

— Tous les fonctionnaires des douanes ou des forêts, assimilés aux grades de capitaine, lieutenant, sous-lieutenant, sous-officier et caporal, qui ne sont pas désignés pour faire partie du cadre des unités, sont placés à la suite des compagnies et sections qui se recrutent sur le territoire où ils sont stationnés en temps de paix.

IX. — TROUPES TERRITORIALES DE CAMPAGNE.

En règle générale, lorsque des troupes de l'armée territoriale sont appelées à marcher, elles prennent les mêmes formations que les troupes correspondantes de l'armée active. Les seules différences que présentent les deux armées peuvent se résumer ainsi :

Régiment territorial d'infanterie à 3 bataillons. — Il est commandé par un lieutenant-colonel, et ne compte pas de musique. Le lieutenant adjoint au capitaine-major du régiment marche avec la partie mobilisée en qualité d'officier payeur monté, et remplace ainsi l'adjoint au trésorier des régiments de ligne. À la section hors rang, il y a un sergent-fourrier et un sergent premier secrétaire de l'officier payeur.

Cavalerie territoriale. — Les escadrons territoriaux de cavalerie sont groupés en nombre variable et suivant les besoins pour faire partie des différentes formations.

MATÉRIEL ET APPROVISIONNEMENTS.

CHAPITRE Iᵉʳ. — ARMES PORTATIVES.

§ Iᵉʳ. — ARMES EN SERVICE.

Fusil modèle 1874 ou 1866-74, avec épée-baïonnette.

Carabine de cavalerie modèle 1874 ou 1866-74; elle est munie d'une baïonnette quadrangulaire à douille pour l'armement de la gendarmerie à cheval.

Carabine de gendarmerie mˡᵉ 1874 ou 1866-74, avec sabre-baïonnette.

Mousqueton modèle 1874 ou 1866-74, avec sabre-baïonnette.

Fusil de marine modèle 1878 à répétition, système *Kropatschek* [1], avec sabre-baïonnette.

Revolver mˡᵉ 1873 pour la troupe, et mˡᵉ 1874 pour les officiers.

Sabres : de cavalerie de réserve modèle 1882 (ou 1854 transformé); de dragon modèle 1882 (ou 1854 tranformé); de cavalerie légère modèle 1882 (ou 1822 tranformé), de cavalerie légère modèle 1822, d'adjudant d'infanterie modèle 1845.

Sabre-baïonnette modèle 1866, série Z.

Épée de sous-officier modèle 1857.

Épée de sous-officier modèle 1884, à fourreau métallique.

Cuirasse de cuirassier modèle 1855.

Dimensions et poids des armes en service.

1° — Armes à feu.

DÉSIGNATION DES ARMES.	CALI-BRES.	LONGUEUR		POIDS	
		sans baïonnette.	avec baïonnette.	sans baïonnette.	avec baïonnette.
	mm	mm	mm	kil	kil
Fusil modèle 1874..............	11	1 305	1 827	4,200	4,760
Carabine de cavalerie	11	1 175	1 685	3,560	3,895
Carabine de gendarmerie	11	1 175	1 748	3,590	4,235
Mousqueton...................	11	900	1 563	3,260	3,915
Fusil de marine (magasin vide)..	11	1 240	1 762	4,440	5,000
Revolver.....................	11	242	"	1,195	"

(1) Nombre de cartouches : 9, dont 7 dans le magasin, 1 dans l'auget et 1 dans la chambre.

2° — **Armes blanches.**

DÉSIGNATION.	SABRE						ÉPÉE	
	MODÈLE 1882			modèle 1822.	d'adjudant d'infanterie.	baionnette.	de sous-officier modèle 1884.	baionnette.
	de cavalerie de réserve.	de dragou.	de cavalerie légère.					
Longueur de la lame. ᵐᵐ	950	925	870	920,5	770	573	812	522
Arme { Longueur.. ᵐᵐ	1 122	1 097	1 042	1009,5	912	710	994,5	658
montée. { Poids (1).. ᵏᵍ	1,850	1,820	1,750	2,155	1,440	0,990	1,200	0,800

(1) Les sabres transformés pèsent environ 1/2 kilog de plus.

Les cuirasses pèsent de 6ᵏ,08 à 7ᵏ,28 suivant la taille ; il y a 4 tailles et 4 largeurs dans chacune des 3 premières tailles, qui sont les plus grandes.

Les armes portatives sont expédiées en caisses. Chaque caisse ne contient qu'une seule espèce d'armes : 18 pour les fusils, carabines de gendarmerie et mousquetons avec leurs baïonnettes ; 24 pour les carabines de cavalerie ; 60 pour les revolvers ; 40 pour les sabres ; 10 pour les cuirasses.

La caisse d'armes pèse : vide, 35 à 50 kilogrammes ; pleine, 110 à 140 kilogrammes, suivant les armes qu'elle contient.

Tir du fusil. — La portée maxima peut atteindre 3000 mètres ; aux grandes distances la dispersion des coups est considérable et l'influence du vent sur la portée est très forte.

La balle reste meurtrière à toutes les distances. Jusqu'à 1800 mètres elle ricoche sur un sol horizontal, uni et résistant.

Aux distances moyennes, la balle s'enfonce de 0ᵐ,10 environ dans le bois de sapin, un peu moins dans le bois de chêne et de 0ᵐ,15 à 0ᵐ,25 dans un sac à terre. — Le fagot de sape est facilement traversé ; les masques en cordes n'arrêtent presque jamais les balles, mais le gabion farci en arrête la plupart. Les boucliers en tôle de fer ou d'acier doivent avoir une épaisseur de 8 à 10 millimètres pour n'être pas traversés. — La cuirasse n'est pas traversée à 80 mètres lorsque le coup atteint le milieu du plastron.

Dans le tir de guerre, on a des chances d'atteindre les buts ci-après, avec une consommation modérée de munitions :

Un homme abrité ou couché.............	jusqu'à	200ᵐ
Un homme debout ou à genoux...........	id.	300
Un cavalier isolé..................	id.	450

Une escouade isolée et couchée.............. jusqu'à 500ᵐ
Une ligne de tirailleurs espacés de 5ᵐ........... id. 500
Une ligne de tirailleurs espacés de 2ᵐ,50......... id. 600
Une ligne de tirailleurs très dense, une compagnie
en ordre dispersé ou un front d'escouade à rangs
serrés (5ᵐ)............................... id. 800
Un front de demi-section (10ᵐ)................. id. 1000
Un front de section (20ᵐ).................... id. 1200
Une colonne de compagnie, l'artillerie ou la cava-
lerie................................. id. 1500

La cavalerie ne peut être maintenue formée en masse en deçà de 1800 mètres.

La vulnérabilité d'une *ligne*, sensiblement proportionnelle à la hauteur du but, diminue très rapidement quand la distance augmente; il n'en est pas de même pour les *formations profondes*. Aux grandes distances, la colonne de compagnie est en moyenne deux fois plus vulnérable que la compagnie en ligne.

Tables de tir du fusil modèle 1874.
(Vitesse initiale, 450 mètres.)

DISTANCES.	ANGLES		FLÈCHES de la trajectoire.	ZONES (1) dangereuses		ÉCARTS probables		VITESSE restante.	DURÉE du trajet.
	de tir.	de chute.		Infanterie. haut' 1ᵐ,60	Cavalerie. haut' 2ᵐ,50	verticaux.	horizontaux.		
	° ′ ″	° ′ ″	m	m	m	m	m	m	sec
100 mètres....	0. 10. 56	0. 11. 40	0,08	100	100	0,07	0,05	391	0,24
200...........	0. 23. 24	0. 26. 34	0,30	200	200	0,14	0,11	352	0,51
300...........	0. 37. 35	0. 45. 0	0,90	300	300	0,22	0,17	319	0,81
400...........	0. 53. 37	1. 7. 37	1,76	131	400	0,29	0,24	290	1,14
500...........	1. 11. 25	1. 34. 29	3,01	71	134	0,37	0,30	266	1,50
600...........	1. 31. 23	2. 6. 4	4,73	54	83	0,45	0,37	244	1,89
700...........	1. 53. 32	2. 42. 46	7,01	39	60	0,54	0,45	225	2,32
800...........	2. 18. 1	3. 24. 51	9,94	28	45	0,64	0,53	209	2,78
900...........	2. 44. 56	4. 12. 38	13,62	23	36	0,75	0,61	194	3,27
1000..........	3. 14. 26	5. 6. 24	18,16	18,5	29	0,88	0,17	181	3,81
1100..........	3. 46. 37	6. 6. 6	23,67	15,6	24	1,04	0,79	169	4,38
1200..........	4. 21. 55	7. 12. 5	30,28	13	20	1,25	0,88	158	4,99
1300..........	4. 50. 28	8. 24. 17	38,11	11	17	1,55	0,95	148	5,65
1400..........	5. 40. 22	9. 42. 40	47,31	9,4	14,7	1,99	1,08	140	6,34
1500..........	6. 24. 25	11. 7. 2	58,01	8,2	12,8	2,61	1,1	132	7,08
1600..........	7. 11. 37	12. 36. 44	70,37	7,0	11,1	3,62	1,20	124	7,80
1700..........	8. 2. 7	14. 11. 24	84,55	6,3	9,9	5,08	1,4	118	8,60
1800..........	8. 55. 59	15. 50. 52	100,70	5,5	8,6	7,06	1,52	111	9,56

(1) En visant le pied du but.

Tir du revolver. — La balle possède une vitesse de 131ᵐ à

10 mètres de la bouche ; à cette distance, elle traverse 5 à 6 planches de sapin de $0^m,01$ d'épaisseur. Même à bout portant, elle ne produit aucun effet sur le plastron de la cuirasse, et forme seulement de légers enfoncements sur le dos.

La ligne de mire correspond à la distance d'environ 25^m.

Armement des troupes en campagne.

	CORPS.	GRADES.	ARMEMENT.	CARTOUCHES portées par l'homme. Modèle 1874.	CARTOUCHES portées par l'homme. Revolver.
Infanterie.	Infanterie de ligne, chasseurs à pied, zouaves, tirailleurs algériens, légion étrangère, infanterie légère d'Afrique, compies de discipline.	Adjudants, sergents-majors, chefs artificiers et sous-chefs de musique	Sabre d'adjudant, revolver	"	18
		Sergents, caporaux, sapeurs, clairons, brancardiers et soldats	Fusil modèle 1874	(1) 78	"
		Tambours	Sabre Z, revolver	"	18
		Sergents chefs de caisson, pourvoyeurs, conducteurs de caisson et de chevaux de main	Revolver	"	18
		Musiciens, infirmiers et conducteurs de voitures médicales	Sabre Z	"	"
Cavalerie.	Cavalerie légère (y compris les spahis et les cavaliers de remonte) ; dragons	Sous-officiers, brigadiers-fourriers, trompettes, bourreliers et maréchaux ferrants	Sabre de l'arme, revolver	"	30
		Brigadiers et cavaliers	Sabre de l'arme, carabine de cavalerie	36	"
	Cuirassiers	Tout le personnel	Cuirasse, sabre de réserve, revolver	"	30
	Infirmiers et conducteurs de voitures médicales et légères d'ambulance		Sabre de l'arme	"	"
Artillerie.	Bataillons de forteresse, batteries à pied d'Algérie, pontonniers, ouvriers, artificiers.	Adjudants et maréchaux des logis chefs	Sabre modèle 1822, revolver	"	18
		Maréchaux des logis, fourriers, brigadiers, artificiers, maîtres, brancardiers, trompettes et soldats	Mousqueton	18	"
		Infirmiers	Sabre Z	"	"
	Batteries montées, sections de munitions et de parc.	Sous-officiers, fourriers, brigadiers, maréchaux ferrants, bourreliers, trompettes et conducteurs	Sabre modèle 1822, revolver	"	18

(1) 36 seulement pour les sous-officiers et les caporaux fourriers.

Artillerie (Suite).	Batteries montées, sections de munitions et de parc (Suite)...	Artificiers, ouvriers, brancardiers et servants...............	Mousqueton.......	18	"
		Infirmiers et conducteurs de voitures médicales..........	Sabre Z...........	"	"
	Batteries à cheval....	Sous-officiers et troupe	Sabre modèle 1822, revolver........	"	18
		Infirmiers et conducteurs de voitures d'ambulance.........	Sabre modèle 1822.	"	"
	Batteries de montagne.	France.	Sous-officiers, fourriers, maréchaux ferrants, trompettes, ordonnances d'officiers et conducteurs de voitures.	Sabre modèle 1822, revolver........	"	18
		Algérie.	Sous-officiers, fourriers, maréchaux et trompettes..........	Sabre modèle 1822, revolver........	"	18
		France et Algérie.	Brigadiers, artificiers, ouvriers, brancardiers, servants et conducteurs de mulets de bât...........	Mousqueton.......	18	"
			Infirmiers et conducteurs de mulets de cantine d'ambulance.	Sabre Z..........	"	"
Génie.	Ouvriers d'état et gardiens de batterie			Épée de sous-officier, revolver........	"	18
	Sapeurs-mineurs, compagnies d'ouvriers de chemins de fer.....	Adjudants et ouvriers d'état..........	Épée modèle 1884, revolver.......	"	18
		Sergents-majors......	Épée modèle 1857, revolver........	"	18
		Sergents, caporaux, clairons, maîtres-ouvriers et soldats.....	Fusil modèle 1874..	78(1)	"
		Tambours.............	Sabre Z, revolver..	"	18
	Sapeurs-conducteurs..	Sous-officiers, brigadiers, trompettes et maréchaux ferrants..	Sabre modèle 1822, revolver........	"	30
		Sapeurs-conducteurs..	Sabre modèle 1822, carabine de cavalerie.	36	"
Train des équipages.	Sous-officiers et brigadiers-fourriers.		Sabre modèle 1822, revolver........	"	30
	Compagnies.	Trompettes, bourreliers et maréchaux ferrants.	Sabre modèle 1822, revolver........	"	30
		Brigadiers et hommes montés............	Sabre modèle 1822, carabine de cavalerie.............	36	"
		Hommes non montés..	Carabine de gendarmerie..........	36	"
	Dépôt de remonte mobile.	Brigadiers, cavaliers et maréchaux ferrants..	Revolver...........	"	30
	Ordonnances d'officiers sans troupe...		Revolver...........	"	18

(1) 36 seulement pour les sous-officiers et les caporaux fourriers.

Sections de secrétaires d'état-major, de commis et ouvriers d'administration...	Élèves...............	Épée de sous-officier, revolver.........	"	18
	Sergents-majors......	Sabre d'adjudant, revolver.........	"	18
	Sergents, caporaux et soldats.............	Carabine de gendarmerie...........	36	"
	Secrétaires montés....	Sabre de cavalerie légère, revolver..	"	30
Infirmiers	Sergents-majors.......	Sabre d'adjudant, revolver.........	"	18
	Infirmiers et brancardiers d'ambulance...	Sabre Z	"	"
Gendarmerie....	Adjudants et maréchaux des logis chefs.	Sabre modèle 1822, revolver.........	"	30
	Maréchaux des logis, brigadiers et gendarmes montés........	Sabre modèle 1822, carabine de cavalerie (1), revolver.	36	30
	Maréchaux des logis, brigadiers et gendarmes non montés....	Carabine de gendarmerie, revolver...	36	30
Pénitenciers et prisons militaires	Adjudants, greffiers...	Épée de sous-officier, revolver.........	"	"
	Sous-officiers surveillants.............	Sabre d'adjudant, revolver.........	"	"
Douaniers.......	Sergents-majors	Sabre d'adjudant, revolver.........	"	18
	Sergents, caporaux, clairons et soldats ...	Carabine de gendarmerie...........	78	"
	Tambours...........	Sabre Z, revolver..	"	18
Chasseurs forestiers.........	Sergents-majors	Sabre d'adjudant, revolver.........	"	18
	Sergents, caporaux, clairons et soldats...	Mousqueton.......	78	"
Douaniers et chasseurs forestiers montés (Algérie)	Sous-officiers, trompettes.............	Sabre de cavalerie légère, revolver..	"	30
	Brigadiers, cavaliers..	Sabre de cavalerie légère, carabine de cavalerie........	30	"
Sections techniques d'ouvriers de chemins de fer de campagne..........	Agents secondaires....	Sabre Z, revolver..	"	18
Télégraphie militaire..........	Télégraphistes........	Sabre d'adjudant, revolver.	"	18
	Chefs d'équipe, ouvriers	Sabre Z, revolver..	"	18
Toutes les armes.	Chef armurier.......	Épée modèle 1884, revolver.........	"	Selon l'arme

(1) La baïonnette n'est pas emportée en campagne.

Les officiers des corps de troupes emportent en campagne le

même nombre de cartouches de revolver (18 ou 3o) que les cadres de la troupe à laquelle ils appartiennent, à l'exception des officiers d'artillerie qui en emportent 3o. Les officiers sans troupe ont également 3o cartouches de revolver.

§ II. — MUNITIONS POUR ARMES PORTATIVES.

Cartouches en service.

Le fusil modèle 1874, la carabine de cavalerie, la carabine de gendarmerie, le mousqueton, ainsi que le fusil de marine à répétition, tirent la même cartouche.

Elle est à étui de laiton verni à l'intérieur et pèse 43 grammes; la balle pèse 25 grammes. La charge est de $5^g,25$ (poudre F_1 ou F_3).

Les cartouches sont réunies par paquets de 6, pesant 270 gr.; pour le chargement des coffres et caisses en campagne, les paquets sont eux-mêmes réunis, au moyen de sangles, en *trousses* de 28 paquets (168 cartouches) pesant $7^k,5oo$. Les cartouches sont expédiées en caisses blanches n°s 3, et exceptionnellement en caisses blanches n°s 2, ou même en barils de 5o kilog.

La *cartouche de revolver* est à étui de laiton verni à l'intérieur; elle pèse 16 grammes; la balle pèse $11^{gr},6$; la charge est de $o^{gr},65$ (poudre de chasse superfine). On en forme des paquets de 6 pesant 99 grammes, qu'on réunit 3 par 3. Les cartouches de revolver sont expédiées dans des caisses blanches spéciales.

Les cartouches pour armes modèle 1874 et les cartouches de revolver sont transportées aux armées dans des caissons modèle 1858, et par exception dans des caissons modèle 1840, ou dans des caisses à munitions de montagne. Chaque coffre de caisson renferme 12 bissacs et chaque caisse de montagne 2 bissacs pour les distributions.

CHARGEMENT.		COFFRE modèle 1858.	CAISSE de montagne.	CAISSE BLANCHE n° 3.	de revolver.
Cartouches pour armes modèle 1874.	Nombre de cartouches..	6048	972	1512	»
	Nombre de trousses....	36	»	9	»
Cartouches de revolver.................		11286	2700	»	4176
Poids des coffres ou caisses chargés	pour armes modèle 1874.	350^k	58^k	76^k	»
	pour revolver........	267^k	$6o^k$	»	80^k

Le caisson modèle 1858 transporte ainsi 18144 cartouches pour armes modèle 1874 ou 33858 cartouches de revolver.

Le coffre modèle 1840, la caisse blanche n° 2 et le baril renferment respectivement 7392 (44 trousses), 1344 (8 trousses) et 2700 cartouches pour armes modèle 1874. Les poids sont respectivement de 424, de 70 et de 134 kilog.

Approvisionnements en munitions.

L'approvisionnement en cartouches se compose, *dans. le corps d'armée* :

1° Des cartouches portées par les hommes (voir ci-dessus le tableau de l'armement des troupes);

2° De réserves portées sur les voitures.

Réserves. — *Cartouches pour armes modèle 1874.* L'approvisionnement est réparti en 3 échelons : — 1° les caissons de bataillon, à raison de 1 par chaque bataillon d'infanterie et, en outre, 1 caisse blanche n° 3 (avec 1 vilebrequin pour l'ouvrir) dans chaque fourgon à bagages (soit 4 caisses par régiment d'infanterie et 2 caisses par bataillon de chasseurs); — 2° deux sections de munitions d'infanterie portant chacune 574560 cartouches (32 caissons, moins 1 coffre d'avant-train chargé en cartouches de revolver); — 3° trois sections de parc portant chacune 272160 cartouches (15 caissons).

Cette réserve est spécialement destinée à l'infanterie qui, à l'effectif du complet de guerre, se trouve approvisionnée à 176 cartouches par homme (78 sur l'homme, 18 au caisson de bataillon, 2 aux fourgons, 46 aux sections de munitions et 33 au parc).

Il n'est pas constitué de réserve en cartouches pour les troupes des autres armes. Lorsque celles-ci ont épuisé leurs munitions, on renouvelle leur approvisionnement par un prélèvement fait sur la réserve de l'infanterie.

Cartouches de revolver. Dans chacune des deux sections de munitions d'infanterie, un coffre d'avant-train de caisson est chargé en cartouches de revolver (11286 cartouches); en outre, chacune des trois premières sections de parc comprend un caisson de cartouches de revolver (33858 cartouches).

La réserve totale destinée aux hommes armés du revolver est ainsi de 124146 cartouches.

Dans la *cavalerie indépendante*, chaque batterie attelle un caisson de cartouches, soit 3 caissons pour la division. L'avant-train est chargé en cartouches de revolver, et l'arrière-train en cartouches pour armes modèle 1874. — Total de la réserve pour la division : 36288 cartouches pour carabine et 33858 cartouches pour revolver.

Pour *chaque armée*, le grand parc d'artillerie renferme d'autres réserves de munitions d'infanterie (voir page 65).

En *Algérie*, chaque batterie de montagne comprend une section de munitions qui transporte 33 caisses à munitions de montagne chargées en cartouches pour armes modèle 1874, soit 32076 cartouches, et 3 caisses chargées en cartouches de revolver, soit 8100 cartouches.

CHAPITRE II. — ARTILLERIE DE CAMPAGNE.

§ Iᵉʳ. — BOUCHES A FEU.

Les pièces de campagne en service dans les corps d'armée sont les canons de 80ᵐᵐ et de 90ᵐᵐ, et exceptionnellement, *dans cerains cas spéciaux*, le canon de 95ᵐᵐ et le canon de 80ᵐᵐ de montagne.

Toutes ces bouches à feu sont en acier fretté d'acier et se chargent par la culasse; elles sont munies d'une fermeture à vis et d'un obturateur plastique, système *de Bange*.

Principaux éléments des pièces en service.

PRINCIPAUX ÉLÉMENTS.			CANON DE			
			80ᵐᵐ.	90ᵐᵐ.	95ᵐᵐ.	80ᵐᵐ. de mont.
Matériel.	Calibre.........		80ᵐᵐ	90ᵐᵐ	95ᵐᵐ	80ᵐᵐ
	Poids.......	de la bouche à feu..	425ᵏˢ	530ᵏˢ	700ᵏˢ	105ᵏˢ
		de l'affût..........	530ᵏˢ	680ᵏˢ	750ᵏˢ	160ᵏˢ
		de l'avant-train chargé...........	635ᵏˢ	790ᵏˢ	840ᵏˢ	"
Personnel.	Nombre de servants	total d'une pièce....	6	6	8	6
		transportés avec la pièce..........	3	3	3	"
		minimum nécessaire pour servir la pièce	3	3	4	2
Tir.	Vitesse initiale.........		490ᵐ	455ᵐ	443ᵐ	257ᵐ
	Portée maxima.....	d'après les tables....	7000	7000	7000	4000
		avec la hausse	5800	5700	5500	3100
	Limite du tir avec la vis de pointage.	sous l'horizon......	— 5°	— 6°	— 10°	— 12°30′
		au-dessus de l'horizon...........	+ 26 7000ᵐ	+ 25 6000ᵐ	+ 24 6400ᵐ	+ 23 (1) 3600ᵐ
	Élévation de l'axe des tourillons au-dessus du sol.............		1112ᵐᵐ	1200ᵐᵐ	1070ᵐᵐ	752ᵐᵐ

(1) Avec rallonge de flèche.

5.

Éléments du tir.

CALIBRE des PIÈCES.	DISTANCES.	ANGLES		FLÈCHE MAXIMA de la trajectoire.	ZONES DANGEREUSES		ÉCARTS PROBABLES		
		de tir.	de chute.		Cavalerie, haut. 2m,50.	Infanterie, haut. 1m,60.	en portée.	en direction.	en hauteur.
	500 mètres...	0°20'	0°45'	1m,5	500m	500m	7m,0	0m,1	0m,1
	1000	1 10	1 50	7	70	58	8,0	0,2	0,3
	1500	2 5	3 10	17	45	33	8,2	0,4	0,5
Canon de 80mm.	2000	3 15	4 50	34	30	21	8,5	0,7	0,7
	2500	4 30	6 50	59	21	15	9,0	0,9	1,1
	3000	5 55	9	96	16	12	9,7	1,3	1,5
	4000	9 15	13 45	209	10	7	11,6	2,1	2,8
	5000	13 15	19 40	374	7	5	14,4	3,4	5,2
	6000	18 10	27 30	632	5	4	18,1	5,4	9,5
	7000	25 5	38 40	1105	3	2	23,1	8,0	18,9
	500	0 30	0 55	2,1	500	165	8,0	0,1	0,1
	1000	1 20	2 5	8,5	76	54	8,1	0,2	0,3
	1500	2 25	3 25	19,5	44	31	8,4	0,4	0,5
Canon de 90mm.	2000	3 35	5	38	29	21	9,0	0,7	0,8
	2500	5	6 55	65	20	15	9,7	1,0	1,2
	3000	6 25	9	100	16	11	10,7	1,4	1,7
	4000	9 45	14 5	208	10	7	13,0	2,6	3,3
	5000	13 50	20 30	373	7	5	16,0	4,2	6,0
	6000	18 55	28 10	625	5	3	19,8	6,3	10,6
	7000	26	38 50	1050	3	2	24,4	9,3	19,6
	500	0 35	0 55	2,2	500	165	10,7	0,3	0,2
	1000	1 30	2 5	8,9	76	54	10,1	0,5	0,3
	1500	2 40	3 30	21	43	30	10,1	0,8	0,6
Canon de 95mm.	2000	3 55	5 15	40	28	20	10,2	1,1	0,9
	2500	5 15	7 15	68	20	14	10,9	1,4	1,4
	3000	6 55	9 40	108	15	10	11,8	1,9	2,0
	4000	10 35	15 10	225	9	6	13,8	2,9	3,7
	5000	15 15	21 55	410	6	4	16,2	4,3	6,5
	6000	21 5	"	"	"	"	20,7	6,9	"
	7000	28 30	"	"	"	"	31,7	11,5	"
	500	1 34	2 20	6	62	44	8,9	0,25	0,3
Canon de 80mm de mont.	1000	3 59	5 2	22	28	20	9,0	0,6	0,8
	1500	6 37	8 10	51	17	13	9,2	1,1	1,3
	2000	9 35	11 50	98	12	9	9,8	2,1	2,1
	2500	12 55	16 6	164	9	6	11,1	3,8	3,2
	3000	16 46	21 10	261	6	5	13,6	6,5	5,2
	4000	28 4	35 37	621	3	3	24,8	19,0	17,7

§ II. — MUNITIONS D'ARTILLERIE.

Charges. --- La poudre employée pour les canons de 80mm, 90mm et 95^{mm} est la *poudre de campagne* dite C$_1$. Les charges, préparées à l'avance, sont renfermées dans des sachets de toile amiantine.

Projectiles. — Les projectiles actuellement réglementaires sont : l'obus ordinaire, l'obus à balles et la boîte à mitraille, pour les canons de 80^{mm}, 90^{mm} et 95^{mm} ; l'obus à double paroi, pour le canon de 95^{mm}.

Le chargement intérieur des obus se fait avec la poudre MC$_{30}$; celui des obus à balles, avec la poudre F$_1$.

La boîte à mitraille de 95^{mm}, récemment adoptée, ne figure pas encore dans les approvisionnements de campagne.

Fusées. — Les obus ordinaires de 80^{mm}, 90^{mm} et 95^{mm} et l'obus à double paroi de 95^{mm} sont armés d'une fusée *percutante*.

Les obus à balles de 80^{mm}, 90^{mm} et 95^{mm} ont au contraire une fusée *à double effet*, à la fois percutante et fusante.

Renseignements sur les munitions.

PRINCIPAUX ÉLÉMENTS.			CANONS DE			
			80^{mm}		90^{mm}.	95^{mm}.
			de mont.	de camp.		
Charge de la bouche à feu.............			0^k,400	1^k,500	1^k,900	2^k,100
Obus ordinaire et obus à double paroi (*fusée percutante*.)	Poids...	de l'obus chargé.	5^k,000		7^k,950	10^k,950
		de la charge intérieure (1)......	0^k,240		0^k,280	0^k,370
	Nombre d'éclats utiles.	Obus ordinaire...	27		31	44
		Obus à double paroi..........			»	90
Obus à balles (*fusée à double effet*.)	Poids...	de l'obus chargé.	5^k,970		8^k,160	11^k,220
		de la charge intérieure......	0^k,150		0^k,200	0^k,150
	Nombre.	de balles........	93		92	104
		d'éclats utiles....	155		130	130
Boîte à mitraille.	Poids........		5^k,550		7^k,860	10^k,970
	Nombre de balles.........		85		123	186

(1) *Au minimum* : les obus doivent être remplis jusqu'au refus.

NOTA. — Les obus à balles de 80^{mm} et de 90^{mm} doivent être remplacés dans les approvisionnements de campagne par de nouveaux projectiles donnant respectivement 175 balles ou éclats pour le calibre de 80^{mm} et 250 pour celui de 90^{mm}.

Contenance des coffres et caisses à munitions transportés
dans les corps d'armée.

CALIBRE.		NOMBRE DE COUPS.					POIDS DU COFFRE	
		OBUS			BOÎTES à mi-traille.	TOTAL.	vide.	char-gé.
		ordin. (3)	à balles.	a double paroi.				
80mm de camp.	Avant-train d'affût (1)	14	13	"	2	29	100k	320k
	Autres coffres.......	15	14	"	"			
90mm de camp.	Coffres modèle 1840 (3) { Avant-train d'affût....	13	12	"	2	27	116	377.
	Autres coffres......	14	13	"	"			
	Coffres modèle 1880. { Avant-train Arrière-train.....	15	10	"	1(2)	26	"	"
		25	25	"	"	50		
95mm	Avant-train d'affût....	6	6	6	"	18	104	344
	Autres coffres........	8	8	8	"	24		420
80mm de mont.	Caisse à munitions...	4	2	"	1	7	15	55
	Coffre d'avant-train de chariot de batterie .	20	10	"	5	35	109	330

(1) L'affût porte en outre 2 boîtes à mitraille dans des gaines fixées sur l'essieu.
(2) Dans l'avant-train du caisson seulement.
(3) Dans les coffres modèle 1840 des *batteries*, les obus ordinaires sont remplacés par des obus à balles armés de fusées *percutantes*.

Les munitions sont expédiées par les établissements de l'artillerie en caisses blanches contenant chacune un certain nombre de coups complets (projectiles, gargousses et étoupilles) ; les boîtes à mitraille sont placées dans des caisses blanches spéciales, sans charges ni étoupilles.

Contenance des caisses blanches.

CALIBRE.	NOMBRE DE COUPS.					POIDS DE LA CAISSE	
	OBUS			BOÎTES à mi-traille.	TOTAL.	vide.	char-gée.
	ordin.	à balles.	à double paroi.				
80mm de campagne............	5	5	"	"	10	30	102
90mm de campagne............	4	4	"	"	8	30	112
95mm de campagne............	2	2	2	"	6	20	98
80mm de montagne............	8	4	"	"	12	24	75
Boîtes à mitraille....: { 80mm.	"	"	"	8	8	8	56
{ 90mm.	"	"	"	8	8	12	75

La poudre est expédiée soit en barils de 50 ou de 100 kilogr., soit dans des caisses en bois doublées de zinc contenant 50 kilogrammes.

Répartition des munitions dans le corps d'armée.

Approvisionnement des batteries.

NATURE DES PROJECTILES.	BATTERIES DE					
	80mm	90mm.			95mm.	80mm de mont.
	de corps.	de caval. indép.	Coffres mᵉ 1840.	Coffres mᵉ 1880.		
Obus { ordinaires.......	489	444	456(1)	450	252	480
à balles.........	455	414	423	375	252	240
à double paroi...	"	"	"	"	252	"
Boîtes à mitraille.	24	24	24	21	"	120
TOTAUX..........	969	882	903	846	756	840
Nombre de coups par pièce...	161,5	147	150,5	141	126	140

(1) Ou obus à balles percutants.

Dans les batteries de montagne d'Algérie, toutes les munitions sont portées à dos de mulet. Dans les batteries de montagne de France, on ne transporte ainsi que 54 coups par pièce; le reste des munitions est placé dans les chariots de parc.

Approvisionnement des sections de munitions et de parc.

DÉSIGNATION DES SECTIONS.	OBUS		BOÎTES à mitraille.	NOMBRE DE COUPS		
	ordinaires.	à balles.		total.	par batterie. (1)	par pièce.
Sections de munitions d'artillerie.						
Chaque section. { 80mm	149	139	4	292	97,3	16,2
90mm { avec coffres modèle 1840....	543	504	12	1059	75,6	12,6
avec coffres modèle 1880....	525	450	18	993	70,9	11,8
Les 4 sections ensemble. { 80mm	596	556	16	1168	389,3	64,9
90mm { avec coffres modèle 1840	2172	2016	48	4236	302,5	50,4
avec coffres modèle 1880	2100	1800	72	3972	283,7	47,3

(1) Les sections concourent au ravitaillement de 14 batteries de 90mm et de 3 batteries de 80mm, dont 1 attelée à la cavalerie indépendante.

DÉSIGNATION DES SECTIONS.		OBUS		BOITES à mitraille.	NOMBRE DE COUPS		
		ordinaires.	à balles.		total.	par batterie.	par pièce.
Sections de parc.							
Chacune des sections n°' 1, 2 et 3.	80mm	194	181	4	379	126,3	21
	90mm	795	738	12	1545	110,3	18,4
La section n° 4.	80mm	"	"	24(1)	24	8	1,3
	90mm	630	585	48(1)	1263	90,2	15
Les 4 sections ensemble.	80mm	582	543	36	1161	387	64,5
	90mm	3015	2799	84	5808	421,3	70,2

(1) En caisses blanches dans un chariot de parc (3 caisses de 80mm et 6 caisses de 90mm).

Si des batteries de montagne ou des batteries de 95mm devaient accompagner des troupes de campagne, on assurerait leur ravitaillement au moyen de sections de munitions spéciales.

Les batteries de montagne d'Algérie n'ont, en principe, que les munitions qu'elles portent avec elles.

Approvisionnement total de chaque batterie de corps d'armée.

CALIBRE DES BATTERIES.		OBUS		BOITES à mitraille.	NOMBRE TOTAL DE COUPS	
		ordinaires.	à balles.		par batterie.	par pièce.
Batterie de 80mm.	A la batterie	489	456	24	1 745,2	291
	Aux sections de munitions	198,6	185,3	5,3		
	Au parc	194	181	12		
	Total	881,6	822 3	41,3		
Batterie de 90mm (Coffres modèle 1840).	A la batterie	456(1)	423	24	1 626,8	271
	Aux sections de munitions	155,1	144	3,4		
	Au parc	215,3	200	6		
	Total	826,4	767	33,4		
Batterie de 90mm (Coffres modèle 1880).	A la batterie	450	375	21	1 551,0	258
	Aux sections de munitions	150	128,6	5,1		
	Au parc	215,3	200	6		
	Total	815,3	703,6	32,1		

(1) Ou obus à balles percutants.

Les batteries de 80^{mm} attachées aux *divisions de cavalerie indépendantes* n'ayant que 8 caissons, sont approvisionnées seulement à 1658 coups, savoir : 836,6 obus ordinaires, 780,3 obus à balles et 41 boîtes à mitraille, soit *en tout* 276 coups par pièce, y compris les munitions qui leur sont destinées dans les approvisionnements des corps d'armée.

Grand parc.

Le parc d'armée ou grand-parc comprend *une division de grand parc* pour chacun des corps d'armée dont l'armée se compose, et, en outre, *une réserve* pour l'entretien du matériel et pour divers approvisionnements spéciaux.

Chaque division de grand parc est pourvue d'un *équipage de transport* : 38 chariots de parc, 2 forges, 2 chariots-fourragères.

Toutes les munitions sont en caisses blanches ; elles sont réparties dans chaque division en *5 échelons* ou *sections de munitions de grand parc,* de composition identique. L'équipage de transport permet de mettre sur roues la moitié des munitions du premier échelon. Chaque échelon représente environ 18 cartouches par homme, 27 coups par pièce de 80^{mm} et 25 coups par pièce de 90^{mm}; soit, pour tout le grand parc, 91 cartouches par homme et 130 coups par pièce.

Les caisses blanches d'un échelon forment, dans chaque division, un poids total d'environ 29000 kilogrammes. Si certaines batteries avaient à servir des bouches à feu d'un calibre spécial, on adjoindrait au grand parc *une division supplémentaire* organisée en conséquence.

CHAPITRE III. — OUTILS, DYNAMITE ET ENGINS DIVERS.

Nota. — Chaque voiture d'équipages attelée soit par les corps, soit par les trains, porte une paire de traits de rechange et une ferrure complète pour chacun des chevaux qui l'attellent.

Les animaux de bât portent aussi leur ferrure de rechange.

Les voitures attelées et les mulets conduits par l'artillerie, le génie et le train des équipages sont, en sus de l'outillage porté aux tableaux suivants, munis de tous les outils et rechanges nécessaires pour assurer la réparation du matériel.

§ Ier. — INFANTERIE (1).

Chaque compagnie d'infanterie est pourvue d'un assortiment d'outils portatifs répartis entre les hommes (3 outils, dont 1 outil

---

(1) Une modification de l'outillage actuel est à l'étude.

de destruction ou 1 pioche et 2 bèches par escouade), et d'un chargement d'outils pour animal de bât. Ce chargement, y compris le bât, les vivres et le sac du conducteur, pèse 130 kilogrammes.

En outre, une voiture d'outils à pionniers est attribuée à chaque régiment, et chaque caisson à cartouches de bataillon porte quelques outils.

Outillage d'un régiment.

OUTILS.	UNE COMPAGNIE. Hommes	Animal de bât.	SAPEURS.	POURVOYEURS de MUNITIONS.	CAISSON de BATAILLON.	VOITURE RÉGIMENTAIRE d'outils.	TOTAL pour LE RÉGIMENT
Outils portatifs. Bêches.........	32	"	"	"	",	"	383
Pioches........	8	"	"	"	"	"	96
Pics..........	4	"	"	"	"	"	48
Haches........	3	4	"	6	"	"	42
Scies articulées...	1	"	1(a)	3(b)	"	"	16
Pelles..... rondes.........	"	12	"	"	1	50	278
carrées.........	"	"	"	"	2	"	6
Pioches..................	"	8	"	"	1	25	181
Pics..................	"	"	6	"	"	"	6
Haches...............	"	"	6	"	1	20	29
Serpes...............	"	"	"	"	"	20	20
Scies passe-partout...........	"	"	"	"	"	4	4
Pinces...............	"	"	"	"	"	3	3
TOTAUX........	48	30	13	9	11	122	1113

(a) Portée par le caporal sapeur.
(b) Portées par les sergents chefs de caisson.

Les 1113 outils du régiment se décomposent en 945 outils de terrassier et 168 outils de destruction.

La voiture régimentaire d'outils porte en outre une caisse d'outils d'art pour mineurs et ouvriers en fer et en bois, et une caisse à ferrures de rechange pour animaux de bât.

La caisse d'outils du chef armurier se place sur la voiture de l'état-major; elle a 1m,50 de long, 0m,30 à 0m,35 de côté. Son poids est de 40 kilog. vide, 100 à 110 kilog. chargée.

§ II. — CAVALERIE.

Dans chaque escadron, 4 sous-officiers sont munis de scies articulées.

Chaque cavalier porte un pétard de dynamite de 100 grammes; les sous-officiers et brigadiers portent les artifices et outils nécessaires pour la mise du feu : amorces, cordeau Bickford, briquets, amadou, etc.

Le chargement du chariot de dynamite attribué à chaque division de cavalerie indépendante est le même que celui des chariots de dynamite du parc d'artillerie (voir § III ci-après).

Dans chaque régiment, le chef armurier a une caisse d'outils identique à celle de l'infanterie, portée par la voiture de l'état-major

§ III. — ARTILLERIE.

OUTILS ET ENGINS.	BATTERIE			SECTION de munitions		CHAQUE section de parc		ÉQUIPAGE de pont de corps d'armée.
	montée ou à cheval.	de montagne.						
		France.	Algérie.	d'infanterie.	d'artillerie.	N° 1, 2 et 3.	N° 4. (h)	
Boussoles,............	1	n	n	n	n	1	v	n
Longues-vues..........	1	1	1	n	n	1	n	n
Télomètres...........	1	1	1	c	1 n	1	n	d
Niveaux (de pointage)...	6	6	6	n	4	4	n	3
Crics,..............	1	n	n	1	1	1	2	3
Hachettes............	6	n	n	n	4	4	n	n
Haches diverses........	(a) 8	7	15	9	8	10	54	30
Cognées.............	n	n	n	n	n	n	15	4
Serpes..............	6	4	12	6	6	n	40	14
Pelles... { rondes	(b) 35	9	18	29	13	33	225	25
{ carrées......	(c) 6	6	18	5	4	7	47	20
Pioches	(d) 36	15	36	35	18	41	129	23
Pics à roc...........	n	n	n	n	n	n	20	n
Scies.... { passe-partout.	(f) 3	n	n	5	5	6	7	4
{ articulées....	6	n	n	n	4	4	n	n
{ de long	n	n	n	n	n	n	3	4
{ diverses	2	2	6	2	2	1	18	10
Faux................	2	n	n	2	2	2	2	2
Faucilles............	20	n	n	20	20	20	20	20
Lanternes claires.......	1	4	4	1	1	1	4	2
Demi-flam- { blancs...	11	n	n	11	11	n	n	n
beaux de 18mm { rouges..	11	n	n	11	11	n	n	n
Flambeaux { de 18mm..	20	n	n	20	20	n	240	360
blancs 'g). { de 40mm..	2	n	n	2	2	n	20	30
Collections de campement pour les chevaux......	10 { (i) 3 15	{ (i) 39		18	11	19	17	15

(a) 11, (b) 47, (c) 9, (f) 9 dans les batteries attachées à la cavalerie indépendante.
(d) 30 dans les batteries de 80mm de corps, 39 dans celles de la cavalerie indépendante.
(g) Les flambeaux de 18mm équivalent à 10 becs Carcel et durent 25 minutes; ceux de 40mm équivalent à 260 becs et durent 18 minutes.
(h) Transporte 3 caisses d'outils d'armurier.
(i) Du modèle de la cavalerie.

Un chariot de parc de la 4ᵉ section de parc transporte 2 caisses
à poudre de 5o kilogrammes (*poudre* C₁).

Cette même section comprend aussi 2 chariots de dynamite, dont
chacun porte le chargement suivant : *dans l'avant-train*, 3oo signaux
à percussion, 216o amorces, 24 briquets, 2 kilogrammes de clous.
1 kilogramme de ficelle, 12 marteaux, 12 pinces de treillageur; *dans
l'arrière-train*, 10 caisses à dynamite renfermant chacune 15o pétards de 100 grammes, 8o mètres de cordeau Bickford, et
15o grammes d'amadou; soit en tout 15o kilogrammes de dynamite
et 8oo mètres de cordeau.

Le chef armurier de l'artillerie de corps marche avec le premier groupe de batteries et place sa caisse d'outils sur la voiture
de l'état-major de ce groupe. Le chef armurier du régiment
divisionnaire reste au dépôt.

Équipages de pont.

L'équipage de pont de corps d'armée comprend deux divisions
d'équipage et une réserve.

Pour les voitures, voir 1ʳᵉ partie, § IV, page 23; total, 48 voitures.

Chaque division d'équipage permet de construire un pont de
64 mètres environ; elle est formée de sept sections : 1 de culées,
1 de chevalets, 4 de bateaux, 1 de forge.

Section de culées : 1 haquet et 1 chariot de parc portant la nacelle, les corps-morts, poutrelles, madriers, outils et agrès nécessaires pour 2 culées.

Section de chevalets : 1 haquet et 1 chariot de parc portant
2 chevalets complets, les poutrelles, madriers, etc., pour 2 travées
de chevalets.

Section de bateaux : 2 haquets et 1 chariot de parc portant 2 bateaux, avec les ancres, cordages, poutrelles, madriers, etc. pour
2 travées de bateaux.

Section de forge : 1 forge outillée et 1 chariot de parc contenant
les approvisionnements et rechanges nécessaires pour une division.

Réserve : 1 haquet et 1 chariot de parc portant le complément
des approvisionnements et rechanges.

Chaque division d'équipage est pourvue des engins nécessaires
pour l'établissement d'une traille.

L'équipage de pont d'armée se compose de la réunion de 2 équipages de corps d'armée : total, 96 voitures, plus 1 voiture de cantinière.

Dimensions du matériel.

MATÉRIEL.		LON-GUEUR.	LAR-GEUR.	HAU-TEUR.	POIDS.	TIRANT D'EAU.
		m	m	m	k	m
Bateau........................		9,43	1,76	0,785	660	0,10(1)
Nacelle........................		9,08	1,57	0,490	450	0,08
Corps-mort....................		4,10	0,16	0,16	56	"
Chevalet.....	Chapeau	5,37	0,16	0,23	99	"
	Pied............	3,00	0,15	0,09	20	"
Poutrelle....	ordinaire........	8,00	0,12	0,12	55	"
	de culée........	6,30	0,12	0,12	43	"
	à griffes........	6,00	0,12	0,12	44	"
Madrier.......................		3,90	0,33	0,04	24	"
Ancre.........................		1,62	0,90	"	65	"

(1) 0m,35 pour le bateau chargé de 25 fantassins avec armes et bagages.

§ IV. — GÉNIE.

L'outillage des troupes et des parcs comprend les outils portés par les hommes, les parcs de compagnie, les parcs de demi-compagnie d'ouvriers de chemins de fer, les parcs de corps d'armée et les parcs d'armée.

L'outillage des hommes et des parcs de compagnie est composé d'une manière identique dans les compagnies divisionnaires et dans la compagnie de réserve du corps d'armée.

Dans les compagnies d'ouvriers de chemins de fer, les hommes ne portent pas d'outil, et le parc est sectionné en deux parcs de demi-compagnie.

Chaque parc comprend, indépendamment des objets détaillés ci-dessous, des collections complètes d'outils de maçon, d'ouvrier en bois et en fer, de mineur, d'artificier, des appareils d'éclairage, des instruments de lever et de nivellement, des cordages et agrès de pont, etc., en quantités proportionnées à l'importance du parc.

Caisse de bât. — 210 pétards ou cartouches de 100gr et 36 pétards de 22gr,5 de dynamite (dits *pétards de 20gr*). Cordeau instantané et cordeau Bikford. En tout, 21k,8 de dynamite par caisse, soit 43k,6 par mulet. Les objets nécessaires pour la mise de feu par l'électricité sont portés par les voitures de sapeurs-mineurs.

Voiture de sapeurs montés. — 270 cartouches ou pétards de 100gr et 72 pétards de 22gr,5, avec les outils et appareils de mise de feu. En tout 28k,6 de dynamite. La voiture peut transporter 6 hommes armés.

Caisson à dynamite. — 16 caisses contenant chacune 244 pétards ou cartouches de 100gr et 33 pétards de 22gr,5; soit 25k,1 de dynamite. Total pour le caisson, 402ᵏⁱˡ,3 de dynamite, plus les appareils de mise de feu.

Caisson à poudre. — 4 caisses de 50ᵏⁱˡ; 6 caisses de bât de 30ᵏⁱˡ; 12 caisses en cuivre de 10ᵏⁱˡ. Total, 500ᵏⁱˡ de poudre.

DESIGNATION.	COMPAGNIE divisionnaire ou de réserve.		PARC de demi-comp.ie d'ouvriers de chem. de fer.	PARC de corps d'armée.	PARC d'armée.
	Hommes.	Parc.			
1° — Outils et engins.					
Haches....................	38	24	12	210	856
Pelles .... rondes	50	200	68	1050	4200
carrées	»	200	4	172	722
Pioches....................	50	100	55	531	2127
Pics à tête...................	»	6	4	35	160
Serpes....................	12	30	12	315	1260
Chargements d'outils d'ouvrier d'art....	16	»	»	»	»
Outils portatifs. Bêches................	»	»	,	320	640
Haches................	4	»	»	50	108
Pelles rondes	»	»	»	10	20
Pioches................	»	»	»	90	180
Pics.................	»	»	»	45	90
Scies .... articulées.................	2	»	4	20	40
passe-partout	»	2	5	28	38
de long	4	»	1	»	8
diverses................	2	10	18	1	54
Cognées....................	»	4	8	»	22
Louchets....................	»	»	»	»	63
Faux....................	»	2	2	3	5
Crics....................	»	2	2	4	23
Lanternes	»	4	8	4	40
Flambeaux de 18ᵐᵐ..............	»	20	10	50	200
Sacs à terre....................	»	20	100	200	9800
Clefs à tire-fonds ....'...........	»	2	8	»	»
Collections de campement pour les chevaux......................	»	2	4	7	32
2° — Voitures et caisses pour explosifs.					
Caisses de bât...................	»	4	»	»	»
Voitures de sapeurs montés.............	»	»	2	»	»
Caissons à dynamite..............	»	»	»	1	3
Caissons à poudre...............	»	»	1	»	1
3° — Matériel de pont.					
Gabarits de chevalets rapides..........	»	2	1	4	16
Demi-bateaux avec ancres	»	»	»	»	2
Chevalets....................	»	»	»	»	6
Poutrelles à griffes..................	»	»	»	»	36
Madriers....................	»	»	»	»	150
Demi-madriers	»	»	»	»	30
Corps-morts....................	»	»	»	»	3
Sonnette	»	»	»	»	1

§ V. — TRAIN DES ÉQUIPAGES.

OUTILS ET ENGINS.	COMPAGNIES				DÉTACHEMENT de la Cie n° 6.	
	n°s 1 et 3.	n° 2.	n° 4.	n° 5.	Quarti^r général d'armée.	Division de caval. indép.
Haches à tête.................	2	2	2	4	2	1
Pelles........................	24	27	19	12	26	4
Pioches.......................	24	27	19	12	26	4
Cric..........................	1	1	1	"	1	"
Faux..........................	2	2	2	"	2	2
Faucilles.....................	"	"	"	203	"	"
Seaux d'abreuvoir.............	49	39	37	25 (1)	18	6
Collections de camp^t pour les chev^x	25	22	19	14	12	3
Caisse d'outils du brig. armurier..	"	1	"	"	"	"

(1) En toile.

§ VI. — SERVICE TÉLÉGRAPHIQUE.

OUTILLAGE.	SECTION de 1re ligne.	PARC télégraphique.	SECTION d'étapes et de chemins de fer.	DIRECTION générale.	DIVISION de cavalerie.	
					Chaque régiment.	En réserve.
1° — Matériel technique.						
Appareils.. d'éclairage...........	4	"	2	2	"	"
Morse portatifs.....	8	11	12	6	"	2
optiques...........	3	4	"	1	"	2
de déroulement.....	"	"	"	"	2	2
Jumelles......................	3	5	"	3	"	"
Montres.......................	2	2	1	1	"	"
Parleurs......................	10	11	9	6	2	2
Piles portatives..................	14	17	18	10	"	4
Sonneries.....................	6	5	8	3	"	"
Téléphones....................	4	4	8	6	2	6
Câble..... de campagne..kilom.	42	66	2	4	"	"
léger.........kilom.	8	12	"	10	2	10
sur bobines...kilom.	6	15	"	1,5	"	"
Fil nu.... Couronnes.........	8	2	3	2	"	"
Kilomètres.........	"	"	12	"	"	"
Échelles......................	12	11	4	4	"	"
Perches.......................	526	250	200	14	"	"
Brouettes à dérouler.............	1	1	1	1	"	"

OUTILLAGE.	SECTION de 1re ligne.	PARC télégraphique.	SECTION d'étapes et de chemins de fer.	DIRECTION générale.	DIVISION de cavalerie.	
					Chaque régiment.	En réserve.
2° — Outils.						
Haches.....................	4	3	1	1	2	2
Hachettes.................	4	2	1	1	"	"
Serpes.....................	4	1	1	1	"	"
Couteaux..................	40	35	12	12	6	6
Pelles.....................	6	3	4	1	"	"
Pioches...................	11	4	3	3	"	"
Scies......................	4	1	1	1	"	"
Scies articulées...........	"	"	"	"	2	2
Masses en fer..............	6	2	"	1	"	"
Barres à mine.............	5	2	4	"	"	"
Collections d'outils divers........	1	1	1	1	1	1
Lanternes { sourdes...........	3	6	1	1	2	2
{ avec inscriptions....	3	5	8	3	"	"

§ VII. — SERVICE DES SUBSISTANCES.

1° — Mobilier affecté aux troupes mobilisées.

Ce mobilier comprend pour un corps d'armée :

Un matériel de marche ;

Une boulangerie de campagne ;

Un matériel de complément.

Les divisions de cavalerie indépen^tes n'ont qu'un *matériel de marche.*

Matériel de marche. — Ce matériel, réparti de la manière suivante dans chaque corps d'armée ou division de cavalerie indépendante, est transporté sur les voitures des trains régimentaires et des convois administratifs.

NATURE DU MATÉRIEL.	CORPS D'ARMÉE.			DIVISION de cavalerie indépendante.
	Pour les deux divisions d'infanterie.	Quartier général et troupes non endivisionnées.	Total.	
Séries de marche.....................	4	4	8	3
Séries régimentaires d'outils de boucher.....	10	6	16	9
Petits outillages pour officiers d'approvis^ment...	28	19	47	19
Paires de cantines de comptabilité...........	4 (1)	8 (1)	12	2 (1)
Petits prélarts.....................	16	16	32	"

(1) Paires de cantines simples ou à compartiments, moitié de chaque espèce.

Une *série de marche* se compose d'une caisse contenant la collection des objets nécessaires pour l'exécution journalière du service : appareils d'abatage, ustensiles et outils, romaines, balances et mesures pour les distributions, etc.

La caisse chargée pèse 104 kilogrammes.

Une *série régimentaire d'outils de boucher* se compose d'une caisse contenant les ustensiles et outils nécessaires pour abattre, saigner, dépouiller et dépecer les animaux : son poids est de 12 kilogrammes. Chaque régiment d'infanterie ou de cavalerie est pourvu d'une de ces séries ; l'artillerie de corps en a une également.

Un *petit outillage* pour officier d'approvisionnement comprend la collection des objets nécessaires pour la répartition des denrées entre les parties prenantes : peson, marteau, couteaux, aiguilles, tenailles, etc. Chaque collection, enfermée dans un sachet en forte toile avec deux exemplaires de la notice relative aux officiers d'approvisionnement, est placée sur les fourgons à vivres. Son poids est de $2^k,300$.

Les *prélarts* qui servent à protéger les denrées pendant les marches sont aussi utilisés comme tentes à distribution.

Boulangerie de campagne. — La boulangerie de campagne se compose de 18 fours roulants, avec les pétrins et les ustensiles nécessaires à leur fonctionnement, 6 tentes-baraques, 6 tentes à distribution et 3 cantines de comptabilité. Son poids total est de 19600^{kil}, non compris les fours roulants.

On peut faire en un jour et dans chaque four 12 fournées de 160 rations ; en tout 34560 rations pour la boulangerie.

Matériel de complément. — Ce matériel, laissé dans la station-magasin à la disposition du corps d'armée, comprend 140 barils en bois, 1 brûloir et 1 moulin à café de magasin, 9 collections d'ustensiles d'armement de fours, 6 tentes-baraques, 6 tentes à distribution, 2 grands prélarts et 2000 sacs. Poids total, 14000 kil.

2° — Mobilier de mobilisation et de concentration.

Le mobilier destiné à assurer l'alimentation des troupes pendant la période de mobilisation et de concentration comprend :

Le mobilier de *mobilisation*, constitué uniquement par des fours en tôle portatifs, pour suppléer à l'insuffisance des fours en service dans les places de mobilisation ;

Le mobilier des *stations halte-repas* : une collection complète de matériel d'exploitation de station, ustensiles de table et de cuisine, mais non compris le gros matériel de cuisine et de réfectoire (fourneau, marmite, percolateur, bancs et tables), est renfermée dans 21 caisses et 5 ballots, plus quelques objets en vrac : poids total, 4300 kilog. ;

Le mobilier de *concentration* nécessaire aux fabrications et aux distributions à faire aux corps d'armée concentrés ; il se divise, pour *chaque corps d'armée*, en 1 collection de matériel *de centre de fabrication* et 3 collections de matériel de *centre de distribution*.

Un matériel de *centre de fabrication* comprend 2 séries de marche, 2 séries de station des vivres, 8 fours portatifs en tôle avec armements et rechanges, 10 brûloirs à café, 56 travées d'étagères mobiles, des tôles de rechange, des prélarts et 6 tentes-baraques ; poids total, 22400 kilog. Un four en tôle peut donner par jour 12 fournées de 180 rations ; on peut donc compter sur 17280 rations par centre de fabrication, plus le rendement de la boulangerie de campagne.

Un matériel de *centre de distribution* se compose de 2 séries de marche, 2 séries régimentaires d'outils de boucher, 2 petits outillages pour officier d'approvisionnement, 1 moulin à café de magasin, des barils et outils de tonnelier et 2 tentes-baraques ; poids total, 3350 kilog.

3° — Mobilier des stations-magasins et des stations têtes d'étapes de guerre.

Le matériel d'une *station-magasin* comprend des séries de marche, une série de station pour chacun des services des vivres, des vivres-viande et des fourrages, des outils et pièces nécessaires pour fours de construction avec les armements correspondants, des brûloirs et moulins à café de magasin, des tentes-baraques, des barils et outils de tonnelier, des outils pour ateliers de confection et de réparation. Poids du matériel pour les besoins de deux corps d'armée, 25400 kilog.

Le matériel d'une *station tête d'étapes de guerre* comprend, par corps d'armée, des séries de marche, des fours portatifs en tôle avec armements et rechanges, un moulin à café de magasin, des barils et outils de tonnelier et des tentes-baraques ; poids total, 8600 kil.

CHAPITRE IV. — HABILLEMENT, ÉQUIPEMENT, CAMPEMENT ET HARNACHEMENT.

§ Ier. — BAGAGES DES OFFICIERS.

Nombre de caisses à bagages allouées. — Colonel, 4 (dont 1 de comptabilité). — Lieutenant-colonel, 3 (4 s'il est sous-chef d'état-major d'un corps d'armée). — Chef de bataillon, d'escadron ou assimilé, 2 (3 s'il est chef d'état-major d'une division). — Officier subalterne, employé militaire ayant titre, rang ou état d'officier, aumônier, aide-vétérinaire stagiaire, ouvrier d'état, gardien de batterie, élève d'administration, interprète auxiliaire, sous-chef de musique, 1. — Médecin auxiliaire, adjudant de bataillon, de compagnie ou de batterie, vaguemestre et chef armurier, 1 caisse pour deux.

Chargement de la caisse à bagages d'un officier subalterne. — 1 pantalon, 1 tunique ou dolman, 1 paire de chaussures, 4 paires de chaussettes, 2 caleçons, 3 chemises, 4 mouchoirs, 3 serviettes, 1 couverture, 1 képi, 1 ceinture de flanelle, objets de toilette. - Dimensions de la caisse : $0^m,670$ sur $0^m,325$ et $0^m,250$. Poids maximum de la caisse vide, 5 kilog. *Les capitaines ont droit à 6 kilog. de supplément.* Les officiers et adjudants des troupes à pied sont en outre autorisés à se pourvoir d'une sacoche.

Cantines à vivres. — Elles sont allouées à raison de 1 pour 4 ou 5 officiers ; 4 à l'état-major d'un corps d'armée, 2 à celui d'une division d'infanterie, 2 à l'état-major de l'artillerie ou du génie d'un corps d'armée, 3 à celui d'une division de cavalerie, et 1 à celui d'une brigade d'infanterie ou de cavalerie.

La cantine renferme 2 rations de vivres (3 kilog. environ par officier) et le matériel suivant : 1 lanterne, 1 bougeoir, 1 moulin à café, 3 boîtes carrées, 3 bidons carrés, 1 marmite, 1 gril, 4 timbales, 1 poivrière, 1 salière, 1 bouillotte, 1 poêle à frire, 1 écumoire, 1 cuiller à pot, 6 assiettes en fer blanc, 6 fourchettes, 6 grandes cuillers, 2 couteaux de table, 1 couteau de cuisine, 1 tire-bouchon.

Dimensions de la caisse : $0^m,750$ sur $0^m,340$ et $0^m,450$. La caisse pèse 20 kilog. avec les ustensiles, sans les vivres.

§ II. — TROUPE (1).
ÉNUMÉRATION DES EFFETS EMPORTÉS EN CAMPAGNE.
1° — Infanterie.

Chaque homme : 1 livret individuel, 1 capote avec courroie, 1 veste (tunique pour les sous-officiers), 1 pantalon de drap, 1 képi, 2 chemises, 1 ceinture de flanelle, 1 caleçon, 1 paire de bretelles, 1 cravate, 1 paire de brodequins, 1 paire de souliers, 1 paire de guêtres en toile, 2 mouchoirs, 1 calotte de coton, 1 savon, 1 trousse garnie, 1 cuiller, 1 havresac, 2 sachets à vivres, 1 gamelle individuelle, 1 petit bidon, 1 quart, 1 étui-musette.

Chaque homme armé du fusil : 1 ceinturon, 2 cartouchières, 1 bretelle et 1 bouchon de fusil.

---

(1) Voir, pour la tenue de campagne en Afrique, l'appendice, page 98.

Chaque homme armé du revolver avec sabre Z : 1 ceinturon, 1 étui et 1 courroie de revolver.

Chaque homme armé du revolver : 1 étui et 1 courroie de revolver.

Chaque homme armé du sabre Z : 1 ceinturon.

Chaque escouade : 4 jeux de brosses (à graisse, à chaussures, à fusil et à habits), 4 boîtes à graisse, 4 gamelles et 4 marmites de campement, 4 sacs à distribution, 4 seaux en toile, 4 nécessaires d'armes, 1 moulin à café.

— Le sergent-major chef artificier et les conducteurs de caisson de bataillon reçoivent des effets d'hommes montés : pantalon de cheval, manteau, bottines éperonnées.

Nota. — La couverture n'est allouée, pour les campagnes en Europe, qu'à certains corps de troupes chargés de missions spéciales. Cette observation s'applique à toutes les armes.

2° — Cavalerie.

Chaque homme : 1 livret individuel, 1 tunique avec épaulettes ou 1 dolman, 1 pantalon de cheval, 1 pantalon de treillis, 1 bourgeron, 1 képi, 1 shako avec pompon ou 1 casque, 1 manteau avec courroie, 1 porte-manteau, 1 ceinture de flanelle, 2 chemises, 2 caleçons, 2 paires de bottes, 2 cravates (2 cols pour les cuirassiers), 1 calotte de coton, 2 mouchoirs, 1 paire de bretelles, 1 paire de gants, 1 cache-éperons, 2 paires de sous-pieds de rechange, 1 étui-musette, 1 jeu de brosses (à habits, à cirage, à fusil, à lustrer, à boutons), 1 boîte à graisse, 1 fiole de tripoli, 1 patience, 1 savon, 1 trousse garnie, 2 sachets à vivres, 1 gamelle individuelle, 1 cuiller, 1 petit bidon, 1 quart, 1 ceinturon, 1 dragonne, 1 nécessaire d'armes (brigadiers seuls), 1 selle et bride complète, 1 sac à distribution, 1 musette de pansage, 1 étrille, 1 torchon-serviette, 1 éponge, 1 paire de ciseaux, 1 corde et 1 filet à fourrages, 1 musette-mangeoire, 4 fers, 32 clous, 1 couverture, 1 bissac, 1 surfaix, 1 entrave, 1 piquet, 1 hachette (chaque brigadier ou cavalier de 1re classe).

Chaque homme armé de la carabine : 1 giberne, 1 bretelle, 1 bouchon et 1 botte de carabine.

Chaque homme armé du revolver : 1 étui et 1 courroie de revolver. Les cuirassiers ont une cartouchière.

Pour 2 hommes : 1 seau en toile ou, à défaut, 1 bidon pour 4 hommes.

Pour 4 hommes : 1 marmite de campement.

Pour 15 hommes : 1 moulin à café.

Les sous-officiers ont un sifflet avec cordon d'attache (et étui pour les cuirassiers).

Les hommes non montés reçoivent 1 paire de brodequins en remplacement d'une paire de bottes.

3° — Artillerie.

Les sous-officiers, fourriers, maréchaux et trompettes des batteries montées et de montagne, des sections de munitions et de parc, les brigadiers, bourreliers, conducteurs des batteries montées et de ces mêmes sections, les ordonnances d'officier et conducteurs de voitures des batteries de montagne de France, le personnel complet des batteries à cheval, sont habillés, armés et équipés en *hommes montés*. Les adjudants et maréchaux des logis chefs des bataillons de forteresse, des batteries à pied d'Algérie, des pontonniers, des compagnies d'ouvriers et d'artificiers, sont équipés et armés en *hommes montés* et habillés en *hommes non montés*.

Le reste du personnel de l'artillerie est habillé, armé et équipé en *hommes non montés*, y compris les maréchaux des logis et fourriers des bataillons de forteresse, des batteries à pied d'Algérie, des pontonniers et des compagnies d'ouvriers et d'artificiers.

Chaque homme monté ou non monté : 1 livret individuel, 1 veste (dolman pour les sous-officiers et les fourriers), 1 bourgeron (veste galonnée pour les sous-officiers et fourriers), 1 pantalon de treillis (troupe), 1 képi, 1 capote ou manteau avec courroie, 1 ceinture de flanelle, 1 paire de bretelles, 2 caleçons, 2 chemises, 1 cravate, 2 mouchoirs, 1 calotte de coton, 1 ceinturon, 1 petit bidon, 1 quart, 1 cuiller, 1 étui-musette, 1 gamelle individuelle, 2 sachets à vivres, 1 boîte à graisse, 1 jeu de brosses (à boutons, à décrotter, à fusil, à habits, à lustrer), 1 fiole à tripoli, 1 patience, 1 savon, 1 trousse garnie.

Chaque homme non monté : 1 pantalon d'ordonnance, 1 paire de brodequins, 1 paire de souliers, 1 paire de guêtres en toile, 1 havresac, 1 sac de petite monture, 1 bretelle et 1 bouchon de mousqueton, 1 cartouchière, 1 jeu d'effets de pansage comme ci-dessous (conducteurs de mulets des batteries de montagne), 1 sac à distribution pour 4 hommes.

Chaque homme monté : 1 pantalon de cheval, 1 pantalon d'ordonnance (sous-officiers et fourriers), 2 paires de bottes, 1 cache-éperons, 1 paire de gants, 1 dragonne, 1 étui et cordon de revolver, 1 fouet (conducteurs), 1 porte-manteau, 1 petite besace, 1 jeu d'effets de pansage (ciseaux, corde à fourrage, éponge, torchon-serviette, étrille, musette, sac à avoine), 2 paires de sous-pieds de rechange, 1 courroie d'ustensiles de cavalerie (pour 4 hommes).

Les hommes *haut le pied* n'ont pas d'effets de pansage, mais seulement une musette ; ils reçoivent une paire de souliers avec guêtres en toile en remplacement d'une paire de bottes; leurs effets sont paquetés au moyen de bretelles porte-effets.

Les sous-officiers n'ont ni musette, ni effets de pansage, sauf l'éponge.

Pour 2 hommes montés ou 4 non montés : 1 seau en toile ou, à défaut, 1 grand bidon pour 4 hommes.

Pour 4 hommes : 1 nécessaire d'armes, 1 gamelle et 1 marmite de campement avec étui.

Pour 15 hommes : 1 moulin à café.

Par cheval : 1 bissac, 4 fers, 32 clous, 1 musette-mangeoire, 1 surfaix, 1 harnachement complet.

4° — Génie.

Les sapeurs-mineurs et les ouvriers militaires de chemins de fer sont habillés et équipés comme l'infanterie; toutefois chaque homme emporte 1 jeu de brosses, 1 boîte à graisse, 1 nécessaire d'armes.

Les sapeurs-conducteurs sont habillés et équipés comme les hommes montés de l'artillerie ; mais les cadres seuls, brigadiers compris, ont le revolver avec étui; les conducteurs ont 1 carabine avec bouchon, bretelle, botte et courroie de carabine et 1 giberne. Chaque homme a 1 nécessaire d'armes.

5° — Train des équipages.

Les soldats conducteurs de voitures en guides ou à pied, les soldats conducteurs de mulets, une partie des hommes haut le pied, les bourreliers et ouvriers, sont habillés et équipés comme les hommes non montés de l'artillerie, sauf que le havresac et la cartouchière sont remplacés par le porte-manteau et la giberne; ils sont munis d'effets de pansage et d'un fouet : on donne une hachette de campement pour 8 hommes.

Les hommes gradés, et tous ceux qui ne sont pas compris dans la catégorie ci-dessus, emportent les mêmes effets que les sapeurs conducteurs; ils ont 1 nécessaire d'armes pour 4 hommes et 1 hachette pour 8 hommes.

6° — Secrétaires d'état-major, commis et ouvriers d'administration, infirmiers.

Comme l'infanterie, sauf pour les infirmiers, qui ne sont pas pourvus des objets d'équipement nécessaires aux armes à feu. Les ouvriers ont le bourgeron au lieu de la veste, et un pantalon de toile. Les hommes armés de la carabine n'ont qu'une cartouchière.

Les secrétaires montés sont habillés et équipés comme les cavaliers armés du revolver; ils ont un pantalon d'ordonnance et une veste au lieu du pantalon de treillis et du bourgeron; ils sont munis d'un portefeuille.

7º — Gendarmerie.

Gendarmes à pied et à cheval : 1 livret individuel, 1 tunique avec trèfles, 1 képi, 1 ceinture de flanelle, 2 cravates, 2 chemises, 3 mouchoirs, 2 caleçons, 2 paires de chaussettes, 1 paire de bretelles, 2 paires de gants, 1 ceinturon, 1 bretelle et 1 bouchon de carabine, 1 courroie de revolver, 1 nécessaire d'armes, effets de propreté, 1 trousse garnie, 1 petit bidon, 1 quart, 1 gamelle individuelle, 1 cuiller. — Objets de sûreté.

1 seau en toile pour 2, ou, à défaut, 1 bidon pour 4.

1 moulin à café pour 15.

Gendarmes à pied : 1 collet-manteau, 1 pantalon, 2 paires de bottes ou de souliers, 1 havresac, 1 étui de revolver.

1 marmite, 1 gamelle, 1 hachette pour 4.

Gendarmes à cheval : 1 manteau, 1 veste, 1 culotte, 1 pantalon de treillis, 1 paire de bottes à la Condé, 1 paire de bottines, 1 cache-éperons, 1 dragonne, 1 bretelle, botte et bouchon de carabine, effets de pansage, 1 sac à distribution, 1 corde et 1 filet à fourrages, 1 musette, 1 besace de campagne, 4 fers, 32 clous, 1 couverture de cheval, 1 entrave, 1 piquet, 1 bride et selle complète (sans housse ni chaperon).

1 marmite, 1 gamelle, 1 hache-maillet, 1 corde de bivouac pour 4 hommes.

La baïonnette n'est pas emportée en campagne.

§ III. — PLAQUES D'IDENTITÉ.

Tout militaire en temps de guerre est pourvu d'une plaque d'identité en maillechort, suspendue au cou par un cordon en coton noir.

Les plaques sont conservées au corps en temps de paix et délivrées aux hommes au moment de la mobilisation. Elles portent sur une face le nom, le prénom usuel et la classe de l'homme; sur l'autre face, l'indication de la subdivision de région et du numéro du registre matricule du recrutement.

§ IV. — MOYENS D'ATTACHE POUR LES CHEVAUX.

Les chevaux des divers états-majors et des corps d'infanterie, ainsi que les chevaux de trait des équipages régimentaires de la cavalerie, sont attachés au moyen de collections de matériel de campement du modèle de la cavalerie, à raison de 1 au moins pour 4 chevaux. Une collection comprend 1 corde de 5ᵐ,50, 4 piquets dont 1 de rechange, 4 entraves, 1 masse en fer.

Les chevaux de selle de la cavalerie sont attachés au moyen des cordes à fourrages, des entraves et des piquets qui font partie du paquetage.

L'artillerie, le génie et le train des équipages attachent tous leurs chevaux au moyen de collections du modèle de l'artillerie, qui leur sont affectées en nombre proportionnel à leur effectif. Une collection comprend 1 corde de 16 mètres, 2 grands et 2 petits piquets, 1 masse; elle permet d'attacher 16 ou 30 chevaux suivant qu'ils sont d'un seul côté ou des deux côtés de la corde.

§ V. — RÉSERVES DIVERSES D'EFFETS.

1° — Corps de troupes.

Chaque régiment d'infanterie a un fourgon qui porte 5 caisses renfermant chacune : 30 paires de chaussures, 30 chemises, 30 paires de guêtres en toile, 30 ceintures de flanelle et 10 pantalons. Le sac et la sacoche du maréchal ferrant sont placés sur le fourgon à vivres qui porte l'avoine.

Dans les corps autres que l'infanterie, il n'y a pas de réserve particulière pour l'habillement et l'équipement. On puise directement, quand cela est nécessaire, à la réserve du quartier général.

Dans chaque régiment de cavalerie, les approvisionnements des selliers, bottiers et tailleurs, ainsi que les effets des hommes à pied, sont placés sur la quatrième voiture à bagages; 200 ferrures de réserve avec clous sont portées par les voitures à bagages.

Dans l'artillerie, le coffre d'avant-train de forge reçoit les fers qui restent en excédent quand chaque cheval a été pourvu d'une ferrure en bon état et d'une ferrure de réserve. Dans le chariot de batterie, la place disponible permet de loger 14 paires de harnais provenant de chevaux tués ou malades.

2° — Réserve du quartier général.

La réserve d'effets comporte : 920 paires de brodequins, 400 paires de souliers, 500 paires de guêtres en toile, 300 paires de bottes ou de bottines, 1200 chemises, 1200 ceintures de flanelle, 500 caleçons, 600 pantalons (infanterie, 425; chasseurs à pied, 25; cavalerie, 50; servants et conducteurs d'artillerie, 55 et 45); 75 dolmans (dragons, 40; cavalerie légère, 35), 925 vestes (infanterie, 700; chasseurs à pied, 50; artillerie, 175), 1000 képis (infanterie, 700; chasseurs à pied, 50; dragons, 40; cavalerie légère, 35; artillerie, 175).

Au dépôt de remonte mobile se trouvent 56 harnachements de selle complets, 80 bridons et moyens d'attache, 125 couvertures, surfaix et musettes-mangeoires, 200 ferrures complètes.

CHAPITRE V. — MATÉRIEL DU SERVICE DE SANTÉ.

§ Ier. — SERVICE DE PREMIÈRE LIGNE.

1° — Service régimentaire.

Dans les corps de troupes, chaque médecin dispose d'un homme portant, suivant l'arme, un *sac* ou une *paire de sacoches* d'ambulance et un rouleau pour secours aux asphyxiés.

Il est attribué : 1 *sac* par bataillon, par groupe de batteries divisionnaires ou de corps, 1 pour les 6 sections de munitions et 1 pour le parc d'artillerie; 1 *paire de sacoches* pour 2 escadrons de cavalerie et 1 par groupe de batteries à cheval. Le deuxième groupe de l'artillerie de corps a ainsi un sac et une paire de sacoches.

Le sac ou les sacoches pèsent respectivement $9^{kg},85$ ou $11^{kg},35$ et renferment des instruments de chirurgie, des médicaments, du linge, de la charpie, des attelles, etc., pour 38 pansements.

Les corps ont en outre des *musettes à pansements*, à raison de 10 par bataillon ou groupe de batteries divisionnaires, 10 pour le 1er groupe et 6 pour le 2e groupe des batteries de corps, 4 par régiment de cavalerie. Chaque musette contient les bandes et la charpie pour 12 pansements.

Enfin, pour permettre au moment du combat l'organisation de postes de secours où les blessés puissent recevoir les premiers soins, les corps sont pourvus de *voitures médicales* à raison de 1 par bataillon d'infanterie, 1 par régiment de cavalerie, 1 par groupe de batteries divisionnaires, de corps ou de division de cavalerie indépendante.

Le chargement de la voiture médicale pèse 340 kilogrammes; il comprend 1 paire de *cantines médicales*, 1 paire de *paniers de réserve*, divers objets et ustensiles et 8 brancards. Une paire de cantines médicales renferme des instruments de chirurgie, des médicaments, et environ 371 pansements ; elle pèse 99 kilogrammes. Une paire de paniers de réserve pour médicaments et objets de pansement peut fournir environ 428 pansements et pèse 77 kilogrammes. — En tout, 800 pansements environ par voiture.

Il est alloué au groupe des sections de munitions de l'artillerie le corps, ainsi qu'au parc d'artillerie, une paire de cantines médicales qui trouve place sur les voitures du matériel.

La cavalerie et l'artillerie à cheval sont pourvues de *voitures à 1 cheval pour transport de blessés*, à raison de 2 voitures par régiment de cavalerie ou par groupe de 3 batteries appartenant à une division de cavalerie indépendante. Le deuxième groupe de l'artillerie de corps a aussi une de ces voitures.

Chaque voiture médicale et chaque voiture pour transport de blessés porte 2 *fanions*, l'un tricolore, l'autre blanc avec la croix de Genève.

2° — Ambulances et hôpitaux de campagne.

Ambulances. — Les instruments de chirurgie, médicaments, objets de pansement, outils et ustensiles nécessaires au fonctionnement des ambulances sont portés par les voitures techniques et les fourgons d'approvisionnement.

Voiture légère. — Chargement, 2 brancards. Peut transporter 2 blessés couchés.

Voiture omnibus. — Chargement, 4 brancards. Peut transporter 4 blessés couchés, ou 2 couchés et 5 assis, ou 10 assis.

Voiture de chirurgie. — Chargement, 615 kilogrammes; médicaments, instruments de chirurgie, 1850 pansements environ et 4 brancards.

Voiture d'administration. — Chargement, 600 kilogrammes; matériel de pharmacie, de cuisine, conserves, vin, objets divers,

Voiture d'approvisionnement de réserve. — Chargement, 445 kilog.; médicaments, objets de pansement, 20 couvertures, vin, eau-de-vie et conserves, 2 fanions hampés avec lanterne pour ambulance.

Fourgons. — Les objets d'approvisionnement sont répartis en un certain nombre de caisses et ballots, ou chargés en vrac, suivant leur nature.

Une *ambulance n° 1* possède les ressources nécessaires pour panser 8740 blessés; elle est pourvue de 8 brancards, 10 paires de litières et 20 paires de cacolets.

Une *ambulance n° 2* est approvisionnée pour suffire au pansement de 960 blessés en moyenne. Tout son matériel, renfermé dans 14 cantines, forme le chargement de 2 fourgons; il comprend en outre 4 brancards.

Chaque ambulance n° 1 ou n° 2 a, pour le service de l'aumônerie, une chapelle de campagne, renfermée dans une caisse du poids de 45 kilogrammes, qui se place dans l'un des fourgons.

L'approvisionnement total d'un corps d'armée (3 ambulances n° 1 pour les deux divisions et le quartier général, 1 ambulance n° 2 pour la brigade de cavalerie) est de 27180 pansements. Le nombre total des brancards est de 394 (248 dans les corps de troupes, 52 à l'ambulance du quartier général, 36 à l'ambulance de chacune des divisions et 22 à l'ambulance de la brigade de cavalerie).

Les *ambulances n° 3* sont affectées à des colonnes de composition spéciale ; chacune d'elles peut fournir les pansements nécessaires à 1284 blessés. Le matériel, pesant 908 kilogrammes, est contenu dans 16 cantines et comprend en outre 8 brancards et divers objets. — Un approvisionnement supplémentaire de médicaments et d'effets de malades y est joint pour les colonnes opérant en Algérie ; il comprend 8 cantines et divers ballots ou objets, du poids total de 758 kilogrammes.

Hôpitaux de campagne. — Chacun des 6 hôpitaux attelés d'un corps d'armée a un approvisionnement de 3324 pansements. Le matériel complet d'un hôpital pèse 5263 kilogrammes et se dédouble en deux sections égales, composées chacune de 17 cantines et 18 ballots formant le chargement de 4 fourgons.

Nota. Toutes les voitures des ambulances et hôpitaux mobiles sont pourvues de deux fanions : l'un tricolore, l'autre blanc avec la croix de Genève.

§ II. — SERVICE DE L'ARRIÈRE.

Hôpital de campagne temporairement immobilisé. — Même approvisionnement que ci-dessus. Chacun de ces hôpitaux pourrait assurer le traitement de 200 malades au minimum pendant 3 mois.

Dépôt de convalescents. — Un par corps d'armée pour recevoir et surveiller les hommes capables de reprendre leur service après quelques jours de repos ou de traitement. Il est pourvu de 1070 pansements ; le matériel du dépôt pèse 522 kilogrammes, et se loge dans 6 caisses spéciales.

Hôpital d'évacuation. — Mêmes ressources qu'un hôpital de campagne.

Infirmerie de gare. — Peut subvenir aux besoins de 50 malades pendant 3 mois au moins. Elle est pourvue de 3210 pansements, 50 couchettes en fer et 10 brancards. Le matériel, à l'exception des couchettes, est contenu dans 18 caisses et 46 ballots ; il pèse 7360 kilogrammes.

Train sanitaire improvisé. — Le personnel est fourni par les hôpitaux d'évacuation. L'approvisionnement d'un train comprend les médicaments, objets de pansement et de couchage nécessaires pour 200 malades, soit 213 pansements et 200 brancards. Ce matériel, contenu dans 12 caisses et 64 ballots, pèse 4083 kilogrammes.

Train sanitaire permanent. — Doit être organisé dès le temps de paix avec son matériel complet.

§ III. — RÉSERVES.

A l'intérieur, il est constitué des approvisionnements d'ambulances, d'hôpitaux de campagne, ainsi que *d'hôpitaux temporaires* pour 50, 100 et 250 malades. Ces derniers approvisionnements comprennent respectivement 50, 100, 250 couchettes en fer, 3210, 4380 et 7760 pansements; pour le transport, ils sont disposés, savoir:

Pour   50 malades, dans 18 caisses et   46 ballots: poids   7360^k,
———— 100 ——————— 24 ————— 56————————12207,
———— 250 ———————· 36 ——————124————————27410,
non compris les couchettes, qui sont expédiées en vrac.

Il existe en outre des *réserves de pansements* pour 100 malades (1 caisse, 6 ballots: 422^k), et des *réserves de médicaments* pour 100 malades (4 caisses, 400^k).

Fanions. — En dehors des fanions portés par les voitures, tout approvisionnement d'ambulance ou d'hôpital comprend 2 fanions pour ambulance, l'un tricolore, l'autre blanc avec la croix de Genève. Un train sanitaire comprend seulement 25 fanions tricolores.

Chapitre VI. — MATÉRIEL DU SERVICE VÉTÉRINAIRE.

Cantine vétérinaire. — La cantine vétérinaire contient un approvisionnement de médicaments et d'instruments de chirurgie vétérinaire; elle pèse 32 kilogrammes et est transportée sur les voitures à bagages.

On alloue 1 cantine vétérinaire au quartier général du corps d'armée, 1 pour 2 escadrons, 1 par groupe de batteries ou de sections de munitions, 1 pour les sections de parc, 1 par équipage de pont de corps d'armée ou d'armée, 1 à l'ambulance et 1 à chaque moitié du convoi administratif du quartier général, 1 à l'ambulance et 1 au convoi administratif de chaque division d'infanterie, 1 au convoi auxiliaire, 1 au groupe de 3 batteries d'une division de cavalerie.

Voiture de pharmacie vétérinaire. — Elle renferme les médicaments et objets de pansement nécessaires pour le service vétérinaire. Cette voiture marche avec les équipages du quartier général du corps d'armée.

Chapitre VII. — VIVRES ET FOURRAGES.

Un jour de vivres comporte actuellement : 1 ration pour la troupe, 1 1/2 pour les lieutenants et sous-lieutenants, 2 pour les

capitaines, 3 pour les officiers supérieurs, 4 pour les officiers généraux ; ce tarif est applicable aux assimilés de toute classe. (Pour
la composition des rations, voir 4° partie, chapitre XIII, § 1.)

§ Ier. — APPROVISIONNEMENTS AU MOMENT DU DÉPART.

Au moment du départ, les approvisionnements en vivres des
troupes mobilisées sont constitués comme il suit :

1° — Vivres du sac.

Cavalerie indépendante et cavalerie de corps : 1 jour de biscuit,
3 jours de petits vivres, 2 jours de viande de conserve (2 boîtes
pour 5 hommes), 2 jours d'avoine (au taux de convention de 5^k,500).

Autres troupes : 2 jours de biscuit, 4 jours de petits vivres, 2 jours
de viande de conserve, 2 jours d'avoine.

2° — Trains régimentaires.

Cavalerie indépendante : 1 jour de biscuit, 1 jour de petits vivres,
1 jour de viande de conserve, 1 jour d'avoine.

Autres troupes (y compris la cavalerie de corps) : 2 jours de
biscuit, 2 jours de petits vivres, 2 jours de viande de conserve,
2 jours d'avoine.

3° — Convois administratifs.

4 jours de biscuit, 4 jours de petits vivres, 4 jours de viande de
conserve, 2 jours d'eau-de-vie, 4 jours d'avoine (pour tout l'effectif du corps d'armée, y compris la cavalerie de corps).

Au moment du départ, toutes les troupes (qu'elles soient transportées ou non en chemin de fer) touchent, en outre, 2 jours de
pain.

Celles qui montent en chemin de fer touchent la quantité de
foin (ration de 5 kilogrammes) proportionnée à la durée du trajet.
Elles emportent également *un repas froid* fourni par l'ordinaire et,
si le trajet doit durer plus de 24 heures, des provisions telles que
fromage, charcuterie, etc., pour un repas semblable à consommer
chaque jour. Indépendamment de ces repas froids, les troupes
reçoivent aux *stations-halte-repas* : chaque jour un *repas chaud*
(1/2 litre de soupe à l'oignon ou de bouillon concentré,
100 grammes de pain de soupe et 200 grammes de viande
de conserve), et chaque nuit un *café chaud* (1/4 litre de café et
1/2 ration d'eau-de-vie). Si le trajet dure plus de 2 jours, il est
fait en route des distributions supplémentaires de pain de table
et d'avoine (ration de 2 kilogrammes). A la dernière station

halte-repas, il est fait aux troupes une distribution de pain et d'avoine pour les aligner à *2 jours.*

Dans les cantonnements de concentration des corps d'armée, les trains régimentaires et deux des sections des convois administratifs sont libérés des 4 jours de biscuit qui entrent dans leur chargement. Ce biscuit est déposé dans des locaux requis, pour être rechargé ultérieurement sur les échelons du convoi auxiliaire.

§ II. — APPROVISIONNEMENTS DE PREMIÈRE LIGNE PENDANT LA PÉRIODE DES OPÉRATIONS.

1°. **Cavalerie indépendante.** — *Vivres du sac :* 1 jour de biscuit, 1 jour de petits vivres, 1 jour de viande de conserve, 1/2 jour d'avoine. — *Convoi de réserve,* formé par les trains régimentaires : 1 jour de biscuit, de petits vivres, de viande de conserve et d'avoine. — *Convoi administratif,* formé éventuellement avec des voitures de réquisition, quand la cavalerie est rentrée dans les lignes de l'armée.

2°. **Corps d'armée.** — *Vivres du sac.* Pour la cavalerie de corps, même composition que pour la cavalerie indépendante. Pour toutes les autres troupes, 2 jours de biscuit, 2 jours de petits vivres, 2 jours de viande de conserve et 1 jour d'avoine.

Trains régimentaires : 2 jours de petits vivres, 2 jours de viande de conserve, 2 jours d'avoine. — Les 2 jours de biscuit déchargés dans les cantonnements sont remplacés par le pain provenant de l'exploitation des ressources locales ou des ravitaillements. Les trains régimentaires sont chargés essentiellement des distributions; ils marchent normalement en arrière des troupes, qu'ils doivent pouvoir rejoindre dans la journée; ils restent toujours à la disposition des chefs de corps.

Convois administratifs : deux échelons, portant ensemble 2 jours de biscuit, de petits vivres, d'avoine et 1 jour de viande de conserve et d'eau-de-vie, sont maintenus à environ une demi-journée de marche en arrière des trains régimentaires. Les deux autres échelons, chargés de même, moins le biscuit, font le service du ravitaillement sur l'arrière et peuvent transporter chacun 1 jour de pain.

Convoi auxiliaire : les 4 échelons, constitués en première formation à 75 voitures, chargent les 4 jours de biscuit déposés dans les cantonnements, plus 1 jour de viande de conserve et d'avoine : ce convoi suit les colonnes à deux marches de distance, ou stationne aux têtes d'étapes. Quand le concours du convoi auxiliaire au service de ravitaillement devient nécessaire, les échelons sont portés à l'effectif de 150 voitures au moyen de réquisitions locales; deux d'entre eux prennent le chargement ci-dessus, les deux autres deviennent disponibles.

Bétail sur pied : chaque convoi administratif de division d'infanterie et de quartier général de corps d'armée est pourvu d'un troupeau de 2 jours de viande sur pied. Pendant les marches, le bétail nécessaire pour la distribution du jour marche entre l'avant-garde et le gros de la colonne.

Total des approvisionnements de 1re ligne d'un corps d'armée : 8 jours de vivres.

Nota. — Dans la cavalerie indépendante et dans les corps d'armée, les hommes portent un repas dans l'étui-musette ou le bissac. — Les vivres du sac forment une réserve à laquelle on ne touche qu'à défaut de tout autre moyen d'alimentation. Cette réserve doit être reconstituée dès que les circonstances le permettent.

Chargement normal des sections de convois administratifs. — Un jour de biscuit à 735 grammes, de vivres de campagne et d'avoine, 1/2 jour de conserves de viande et d'eau-de-vie.

ÉLÉMENTS CONSTITUTIFS du CORPS D'ARMÉE.	NOMBRE DE					POIDS BRUT en quintaux.
	caissos de biscuit.	caisses de conserves de viande.	sacs de vivres de campagne	barils d'eau-de-vie.	sacs d'avoine.	
1re Division d'infanterie (33 voitures, 78 chevaux)	224	61	22	10	140	297
2e Division d'infanterie (33 voitures, 78 chevaux)	224	61	22	10	140	297
Quartier général du corps d'armée, troupes non endivisionnées et parcs (53 voitures, 120 chevaux)	126	35	14	6	533	490
	574	157	58	26	813	1,084

Nota. — Dans les échelons affectés au service du ravitaillement, le pain expédié de l'arrière remplace le biscuit.

Chargement d'un échelon du convoi auxiliaire, à 75 voitures. — (1 jour de biscuit, 1/4 jour d'avoine et de conserves de viande) :

   50 voitures.. 581 caisses de biscuit .... 360 quintaux.

   25 voitures.. { 210 sacs d'avoine..... 150 } 178 *id.*
{ 20 caisses de conserves. 28 }

§ III. — APPROVISIONNEMENTS DE L'ARRIÈRE.

Stations-magasins. — Les approvisionnements suivants sont entretenus dans les stations-magasins, pour les effectifs des armées ou fractions d'armée qu'elles doivent desservir : 15 jours de farine et de petits vivres, 2 jours de biscuit, 3 jours de viande de conserve, 15 jours d'avoine.

Ces approvisionnements sont expédiés au fur et à mesure des besoins sur les stations têtes d'étapes de guerre, sur les magasins des lignes d'étapes de routes, et sur les points où fonctionnent les boulangeries de campagne.

Bétail sur pied. — Pour chaque armée, un entrepreneur entretient constamment un approvisionnement de 10 jours de viande sur pied, réparti comme il suit ; 4 jours dans les *entrepôts* de l'entreprise, échelonnés sur la voie de ravitaillement; 2 jours au *parc d'armée* établi à deux journées de marche en arrière de l'armée, 4 jours aux *parcs de corps* placés à une journée de marche environ des corps d'armée.

CHAPITRE VIII.—MATÉRIEL ROULANT, CHARGES DES VOITURES, DES HOMMES ET DES CHEVAUX.

§ Iᵉʳ. — VOITURES EN SERVICE.

DÉSIGNATION DES VOITURES.	NOMBRE		POIDS de la voiture		POIDS TRAÎNÉ par chaque cheval.	LONGUEUR avec brancard ou timon.	TOURNANT limité ou complet.	VOIE.
	de roues.	de chevaux.	vide.	chargée.				
I. — Artillerie.								
Matériel de 80ᵐᵐ.. Pièce.............	4	6	1375ᵏ	1595ᵏ	266ᵏ	7ᵐ,70	L	1ᵐ,43
Caisson	4	6	1180	1840	307	7,20	L	
90ᵐᵐ.. Pièce.............	4	6	1730	2010	333	7,75	L	
Caisson Coffres 1840	4	6	1435	2290	381	7,30	L	
Coffres 1880	4	6	1305	2168	361	7,07	L	1,52
95ᵐᵐ.. Pièce.............	4	6	2050	2290	381	7,90	L	
Caisson.........	4	6	1310	2390	398	7,30	L	
Canon de 80ᵐᵐ de montagne..	2	"	"	327	"	4,25	"	
Avant-train modˡᵉ 1858 ou de 80.	2	"	360	580	"	4,32	"	1,43
modˡᵉ 1827 ou de 90.	2	"	505	790	"	4,36	"	1,52
de 90 coffres 1880.	2	"	500	847	"	3,82	"	1,52
Chariot de batterie modèle 1858....	4	4	850	1125	281	7,40	L	1,43
modèle 1833....	4	6	1110	1440	240	7,60	L	1,52
modèle 1883 suspendu des batteries de mont.	4	6	1200	2830	470	7,60	L	1,52
Forge..... modˡᵉ 1858 transformé ou de 80.	4	4	990	1480	370	7,10	L	1,43
modˡᵉ 1827 transformé ou de 90.	4	6	1270	1830	304	7,20	L	1,52
Chariot-fourragère..........	4	6	950	1050	325	7,70	L	1,43
Chariot de parc.............	4	6	1000	2100	350	6,95(1)	L	1,52
Caisson à munitions d'infantⁱᵉ..	4	4	1095	1930	482	7,25	L	1,43
Haquet... à bateau........	4	6	915	2120	353	11,60	C	1,52
à chevalets.....	4	6	915	2145	357	9,60	C	1,52

(1) 7ᵐ,60 pour les chariots de l'équipage de pont chargés de madriers.

DESIGNATION DES VOITURES.	NOMBRE		POIDS de la voiture		POIDS TRAINÉ par chaque cheval.	LONGUEUR avec brancard ou timon.	TOURNANT limité ou complet.	VOIE.
	de roues.	de chevaux.	vide.	chargée.				
II. — Génie.								
Voitures { de sapeurs-mineurs.	4	4	900k	1758k	440k	6m15	C	
de sapeurs montés.	4	4	890	1620	405	6,10	C	
Prolonge.. { de parc	4	6	870	2100	350	7,20	L	
à couvercle.....	4	6	980	2000	333	7,20	L	
Caisson ... { à dynamite.....	4	4	1035	2000	500	7,00	L	1,52
à poudre, ...	4	4	960	1730	432	6,15	C	
Haquet.... { à demi-bateau ..	4	6	950	2005	334	8,00	C	
à chevalets	4	6	950	2165	361	8,00	C	
Forge.................	4	4	1120	1793	448	6,90	L	
Fourragère.............	4	6	950	1950	325	7,80	L	
III. — Train des équipages.								
Voiture régimentaire d'outils de pionniers.............	2	1	405k	710k	710k	4m,40	C	
Voiture médicale..........	2	1	405	703	703	4,40	C	
Fourgon à vivres ou bagages (1)	4	2	750	1400	700	6,70	C	
Chariot de parc (1).........	4	4	900	2100	525	7,00	L	
Forge................	4	4	950	1660	415	5,50	L	
Chariot-fourragère (1).......	4	4	1140	1960	490	7,30	C	
États-majors. { Voiture-bureau.....	4	2	880	1450	725	6,10	C	
Voit. d'imprimerie..	4	2	1050	1670	835	6,70	C	
Télégraphie. { Voiture-poste.......	4	4	1420	2200	550	6,70	C	
Chariot télégrque..	4	4	1330	2210	552	6,70	C	
Voiture légère (1)...	4	2	720	1200	600	6,15	C	
Voiture de cavalerie.	4	2	780	1150	575	6,15	C	1m,52
Voiture dérouleuse.	2	1	390	700	700	4,50	C	
Ambulances. { Voiture légère (1)...	2	1	550	960	960	4,95	C	
Voiture omnibus (1).	4	2	970	1840	920	6,10	C	
Voiture d'adminon.*	4	2	1030	1630	815	6,00	C	
Voiture de chirurgie.	4	2	1040	1655	828	6,30	C	
Fourgon (1).......	4	2	850	1550	775	6,80	C	
Transport du personnel (1).........	4	2	1090	1970	985	6,45	C	
Service vétérinre { Voiture de pharmacie vétérinaire....	4	2	1150	1700	850	6,30	C	
Levée de boîte (1)...	2	1	480	870	870	4,00	C	
Trésor et postes. { Fourgon de correspondance (1).....	4	2	950	1500	750	6,10	C	
Transport du personnel (1)........	4	2	900	1380	690	5,00	C	
Transp. des fonds (1)	4	2	800	1380	690	6,70	C	
Voiture de cantinière (1).....	4	2	640	1400	700	4,70	C	

(1) Chargement variable.

Le diamètre du cercle dans lequel les voitures de l'artillerie de campagne peuvent tourner est de 10m,50 environ.

Les voitures d'artillerie peuvent, à l'exception du chariot-four-

7

ragère, du chariot de parc et du baquet, être séparées de leur avant-train ; la longueur de l'arrière-train isolé est égale à la longueur totale donnée dans le tableau, moins 4ᵐ,3o.

Le timon peut toujours être enlevé ; sa longueur varie de 2ᵐ,6o à 2ᵐ,8o.

Quand les voitures sont munies d'une roue ou d'un timon de rechange, il faut ajouter environ 0ᵐ,5o aux longueurs indiquées.

Les voitures de réquisition peuvent être à 2 ou 4 roues; elles doivent toujours être attelées de 2 chevaux ; leur poids, leurs dimensions, leur chargement sont essentiellement variables.

Les chargements indiqués ci-dessus sont les chargements réglementaires; mais certaines voitures peuvent, dans des circonstances exceptionnelles, sur de bonnes routes et avec des attelages renforcés, recevoir des poids plus considérables, sans toutefois qu'on dépasse en aucun cas :

550ᵏᵍ pour les voitures régimentaires à 1 cheval;
1500   pour les chariots de parc;
1200   pour les chariots suspendus;
1400   pour les chariots-fourragères;
 900   pour les fourgons.

§ II. — CHARGE DES HOMMES, CHEVAUX ET MULETS.

La charge totale du *soldat d'infanterie*, y compris les effets dont il est vêtu, est d'environ 28ᵏᵍ,5 [1].

Le *cheval* en campagne porte en moyenne, y compris le poids du cavalier :

Dans la cavalerie légère..   121ᵏᵍ ⎱ Ce poids augmente de
Dans les dragons   128   ⎰ 10ᵏᵍ environ par la
Dans les cuirassiers   150   pluie.

La charge d'un *mulet de bât* est en moyenne, y compris le bât :

Artillerie ⎰ Pièce, affût ou caisses.............. 145ᵏᵍ
de montagne.⎱ Roues.......................... 138
Litières : à vide, 112ᵏᵍ; avec deux blessés et leurs armes. 273
Cacolets : à vide, 82ᵏᵍ; avec deux blessés et leurs armes. 242
Vivres ou objets divers 182

Chapitre IX. — ARCHIVES, DOCUMENTS, ACCESSOIRES DIVERS.

§ Iᵉʳ. — CORPS DE TROUPES.

Des caisses sont attribuées aux différents corps de troupes pour le transport de leurs papiers, pièces de comptabilité et fonds, dans la proportion suivante :

---

[1] 1 kilogramme en plus par jour de vivres supplémentaire en sus des deux jours du sac.

3 par régiment d'infanterie, 2 par régiment de cavalerie et bataillon de chasseurs, 1 par compagnie du génie, batterie d'artillerie, section de munitions ou de parc, compagnie du train des équipages, 1 pour l'état-major du parc d'artillerie, 1 pour le commandant de l'escadron du train des équipages.

Ces caisses ont hors-œuvre 0m,624 de longueur, 0m,294 de largeur, 0m,382 de hauteur, et pèsent vides 9kg,5 à 10kg.

En outre, chaque compagnie, escadron, batterie, section de munitions ou de parc possède une boîte à livrets matricules.

§ II. — ÉTATS-MAJORS ET SERVICES.

Il est attribué aux états-majors, aux intendances, aux directions du service de santé, ainsi qu'aux conseils de guerre, des caisses pour le transport de leurs papiers, de leurs archives et de leur comptabilité, dans la proportion suivante :

État-major de brigade d'infanterie ou de cavalerie 1
État-major de division d'infanterie ou de cavalerie........ 1
État-major de corps d'armée..... 4
État-major de l'artillerie d'un corps d'armée......... 2
État-major du génie d'un corps d'armée.... 2
Sous-intendance d'une brigade d'infanterie ou de cavalerie. 1
Sous-intendance d'une division d'infanterie ou de cavalerie. 2
Sous-intendance du quartier général d'un corps d'armée .. 1
Intendance d'un corps d'armée.... 4
Direction du service de santé d'un corps d'armée.... 1
Conseil de guerre de division ou de quartier général...... 1

La caisse à archives a 0m,675 de longueur, 0m,352 de largeur et 0m,483 de hauteur.

L'énumération suivante contient l'indication des principaux documents, registres, imprimés, etc., qui paraissent utiles aux bureaux des divers états-majors en campagne et qui peuvent prendre place dans les caisses à archives.

1° — État-major de brigade d'infanterie ou de cavalerie.

Documents à consulter.

Lois et décrets organiques : — sur les réquisitions (loi du 3 juillet 1877, décret du 2 août 1877 et instruction ministérielle du 1er août 1879); — sur l'état des officiers (loi du 19 mai 1834 et décrets du 31 août 1878 et du 3 février 1880); — sur les conseils d'enquête (décrets du 29 juin 1878 et du 8 juin 1879, et note ministérielle du 20 juillet 1881); — sur le rengagement des sous-officiers (loi du 23 juillet 1881); — sur l'avancement (loi du 14 avril 1832 et ordonnance du 16 mars 1838, ou loi nouvelle en préparation).

Code de justice militaire du 9 juin 1857, modifié conformément aux lois des 16 mai 1872, 26 juillet 1873, 18 mai et 18 novembre 1875.

Règlements généraux : — sur le service en campagne (décret du 26 octobre 1883); — sur le service dans les places (décret du 23 octobre 1883); — sur le service intérieur de l'arme (décret du 28 décembre 1883); — sur l'instruction du tir (11 novembre 1882); — sur les transports militaires par chemins de fer (décret du 1er juillet 1874 modifié le 27 janvier 1877 ou règlement nouveau en cours de préparation, et décrets annexes); — sur la direction générale des chemins de fer et des étapes (décret du 7 juillet 1884); — sur le service de santé en campagne (en préparation).

Règlements de manœuvre : ceux de l'arme. — *Infanterie :* règlement du 12 juin 1875 modifié le 6 novembre 1883. — *Cavalerie :* règlement du 31 mai 1882 et observations du 10 novembre 1882. — *Artillerie :* règlement sur les manœuvres des batteries attelées (20 mars 1880); éventuellement, règlement sur le service des batteries de 80^{mm} de montagne, du 22 mars 1882.

Instructions : — sur les travaux de campagne de l'infanterie (école du génie de Versailles); — sur les officiers d'approvisionnement (17 mars et 24 mai 1882, 11 mai 1883); — sur l'organisation et le fonctionnement des stations-halte-repas et sur l'alimentation pendant les transports stratégiques (9 mars 1883); — sur le fonctionnement du service d'alimentation en temps de guerre (23 juillet 1883); — sur le service des étapes (instruction provisoire du 22 août 1878 ou instruction nouvelle en préparation); — sur les actes de l'état civil (8 mars 1823); — sur la lecture des cartes topographiques (général Berthaut, 1879). — Quelques indications sur les combats (1883). — Instructions sur les diverses armes ou telles autres qui pourront être publiées ou recommandées au moment de la guerre.

Instructions confidentielles générales et spéciales en vigueur sur la mobilisation.

Tableaux d'effectifs de guerre pour les corps dont se compose la brigade.

Renseignements sur les armées et les pays ennemis, qui pourront être fournis au moment de la guerre.

Aides-mémoire : de l'officier d'état-major en campagne; — portatif de campagne à l'usage des officiers d'artillerie (janvier 1883);

— à l'usage des officiers du train des équipages. — Agendas de l'officier d'infanterie ou de l'officier de cavalerie (en préparation).

Ouvrages divers : notices statistiques ; — annuaire militaire ; — dictionnaire usuel de la langue du pays avec lequel on est en guerre ; — manuel de droit international à l'usage des officiers de l'armée de terre (autorisé pour les écoles militaires en 1877, 3e édition) ; — manuel de législation, d'administration et de comptabilité militaires, par Beaugé (dernière édition) ; — manuel de l'officier de police judiciaire militaire (Champoudry et Daniel, 1881).

Cartes. — Voir 3e partie, chap. IV, § V.

Registres et imprimés.

Registres : — des entrées, — de correspondance, — d'ordres, — confidentiel ; — cahiers des situations, — des bons réguliers.

Contrôle par régiment des officiers de la brigade et des sous officiers proposés pour l'avancement.

Journal des marches et opérations, avec modèles pour pièces justificatives.

Dossiers : des pièces en instance, — des pièces classées.

Imprimés : — de rapports journaliers sur lesquels figurent les situations d'effectif, — de réponses au rapport, — de tableaux de marche, — de tableaux de cantonnement, — de bons réguliers.

Carnets d'ordres de réquisitions et de reçus.

Papier à lettre à en-tête de 2 formats, avec enveloppes correspondantes destinées à servir de reçus.

Blocs de feuilles avec enveloppes (mod. A de l'art. 71 de l'Instruction pratique sur le service de la cavalerie en campagne).

Timbre et cachet ; timbre de réception.

Matériel de bureau pour les besoins journaliers ; l'approvisionnement doit être fait généralement pour une durée de trois mois.

2° — État-major de division.

Documents à consulter.

L'état-major de division doit être pourvu de tous les documents et papiers nécessaires à une brigade et posséder en outre :

Lois et décrets organiques : — sur le recrutement de l'armée (loi du 27 juillet 1872 ou loi nouvelle en préparation) ; — sur l'organisation générale de l'armée (lois du 24 juillet 1873 et du 6 janvier 1875, et décrets des 28 septembre 1873 et 6 août 1874) ; — sur les cadres et les effectifs de l'armée active et de l'armée territoriale (lois des 13 mars-15 décembre 1875 et du 24 juillet 1883) ; — sur le service d'état-major (loi du 20 mars 1880 et décret du 1ᵉʳ juin 1883); — sur l'administration de l'armée (loi du 16 mars 1882).

Codes : — pénal, — d'instruction criminelle. (Un certain nombre d'exemplaires des codes de justice militaire, pénal et d'instruction criminelle doit être tenu en réserve pour être remis, au besoin, aux chefs de détachement.)

Règlements généraux : — sur le service de la gendarmerie aux armées (24 juillet 1875); — sur le service de la trésorerie et des postes aux armées (24 mars 1877); — sur le service intérieur de toutes les armes (décrets du 28 décembre 1883).

Règlements de manœuvre de toutes les armes. — *Infanterie et cavalerie,* voir ci-dessus. — *Artillerie :* règlement provisoire sur le service des canons de 80ᵐᵐ et de 90ᵐᵐ (1ʳᵉ partie, 2 avril 1878); — règlement provisoire sur le service du canon de 95ᵐᵐ (1ʳᵉ partie, 20 mai 1878); — règlement sur le service des canons de 80ᵐᵐ, de 90ᵐᵐ et de 95ᵐᵐ (2ᵉ partie, 18 novembre 1878); — règlement sur le service des batteries de 80ᵐᵐ de montagne (22 mars 1882). — *Génie :* écoles pratiques, fortification de campagne et ponts.

Tableaux d'effectifs de guerre pour les corps et services de la division.

Aide-mémoire : de campagne de l'officier du génie.

Ouvrages divers : — dictionnaire technique de la langue du pays avec lequel on est en guerre; — manuel des tribunaux militaires (Vexiau, Champoudry ou autre); — code manuel de l'état civil des militaires (1874).

Registres et imprimés.

Contrôles : — des officiers de la division par corps et par services, — spécial des chevaux des officiers de l'état-major de la division, — des officiers et sous-officiers aptes à faire partie des conseils de guerre.

Registres : — des actes de l'état civil, — des tours de service, — des affaires déférées au conseil de guerre, — des refus d'informer et ordonnances de non-lieu, — des renseignements sur l'ennemi.

Imprimés — de situations, — d'états de situations mensuelles pour être transmis à l'intendance, — de sauvegardes, — relatifs aux conseils d'enquête, — de mémoires de propositions, — et en général de tous les états réglementaires à fournir. (Les imprimés relatifs aux conseils de guerre forment un approvisionnement spécial, envoyé à l'avance aux commandants de corps d'armée, pour être remis à ces conseils.)

Chromographe ou copie de lettres.

3° — État-major de corps d'armée.

Tous les documents, registres et papiers énumérés pour les états-majors de brigade et de division, et en outre :

Documents à consulter.

Règlements généraux : sur la télégraphie militaire (19 novembre 1874 et annexes du 14 juin 1877 et du 16 mars 1884); — sur le service vétérinaire (26 décembre 1876).

Règlements de manœuvre. — *Artillerie* : Règlement sur le service et les manœuvres des pontonniers (24 décembre 1879) et cours spécial sur les ponts et passages de rivière (édition de 1877); — *Génie* : les diverses écoles pratiques.

Tableaux d'effectifs de guerre, pour les troupes et services du corps d'armée.

Tarifs de solde.

Aides-mémoire complets de toutes les armes.

Ouvrages divers : dictionnaire des communes de France; — annuaires des armées ennemies; — *Guides* se rapportant au pays où l'on opère.

Chiffres de correspondance.

Registres et imprimés.

Contrôles — des officiers du corps d'armée, — des chevaux de l'état-major général.

Registre des fonds secrets.
— L'état-major est pourvu d'une presse autographique.

§ III. — FANIONS ET LANTERNES.

Général commandant un corps d'armée :

Fanion tricolore en forme de pavillon.

Lanterne avec verre blanc ou incolore.

Général commandant la 1re division d'infanterie d'un corps d'armée.

Fanion écarlate en forme de pavillon, divisé sur son milieu et dans sa hauteur par une bande blanche.

Lanterne avec verre rouge.

Général commandant la 2ᵉ division d'infanterie d'un corps d'armée :

Fanion écarlate en forme de pavillon, divisé dans sa hauteur par deux bandes blanches.

Lanterne avec verre rouge.

Général commandant la brigade d'artillerie d'un corps d'armée :

Fanion en forme de flamme, mi-partie écarlate et bleu de ciel, l'écarlate au sommet, le bleu de ciel à la base.

Lanterne avec verre vert foncé.

Général commandant la brigade de cavalerie d'un corps d'armée :

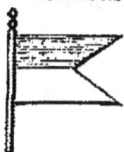

Fanion en forme de flamme, mi-partie bleu de ciel et blanc, le bleu au sommet, le blanc à la base.

Lanterne avec verre vert foncé.

Ambulances :

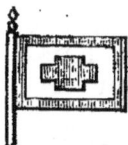

Fanion en forme de pavillon, fond blanc, bordé écarlate, avec croix de même couleur sur son milieu.

Deux lanternes dont une à verre rouge et l'autre à verre blanc.

Commandant en chef d'une armée :

Fanion tricolore en forme de pavillon, avec une cravate tricolore nouée au fer de lance de la hampe.

Lanterne avec verre blanc ou incolore.

Général commandant l'artillerie ou le génie d'une armée :

Fanion en forme de pavillon, écarlate et bleu de ciel assemblés en diagonale, le rouge au sommet et le bleu à la base.

Lanterne avec verre rouge.

Général commandant une division de cavalerie :

Fanion en forme de pavillon, bleu de ciel et blanc assemblés en diagonale, le bleu au sommet, le blanc à la base.

Lanterne avec verre rouge.

Poste télégraphique :

Fanion en forme de pavillon, bordure bleue sur fond blanc, T bleu en son milieu.

Lanterne avec verre incolore et bleu.

Section de munitions d'infanterie, caisson de bataillon, 1ᵉ, 2ᵉ et 3ᵉ sections de parc d'artillerie :

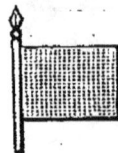

Fanion en forme de pavillon, de couleur jaune.

Lanterne avec verre jaune.

Section de munitions d'artillerie et 4ᵉ section de parc d'artillerie :

Fanion en forme de pavillon de couleur bleue.

Lanterne avec verre bleu.

Les fanions et lanternes sont délivrés contre remboursement aux officiers généraux.

La flamme des fanions, la botte de lance et la lanière de bras sont fournies par le service de l'habillement et du campement, et la lance par le service de l'artillerie.

Les fanions des généraux sont portés par un cavalier de l'escorte. Les généraux de brigade d'infanterie n'en ont pas, non plus que les généraux de brigade des divisions de cavalerie.

§ IV. — BRASSARDS.

Les infirmiers régimentaires et ceux des sections, les brancardiers d'ambulance, les conducteurs de mulets porteurs de cantines médicales, les conducteurs des voitures médicales régimentaires et des voitures pour le transport des blessés, les soldats ordonnances du personnel de santé et les soldats du train des équipages affectés au transport des ambulances, ont le brassard de la convention de Genève (blanc à croix rouge) délivré par le service de santé.

Les conducteurs de voitures régimentaires et d'état-major portent un brassard en drap du fond avec passepoil distinctif et attribut de l'arme.

Les brancardiers régimentaires portent le même brassard, sauf que l'attribut de l'arme est remplacé par une *Croix de Malte* en drap blanc, renversée et reposant sur ses deux branches. (Ce brassard ne confère pas la neutralité.)

Les auxiliaires du service de la télégraphie militaire portent un brassard bleu avec foudres blanches.

Les conducteurs d'animaux et de voitures de réquisition, ainsi que les hommes employés dans le service d'alimentation de l'armée, reçoivent un brassard en toile cachou avec plaque métallique portant en exergue : *Réquisitions militaires*. Des galons en or ou en laine écarlate sont apposés sur le brassard des gradés.

Les brassards, à l'exception de ceux de la convention de Genève, sont fournis par le service de l'habillement et du campement.

§ V. — COULEURS DISTINCTIVES.

Infanterie. — Les couleurs distinctives dans l'infanterie sont : le bleu foncé pour le 1er bataillon, le garance pour le 2e, le jonquille pour le 3e, le vert pour le 4e. Chaque bataillon a un fanion d'alignement, mi-partie blanc, mi-partie de la couleur distinctive qui lui est affectée, à l'exception du 2e bataillon qui a un fanion tricolore. Les bataillons de chasseurs en ont un mi-partie bleu foncé et jaune.

Cavalerie. — Les couleurs distinctives dans la cavalerie sont : le bleu foncé pour le 1er escadron, le cramoisi pour le 2e, le vert foncé pour le 3e, le bleu de ciel pour le 4e, le jonquille pour le 5e, l'orangé pour le 6e (dans les corps où cet escadron est formé).

APPENDICE AU CHAPITRE IV, § II.

Tenue des troupes d'Afrique en colonne.

Hommes à pied. — Armement, grand et petit équipement, munitions et vivres comme en Europe. Bourgeron, pantalon de treillis, pantalon de drap, capote (veste et gilet pour les zouaves et les tirailleurs), ceinture de flanelle, ceinture de laine, chéchia ou képi avec couvre-nuque. Boîte à graisse, nécessaire d'armes, jeu de brosses (1 par escouade), demi-couverture, tente-abri, petit bidon, ustensiles de campement (selon l'effectif de l'escouade), moulin à café (1 par escouade).

Les collets à capuchon et les autres effets de rechange ou de réserve, sacs à distribution et cordes de puisage, qu'il peut être nécessaire d'emporter dans certains cas, sont chargés sur les voitures, chameaux, mulets ou arabas.

— La tenue est réglée sur les mêmes bases pour toutes les armes ; le pantalon de drap est toujours porté à cheval.

3ᴱ PARTIE.

SERVICE DES OFFICIERS D'ÉTAT-MAJOR EN CAMPAGNE [1].

Chapitre 1ᵉʳ. — FONCTIONS DES CHEFS D'ÉTAT-MAJOR.

Les fonctions d'un chef d'état-major consistent :

« 1° A transmettre les ordres du général, et à exécuter ceux qu'il en reçoit personnellement pour l'établissement des cantonnements, des bivouacs et des camps, les distributions, les ravitaillements, les réquisitions, les mouvements de troupes, le service de sûreté en station et en marche, les travaux extérieurs, les reconnaissances, les renseignements de toute nature à recueillir sur l'ennemi, les visites de postes, et toutes les autres parties du service;

» 2° A donner aux chefs des différents services toutes les instructions qui leur sont nécessaires;

» 3° A entretenir des relations suivies avec les chefs de service et avec les corps, afin de connaître la situation de l'armée dans tous ses détails et d'en tenir le général exactement informé;

» 4° A tenir le journal des marches et opérations, à fournir au commandant en chef et au Ministre de la guerre le tableau de la force et de l'emplacement des corps et des postes, les rapports sur les marches et les opérations, en un mot tous les renseignements utiles.

» Les chefs d'état-major peuvent être autorisés à signer par ordre du général. Les majors généraux peuvent déléguer pour cette signature les aides-majors généraux. » (Art. 8.)

Le major général, dans un groupe d'armées réunies sous un même commandement, donne directement des ordres au directeur général des chemins de fer et des étapes. Le chef d'état-major général d'une armée opérant isolément a les mêmes droits à l'égard du directeur supérieur des chemins de fer et des étapes.

Dans une armée encadrée, le chef d'état-major général donne directement des ordres au directeur des étapes de cette armée; il n'a pas à intervenir dans le service des chemins de fer, centralisé au grand quartier général.

---

(1) Les officiers du service d'état-major étant les agents du commandement (loi du 20 mars 1880, art. 2), il a paru nécessaire de reproduire in extenso, dans cette partie de l'Aide-mémoire, les prescriptions du décret du 26 octobre 1883 sur le service en campagne, qui concernent plus spécialement le commandement. Ces extraits sont imprimés en petit texte, entre guillemets, avec indication des numéros des articles du décret. Pour les dispositions qui intéressent moins directement le commandement ou le service d'état-major, on se reportera soit au décret lui-même, soit aux divers chapitres de la 4ᵉ partie de l'Aide-mémoire.

Les chefs d'état-major des directions générale ou supérieure des chemins de fer et des étapes, et les chefs d'état-major des directions d'étapes exercent les attributions définies par l'article 8 à l'égard des chefs des divers services dépendant desdites directions.

Les officiers de l'artillerie et du génie doivent communication, aux chefs d'état-major des généraux sous les ordres desquels ils sont employés, «des états d'approvisionnement, du plan des places et de celui des travaux exécutés ou à exécuter.» (Art. 10.)

«Les intendants et les sous-intendants doivent des rapports de service au chef d'état-major du corps (armée, corps d'armée, division ou brigade, etc.), auquel ils sont attachés.» (Art. 10.)

«Les officiers de gendarmerie reçoivent des ordres des généraux et des chefs d'état-major pour le service journalier; ils leur rendent compte de l'exécution de ces ordres.» (Art. 236.)

Le major général, les chefs d'état-major généraux, les chefs d'état-major de corps d'armée opérant isolément, les chefs d'état-major des divisions de cavalerie indépendante, les chefs d'état-major du directeur général ou supérieur des chemins de fer et des étapes et des directeurs d'étapes, donnent directement des instructions aux directeurs, sous-directeurs et chefs de service de la télégraphie militaire attachés à leurs quartiers généraux respectifs.

Dans chaque état-major, le chef d'état-major dirige le service et en est responsable. Il remplit, vis-à-vis du personnel placé sous ses ordres, le rôle d'un chef de corps ; il en a tous les droits et tous les devoirs. Il tient les livrets matricules des officiers ainsi que ceux des chevaux qui leur appartiennent. Il tient et conserve les feuillets du personnel des officiers du service d'état-major et des archivistes; en cas d'absence, ces feuillets sont remis au général. Le feuillet du chef d'état-major (quand il n'est pas officier général) et ceux des officiers d'ordonnance sont tenus et conservés par le général lui-même. Les feuillets du personnel sont absolument confidentiels.

Le chef d'état-major général d'une armée et les chefs d'état-major de corps d'armée ou de division isolée sont dépositaires des registres de l'état civil destinés à l'inscription des actes concernant les officiers sans troupe et les employés; ils sont civilement responsables des altérations qui y surviendraient.

Sous-chef d'état-major.—Il seconde le chef d'état-major dans tous les détails du service, le remplace en cas d'absence et a alors les mêmes devoirs et les mêmes attributions.

Chapitre II. — SERVICE DES OFFICIERS ATTACHÉS AUX ÉTATS-MAJORS.

« Les officiers de différents grades attachés aux états-majors sont employés aux objets généraux du service, tels que les reconnaissances et levés topographiques, les missions, les marches, les camps, bivouacs ou cantonnements, les ambulances, les magasins, les subsistances, les distributions, les parcs, etc.» (Art. 9.)

Le chef d'état-major règle, d'après les ordres du général, les détails du service tant à l'extérieur qu'au bureau.

Les capitaines font un service de jour au bureau. Le capitaine de jour est à la disposition du chef d'état-major pour traiter, en l'absence des autres officiers, les affaires urgentes.

Les *archivistes* sont à la disposition des officiers du service d'état-major pour contribuer au travail de bureau ; ils sont en même temps chargés de l'enregistrement des dépêches à l'arrivée et à la sortie, de leur expédition, du classement et de la conservation des archives, de la surveillance des écritures. A défaut d'archiviste, cette partie du service incombe au capitaine de jour.

Officiers d'ordonnance. — Les officiers d'ordonnance constituent le personnel du cabinet du général, qui les emploie à la partie de la correspondance qu'il se réserve et à des missions spéciales.

Commandants des quartiers généraux. — «Le commandant d'une armée, d'un corps d'armée ou d'une division désigne parmi les officiers de son état-major le commandant de son quartier général; cet officier est sous les ordres directs du chef d'état-major.

» Le commandant du quartier général est spécialement chargé de tout le logement dans les lieux où le quartier général est établi ; il reconnaît les emplacements à occuper par les postes et les gardes ; il se concerte avec le commandant de la gendarmerie pour maintenir au quartier général la police et le bon ordre. Il règle tous les détails relatifs au service de l'escorte et des estafettes, aux isolés, à la ferrure et au service vétérinaire des chevaux du quartier général; il surveille le service des prisons.» (Art. 9.)

Officiers d'approvisionnement des quartiers généraux. — Les officiers d'administration désignés pour remplir ces fonctions ont les attributions suivantes: commandement du train régimentaire et entretien du matériel; prise en charge des denrées qu'il contient ; leur garde et leur conservation ; distributions aux parties prenantes ; réapprovisionnement du train régimentaire. En outre, ils sont chargés de l'administration de tous les isolés faisant partie des quartiers généraux.

CHAPITRE III. — HOMMES DE TROUPE ATTACHÉS AUX ÉTATS-MAJORS.

Secrétaires d'état-major. — Ils appartiennent aux sections de secrétaires d'état-major et du recrutement.

Le passage des hommes de troupe des diverses armes dans ces sections est prononcé par le général commandant le corps d'armée duquel dépend la section. — Les propositions pour l'avancement et les récompenses sont établies en faveur des secrétaires par les généraux dans l'état-major duquel ils sont employés, et transmises au général commandant le corps d'armée.

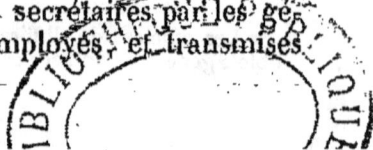

Dans chaque état-major, les secrétaires marchent avec la voiture portant les archives.

Les secrétaires font, sous la direction de l'archiviste ou du capitaine de jour, les travaux d'importance secondaire et les écritures ; autant que possible, ils sont spécialisés dans les différents services.

Plantons d'état-major. — Ce sont des sous-officiers provenant des régiments d'infanterie de la brigade, de la division ou du corps d'armée. Ils sont rattachés à la section de secrétaires d'état-major. Dans chaque état-major ils marchent avec les secrétaires.

Estafettes d'état-major. — Ce sont également des sous-officiers ; ils appartiennent au régiment de cavalerie qui fournit l'escorte et marchent avec elle. Ils sont, ainsi que les plantons, employés spécialement au service d'ordonnance.

Soldats-ordonnances. (Voir page 36.) — Les officiers qui ont à se pourvoir d'ordonnances les choisissent dans les corps de troupes ; le passage au train des hommes ainsi choisis est prescrit, sur la demande des officiers, par le général commandant le corps d'armée dont dépend l'escadron du train ; la notification de l'ordre de passage est adressée simultanément à l'ancien corps de l'ordonnance et à l'escadron du train où il est versé : elle fait connaître les nom, grade, position et résidence de l'officier près duquel l'homme est détaché.

Les soldats-ordonnances suivent les officiers auxquels ils sont attachés ou marchent avec les bagages.

Les soldats non montés, conducteurs de chevaux de main, sont autorisés à charger leur sac sur les voitures portant les bagages des officiers, ou sur les fourgons à vivres

Conducteurs de voitures. — Les cadres des équipages et les conducteurs de voitures à vivres et à bagages des quartiers généraux de corps d'armée, de division et de brigade sont fournis par les corps de troupe chargés, en temps de paix, de la garde et de la conservation desdites voitures. Il en est de même des conducteurs des voitures-bureaux et des voitures de cartes. — Ceux des quartiers généraux d'armée sont fournis par le train des équipages.

Les conducteurs de voitures à vivres et à bagages sont autorisés à charger leurs sacs et leurs armes sur les voitures qu'ils conduisent.

CHAPITRE IV. — INDICATIONS GÉNÉRALES POUR LES DIFFÉRENTES PARTIES DU SERVICE.

Des ordres et de leur transmission.

«Les ordres sont *généraux* ou *particuliers* ; ils sont rédigés de préférence dans le style d'ordre purement militaire. Tous les ordres sont numérotés ; on suit des séries différentes pour les ordres généraux et les ordres particuliers. Les généraux, les chefs de corps et de service font tenir des registres pour l'inscription de ces ordres. Le chef de l'état-major général adresse tous les mois au Ministre de la guerre le relevé du registre des ordres généraux de l'armée.» (Art. 30.)

«L'*ordre général* est donné pour toute l'armée, pour une aile, pour le centre, pour la réserve, pour chaque corps d'armée, chaque division, chaque brigade, chaque régiment, par le commandant de chacune de ces réunions de troupes.

«L'ordre général est donné chaque fois seulement qu'il y a matière; il est destiné à indiquer : 1° les mesures concernant les mouvements d'ensemble; 2° la nature, l'heure et le lieu des distributions; 3° les heures des appels et des différents services; les règles de police et les défenses qu'exigent les circonstances et les localités; 4° les états à fournir et leurs modèles; 5° les lois, décrets et décisions relatifs à l'armée; 6° les éloges ou reproches aux corps ou aux individus; 7° enfin tout ce dont il importe que l'armée soit instruite.» (Art. 31.)

«Les ordres donnés par le commandant d'une troupe à une partie seulement de cette troupe sont des *ordres particuliers*. Ils ont pour objet des mouvements à effectuer, des postes à établir, des détachements à fournir, etc.; l'usage s'en étend encore au personnel des officiers, aux détails de l'artillerie, du génie et des différents services; aux relations avec les pays occupés par l'armée; enfin, ils comprennent les ordres qu'il n'est pas nécessaire de faire connaître aux troupes.» (Art. 32.)

«Les chefs d'état-major n'expédient l'ordre général qu'après en avoir fait approuver la minute par le général. Ils l'adressent : celui de l'armée, aux généraux commandant les ailes, le centre, la réserve ou les corps d'armée; celui d'un corps d'armée, aux généraux commandant les divisions; celui d'une division, aux généraux de brigade, qui l'envoient aux colonels des régiments sous leurs ordres.

«Chaque chef d'état-major transmet, en outre, l'ordre aux commandants de la cavalerie, de l'artillerie, du génie, de la gendarmerie, aux chefs des corps ou détachements isolés et aux chefs des différents services.

«La transmission des ordres doit être faite en suivant la voie hiérarchique, sans omettre aucun intermédiaire, excepté dans quelques cas particuliers et pressants..... L'officier qui ordonne est alors tenu d'informer l'autorité intermédiaire, et celui qui reçoit l'ordre en rend compte, sans retard, à son chef immédiat.» (Art. 33.)

«Lorsqu'un officier général ou autre a une mission particulière à donner, un ordre verbal ou un ordre important cacheté à transmettre, il emploie des officiers qui méritent toute confiance et qu'il puisse initier au contenu des dépêches. L'officier qui envoie un ordre verbal le fait répéter par celui qui est chargé de le transmettre. Les ordres importants doivent être portés par plusieurs officiers suivant des chemins différents; autant que possible, ils doivent être écrits.» (Art. 34.)

Du mot.

«Le commandant de l'armée arrête une série de mots d'ordre et de ralliement, ou s'il le juge convenable, forme le *mot* chaque jour. Le chef d'état-major général adresse le mot ou la série, sous pli cacheté, aux commandants des corps d'armée et, s'il y a lieu, à ceux des ailes, du centre et de la réserve, qui le transmettent de même aux commandants de division, ceux-ci aux commandants de brigade, ces derniers aux colonels.

«Les chefs d'état-major envoient aussi le mot aux commandants de la cavalerie, de l'artillerie, du génie, de la gendarmerie, à l'intendant ou sous-intendant militaire, aux chefs des différents services et aux chefs des corps et détachements isolés.

«Le chef d'état-major général envoie également le mot ou la série aux commandants des places ou des forts qui se trouvent dans la zone d'opérations de l'armée.» (Art. 36.)

«Une instruction relative à l'interversion des mots d'ordre et de ralliement de la série est donnée par le chef d'état-major général, pour le cas où cette série serait perdue ou tombée entre les mains de l'ennemi. Dans ce double cas, l'officier général ou commandant qui change le mot rend compte sur-le-champ; il prévient, en outre, les commandants des troupes ou postes voisins et le commandant des avant-postes.» (Art. 38.)

Cantonnements et bivouacs.

(Voir 4ᵉ partie, chapitre 11.)

«Le commandant de l'armée, en prescrivant à chaque corps d'armée la direction a suivre ou la région à occuper, lui assigne ses *cantonnements* d'une manière générale. — Le commandant du corps d'armée désigne les localités que doivent occuper chacune des divisions, la brigade de cavalerie si elle marche avec le corps d'armée, le bataillon de chasseurs à pied, la réserve du génie, l'artillerie de corps, les sections de munitions, les parcs, l'équipage de pont et les divers services. — Le général commandant la division répartit les cantonnements qui lui sont attribués entre les brigades, l'artillerie et les divers services de la division. — Le général de brigade assigne à chacun des régiments sous ses ordres les emplacements qu'il doit occuper.» (Art. 43.)

Pour l'établissement des ordres de cantonnement, on peut se servir utilement du tableau suivant (modèle des manœuvres) :

ᵒ ARMÉE.   ᵒ CORPS D'ARMÉE.   ᵒ DIVISION.

Tableau des cantonnements

à occuper par le.............. à la date du............18 .

DÉSIGNATION des CORPS.	EFFECTIFS.			NOMS		NOMBRE des habitants.	OBSER-VATIONS.
	Officiers.	Troupe.	Chevaux.	des localités.	du canton et de l'arrondissement.		

«En principe, les troupes ne doivent *bivouaquer* que lorsqu'on est dans l'obligation de les concentrer sur des positions où il est impossible de les cantonner, ou lorsque, l'armée étant à proximité de l'ennemi, elles doivent occuper des positions défensives, ou s'établir, pour un temps généralement très court, en des lieux favorables pour l'attaque des lignes ennemies. Dans ces divers cas, le commandant de l'armée indique d'une manière générale aux commandants des corps d'armée les positions à occuper, et ceux-ci désignent les emplacements de leurs troupes et services.» (Art. 62.)

«On appelle *campement* la réunion des individus chargés de reconnaître et de préparer un cantonnement ou un bivouac.» (Art. 39.)

«Si une division doit être concentrée au cantonnement ou au bivouac, un officier du service d'état-major est chargé de conduire le campement; il en a le commandement. — Le campement d'une brigade qui doit être concentrée dans les mêmes conditions est commandé par le plus ancien officier. — Les campements des quartiers généraux d'armée, de corps d'armée et de division, ceux des troupes et des services qui en dépendent, sont sous les ordres des commandants de ces quartiers généraux.» (Art. 40.)

«Le campement est réuni et se met en route aux heures indiquées par le commandant de la colonne, qui tient compte des lieux et des circonstances; en pays hostile ou à proximité de l'ennemi, il marche et opère sous la protection de l'avant-garde. Les équipages et les chevaux de main ne peuvent sous aucun prétexte marcher avec le campement. » (Art. 41.)

Les règles à suivre par le commandant du campement pour la reconnaissance et la préparation des cantonnements et bivouacs sont tracées par les articles 44 et 45 (cantonnements), 63 et 64 (bivouacs).

« Les quartiers généraux s'installent autant que possible au centre et à proximité des troupes, dans le voisinage des grandes communications. Ils sont indiqués, le jour par les fanions de commandement, la nuit par leurs lanternes. » (Art. 45 et 64.)

« Si les troupes sont cantonnées ou bivouaquées à proximité de l'ennemi, le commandant de la colonne désigne les positions que chaque brigade ou chaque corps doit occuper en cas d'alerte. Les généraux et les chefs de corps reconnaissent ces positions dès leur arrivée.

« Pendant l'installation, le commandant de la colonne parcourt les cantonnements ou les bivouacs et leurs abords ; il apprécie si les avant-postes sont placés de manière à assurer une bonne protection. — Si l'on est à peu de distance de l'ennemi, il ordonne, suivant les lieux et les circonstances, l'établissement de batteries, fait mettre rapidement en état de défense les fermes et les villages qui peuvent servir de point d'appui ; il prescrit de rétablir les ponts coupés et de prendre des mesures pour détruire au premier ordre les communications qui peuvent être utiles à l'ennemi ; il fait reconnaître et préparer des débouchés en avant, en arrière et à l'intérieur des cantonnements et bivouacs ; il détermine les limites qui, en dehors du service, ne doivent être franchies sous aucun prétexte. — En pays ennemi, il prend des otages s'il le juge utile ; il interdit aux habitants, sous peine d'exécution militaire, de dépasser les avant-postes et exige qu'ils restent chez eux à partir de l'heure fixée ; il défend de sonner les cloches, et prend enfin toutes les mesures qui lui paraissent utiles pour assurer l'ordre, la régularité du service, épargner des fatigues à ses troupes et accroître leur sécurité. » (Art. 65.)

Des camps.

« Les troupes ne sont campées que dans des cas particuliers ; par exemple, lorsqu'il s'agit d'occuper une position fortifiée, d'assiéger ou d'investir une place forte, sans qu'il soit possible de cantonner.

« Le choix de l'emplacement d'un camp, sa forme, son installation, dépendent du but qu'on se propose et de sa durée présumée. Le général en chef donne l'ordre de l'établir sur un point déterminé, et toutes les opérations de reconnaissance et d'établissement sont faites par des officiers sous la protection et avec l'aide des troupes destinées à l'occuper. » (Art. 66.)

Tours de service.

« L'ordre du service des divisions dans les corps d'armée, des brigades dans les divisions, des régiments dans les brigades, des bataillons dans les régiments, etc., est réglé selon leur rang dans l'ordre de bataille. » (Art. 87.)

« Il y a trois tours de service.

« Le *premier tour* comprend : 1° En marche, les avant-gardes, les flanc-gardes, les arrière-gardes ; en station, les avant-postes ; 2° les autres postes extérieurs ; 3° les détachements appelés à faire des travaux de guerre, tels que les ouvrages de campagne et les ouvertures de communications exécutés par des troupes armées ; 4° les détachements nécessaires à la protection de ces travaux, et en général tous les services dans lesquels les troupes commandées peuvent être appelées à combattre.

« Le *deuxième tour* comprend : 1° les gardes de police, celles des magasins, hôpitaux et autres établissements, les plantons et ordonnances : services habituellement fournis par la fraction de jour ; 2° les gardes d'honneur ; 3° les travaux à exécuter sans armes ; 4° les détachements qui assistent aux exécutions.

«Le *troisième tour* comprend : 1° les distributions; 2° les corvées extérieures et intérieures de toute nature, non armées.

«Lorsqu'il y a lieu de former des détachements pour un service de longue durée, ils sont commandés par le chef d'état-major suivant un *tour spécial*.» (Art. 88.)

«Les services du premier et du deuxième tour sont faits par fractions constituées.» (Art. 89.).

Dans les sièges, lorsque l'investissement est accompli, «avec les opérations du siège proprement dit commence pour les états-majors et les troupes un service spécial qui porte le nom de *service de tranchée*. Le général commandant le corps ou l'armée de siège désigne parmi les troupes sous ses ordres celles qui doivent concourir à l'exécution de ce service.» (Art. 259.)

Tout officier, quel que soit son grade, peut être commandé pour marcher avec une fraction quelconque de la troupe qu'il commande, lorsque sa présence est jugée nécessaire.

Le tour de service individuel, institué par le règlement sur le service dans les places, comprenant les rondes, les visites d'hôpitaux, de prisons, etc., est supprimé en campagne.

Alimentation des troupes, distributions et ravitaillements.

(Voir 4ᵉ partie, chapitre XIII.)

Dans les armées et les corps d'armée, il appartient exclusivement au commandement, renseigné par les fonctionnaires de l'intendance sur les ressources du pays et sur celles de l'arrière, de déterminer et de mettre chaque jour à l'ordre le mode d'alimentation et de ravitaillement des principales fractions de troupes, et de fixer à chacune de ces fractions, ainsi qu'aux services administratifs de première ligne et des étapes, des zones de réquisitions et d'achats.

«Le général en chef et les commandants de corps d'armée peuvent faire nourrir les hommes et les chevaux par les habitants, soit à charge de remboursement ultérieur, soit gratuitement si l'on est en pays ennemi. Ils fixent le prix à rembourser par journée d'homme et de cheval, la composition du régime et le tarif des rations. Ils peuvent déléguer ces attributions aux commandants de corps ou de détachements opérant isolément.» (Art. 107.)

Lorsqu'elles ne sont pas nourries par l'habitant, « le service de l'alimentation des troupes en mouvement exige deux sortes d'opérations : le ravitaillement des convois; la distribution aux parties prenantes collectives ou isolées.» (Art. 98.)

En station, le service des distributions est réglé par un ordre général; à défaut d'ordre général il est réglé dans chaque cantonnement par le commandant du cantonnement.

En marche, les distributions ont lieu immédiatement après l'arrivée des troupes, pour les denrées qui doivent être réunies sur place par les officiers d'approvisionnement, et dès l'arrivée des trains régimentaires, pour celles qui doivent être prélevées sur ces trains.

«Les officiers généraux se font rendre compte chaque jour des heures auxquelles les corps ont reçu leurs distributions.» (Art. 102.)

Toutes les fois que les trains régimentaires doivent être ravitaillés par les convois administratifs, l'ordre de mouvement ou, à défaut, un ordre du commandant de la colonne détermine l'heure et le lieu du ravitaillement.

Un centre de distribution particulier, accessible aux voitures, situé autant que possible au centre des positions occupées par les troupes, est assigné pour chaque division et pour chaque quartier général de corps d'armée.

«Un officier du service d'état-major et un fonctionnaire de l'intendance assistent, autant que possible, aux ravitaillements des convois régimentaires. Ils ont mission de s'assurer de la qualité des denrées, d'entendre les réclamations des corps et d'y faire droit s'il y a lieu.» (Art. 103.)

Réquisitions et contributions.

(Voir 4ᵉ partie, chapitre XIV.)

« Les généraux ont autorité pour frapper de *contributions en nature* un pays ennemi occupé par leurs troupes. Ce droit peut être délégué par les officiers généraux

«En pays ennemi, le général en chef a seul le droit d'ordonner des *contributions en argent;* dans aucun cas, une contribution en argent ne peut être imposée à un territoire français, allié ou neutre. » (Art. 104.)

« Autant que possible, une armée doit vivre sur le pays. — Le général en chef assigne à chaque général commandant de corps d'armée la zone dans laquelle il peut exercer des réquisitions pour l'alimentation de ses troupes; celui-ci opère de même pour les divisions et corps non endivisionnés placés sous ses ordres. » (Art. 105.)

Les généraux commandant des armées, des corps d'armée, des divisions ou des troupes ayant une mission spéciale, délivrent aux chefs de corps et de service, contre récépissés, des carnets d'ordres de réquisition et font prendre note, par leurs chefs d'état-major, des numéros des carnets distribués, ainsi que des noms des officiers auxquels ils sont remis. Chaque feuillet de ces carnets est coté, parafé, et revêtu du timbre de l'officier général qui le délivre; le premier feuillet porte la signature de cet officier général.

«Est exigible, par voie de réquisition, la fourniture des prestations nécessaires à l'armée et qui comprennent notamment : 1° le logement chez l'habitant et le cantonnement pour les hommes et pour les chevaux, mulets et bestiaux, dans les locaux disponibles, ainsi que les bâtiments nécessaires pour le personnel et le matériel des services de toute nature qui dépendent de l'armée; 2°.la nourriture journalière des officiers et soldats logés chez l'habitant, conformément à l'usage du pays; 3° les vivres et le chauffage pour l'armée, les fourrages pour les chevaux, mulets et bestiaux; la paille de couchage pour les troupes campées ou cantonnées; 4° les moyens d'attelage et de transport de toute nature, y compris le personnel; 5° les bateaux ou embarcations qui se trouvent sur les fleuves, rivières, lacs et canaux; 6° les moulins et les fours; 7° les matériaux, outils, machines et appareils nécessaires pour la construction ou la réparation des voies de communication, et en général pour l'exécution de tous les travaux militaires; 8° les guides, les messagers, les conducteurs, ainsi que les ouvriers pour tous les travaux que les différents services de l'armée ont à exécuter; 9° le traitement des malades et des blessés chez l'habitant; 10° les objets d'habillement, d'équipement, de campement, de harnachement, d'armement et de couchage, les médicaments et moyens de pansement; 11° tous les autres objets et services dont la fourniture est nécessitée par l'intérêt militaire. » (Loi du 3 juillet 1877, art. 5.)

«En cas d'urgence, sur l'ordre du ministre de la guerre ou de l'autorité militaire supérieure chargée de la défense de la place, il peut être pourvu, par voie de réquisition, à la formation des approvisionnements nécessaires à la subsistance des habitants des places de guerre.» (Même loi, art. 7.)

Il est toujours délivré un reçu des prestations fournies.

Mouvements de troupes.

« Les *instructions* sont données par le commandant de l'armée ou du corps d'armée opérant isolément; elles peuvent être journalières ou s'appliquer à la période de temps nécessaire pour exécuter l'opération qu'elles prescrivent; elles font connaître ce que l'on sait de l'ennemi, le but à atteindre ainsi que l'ensemble du mouvement. Elles sont adressées aux généraux commandant les corps d'armée ou les divisions et au commandant de la cavalerie d'exploration, qui en déduisent ce qu'ils doivent prescrire, et les directions à donner à leurs colonnes. » (Art. 128.)

Les commandants d'armée adressent en outre ces instructions : 1° au général commandant l'artillerie; 2° au général commandant le génie; 3° à l'intendant en chef; 4° au directeur du service de santé; 5° au directeur de la trésorerie et des postes; 6° au directeur de la télégraphie; 7° au commandant de la prévôté; 8° au directeur des étapes.

«L'ordre de mouvement a pour objet de régler la marche des troupes; il est basé sur les instructions générales émanant du commandant de l'armée ou du corps d'armée opérant isolément. Il est donné par chaque chef d'unité de commandement et par chaque chef de colonne. » (Art. 129.)

Il est adressé, savoir :

Par les commandants de corps d'armée : 1° et 2° aux deux généraux de division; 3° au général commandant la brigade de cavalerie; 4° au général commandant l'artillerie; 5° au commandant du génie; 6° à l'intendant; 7° au directeur du service de santé, 8° au commandant du quartier général; 9° au prévôt du corps d'armée; 10° au commandant du train des équipages militaires; 11° au chef du service vétérinaire; 12° au chef du service télégraphique, s'il y a lieu; 13° au payeur du corps d'armée; 14° au commandant du dépôt de remonte mobile;

Par les généraux de division : 1° et 2° aux deux généraux de brigade; 3° au commandant de l'artillerie de la division; 4° au commandant du génie de la division; 5° au sous-intendant de la division; 6° au directeur du service de santé de la division; 7° au commandant du quartier général; 8° au commandant de la force publique; 9° au payeur;

Par les généraux de brigade : aux commandants des troupes et chefs de service sous leurs ordres.

Transports de troupes par chemins de fer.

(Voir 4ᵉ partie, chapitre VIII.)

Les transports de troupes par chemins de fer n'ont lieu, en règle générale, que sur l'ordre du Ministre de la guerre, du commandant en chef d'un groupe d'armées, ou du commandant en chef d'une armée opérant isolément.

Les transports stratégiques de concentration sont préparés dès le temps de paix et dirigés dans l'exécution par la *Commission militaire supérieure des chemins de fer* siégeant au Ministère de la guerre. Cette Commission fait parvenir aux troupes et aux Compagnies de chemins de fer les ordres nécessaires.

Pendant le cours des opérations, la même Commission prépare et exécute les transports de troupes qui doivent avoir lieu en deçà de la base d'opérations fixée par le Ministre de la Guerre. Elle reçoit à cet effet les instructions du Ministre et les indications du directeur général ou supérieur des chemins de fer et des étapes.

Sur le théâtre même de la guerre, c'est-à-dire sur les réseaux ferrés situés au delà de la base d'opérations, les transports sont préparés et exécutés, d'après les instructions du Directeur général des chemins de fer et des étapes : en deçà des *stations de transition*, par la délégation de la Commission supérieure aux armées et dans certains cas par cette Commission elle-même ; au delà des stations de transition, par la direction des chemins de fer de campagne.

Lorsqu'un transport de troupes en chemin de fer a été résolu par le commandant en chef, le commandant de l'unité à transporter est invité, s'il y a lieu, à adresser au chef d'état-major général de l'armée un *tableau de préparation du mouvement du corps d'armée, division, etc.,* sur........ faisant connaître : 1° la composition du corps d'armée, division, etc. à transporter ; 2° son fractionnement en trains militaires ; 3° l'effectif de chaque fraction en officiers, hommes de troupe, chevaux, voitures, et le tonnage approximatif du matériel ; 4° l'emplacement des troupes ; 5° la date à laquelle chaque fraction peut être mise en route.

Ce tableau est transmis par le chef d'état-major général au Directeur général ou supérieur des chemins de fer et des étapes, qui le notifie aux organes directeurs compétents des chemins de fer.

En cas d'urgence et avec l'approbation du commandant en chef, ledit tableau est transmis directement par le commandant de la troupe à transporter à la *commission de ligne ou à la commission de chemins de fer de campagne* chargée de la portion de réseau sur laquelle doit commencer le mouvement. Cette commission provoque immédiatement, si elle ne les a déjà reçus, les ordres des organes directeurs précités.

Préparation des marches.

Le travail préparatoire de la mise en mouvement des troupes se répartit entre les divers échelons du commandement; il consiste : à déterminer l'étendue du front de marche; à reconnaître le réseau routier et à en régler l'emploi; à fixer le nombre, la force et la composition des colonnes; à tracer la zone de marche de chacune d'elles; à arrêter leur dispositif et à établir les ordres de mouvement.

Front de marche. — Dépend de la position relative des deux adversaires.

« Loin de l'ennemi, alors qu'une rencontre n'est pas probable, on l'étend afin d'assurer aux troupes des ressources plus grandes en vivres et en logements. Près de l'ennemi, la nécessité de réduire le front de marche pour être en mesure de livrer combat impose l'obligation de rapprocher les colonnes et de les composer d'unités d'armes différentes. » (Art. 130.)

Réseau routier. — Ses limites dépendent de l'étendue du front de marche. Les cartes dont on dispose, les renseignements fournis par les habitants et par la cavalerie, servent à classer par ordre de préférence les voies de communication qui le composent. Les voies ainsi choisies sont attribuées, suivant l'entraînement des troupes, la configuration du terrain, les conditions atmosphériques, les nécessités stratégiques et tactiques, aux troupes proprement dites ou aux convois.

Nombre et composition des colonnes. — Loin de l'ennemi, quand l'étendue du front de marche permet de disposer d'un grand nombre de routes, multiplier les colonnes; faire marcher séparément l'infanterie et les troupes à cheval.

Près de l'ennemi, « la colonne de division qui, sans être trop lourde, renferme tous les éléments nécessaires pour le combat, est la plus avantageuse. On ne doit avoir recours aux colonnes de corps d'armée que lorsqu'il n'est pas possible de marcher par division. » (Art. 130.)

« Les convois constituent toujours des colonnes séparées. » (Art. 113.)

Ne pas écarter absolument les lignes de marche qui, sur la carte, paraîtraient s'interrompre en un ou plusieurs points, ou se confondre avec une ligne voisine sur une faible partie de leur parcours : dans nombre de cas, ces lignes sont cependant utilisables, au moins pour les troupes, sinon pour les convois, soit parce que l'on peut profiter des sentiers, soit parce qu'on peut passer à travers champs, soit enfin parce qu'il suffit de peu de travail pour organiser un passage latéral.

« Le commandant des troupes affecte à chaque colonne une *zone* dite *de marche*, dont tous les chemins et toutes les ressources en logements et en vivres lui sont exclusivement réservés. » (Art. 130.)

On peut limiter ces zones par les routes principales attribuées aux troupes : chaque zone s'étend, dans ce cas, à droite ou à gauche de la route affectée à la colonne et jusqu'à celle que suit la colonne voisine.

Quand il existe entre les routes principales des lignes naturelles (cours d'eau, collines, bois, etc.) parallèles à la direction générale de la marche, il est préférable de les prendre pour limites des zones : chaque zone s'étend alors à droite et à gauche de la route suivie, jusqu'à ces lignes naturelles.

Ordres de marche. — Des ordres de marche particuliers sont arrêtés pour chaque colonne : ils sont en principe conformes aux ordres normaux (voir 4° partie, chap. IV. § 3). Lorsque, par exception, ceux-ci doivent être modifiés, les modifications qu'il convient d'y apporter sont indiquées par l'ordre de mouvement ou par des instructions spéciales du commandant supérieur des troupes.

L'ordre de mouvement « contient tous les renseignements et toutes les prescriptions qui intéressent la troupe à laquelle il est adressé. Suivant l'importance et l'espèce de cette troupe il indique :

« 1° Ce que l'on sait de la situation générale de l'ennemi, des positions qu'il occupe, ou des directions que suivent ses colonnes ;

» 2° L'ensemble de l'opération que l'on se propose d'exécuter et le but à atteindre ; » *la conduite à tenir si l'on rencontre l'ennemi ;*

» 3° L'étendue du front de marche ;

» 4° Les mouvements que doit exécuter la cavalerie ;

» 5° Le nombre et la composition des colonnes qu'il y a lieu de former, les routes » *et les zones de marche* « qui leur sont affectées, leurs points de destination ;

» 6° Les modifications exceptionnelles qu'il convient d'apporter pour chaque colonne au dispositif normal de marche ; le point initial de marche pour chacune d'elles ; l'heure à laquelle la tête du gros » *et celle de chacun des principaux éléments (avant-garde, arrière-garde, train régimentaire)* « devra y passer ; l'heure de la première halte horaire, la durée de la grand'halte et l'endroit où elle se fera ;

» 7° La direction que suivent les colonnes voisines, les points où elles s'arrêteront, les communications à établir avec elles ;

» 8° Les positions à occuper par les flanc-gardes ; » *le nombre et la composition de ces détachements ;*

» 9° La route que suivra le commandant des troupes, la place qu'il occupera dans la colonne pendant la marche ou le point où devront lui être adressés les rapports, demandes et renseignements dans le cas où il se déplacerait ;

» 10° L'ensemble des positions sur lesquelles devront s'établir les avant-postes à l'arrivée, et la répartition des cantonnements et des terrains de bivouac entre les différentes colonnes et les unités de commandement ; » *le point de dislocation de la colonne ;*

» 11° L'heure du départ des convois ; la route qu'ils devront suivre et les points où ils devront s'arrêter. »

12° *Les heures et les lieux assignés pour le ravitaillement des trains régimentaires ; les zones de réquisition affectées à chaque unité.*

«Lorsqu'il n'est pas possible de donner dans l'ordre de mouvement les indications relatives aux cantonnements et aux bivouacs, on les donne pendant la marche, et assez à temps pour que l'avant-garde puisse, en arrivant, prendre ses positions, et pour que les campements » *et les officiers d'approvisionnement* « qui marchent avec elle puissent préparer les premières installations. » (Art. 129.)

Les indications énumérées aux paragraphes 5, 6, 7, 8, 10 et 11 ci-dessus peuvent être données au moyen de *tableaux de marche* du modèle suivant, établis pour chaque colonne distincte et annexés à l'ordre de mouvement.

᷄ ARMÉE.   ᷄ CORPS D'ARMÉE.   ᷄ DIVISION.

Tableau de marche

Pour la journée du _____ (1)
Colonne _____ (2)

Commandant de la colonne: M. _____

Route à suivre. .... { _____

Zone de marche .... { _____

Point initial ....
Heure de la première halte horaire
Grand'halte. .... { Durée _____
                               Emplacement _____
Point de dislocation. ....
Renseignements sur les colonnes {
   voisines, communications à
   établir avec elles. ....
Flanc-gardes à fournir, positions {
   qu'elles doivent occuper pen-
   dant le passage de la colonne. {

Renseignements concernant le }
   commandant des troupes..... {

ORDRE de marche des éléments composant la colonne. (3)	HEURES du passage au point initial de la tête des éléments.	POINTS de départ des éléments. (4)	ITINÉRAIRES à suivre pour gagner le point initial. (5)	ITINÉRAIRES à suivre à partir du point de dislocation. (5)	DESTINATION des éléments. (6)	POSITIONS sur lesquelles devront s'établir les avant-postes.	OBSERVATIONS.

(1) Date de la marche.
(2) Désignation de la colonne; par exemple: colonne principale, colonne de droite, colonne de gauche, colonne de tel ou tel train régimentaire, de tel ou tel convoi, etc.
(3) Énumérer successivement dans l'ordre de marche les éléments constitutifs de la colonne; indiquer les distances qui doivent séparer les parties principales (avant-garde, gros, etc.).

(4) Cantonnements ou bivouacs actuels pour les troupes; lieux de réunion à fixer pour les trains régimentaires et les convois.
(5) Ces indications peuvent être nécessaires pour éviter les croisements des colonnes secondaires se rendant au point initial, ou quittant le point de dislocation.
(6) Cantonnements ou bivouacs à occuper à l'arrivée.

« Aussitôt qu'il a reçu l'ordre de mouvement, chaque commandant de colonne fait étudier sur la carte, à l'aide des renseignements qui lui sont fournis par le commandant de la cavalerie et par les habitants, toutes les routes qui sont en avant de lui et particulièrement celle que doit suivre la colonne. Il fait étudier aussi les routes transversales qui permettront de communiquer avec les colonnes voisines, et au besoin les positions que devront prendre les flanc-gardes pour protéger le mouvement. Il fait rechercher les gens qui connaissent bien le pays, tels que les forestiers, les marchands forains, etc., pour les interroger et les employer comme guides. » (Art. 131.)

Il fait reconnaître le point initial.

« Si l'ennemi a dégradé ou obstrué les routes, s'il a coupé des ponts, s'il faut adoucir des pentes ou préparer des rampes pour faciliter le passage des voitures, et si la cavalerie n'a pu faire exécuter par les habitants les travaux nécessaires, le commandant de la colonne les fait entreprendre le soir ou pendant la nuit par des sapeurs du génie, aidés au besoin par un détachement d'infanterie pris dans les troupes qui le lendemain doivent former l'avant-garde. » (Art. 132.)

Exécution des marches.

(Voir 4e partie, chapitre IV.)

« En marche et pendant les haltes, il n'est rendu d'honneurs qu'au commandant en chef. » (Art. 150.)

« Les mouvements sont réglés sur l'heure du quartier général. » (Art. 139.)

« Un officier du service d'état-major, placé au point initial, donne aux chefs de corps et aux commandants des unités isolées tous les renseignements de détail qui peuvent leur être utiles, et leur transmet les ordres particuliers qui ont pu lui être laissés. Quand tous les éléments sont entrés dans la colonne, cet officier rejoint le commandant des troupes dont il fait partie et lui rend compte de sa mission. » (Art. 138.)

« Pendant la marche, chaque chef de corps ou de détachement fait, aussitôt que possible, au général de brigade un rapport verbal sur la situation morale et matérielle de la troupe qu'il commande. Les généraux de brigade font au général de division un rapport analogue. » (Art. 152.)

S'il se produit pendant la marche un événement important qui oblige une unité de marche à suspendre son mouvement, il en est immédiatement rendu compte au commandant de la colonne.

« Chaque commandant de colonne doit user de tous les moyens dont il dispose pour entrer en relations avec les commandants des colonnes voisines. Il emploie, quand il le peut, le réseau télégraphique, envoie des officiers, et profite de toutes les voies latérales pour faire parvenir à ces colonnes, par des cavaliers, des bulletins indiquant l'heure précise de son départ et celle de l'arrivée de sa tête de colonne aux points marquants de la route qu'il suit. Il leur fait part en même temps de tous les événements et de toutes les nouvelles qui peuvent les intéresser. Si les communications ne peuvent être établies comme il vient d'être dit, on emploie des signaux convenus d'avance, au besoin des émissaires secrets et salariés. » (Art. 147.)

« Les officiers généraux et les commandants d'unités s'arrêtent souvent pour voir si leurs troupes marchent dans l'ordre prescrit et conservent leurs distances ; ils envoient parfois à la queue de la colonne des officiers qui viennent leur rendre compte et les mettent ainsi à même de rectifier la marche. Un officier du service d'état-major est placé aux passages (ponts, défilés, etc.), où l'on peut craindre qu'il y ait encombrement ou désordre. Il est chargé de faire arrêter les voitures venant en sens inverse de la marche et de les faire ranger sur l'un des côtés de la route, de rendre compte des difficultés qui se présentent et de prévenir lorsque le passage est effectué. » (Art. 145.)

« Nulle troupe en marche ne doit être coupée par une autre. Lorsque deux têtes de colonne se rencontrent à une croisée de chemins, à moins d'ordres contraires écrits ou transmis verbalement par un officier du service d'état-major,

9

la première dans l'ordre de bataille prend le pas sur l'autre, qui suspend sa marche. Si l'une des troupes, arrivée la première à la croisée, est en pleine marche et occupe ou coupe la route que l'autre doit suivre, cette dernière attend, quel que soit son rang. Une colonne qui en trouve une autre arrêtée passe, si elle a la priorité sur elle ; elle passe encore si l'autre, ayant le droit de marcher la première, ne veut pas en user à l'instant même. La colonne qui passe la première est suivie de son train de combat ; elle laisse en arrière son train régimentaire, qui ne reprend sa marche qu'après le passage de la seconde colonne et de son train de combat, mais avant le train régimentaire de cette seconde colonne. Le commandant d'une troupe qui rencontre un train régimentaire ou un convoi le fait arrêter s'il ne peut continuer autrement sa route. Les généraux et les autres officiers qui ont à suspendre la marche d'une colonne examinent consciencieusement si le bien du service n'exige pas qu'ils abandonnent leur prérogative. Ils doivent se concerter avec le chef de cette colonne, et se déterminer d'après le vu des ordres respectifs, en ne suivant d'autre règle que l'intérêt de l'armée. » (Art. 146.)

Reconnaître avec soin les abords de la croisée des routes pour voir s'il ne serait pas possible aux deux colonnes de continuer simultanément leur marche en ouvrant des débouchés latéraux.

Si une colonne doit subir un long temps d'arrêt pour en laisser passer une autre, elle fait une grand'halte. On a recours au même moyen toutes les fois qu'un obstacle imprévu arrête la marche.

« La série des haltes horaires recommence après cette halte exceptionnelle. » (Art. 145.)

« Aux embranchements des routes, il est souvent utile de laisser des guides ou d'établir des signaux pour indiquer la direction à suivre. Dans les marches de nuit, la route est jalonnée par des caporaux ou des brigadiers intelligents qui sont relevés successivement d'unité de marche en unité de marche. » (Art. 148.)

« Les généraux commandants d'armée, de corps d'armée ou de division exigent rigoureusement que les officiers généraux, les officiers d'état-major, les régiments sous leurs ordres et toutes les personnes relevant de leur commandement n'aient que le nombre de voitures et de chevaux autorisé par le règlement ou par le général en chef. Ils font passer fréquemment et passent eux-mêmes des revues à cet effet.

« Chaque chef d'état-major fait remettre au vaguemestre de son quartier général un état indiquant la composition du train régimentaire qu'il doit commander et diriger. Les vaguemestres, à l'égard des trains qu'ils commandent et dirigent, ainsi que les sous-officiers de gendarmerie qui leur sont adjoints....., arrêtent les voitures non autorisées, les font sortir de la route, leur interdisent de suivre la colonne et préviennent les conducteurs qu'en cas de récidive les chevaux seront saisis. Si ce cas se présente, les chevaux sont remis au train des équipages sur reçu, et il en est rendu compte au chef d'état-major. » (Art. 163.)

Pendant les marches, étudier et faire reconnaître le terrain ; rectifier ou compléter la carte ; se mettre en rapport avec les autorités locales, les notables ; interroger les habitants, les charretiers, les voyageurs de passage ; en un mot, recueillir toutes les informations utiles.

En vue de la rédaction du journal des marches, se tenir au courant de tous les incidents de la marche et en noter les heures.

Avoir toujours avec soi les chiffres de correspondance secrète pour le cas où l'on recevrait des dépêches en route.

Service d'exploration et service de sûreté.

Aux armées, *le service d'exploration* incombe particulièrement aux divisions de cavalerie. Tout en se conformant aux instructions qu'il a reçues, le général chargé de diriger le service d'exploration conserve sa liberté d'action et adopte, pour accomplir sa mission, les procédés qu'il juge les meilleurs. Devant toujours être en mesure de combattre, il évite de disséminer ses troupes sur un front étendu et s'éclaire seulement au moyen de *reconnaissances d'officiers* et de groupes peu importants désignés sous le nom de patrouilles de découverte. » (Art. 117.) — « Leur action est complétée par celle des *escadrons de découverte*. Chacun de ces escadrons se divise en deux fractions égales : l'une fournit les patrouilles de découverte, l'autre constitue les réserves de patrouilles. » (Art. 118.)

« Le commandant de la cavalerie se tient par tous les moyens possibles en communication avec le général en chef. A défaut de télégraphe, on établit quelques *postes de correspondance* pour transmettre rapidement les renseignements au général en chef. Le service de correspondance est habituellement confié aux brigades de cavalerie de corps. » (Art. 120.)

« Le service d'exploration fournit au général en chef des renseignements sur le pays et des avis sur les mouvements de l'ennemi ; mais il ne peut garantir les colonnes contre les surprises, ni leur donner les indications nécessaires pour la sûreté de la marche et pour l'établissement des troupes dans les cantonnements ou bivouacs. *Le service de sûreté* vient donc, en arrière du service d'exploration, éclairer à petite distance et renseigner les colonnes. Il incombe plus spécialement à la cavalerie de corps d'armée. » (Art. 121.)

« La cavalerie chargée du service de sûreté précède la troupe qu'elle couvre d'une demi-journée de marche environ. » Son chef « se tient en relations constantes avec le commandant des troupes et avec celui du service d'exploration ; il fait connaître au premier tous les renseignements utiles pour la marche du lendemain. — Lorsqu'il a constaté la présence de l'ennemi, il laisse un faible détachement pour le surveiller, dégage la route afin de laisser passer l'infanterie dont il pourrait gêner l'action, et va prendre dans l'ordre de bataille la place qui lui est assignée par le commandant des troupes. » (Art. 122.)

« La cavalerie attachée à une colonne opérant isolément accomplit simultanément le service d'exploration et celui de sûreté. Le chef qui la commande assure ces deux services sous sa responsabilité et d'après les indications qui lui sont données par le commandant de la colonne. Dans ce but, il partage sa troupe en deux fractions distinctes, dont la force et la disposition sont laissées à son appréciation. En général, les communications avec les corps voisins, dans les conditions prescrites par le commandant des troupes, sont établies par la cavalerie du service de sûreté. Les cavaliers détachés auprès des généraux sont employés plus spécialement à relier entre elles les différentes parties de la colonne, et à constituer les détachements qui précèdent ou suivent les avant-gardes ou les arrière-gardes. » (Art. 124.)

Avant-postes.

(Voir 4ᵉ partie, chapitre III.)

« La disposition d'ensemble et le service des avant-postes varient avec les situations, les terrains et le but à atteindre. Pendant les mouvements, et surtout quand on fait halte vers le soir pour continuer la marche le lendemain, on s'attache principalement à occuper les chemins conduisant à l'ennemi. Mais lorsque les mouvements sont suspendus, et particulièrement dans le voisinage de l'ennemi, les mesures de sûreté reçoivent plus d'extension et sont prises aussi complètement que possible. » (Art. 164.)

1° *Avant-postes d'infanterie*. — « En mouvement et dans les circonstances normales, notamment lorsqu'aucun combat n'a précédé, les avant-postes se composent d'une partie de l'avant-garde (ou de l'arrière-garde), environ le quart, la moitié au plus. Cette fraction prend une position plus rapprochée de l'ennemi et son chef devient le commandant des avant-postes. S'il s'agit d'un petit détachement, tel qu'une brigade, l'avant-garde ou l'arrière-garde tout entière constitue les avant-postes. Dans les terrains très accidentés, on divise la ligne des avant-postes en sections ayant chacune un commandant particulier.

« Lorsqu'on est en station, à proximité de l'ennemi, les troupes en première ligne pourvoient elles-mêmes à leur propre sûreté. Le service des avant-postes est alors fait par brigade. » (Art. 165.)

« Quand le service des avant-postes est fait par brigade, un bataillon y est généralement employé. » (Art. 166.)

« Les distances entre les différents échelons des avant-postes varient suivant les circonstances et les terrains ; elles sont réduites pendant la nuit dans les pays fourrés, coupés ou montagneux. En général, la ligne des sentinelles ne doit pas être éloignée de moins de trois kilomètres du gros des troupes à couvrir, et, dans beaucoup de cas, elle peut être portée à quatre et même cinq kilomètres en avant du gros. » (Art. 166.)

« Dans la retraite, on choisit une bonne position, que l'on fait occuper par des avant-postes pris parmi les troupes qui ont le moins souffert. Les autres troupes se retirent derrière cette position. » (Art. 165.)

« Le commandant des avant-postes relève directement du général de brigade quand le service est fait par brigade. Lorsque les avant-postes sont une fraction de l'avant-garde (ou de l'arrière-garde), il est sous les ordres du commandant de cette avant-garde (ou arrière-garde). » (Art. 167.)

« Quand deux colonnes sont trop éloignées pour que leurs avant-postes puissent être reliés directement, chaque commandant établit son réseau comme s'il était isolé. Le commandant du corps d'armée ou le commandant en chef pourvoit à la surveillance des intervalles, soit par des patrouilles, soit par des postes détachés. » (Art. 180.)

2° *Avant-postes de la cavalerie du service de sûreté.* — En station, ligne d'avant-postes réguliers, et plus souvent d'avant-postes irréguliers en avant des avant-postes d'infanterie. Pendant la période de marche, avant-postes irréguliers. Dans l'un et l'autre cas, les avant-postes de la cavalerie ont un commandant particulier qui se tient en relations constantes avec celui des avant-postes de l'infanterie. Quand la cavalerie de sûreté a été rappelée ou refoulée sur l'infanterie, elle cesse de fournir des avant-postes particuliers et concourt au service des avant-postes de l'infanterie. (D'après l'art. 182.)

3° *Avant-postes de la cavalerie d'exploration.* — Service réduit au strict nécessaire pendant la période de marche. En station, avant-postes irréguliers. Quand la cavalerie d'exploration est rentrée dans les lignes ou sur les flancs de l'armée, les brigades de première ligne pourvoient à leur sûreté par des avant-postes réguliers, comme les brigades d'infanterie. (D'après l'art. 181.)

« Les généraux et leurs chefs d'état-major peuvent seuls, en dépassant les avant-postes des troupes sous leurs ordres, les déplacer et les employer. » (Art. 178.)

« Le commandant des avant-postes, les commandants des grand'gardes et les chefs des petits postes doivent communication de leurs consignes générales et spéciales aux généraux et officiers d'état-major du corps d'armée, de la division et de la brigade à laquelle ils appartiennent, ainsi qu'aux colonels et lieutenants-colonels de la brigade. Ils sont tenus de fournir à ces officiers tous les renseignements qu'ils sont à même de leur donner. » (Art. 173.)

« Les grand'gardes sont souvent chargées de la garde et de la direction des *signaux* que le commandement fait établir sur des points élevés ; elles reçoivent à cet effet des instructions et des consignes spéciales. » (Art. 173.)

« Les troupes aux avant-postes ne rendent pas d'honneurs. » (Art. 173.)

Reconnaissances.

« Tout mouvement de troupes ayant pour objet de découvrir ou de vérifier un ou plusieurs points relatifs à la position, aux mouvements de l'ennemi ou à la topographie du théâtre de la guerre, est une reconnaissance. » (Art. 185.)

1° *Reconnaissances ordinaires.* — « L'objet des reconnaissances ordinaires est de s'assurer si, à la faveur de terrains couverts, coupés, montueux, ou d'autres circonstances propres à favoriser un mouvement offensif ou une embuscade, l'ennemi ne peut préparer une surprise ; si ses avant-postes n'ont été ni augmentés, ni mis en mouvement: si, dans ses cantonnements ou bivouacs, il ne se passe rien qui annonce des préparatifs de marche ou d'action. Elles sont aussi destinées à faire connaître la configuration du terrain, les communications et les ressources du pays.

« Lorsque la cavalerie du service d'exploration s'est repliée et que l'armée est à une faible distance de l'ennemi, la sûreté des cantonnements, des bivouacs et des avant-postes exige des reconnaissances ordinaires. » (Art. 186.)

« Le service des reconnaissances ordinaires est fait, dans chaque brigade, par les troupes de la réserve des avant-postes; il est réglé par le général de division, ou par le général de brigade si la brigade est isolée ou placée en arrière de localités qui exigent des reconnaissances séparées. Si l'armée a pris son ordre de combat, ce service est ordonné par le général commandant le corps d'armée; il est fait, suivant les lieux et les circonstances, par la cavalerie ou, dans chaque brigade d'infanterie, par des détachements pris dans les réserves des bataillons de première ligne, auxquels on adjoint la cavalerie nécessaire. » (Art. 187.)

2° *Reconnaissances spéciales.* (Voir 4e partie, chapitre 1er, § 1er.) — « Les reconnaissances spéciales ont généralement pour but :

« 1° D'apprécier les distances, l'état des chemins et les travaux qu'ils exigent, la configuration du terrain et les facilités ou les obstacles qu'il présente, afin de régler en conséquence la marche des colonnes et des différentes armes;

« 2° D'explorer dans toutes leurs parties les positions à occuper successivement, soit pour appuyer les attaques, soit pour se maintenir en cas de résistance ou d'offensive de la part de l'ennemi, soit pour assurer la retraite;

« 3° De reconnaître l'emplacement ou la force des postes principaux ou retranchés de l'ennemi, la configuration de ses positions, les défenses qu'il peut y avoir établies, la difficulté ou les moyens de les aborder;

« 4° Enfin d'évaluer, autant que possible, les forces de l'ennemi sur chaque point. » (Art. 191.)

« Toute reconnaissance spéciale est l'objet d'une instruction particulière du général qui l'ordonne. » (Art. 192.)

3° *Reconnaissances offensives.* — « Les reconnaissances offensives appartiennent aux combinaisons et aux opérations générales. — Le commandant en chef peut seul les ordonner. Elles ne sont permises aux officiers généraux que dans les cas où ils agissent isolément et hors de tout concours, ou enfin dans les cas urgents où l'on ne doit pas hésiter à engager sa responsabilité. » (Art. 194.)

« Toute reconnaissance exige un rapport écrit; le style de ce rapport doit être clair, simple, positif; l'officier qui le fait y distingue expressément ce qu'il a vu par lui-même, des récits dont il n'a pu vérifier personnellement l'exactitude. Pour les reconnaissances spéciales et les reconnaissances offensives il est fait, outre le rapport, un levé à vue des localités, des dispositions et défenses de l'ennemi. » (Art. 195.)

Service des renseignements.

Dans chaque état-major, désigner pour centraliser ce service un officier chargé de tenir un registre spécial sur lequel doivent être consignés, à mesure qu'on les obtient, tous les renseignements sur l'ennemi avec l'indication de la source d'où ils proviennent; la date et l'heure de réception, le mode et le moment ultérieur de transmission, doivent être inscrits en regard de chaque renseignement.

L'emploi des *fonds secrets* destinés à rémunérer les agents, les guides, les courriers, et généralement à acquitter toutes les dépenses relatives au service des renseignements, est confié à l'officier chargé de ce service. Tous les quinze jours ou tous les

mois, cet officier reçoit du chef d'état-major les sommes nécessaires. Il acquitte toutes les dépenses et en tient note. A la fin de
chaque mois, il dresse en double expédition l'état des sommes
dépensées, en indiquant succinctement le motif de chaque allocation. Cet état est remis au chef d'état-major, qui conserve une des
expéditions et transmet l'autre au commandant en chef.

— Pour se renseigner, s'adresser aux autorités municipales et
administratives, aux notables du pays, aux agents supérieurs et
subalternes de tous les services; interroger les prisonniers, les déserteurs, les voyageurs de passage, les gens sans aveu arrêtés par
la gendarmerie; interroger aussi les femmes et les enfants; saisir
et consulter les lettres à la poste, les registres des stations télégraphiques et des gares de chemins de fer, les papiers des maires
et des principaux fonctionnaires, les rôles des contributions; lire
les journaux, les affiches locales; rechercher les cartes, les papiers
même déchirés qui peuvent avoir été laissés dans les locaux
occupés par les états-majors, dans les logements d'officiers.

Questions qu'il faut toujours poser aux prisonniers et déserteurs,
au moment où l'on s'en saisit : numéro de la compagnie, du bataillon, numéro et nom du régiment, de la brigade, de la division;
noms du commandant, des colonels, des généraux; cantonnement
du régiment; position des corps voisins; quels sont-ils ? emplacement des quartiers généraux; force de la compagnie, de l'escadron; nombre de malades; où sont les magasins, les convois ?
les munitions sont-elles au complet? bruits qui circulaient au
moment du départ; y avait-il des ordres pour faire un mouvement
prochain? quelle direction suivait la colonne? pourquoi a-t-on déserté?

Le choix des guides doit porter sur des hommes intelligents
et particulièrement sur des chasseurs, des braconniers, des
bergers, des charbonniers, des bûcherons, des gardes cham-
pêtres ou forestiers. Il est prudent d'en prendre plusieurs, de les
questionner séparément et de les confronter ensuite, si les renseignements qu'ils donnent ne sont pas concordants.

Les contrebandiers et les colporteurs sont particulièrement
propres à servir d'espions; quelquefois on leur adjoint, pour les
surveiller eux-mêmes, un homme intelligent et sûr qui parle la
langue du pays. On leur délivre, s'il y a lieu, les laissez-passer
nécessaires pour sortir des lignes.

— Dresser et tenir constamment à jour, d'après les derniers renseignements, l'ordre de bataille de l'armée ennemie, le tableau
des marques et couleurs distinctives des uniformes.

Service topographique.

Dans chaque état-major, désigner un officier pour centraliser ce service, qui comprend : le classement et la distribution des cartes et documents statistiques reçus ou recueillis pendant la période des opérations; — la mise au courant des cartes, principalement au point de vue des déboisements, des constructions nouvelles, des voies de communication, des passages de cours d'eau; — la tenue à jour des documents statistiques; — la réunion et le classement des itinéraires, croquis, rapports, etc., établis à la suite des reconnaissances.

Combats.

«Les dispositions concernant la conduite des troupes pendant le combat varient en raison du nombre et de l'espèce des troupes opposées, de leur moral au moment où l'on se trouve, de la nature de la guerre, de celle du terrain, de la capacité des chefs et enfin de l'objet qu'on se propose.

« Dès que l'ennemi est signalé, le commandant en chef, accompagné par les généraux, le commandant de l'artillerie et les chefs de service, se porte à l'avant-garde et reçoit de l'officier qui la commande communication des renseignements recueillis; s'il y a lieu, il fait compléter les reconnaissances pour être fixé sur la force, les dispositions et les intentions de l'adversaire, ainsi que sur la configuration du terrain. Il arrête ses dispositions en conséquence, et fait connaître, soit par écrit, soit de vive voix, aux officiers et aux chefs de service intéressés, le but à atteindre, la direction à suivre, la place et le rôle attribués à chacun d'eux.

« Toutefois, les officiers généraux peuvent, s'ils y sont forcés par les circonstances, prendre sous leur responsabilité des dispositions de détail autres que celles prévues par le commandant en chef, *mais en agissant toujours en vue du plan général*. Ils rendent compte immédiatement des modifications qu'ils croient devoir apporter aux instructions du général en chef, et en préviennent les chefs des unités les plus voisines.

« Le commandant en chef, les généraux et les chefs de corps ou de service indiquent, avant le combat, le point sur lequel ils se tiendront de leur personne; s'ils changent de place, ils laissent un officier ou un sous-officier au lieu qu'ils ont quitté pour indiquer la direction qu'ils ont prise.

« Les ailes et le centre de l'armée, les divisions et les brigades, doivent se prêter un mutuel appui.

« En principe, une troupe engagée n'est pas relevée, quand bien même elle viendrait à manquer momentanément de munitions.

« Dès le commencement de l'action, les troupes non engagées se tiennent en dehors des routes pour laisser libres les communications. Les convois sont arrêtés et disposés de façon à éviter l'encombrement. Les sections de munitions se rapprochent et prennent à proximité des lignes de combat des emplacements favorables. Les ambulances sont établies sur des points de facile accès et autant que possible à proximité de l'eau.» (Art. 196.)

«Tous les médecins de l'armée sont responsables, chacun en ce qui le concerne, du service de santé. Ils réunissent les moyens de secours et de transport pour les blessés. Dès que le combat commence, si aucun ordre du commandement ne leur est parvenu, ils organisent le service de leur propre initiative.

« Après la victoire et dès que les dispositions ont été prises en vue de la poursuite, le service de sûreté est commandé, les positions à occuper par les différents corps leur sont assignées, le chef d'état-major donne des ordres pour organiser les distributions, pour rechercher les blessés des deux armées et leur assurer les soins nécessaires, faire enterrer les morts après constatation de leur identité et assainir le champ de bataille. Des corvées fournies par les corps ou requises dans la population et des moyens supplémentaires de transport peuvent être mis à la disposition des chefs de service.

« Jusqu'à l'achèvement de ces opérations, un service de police auquel concourt la gendarmerie est organisé sur tout le champ de bataille.

« Le commandant de l'artillerie fait recueillir le matériel, les armes, les munitions et les effets d'équipement restés sur le terrain.

« Les prisonniers faits par les différents corps sont rassemblés, s'il y a lieu, et dirigés sur les dépôts désignés par le commandement. » (Art. 200.)

Si l'on prévoit l'éventualité d'une retraite, les convois sont mis en marche assez à temps pour ne gêner en rien les mouvements des troupes. Les troupes sont retirées du combat par échelons. Dans chaque colonne en retraite, on constitue une forte arrière-garde avec les troupes d'infanterie et d'artillerie qui ont le moins souffert; on leur adjoint toute la cavalerie disponible. Si l'ennemi est pressant, l'arrière-garde se retire par échelons; les retours offensifs ne lui sont pas interdits, à la condition qu'ils soient de courte durée et ne pourront compromettre la colonne. Des troupes du génie, précédant l'arrière-garde, préparent la mise en état de défense des positions de combat, ainsi que la destruction des ouvrages d'art dont la rupture peut entraver sérieusement la poursuite de l'ennemi. La destruction est opérée sur l'ordre du commandant de l'arrière-garde après le passage des dernières troupes en retraite.

— Pendant le combat, les officiers d'état-major ne quittent le général que sur son ordre formel, et le rejoignent le plus tôt possible, toutes les fois qu'ils ont été envoyés en mission.

Se tenir au courant de tous les incidents de la journée; en noter les heures; marquer sur la carte les positions occupées par les troupes des deux partis, les emplacements des batteries, des ouvrages de fortification, les directions suivies par les attaques, etc.

Ravitaillement en munitions.

Sur la ligne de bataille, l'approvisionnement individuel en cartouches d'infanterie est alimenté par les caissons de bataillon, après que les cartouches des hommes mis hors de combat ont été recueillies avec soin et distribuées aux combattants. Les caissons de bataillon sont réapprovisionnés aussitôt que possible par l'artillerie, sur l'ordre du commandement. Sur le champ de bataille, les chevaux de remplacement nécessaires aux caissons de bataillon sont fournis par la section de munitions d'infanterie de la division, sur l'ordre du général de division, ou en cas d'urgence sur l'ordre du général de brigade. Si un caisson de bataillon doit par exception ravitailler une fraction de troupe étrangère, le chef de caisson délivre les cartouches sur un bon, ou note au crayon, du chef de cette fraction, visé par son chef de bataillon.

Sur le champ de bataille, la batterie a 3 caissons en première ligne, 3 caissons en premier échelon de ravitaillement et 3 caissons en réserve. Ces deux échelons avancent successivement jusqu'aux pièces, et les caissons vides vont par groupes de 3 se réapprovi-sionner à la section de munitions la plus voisine ou, sur l'ordre du chef de groupe, à la réserve d'une des autres batteries.

Le ravitaillement par les sections de munitions d'infanterie et d'artillerie, tant sur le champ de bataille qu'après l'action, se fait toujours par transbordement et non par échange de voitures, hors les cas d'urgence.

Quel que soit le corps d'armée dans lequel elles se présentent, les divisions de cavalerie doivent être ravitaillées au même titre que le corps d'armée lui-même.

Les sections de munitions sont réapprovisionnées par les sections de parc, et celles-ci par le parc d'armée, sur l'ordre du comman-dement provoqué par les généraux commandant l'artillerie.

Convois.

«Les convois sont de différentes sortes; ils ont pour objet le transport des muni-tions de guerre, de l'argent, des subsistances, des effets d'habillement et d'arme-ment, des malades, etc.

« La force et la composition de l'escorte d'un convoi doivent être calculées d'après la nature du convoi, son importance, les dangers qu'il peut avoir à courir, les localités à traverser, la longueur du trajet, etc.

«L'officier général chargé d'organiser et de mettre en route un convoi donne au commandant une instruction écrite très détaillée.» (Art. 202.)

« L'officier commandant l'escorte d'un convoi a pleine autorité sur les troupes de toutes armes qui la composent, ainsi que sur les agents des transports et des équipages militaires. Si le convoi ne se compose que de munitions de guerre, le commandement en appartient à l'officier d'artillerie, pourvu qu'il soit d'un grade supérieur ou même égal à celui du commandant de l'escorte.

«Les officiers étrangers à l'escorte qui marchent avec le convoi ne peuvent, quel que soit leur grade, y exercer aucune autorité sans l'assentiment du commandant. Ce dernier dispose, dans l'intérêt du service, de tous les militaires présents qui lui sont égaux ou inférieurs en grade.» (Art. 203.)

Pour que les convois d'évacuation de malades et de blessés soient couverts par la neutralité que garantit la Convention de Genève, ils ne doivent être accompagnés par aucune force mili-taire.

Détachements.

«Quand il a été jugé à propos de former un corps de troupes avec des déta-chements pris dans différents régiments, le chef d'état-major réunit ou fait réunir ces détachements et remet à l'officier désigné pour en prendre le commandement les instructions du général. Quand les détachements se réunissent par brigade, le général de brigade charge du rassemblement un des officiers supérieurs de jour.» (Art. 209.)

«Pour fournir les détachements, un tour de service est établi entre les régiments d'une brigade, les bataillons, escadrons ou batteries d'un régiment, et les com-pagnies d'un bataillon.» (Art. 210.)

« Le rang des régiments dans les brigades et des brigades dans les divisions est conservé dans les détachements.

« Tout détachement dont le chef n'a pas été désigné est commandé par l'officier le plus élevé en grade; à grade égal, par le plus ancien dans le grade actuel; à parité d'ancienneté, par le plus ancien dans le grade précédent. Cette règle est applicable aux détachements et aux cantonnements comprenant des troupes de différentes armes.» (Art. 211.)

«Si plusieurs détachements se rencontrent dans un lieu où il n'y a pas d'autres troupes établies, le commandement est réglé entre eux, pour le temps qu'ils sont réunis, comme s'ils ne formaient qu'un seul et même détachement.

»Quand un détachement entre dans un poste occupé par d'autres troupes, l'officier qui commande le détachement est, pendant tout le temps qu'il s'y arrête, tenu de déférer aux réquisitions du commandant du poste, quand même ce dernier lui serait inférieur en grade. Le commandant du poste ne peut, sous quelque prétexte que ce soit, y retenir le détachement.» (Art. 212.)

«A la rentrée d'un détachement, le commandant rend compte : au général de division, si c'est un détachement de division ; au général de brigade, si c'est un détachement de brigade ; au colonel, si c'est un détachement de régiment ; et ainsi de suite.» (Art. 214.)

Partisans et prises.

«Le général en chef peut seul constituer des détachements isolés destinés à agir en *partisans*.» (Art. 215.)

«Les *prises* faites par les partisans leur appartiennent lorsqu'il a été reconnu qu'elles ne se composent que d'objets enlevés à l'ennemi ; elles sont estimées et vendues par les soins du chef d'état-major et de l'intendant ou du sous-intendant, au quartier du général qui a ordonné l'expédition et, autant que possible, en présence d'officiers et de sous-officiers du corps de partisans. Quand les prises sont envoyées dans une place, le commandant de cette place supplée le chef d'état-major.

« Les armes, les munitions de guerre et de bouche, ne sont jamais partagées ni vendues ; et le général en chef détermine l'indemnité à allouer à ceux qui les ont prises.

« Les officiers supérieurs ont chacun 5 parts ; les capitaines, 4 ; les lieutenants et les sous-lieutenants, 3 ; les sous-officiers, 2 ; les caporaux, brigadiers et soldats, 1 ; le commandant de l'expédition en a 6 en sus de celles que lui donne son grade.

« Quand, dans une prise, il se trouve des chevaux ou d'autres objets appartenant aux habitants, ils leur sont rendus.

« Les chevaux enlevés à l'ennemi sont remis au service de la remonte qui les paye d'après le tarif arrêté par le commandant en chef, ou les fait vendre aux enchères s'ils sont impropres au service. Le prix en est distribué aux hommes qui les ont pris.

« Ces diverses dispositions s'appliquent à tout détachement isolé qui fait une prise.» (Art. 219.)

Prisonniers de guerre.

«Les prisonniers de guerre ne doivent jamais être insultés, maltraités ni dépouillés, chacun d'eux est traité avec les égards dus à son rang.» (Art. 200.)

Il est dressé à l'état-major de l'armée ou du corps expéditionnaire un état nominatif des officiers prisonniers, avec l'indication de leur grade, de leur corps, de la date et du lieu de la prise. Quant aux sous-officiers et soldats, il en est seulement dressé un état numérique. Ces pièces sont transmises immédiatement au Ministre.

Les mesures à prendre envers les officiers prisonniers de guerre, pendant leur marche, sont déterminées par les généraux d'après le grade, le rang, la conduite et les dispositions de ces officiers.

Les prisonniers de guerre ayant rang d'officier, ainsi que les otages, peuvent jouir de la faveur de se rendre librement et sans escorte au lieu qui leur est assigné, et d'y résider sans être détenus, après toutefois qu'ils ont donné leur parole de ne pas s'écarter de la route qui leur est tracée, ni de sortir du lieu de leur résidence. (Décret du 4 août 1811.)

Les sous-officiers et soldats sont conduits dans les dépôts par des escortes proportionnées à la force des détachements.

La force des colonnes de prisonniers est déterminée par les chefs d'état-major d'après les circonstances, les moyens d'escorte et les dangers de la route à parcourir. Elles doivent être escortées par la gendarmerie ou par des troupes de ligne.

L'indemnité de route est payée aux prisonniers sur le pied attribué aux militaires français des mêmes grades et dans la même proportion, jusqu'à leur arrivée au dépôt ou dans la résidence qui leur est assignée ; cette indemnité est exclusive de toute allocation de solde.

En station, il est alloué aux prisonniers de guerre une solde proportionnée à leur grade.

Les officiers et leurs femmes n'ont droit à aucune fourniture en nature. Il est accordé des rations de vivres aux sous-officiers, aux soldats, aux non-combattants, à leurs femmes et à leurs enfants.

Communications avec l'ennemi.
(Voir 4e partie, chap. XIX, § II.)

Les communications avec l'ennemi doivent être aussi rares que possible. Elles n'ont lieu que sur l'ordre du commandant en chef de l'armée ou d'un corps détaché opérant isolément, et par l'intermédiaire de parlementaires. Tout autre moyen de communiquer avec l'ennemi est formellement interdit.

Mesures de police.
(Voir 4e partie, chap. XVII.)

Déserteurs ennemis. — « Les déserteurs ennemis sont dirigés sur le quartier général le plus voisin. Leurs armes sont remises au service de l'artillerie ; leurs équipements, à l'intendance ; leurs chevaux au service de la remonte. » (Art. 231.)

Les ordres généraux de l'armée déterminent la destination ultérieure à donner aux déserteurs des diverses nationalités.

Chevaux trouvés sans maîtres. — Les chevaux qui sont trouvés sans maîtres sont conduits au prévôt. Il les fait rendre si on les réclame ; dans le cas contraire, ils sont versés au service de la remonte.

Individus non militaires. — « Les officiers de gendarmerie sont chargés de recevoir et d'examiner les demandes des personnes qui désirent exercer une profession quelconque à la suite de l'armée ; ils accordent des permissions et délivrent des patentes à celles qui justifient de leur bonne conduite. — Ces patentes sont visées par les chefs d'état-major. — La gendarmerie se les fait présenter fréquemment et s'assure de l'identité des individus qui en sont détenteurs. Cette mesure est de la plus haute importance pour empêcher et réprimer l'espionnage.

« Les chefs d'état-major exigent que les comestibles et les liquides dont les marchands et les vivandiers doivent être pourvus soient toujours de bonne qualité et en quantité suffisante; ils en fixent les prix.» (Art. 224.)

«Dans chaque corps d'armée, un médecin et un pharmacien militaires sont chargés de faire inopinément des tournées générales ou partielles pour apprécier la qualité des liquides et des comestibles débités par les marchands, les vivandiers et les cantiniers. Pour ces tournées, ils sont assistés d'un maréchal des logis ou d'un brigadier de gendarmerie avec deux gendarmes. » (Art. 226.)

Militaires arrêtés. — «La gendarmerie reconduit à leur corps les militaires qu'elle arrête, à moins que l'inculpation élevée contre eux ne soit de la compétence des conseils de guerre. Dans ce cas, les pièces de conviction sont remises au chef d'état-major, qui prend les ordres du général pour faire informer.» (Art. 230.)

Sauvegardes. — «Les généraux, dès qu'ils arrivent dans les cantonnements, s'empressent de donner des sauvegardes aux hôpitaux, aux pensionnats, aux communautés religieuses, aux ministres des cultes, aux moulins et aux établissements publics ou particuliers qu'il est dans l'intérêt de l'armée de faire respecter. Un général ne peut faire établir de sauvegardes que dans l'étendue de son commandement.» (Art. 238.)

«Les généraux donnent aux sauvegardes un ordre scellé de leur cachet et portant autorisation de toucher une rétribution fixée par eux selon les circonstances.» (Art. 241.)

«Il est aussi donné des sauvegardes écrites ou imprimées, signées du général en chef, contresignées du chef de l'état-major et portant le cachet de l'état-major général. Les sauvegardes de ce genre, présentées aux troupes, doivent être respectées comme une sentinelle; elles sont numérotées et enregistrées » (Art. 243.)

«Le présent Titre des sauvegardes, imprimé sur feuilles volantes, est distribué à tous les hommes employés en sauvegarde; il est lu plusieurs fois aux troupes pendant la campagne.» (Art. 244.)

Justice militaire. — Conseils d'enquête.

(Voir 4ᵉ partie, chap. XVI.)

Le personnel des conseils de guerre et de revision est pris dans l'armée, le corps d'armée, la division ou le détachement près desquels les conseils sont établis; il est nommé par le commandant de l'armée, du corps d'armée, de la division ou du détachement. Les nominations sont faites d'après la liste des officiers et des sous-officiers remplissant les conditions voulues. — Tenir toujours cette liste au courant, et réclamer à cet effet aux corps, chaque fois qu'il y a lieu, les états par ancienneté des officiers et sous-officiers aptes à remplir les fonctions de président, juge, commissaire-rapporteur et commis-greffier.

Selon la catégorie à laquelle appartient l'unité près de laquelle le conseil de guerre est constitué, le général en chef, le commandant de corps d'armée, le général de division ou le commandant de détachement donne et signe lui-même l'ordre d'informer ou la déclaration qu'il n'y a pas lieu d'informer, l'ordre de mise en jugement ou l'ordonnance de non-lieu, et l'ordre d'exécution du jugement, quelle que soit la peine prononcée.

Les conseils de guerre sont convoqués par le commissaire rapporteur sur l'ordre de l'autorité qui a prescrit la mise en jugement: cette autorité fixe la date et le lieu de la séance.

Les jugements sont exécutés à la diligence du commissaire rapporteur.

Les conseils de revision se réunissent d'office, chaque fois qu'il y a recours.

— Pourvoir chaque conseil de guerre d'exemplaires du Code de justice militaire, du Code d'instruction criminelle et du Code pénal ordinaire; ces exemplaires doivent être déposés sur le bureau du conseil pendant les séances.

Conseils d'enquête. — Le général en chef seul a le droit d'envoyer un officier devant un conseil d'enquête.

Mesures d'ordre.

Décès. — Au décès d'un officier général, d'un officier supérieur ou d'un assimilé, et de tout chef de corps ou de service, *les scellés* doivent être apposés d'office par les sous-intendants militaires faisant fonctions de juges de paix, sur les papiers, cartes, plans et mémoires militaires laissés par le décédé.

Les chefs d'état-major sont autorisés à commettre un officier d'état-major ou un officier particulier pour assister à la levée des scellés et à l'inventaire des effets du décédé. Lors de l'inventaire de ces objets, ceux qui sont reconnus appartenir au Gouvernement ou que l'officier désigné par le chef d'état-major juge devoir l'intéresser, sont inventoriés séparément et remis audit officier sur son reçu. Il doit être rendu compte au Ministre de la guerre de ceux de ces objets qui appartiennent en propre au décédé. Le surplus des objets provenant du défunt est délivré de suite et sans frais à ses héritiers ou ayants droit.

Honneurs funèbres. — Lorsqu'il n'est pas possible d'appliquer les prescriptions du décret du 26 octobre 1883 sur le service dans les places, on commande, pour rendre les honneurs à tout militaire tué ou décédé, un piquet en armes et une députation dont la force et la composition varient avec le grade ou la fonction et avec l'effectif disponible.

Les mêmes honneurs sont rendus, suivant leur grade, aux militaires ennemis relevés sur le champ de bataille ou morts dans les ambulances et hôpitaux.

Pertes. — Après chaque affaire, adresser au Ministre de la guerre des états concernant les militaires tués ou blessés, tombés au pouvoir de l'ennemi ou disparus.

Militaires tués ou blessés. — Numéros matricules, nom et prénoms, indications fournies par la plaque d'identité (voir page 79), grade, lieu, date, renseignements particuliers (préciser autant que possible les blessures et leur degré de gravité). Voir 4° partie, chapitre XVIII, le mode de constatation des décès.

Militaires tombés au pouvoir de l'ennemi. — Numéros matricules, nom et prénoms, grade, lieu et date de la capture, blessures et circonstances particulières, derniers renseignements connus, observations.

Militaires disparus.—Numéros matricules, nom et prénoms, grade, date et lieu de naissance, date de la disparition, circonstances connues, indications concernant l'établissement et l'envoi des actes de disparition, observations.

Envoyer ultérieurement, s'il y a lieu, des *états rectificatifs et complémentaires* mentionnant : numéros matricules, nom et prénoms, grade, nouveaux renseignements recueillis.

Pertes d'effets ou de matériel. — Lorsque des effets ou objets de matériel ont été perdus ou détériorés par suite de force majeure, pour obtenir la mise de la perte ou de la moins-value au compte de l'État, rédiger immédiatement un rapport circonstancié et le transmettre au sous-intendant militaire, auquel il appartient de dresser le procès-verbal. — Procéder de même pour les pertes de chevaux et de mulets. (Voir 4ᵉ partie, chapitre XII.)

Remplacements. — Les demandes d'hommes et d'animaux de remplacement sont formées par les commandants des fractions actives en campagne, dès que les pertes atteignent une proportion que fixe le commandant de l'armée ou du corps d'armée. Elles sont adressées par les commandants de corps d'armée aux commandants des régions territoriales, qui les transmettent aux dépôts des corps. Ceux-ci procèdent à la formation des détachements et adressent les demandes de transport à la Commission militaire supérieure des chemins de fer.

En règle générale, les effets et objets de matériel à remplacer dans les corps de troupes et dans les services de première ligne sont prélevés sur les réserves de corps d'armée ou sur les approvisionnements dépendant du service de l'arrière. Les corps adressent leurs états de demande au commandant de l'armée, qui donne des ordres en conséquence au directeur des étapes. — Pour les effets et objets de remplacement qui doivent être fournis directement par les dépôts, on procède comme pour les demandes de personnel. Les colis expédiés par les soins des dépôts sont dirigés sur les stations-magasins, d'où ils sont réexpédiés à l'adresse des corps destinataires. (Voir 4ᵉ partie, chapitres VIII et IX.)

Évacuations. — Les malades et blessés transportables et le matériel hors de service sont dirigés par les corps d'armée, d'après les ordres du commandant de l'armée, sur les têtes d'étapes routières ou sur les stations têtes d'étapes de guerre, où ils sont remis à la direction des étapes, chargée d'assurer les évacuations. Les dépôts de convalescents et d'éclopés, ainsi que les hôpitaux de campagne temporairement immobilisés, passent sous les ordres du directeur des étapes quand l'armée poursuit sa marche en avant.

Changements de corps. — Les propositions de changement de corps concernant les hommes de troupe doivent être soumises à l'officier général commandant l'unité dont fait partie le militaire que la proposition concerne, savoir : pour les troupes endivisionnées, au général de division qui peut déléguer les généraux de brigade; pour les troupes embrigadées seulement, au général de brigade; pour celles qui sont en dehors des divisions et brigades, au général commandant le corps d'armée. Ces officiers généraux statuent conformément aux règles suivies lors des inspections trimestrielles du temps de paix.

Lorsqu'un officier monté change de position, il peut se faire suivre de son ordonnance : dans ce cas, le changement de corps de l'ordonnance est prononcé par le général sous les ordres duquel se trouve le corps dans lequel le passage est demandé.

Hors ce dernier cas, les changements de corps ne peuvent être prononcés que lorsque le militaire intéressé est pourvu du consentement des deux chefs de corps.

En ce qui concerne les officiers, les changements de corps ne peuvent être autorisés que par le Ministre de la guerre.

Mise en subsistance. — Les généraux peuvent seuls autoriser la mise en subsistance, dans les corps sous leurs ordres, d'hommes étrangers à ces corps. Lorsqu'ils l'autorisent, ils font parvenir aux corps chargés de recevoir provisoirement les militaires un ordre de mise en subsistance énonçant les motifs de cette admission.

Remonte (Voir 4e partie, chapitre XII). — Les autorisations nécessaires pour prendre ou réintégrer des chevaux au dépôt de remonte mobile ou dans les régiments sont délivrées par le général commandant le corps d'armée. Il peut déléguer tout ou partie de ses pouvoirs à cet égard aux généraux sous ses ordres.

Les animaux malades, blessés, etc., qui ne peuvent suivre leur corps, sont réunis dans des *dépôts* créés dans les cantonnements par ordre du commandant en chef de l'armée ou des commandants de corps d'armée; ces dépôts passent ensuite au service des étapes.

La *réforme* des chevaux délivrés à titre gratuit est prononcée par le commandant du corps d'armée; les animaux réformés sont vendus par les payeurs à la diligence et en présence des fonctionnaires de l'intendance.

L'autorité militaire a le droit *d'acquérir* par voie de réquisition les chevaux, juments, mulets et mules nécessaires à l'armée. Sur le territoire français, l'acquisition ne peut être faite que par des commissions mixtes, composées de membres civils et de membres militaires. Ces commissions procèdent aux réquisitions par canton. Si le nombre des animaux bons pour le service, dans la catégorie voulue, est supérieur au chiffre demandé, un tirage au sort règle l'ordre dans lequel ils seront réquisitionnés. Ne peuvent être requis que les chevaux ou juments de six ans et au-dessus, les mulets et mules de quatre ans et au-dessus.

Attributions des états-majors particuliers et services spéciaux.

Artillerie et Génie. — « *L'artillerie* aux armées est chargée : 1° du service général des bouches à feu, de l'établissement et de la construction de toutes les batteries et, concurremment avec le génie, des reconnaissances qui se rattachent à l'attaque et à la défense des places ; 2° de l'approvisionnement de l'armée en armes et en munitions de guerre ; 3° des passages en bateaux, de l'établissement des ponts d'équipage et de celui des ponts mobiles construits avec des matériaux trouvés dans le pays. Elle peut être également chargée de l'établissement des ponts de bois sur pilotis et sur chevalets. » (Art. 10.)

« Les munitions sont livrées aux corps par le commandant de l'artillerie, sur des états de demande approuvés par le général de brigade. En cas d'urgence, elles sont délivrées par tout commandant de section de munitions ou de parc, sur des bons provisoires signés par le chef de bataillon ; pendant le combat, elles le sont sur un bon signé par le chef de toute troupe engagée, quel que soit le corps auquel elle appartient. » (Art. 75.)

« Les cartouches des hommes allant aux hôpitaux sont données à ceux qui en manquent, ou réparties dans la compagnie. » (Art. 74.)

« *Le génie* aux armées est chargé : 1° des travaux de fortification permanente ; 2° des travaux pour la défense et l'attaque des places et des reconnaissances qui s'y rattachent ; 3° des travaux de fortification passagère que les généraux jugent à propos d'établir, tels que : épaulements, tranchées, redoutes, fortins, têtes de ponts, lignes et camps retranchés, digues d'inondations, etc., et des reconnaissances qui en dépendent ; 4° des travaux de marche et d'opérations, tels que l'ouverture de passages, la construction, le rétablissement ou la destruction des routes, des ponts en maçonnerie, des ponts en bois sur pilotis ou sur chevalets ; il peut être également chargé de l'établissement de ponts mobiles construits avec des matériaux trouvés dans le pays ; 5° de fournir à la direction supérieure des chemins de fer de campagne des troupes spéciales chargées des travaux de réparation et de destruction des chemins de fer. » (Art. 10.)

« En principe, le service qui construit un pont est chargé d'établir les rampes d'accès de ce pont. » (Art. 10.)

« Tout commandant de l'artillerie ou du génie reçoit directement, ou par l'intermédiaire du chef d'état-major, les ordres de l'officier général près duquel il est employé ; il communique à ce général les ordres qui lui sont donnés par les officiers généraux ou supérieurs de son arme. » (Art. 10.)

Intendance. — « L'organisation, la direction et l'exécution des services administratifs ; la surveillance et le contrôle habituel de l'administration et de la comptabilité des corps de troupe et des détachements ; l'ordonnancement des dépenses, y compris celles du service de santé ; la vérification et l'arrêté de compte des distributions et consommations de tout genre, soit que les fonds ou les matières proviennent de pays occupés par l'armée, soit qu'ils proviennent des prises faites sur l'ennemi ; enfin tous les détails de l'administration de l'armée, excepté en ce qui concerne le matériel de l'artillerie et du génie, forment les attributions spéciales et les devoirs de l'intendance. » (Art. 13.)

« En dehors de leurs chefs hiérarchiques, les intendants et sous-intendants ne doivent des rapports de service qu'au commandant ou au chef d'état-major du corps (armée, corps d'armée, division ou brigade, etc.) auquel ils sont attachés. Ils prennent les ordres des officiers généraux pour la constitution des approvisionnements, pour l'emplacement des magasins, pour les distributions et pour toutes les dispositions propres à assurer les divers services; ils leur soumettent les propositions ayant pour objet de changer la quotité et l'espèce des distributions; ils leur rendent compte journellement de la situation des approvisionnements ainsi que des ressources de toute nature, et leur communiquent les ordres qu'ils reçoivent directement des fonctionnaires supérieurs de l'intendance. » (Art. 12.)

« L'ordre de pourvoir et de distribuer, l'indication des lieux de distribution, constituent, avec les opérations militaires, *la responsabilité du commandement*. Les mesures d'exécution pour pourvoir et distribuer, la justification du payement et de la distribution, constituent *la responsabilité des intendants envers le commandement*. » (Art. 14.)

Service de santé. (Voir 4ᵉ partie, chapitre XI.) — « Les médecins directeurs ou chefs de service soumettent au commandement leurs propositions pour la composition et l'emplacement des hôpitaux, ambulances, postes de secours, ainsi que pour les mesures qu'ils jugent utiles au bien du service. Ils lui rendent compte journellement de la situation sanitaire et lui communiquent les ordres qu'ils reçoivent directement de leurs chefs médicaux. » (Art. 15.)

« Les *aumôniers* des différents cultes prennent place et marchent avec le personnel des ambulances des fractions de l'armée auxquels ils sont attachés. » (Art. 18.)

La *Société française de secours aux blessés* est représentée au grand quartier général, ou au quartier général d'une armée ou d'un corps d'armée opérant isolément, par un délégué d'armée, agréé et commissionné par le Ministre de la guerre.

Les sociétés étrangères ne peuvent être admises à fonctionner aux armées qu'en passant par l'intermédiaire de la Société française de secours aux blessés; il en est de même des associations françaises non reconnues d'utilité publique.

Les associations reconnues d'utilité publique et les ambulances locales ne sont pas obligatoirement rattachées à cette Société, et reçoivent directement des instructions de l'autorité militaire.

Service vétérinaire. (Voir 4ᵉ partie, chapitre XII.) — Les chefs du service vétérinaire sont sous les ordres directs des chefs d'état-major. Leur service a pour objet : la conservation de la santé des animaux ; le traitement de ceux qui sont atteints de maladies; la maréchalerie; la visite des animaux de boucherie et l'examen des viandes qui sont destinées aux troupes.

Trésorerie et postes. (Voir 4ᵉ partie, chapitre XV.) — « Le service de la trésorerie et des postes aux armées est assuré par des agents préposés à l'exécution simultanée de ces deux services. Ces services continuent à relever du Ministre des finances en ce qui concerne l'alimentation des caisses, la comptabilité et la partie technique du service. Sous le rapport de la discipline, de la direction du service, des ordres de route, de station, d'emplacement des caisses et des bureaux, de l'expédition et de la sûreté des courriers, ils sont placés sous les ordres du commandement. » (Art. 19.)

« En principe, les payeurs et les caisses suivent les mouvements des quartiers généraux auxquels ils sont attachés. » (Art. 21.)

« L'acquittement de toutes les dépenses exigeant un ordonnateur et un payeur, les chefs des deux services de l'ordonnancement et du payement doivent se concerter pour tout ce qui concerne l'emplacement et l'alimentation des caisses. » (Art. 21.)

En campagne, les ordonnances de délégation des crédits sont provisoirement remplacées par des autorisations de dépenses délivrées par les généraux en chef. Ces autorisations établies en double expédition, par exercice et par ordonnateur, sans distinction de chapitres, sont adressées en même temps aux ordonnateurs et aux payeurs.

En cas d'insuffisance des crédits ouverts aux sous-délégués, pour tous les services, les ordonnateurs secondaires attachés aux armées ont la faculté d'émettre au delà de ces crédits, sauf imputation sur les prochains crédits, des mandats payables immédiatement sur leur réquisition écrite et appuyée de l'ordre motivé du commandant en chef ou de l'officier commandant sur les lieux.

Télégraphie militaire. (Voir 4ᵉ partie, chapitre X.) — « La télégraphie militaire aux armées a pour mission d'établir et de desservir les communications télégraphiques. — Le personnel télégraphique relève pour son service technique du directeur de la télégraphie de l'armée ; il est subordonné pour la discipline aux commandants militaires des localités ou des colonnes dans lesquelles il se trouve. » (Art. 22.)

Le directeur du service télégraphique de l'armée (ou du corps d'armée opérant isolément) reçoit les instructions du chef d'état-major général pour l'ensemble des services de première et de deuxième ligne. Le sous-directeur chargé spécialement de la direction du service de l'arrière reçoit les instructions du chef d'état-major de la direction des étapes. Les commandants de corps d'armée, divisions, brigades, etc., n'ont qu'un droit de proposition en matière de construction de lignes télégraphiques.

Gendarmerie. (Voir 4ᵉ partie, chapitre XVII.) — « Indépendamment du service que la gendarmerie est appelée à faire pour la direction et la surveillance des équipages, elle remplit à l'armée des fonctions analogues à celles qu'elle exerce à l'intérieur. La recherche et la constatation des crimes, délits et contraventions, la rédaction des procès-verbaux, la poursuite et l'arrestation des coupables, la police, le maintien de l'ordre, sont de sa compétence et constituent ses devoirs. Elle n'est employée au service d'escorte et d'estafette que dans le cas de la plus absolue nécessité. » (Art. 220.)

« Elle a dans ses attributions spéciales la police relative aux individus non militaires, aux marchands, aux vivandiers et aux domestiques qui suivent l'armée. » (Art. 224.)

Direction des services de l'arrière.

(Voir 4ᵉ partie. Chapitres VIII et IX.)

Ensemble du service. — Les services de l'arrière embrassent dans leur ensemble tout ce qui sert à assurer la continuité et la facilité de échanges entre les armées et le territoire national. Ils ont pour objet : 1º d'amener aux armées tous les ravitaillements dont elles ont besoin; 2º de ramener en arrière les malades et blessés, les

Tableau figuratif des services de transport de l'arrière.

Zone des convois régimentaires
et administratifs.
(La base de ravitaillement est au maximum
à 2 étapes des cantonnements)

Zone des opérations immédiates

Zone des
convois
auxiliaires
et de
réquisition

S.T.E.R. S.T.E.R. S.T.E.R. S.T.E.R.

Gite

G.P G.P G.P G.P

Principal

G.P G.P G.P

S.T.E.G. S.T.E.G. S.T.E.G.

S.T.E.G — Station tête d'étape
de guerre où s'arrête le service des
chemins de fer.

S.T.E.R — Station tête
d'étapes de routes
où s'arrête l'action
des secteurs d'étapes
prés et où commence
le ravitaillement par
les moyens dont
dispose chaque corps.

S.T
Station de transition
où cesse l'exploitation
par les compagnies.

S.T S.T S.T

S.Mg.

E.C.M. E.C.M. en cas mobile

Zone où sont
généralement
les stations
de
débarquement.

E.C.M

S.Mg. au-delà de la base
relevant de l'Intendant de l'armée.

Base d'opérations déterminée au début de
la guerre par le Ministre et le généralissime pouvant être
déplacée suivant les circonstances.

Station mag.^{in} en étape
de la base relevant
de l'Intendant de la
région, désignée par
le Ministre, affectée
à l'armée ou plusieurs
corps, déplacée d'ac-
cord avec le généralissime.

S.Mg.

H.R. H.R. H.R.

H.R.
halte repos.

S.t P.D.E. du 6.e Corps.
(en dehors de la région à
laquelle elle est affectée)

S.t point de départ d'étapes
à l'intérieur de la région à
laquelle elle est affectée)

Gare de bifurcation.

VI.e corps. 1.er corps.

Gare
d'embarquement

Gare
de mobilisation.

Com.^t le Génie de l'armée.

Com.^t du Génie
de corps d'armée.

Chef du service du Génie
des étapes

Chef du
Génie des
étapes

S.t Mg. (à bagages ou à officiers
du Génie qualité magasin.)

S.t Mg. (à déposer ou à officier)

S.t Mg. (à déposer ou à officier)

S.t P.D.E. (à déposer
ou à officier) auxiliaire
temps détachement
mais au grand parc.

École
régimentaire du Génie

Chef du
Génie

Directeur général
Zone sous l'action du
des Chemins de fer et des étapes

Zone sous l'action directe du Ministre sur la Com.^on
sup.^re des Chemins de fer répartie par le personnel ordinaire des t^ons

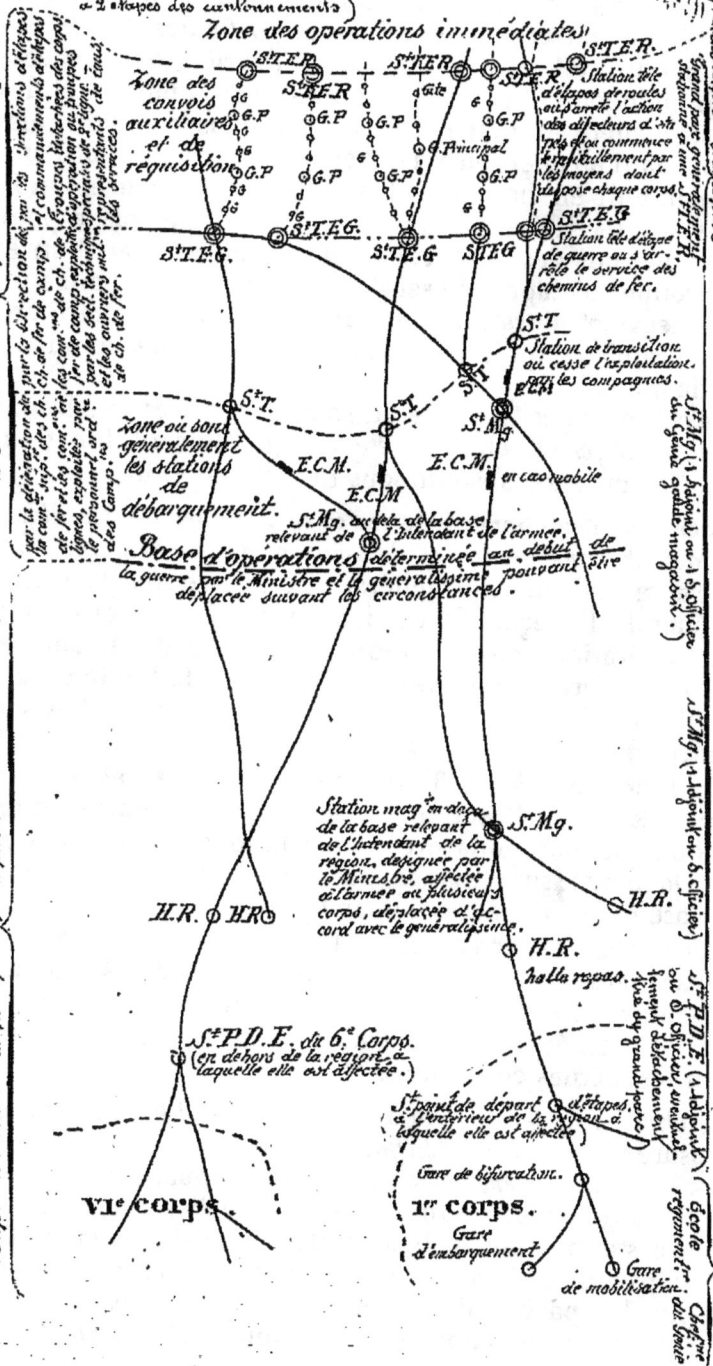

Ministre.

prisonniers, le matériel inutile ; 3° de régler et assurer l'exploitation des lignes ferrées dépendant du commandement des armées, d'entretenir, rétablir ou créer, surveiller ou défendre toutes les communications du théâtre de la guerre en arrière des armées ; 4° de pourvoir au logement et à tous les besoins des hommes et des chevaux qui séjournent en arrière des armées dans la région relevant du commandant en chef, ou qui traversent cette région ; 5° d'emmagasiner, maintenir en bon état et renouveler les denrées et le matériel tirés du territoire national ou obtenus sur place pour faire face aux besoins des armées ; 6° d'assurer la répartition et l'emploi des troupes d'étapes, le service d'ordre et de police en arrière des armées ; 7° d'organiser et administrer le territoire ennemi occupé, jusqu'à ce qu'il y ait été pourvu par des commandements particuliers.

Cette tâche complexe est répartie entre deux services généraux : celui des *chemins de fer* et celui des *étapes*, qui doivent fonctionner dans une concordance absolue sous une direction unique.

Direction générale des chemins de fer et des étapes. — Le *directeur général des chemins de fer et des étapes*, assisté par un état-major, réside au grand quartier général et est placé sous l'autorité du major général. Il reçoit de ce dernier les indications d'ensemble sur les opérations en exécution ou en projet, et sur les besoins qui en résulteront pour les armées ; dans la limite de ces instructions, il a la plus grande initiative pour le choix et l'exécution des mesures destinées à pourvoir à ces besoins.

Il entre en fonctions dès la fin des concentrations, et a pour attributions : 1° la haute direction du service des chemins de fer au delà de la base d'opérations prévue par la loi du 13 mars 1875 (art. 22) ; 2° la haute surveillance du service des étapes, entre cette même base et la zone occupée par les armées.

Pendant les concentrations, la base d'opérations est placée aux points de débarquement. Au début des opérations actives, elle est déterminée à nouveau par le Ministre, d'accord avec le commandant en chef des armées ; au cours de la guerre, elle peut être modifiée dans les mêmes conditions.

Service des chemins de fer. — Au delà de la base d'opérations, ce service est assuré : 1° par une *délégation de la commission militaire supérieure des chemins de fer*, résidant au grand quartier général, pour les sections du réseau national sur lesquelles l'exploitation par les ressources et moyens ordinaires des Compagnies peut être maintenue ; 2° par une *direction militaire des chemins de fer de campagne*, pour les parties du réseau national ou étranger sur lesquelles l'exploitation est confiée aux sections techniques et aux compagnies de chemins de fer du génie. Les stations où cesse l'exploitation par les Compagnies nationales et où commence l'action de la direction des chemins de fer de campagne sont dites *stations de transition*; leur emplacement est déterminé au début, et modifié au cours de la guerre, par le directeur général, sur l'avis de la commission supérieure ou de sa délégation.

Le directeur général est spécialement chargé : de régler les relations journalières entre le service des chemins de fer et celui des étapes, de façon à éviter les désordres, les lenteurs, les encombrements et les conflits; de donner à cet effet des instructions d'ensemble à la délégation de la commission supérieure et à la direction des chemins de fer de campagne, sans s'immiscer dans le détail des services; de répartir les lignes exploitées entre les différentes armées, au point de vue de l'utilisation des moyens réguliers de transport; de désigner la *commission de ligne* ou la *commission de chemins de fer de campagne* avec laquelle la direction des étapes de chaque armée doit se mettre en rapport; de fixer, d'après les instructions du major général, les emplacements et les affectations des stations têtes d'étapes de guerre; sur les lignes ou sections de lignes assignées en commun à plusieurs armées, de répartir les trains réguliers entre ces armées, ou de déterminer un ordre de priorité entre elles pour l'utilisation de ces trains; de résoudre toutes les difficultés et trancher tous les conflits que peut faire naître cette situation.

Service des étapes. — Ce service est organisé par armée : le directeur des étapes de chaque armée est sous les ordres immédiats de son chef d'état-major général, mais relève en même temps du directeur général des chemins de fer et des étapes.

Ce dernier est spécialement chargé : de délimiter les zones de l'arrière dans lesquelles chaque armée devra maintenir l'ordre et la police, et pourra exploiter les ressources locales; d'assigner à chaque armée la portion du réseau ferré dont elle devra assurer la protection; de déterminer l'importance des forces nécessaires pour cet objet; d'arrêter la direction générale des lignes d'étapes routières et l'emplacement des principaux commandements d'étapes, surtout lorsque les lignes d'étapes de plusieurs armées se confondent ou s'entrecroisent; de répartir entre les armées les troupes et les personnels d'étapes que le Ministre dirige successivement sur le théâtre de la guerre. Lorsqu'une ligne ou section de ligne est affectée en commun à plusieurs armées, il assigne ordinairement la protection de la ligne à une seule de ces armées, tout en maintenant la spécialisation par armée des magasins situés sur son parcours.

En territoire national, les troupes et services restés dans la zone d'action de la direction générale des chemins de fer et des étapes et n'appartenant pas aux armées d'opération, exécutent les ordres qu'ils reçoivent du directeur général par l'intermédiaire du commandement territorial. En cas d'urgence, le directeur général les requiert directement, sous sa propre responsabilité. Le même droit de requérir directement, dans la zone affectée à chaque armée, peut être délégué au directeur des étapes de cette armée. Mais il n'est dérogé en aucun cas aux prescriptions qui règlent les relations entre les commandants des armées et les gouverneurs des places ou forts (voir page 134).

En territoire ennemi, le directeur général exerce provisoirement la haute surveillance de l'administration civile des pays occupés. Lorsque des *commandements territoriaux particuliers* ont été établis, son action est limitée, pour ces territoires, au service des chemins de fer et aux mouvements, sur les lignes d'étapes, du personnel et du matériel destinés à l'armée. Les commandants territoriaux dont il vient d'être parlé relèvent directement du commandant en chef des armées, à moins qu'une décision spéciale ne les subordonne au directeur général des chemins de fer et des étapes.

Attributions générales. — Afin d'assurer la coordination entre les services parallèles des étapes dans les diverses armées et les organes qui centralisent la direction du service des chemins de fer au grand quartier général et au Ministère de la guerre, le directeur général des chemins de fer et des étapes veille à ce que la délégation de la commission supérieure aux armées et la direction des chemins de fer de campagne fonctionnent en parfait accord et se maintiennent en relations continues avec la commission supérieure siégeant au ministère de la guerre; il transmet à celle-ci, ou lui fait transmettre par l'un ou l'autre des organes précités, ses indications pour l'ordre d'urgence des transports en deçà de la base d'opérations, et ses ordres pour tous les mouvements au delà de cette base, qui nécessitent la coopération de ladite commission.

Il se tient en relations suivies avec les inspecteurs et directeurs généraux des divers services, afin d'être mis au courant des besoins de ces services et d'accorder leurs intérêts, souvent opposés, dans l'emploi des chemins de fer. Ces inspecteurs et directeurs généraux conservent, à l'égard des personnels de leur arme ou service affectés aux services de l'arrière, les attributions de haute surveillance et d'inspection technique qu'ils exercent sur les troupes et personnels des armées proprement dites. Ils se concertent avec le directeur général lorsque leur concours est utile pour la préparation des ordres; ils rédigent les instructions techniques que comporte l'exécution des mesures ainsi arrêtées, et adressent ces instructions aux chefs compétents des services de l'arrière de chaque armée, par l'intermédiaire du directeur des étapes.

Le directeur général se tient également en relations avec les commandants d'armée; il reçoit leurs demandes, les informe des dispositions qu'il a arrêtées pour le service des chemins de fer et pour le fonctionnement d'ensemble du service des étapes. Il correspond directement pour les détails du service avec les directeurs des étapes des diverses armées, mais leur laisse toute latitude pour agir dans le sens des instructions qui leur sont données par les chefs d'état-major généraux de leurs armées respectives.

Directeur des étapes d'une armée. — Le directeur des étapes réside, selon les ordres du commandant de l'armée, soit au quartier général, soit à une ou plusieurs journées de marche en arrière. Il entre en fonctions en même temps que le directeur général des chemins de fer et des étapes.

Il est sous l'autorité immédiate du chef d'état-major général, qui lui fait connaître les mouvements arrêtés ou projetés, et qui prescrit les dispositions destinées à assurer la liaison entre le service des étapes et les services qui marchent avec les troupes d'opérations, notamment pour les subsistances et les évacuations. Dans la limite de ces instructions, il a une initiative personnelle pour ce qui concerne le choix des moyens et les mesures d'exécution.

Le directeur des étapes reçoit des chefs de service du quartier général de l'armée, et notifie aux chefs des services correspondants de l'arrière, les demandes de matériel et de denrées, ainsi que les instructions techniques relatives à l'exécution des ordres donnés par le commandant de l'armée.

Il n'a pas à s'immiscer dans le service des chemins de fer, mais il adresse des demandes de transport à la commission de ligne ou à la commission de chemins de fer de campagne chargée du réseau affecté à l'armée. Cette commission donne satisfaction à ces demandes dans la limite de ses instructions; si les demandes excèdent les moyens dont elle dispose, elle prend les ordres de l'organe directeur dont elle dépend.

Dans une armée opérant isolément, le directeur des étapes prend le titre de *directeur supérieur des chemins de fer et des étapes*; le service des chemins de fer au delà de la base d'opérations est placé sous son autorité.

Places ou forts dans le rayon d'opérations.

«Les gouverneurs de places et de forts isolés appartenant au territoire national sont désignés dès le temps de paix. Le commandant de l'armée fait les mêmes désignations dans les places et forts occupés en pays ennemi.

« À défaut de titulaire ou en cas de vacance, le commandant d'une armée, où d'un corps d'armée opérant isolément, peut nommer, sauf confirmation ultérieure du Ministre, des gouverneurs dans les places et forts menacés, compris dans le rayon d'opérations de l'armée. Il peut également changer le gouverneur d'une place ou d'un fort isolé, mais seulement dans des cas d'une gravité extrême et si toute relation avec le Ministre de la guerre est interrompue. Il en rend compte dès que les communications sont rétablies.» (Art. 272.)

«Les gouverneurs de places et de forts isolés situés dans la zone d'opérations d'une armée ou d'un corps d'armée agissant isolément sont sous les ordres du commandant de cette armée ou de ce corps d'armée.

» Mais, en territoire national, celui-ci ne peut ni toucher aux approvisionnements de guerre et de bouche formant la dotation normale de la place, ni faire aucune réquisition de vivres ou de matériel dans son périmètre, ni distraire aucune fraction de la garnison de défense déterminée par le Ministre.» (Art. 273.)

Le périmètre d'une place, en ce qui concerne les réquisitions ci-dessus, comprend toutes les communes dont la mairie est à moins de 10 kilomètres des ouvrages les plus avancés. Il n'est pas établi de périmètre de cette nature pour les forts isolés.

«Le commandant de l'armée doit donner aux gouverneurs tous les renseignements qui peuvent intéresser la défense. Ceux-ci sont tenus de correspondre chaque jour avec lui.

« La garnison d'une place ou d'un fort isolé peut, sur l'ordre du commandant de l'armée, être associée à des opérations actives en dehors du rayon d'investissement, fixé à 10 kilomètres en avant des ouvrages les plus avancés. Mais si le gouverneur juge que l'éloignement momentané de tout ou partie de ses troupes est de nature à compromettre la sûreté de la place ou du fort dont il a la responsabilité, il soumet par écrit ses observations au commandant de l'armée, qui, s'il passe outre, est tenu de lui délivrer un ordre écrit et signé.

« Le commandant d'une armée qui, en se retirant, laisse une place ou un fort exposés à être investis, complète la garnison et les approvisionnements par tous les moyens qui sont en son pouvoir.» (Art. 273.)

«Lorsqu'un officier général ou supérieur commandant des troupes se trouve à la tête de ses troupes dans le rayon d'investissement d'une place ou d'un fort, sans lettre de service qui lui donne droit de commandement sur cette place ou ce fort, il doit, sur la demande de l'officier qui y commande, faire publier les ordres et fournir les postes nécessaires à la conservation et à la police de la place. Ces gardes passent sous les ordres du gouverneur.

« Lorsque des troupes, des officiers isolés ou assimilés inférieurs en grade ou en rang au gouverneur se trouvent enfermés dans une place ou un fort sans faire partie de la garnison, celui-ci en dispose pour le service de la défense. Si le commandant de ces troupes est supérieur en grade ou en rang au gouverneur, il ne peut se dispenser de déférer aux réquisitions qui lui sont faites par ce dernier, seul responsable du sort de la place ou du fort. Ces officiers et ces troupes se rendent à leur destination dès que le blocus ou le siège est levé, ou quand la position occupée par l'ennemi leur permet de continuer leur route.» (Art. 274.)

«Lorsqu'il y a lieu d'établir des garnisons stables dans des postes militaires conquis ou occupés par l'armée, le service du génie et celui de l'artillerie prennent, dans ces places et forts, les mêmes attributions que dans les places nationales.» (Art. 10.)

Journaux de marche, situations, rapports.

Journal des marches et opérations. — Les généraux pourvus d'un commandement veillent à ce qu'il soit tenu à leur état-major un registre-journal dans une forme analogue à celle qui est prescrite pour la tenue des historiques des corps de troupes (circulaire du

5 décembre 1874). Ce journal doit mentionner tous les événements à mesure qu'ils se produisent. Aucun des incidents importants qui se présentent, soit en marche, soit en station, pendant les manœuvres et le combat, ne doit être passé sous silence.

Consigner sur ce registre, jour par jour, sans intervalles ni grattage, le résumé des ordres reçus et donnés, les renseignements recueillis et tous les détails relatifs aux marches, cantonnements ou bivouacs, au service de sûreté, aux reconnaissances, aux manœuvres et aux combats.

Il doit être joint au registre un dossier de pièces justificatives, telles que : situations sommaires, copies des ordres généraux et particuliers, rapports complémentaires, tableaux de marche, de cantonnements, ordres de mouvement, etc.

Situations et états divers. — Il est établi chaque jour, dans les corps de troupes, les brigades, les divisions et les corps d'armée, une situation sommaire, pour laquelle il conviendrait d'adopter le modèle ci-après :

ᵉ CORPS D'ARMÉE.   ᵉ DIVISION.   ᵉ BRIGADE.

SITUATION sommaire des présents à la date du _____

ᵉ *régiment d*

CORPS OU FRACTIONS DE CORPS.		DISPO-NIBLES.			INDIS-PONIBLES.			MUTATIONS SURVENUES pendant les 24 heures.						SITUATION RÉSUMÉE des combattants		
								Gains.			Pertes.					
Désignation.	Empla-cement.	Officiers.	Hommes.	Chevaux.	Officiers.	Hommes.	Chevaux.	Officiers.	Hommes.	Chevaux.	Officiers.	Hommes.	Chevaux.	Fusils.	Sabres.	Pièces.

Pour les autres situations ou états à fournir, les instruction sont données par les ordres généraux au début et au cours de la campagne.

Dans chaque état-major, dresser avec soin et tenir constamment à jour un tableau de toutes les pièces périodiques à recevoir ou à envoyer.

«*Rapports sur les combats, mentions à l'ordre et au bulletin.* — Les commandants de compagnie, d'escadron et de batterie, et tous les officiers supérieurs et généraux, jusqu'au commandant en chef, concourent, chacun en ce qui le concerne, au rapport écrit de la journée. Les officiers signalent les hommes qui se sont distingués; par contre, les soldats qui auraient manqué à leurs devoirs sont toujours l'objet de rapports spéciaux.

« Lorsqu'un militaire paraît avoir mérité une mention particulière pour sa belle conduite, pour avoir pris un drapeau, un canon, sauvé son général ou son chef, ou pour tout autre acte de dévouement, il devient l'objet d'un rapport spécial, d'après lequel le commandant en chef décide s'il doit être cité à l'ordre de l'armée, et de plus dans le bulletin des opérations; cette dernière mention ne peut être obtenue sans que la première ait eu lieu. Ce rapport est rédigé et signé par l'officier supérieur ou autre sous les yeux duquel le fait s'est passé, même quand il s'agit d'un officier sans troupe; il est vérifié avec soin par le général de brigade et par le général de division; ces officiers généraux y consignent leur avis motivé, de manière qu'il soit bien constaté que la mise à l'ordre de l'armée et la mention au bulletin, ainsi que les récompenses qui en doivent résulter, ont été réellement méritées.

« Enfin, les bulletins ne contiennent d'éloges individuels que si toutes ces formalités ont été exactement remplies; le rapport de la journée, qui doit souvent être rédigé et envoyé sur-le-champ, ne renferme que les éloges généraux et le récit des opérations. » (Art. 201.)

Dans les rapports d'opérations militaires, les corps d'armée, divisions, brigades, régiments, bataillons, compagnies, escadrons et batteries sont désignés par leur numéro suivi du nom de l'officier qui les a personnellement commandés.

Autant que possible, joindre aux rapports des cartes ou croquis indiquant les positions principales de la journée.

Service de bureau des états-majors.

Correspondance. — La correspondance se fait au moyen d'ordres, de lettres, de notes de service, de bordereaux d'envoi, de rapports journaliers, de bulletins indicatifs, de demandes de renseignements, etc. On se sert de formules imprimées pour les affaires courantes pouvant toujours être traitées sous la même forme. (La nomenclature et le modèle de ces formules figurent au *Journal militaire*, 2° semestre 1880, pages 143 et suivantes. Voir aussi les modèles annexés au Code de justice militaire.) Chaque état-major doit, au moment de la mobilisation, se pourvoir d'un approvisionnement des formules d'un usage fréquent en campagne.

Toute dépêche, note, circulaire, qui doit être communiquée *in extenso* aux différents échelons de la hiérarchie militaire est, autant que possible, autographiée ou chromographiée, et chaque destinataire en reçoit un nombre d'exemplaires suffisant pour pouvoir en envoyer à son tour à qui de droit.

La voie hiérarchique est toujours rigoureusement suivie dans la correspondance, soit avec les inférieurs, soit avec les supérieurs. Si dans un cas urgent une communication est envoyée directement au destinataire, ampliation en est adressée en même temps par la voie hiérarchique.

Quand on a recours aux télégrammes, on les fait toujours suivre d'une confirmation écrite (modèle 9 *bis* de la nomenclature précitée).

Toutes les pièces, sans exception, arrivant à un état-major, sont timbrées au moyen d'un timbre de réception du modèle ci-dessous:

```
DÉSIGNATION DE L'ÉTAT-MAJOR.
———

Date de l'arrivée....   _____

N° d'enregistrement }
  au registre des en- }   _____
  trées.............. }

Classement donné à }   _____
  la pièce.......... }
```

Les dépêches, à l'exception des pièces périodiques ou autres déterminées par le chef d'état-major, sont en outre enregistrées sommairement sur un registre dit *des entrées* (modèle inséré au *Journal militaire*, 2° semestre 1883, page 19). — Les circulaires ou dépêches portant décision de principe sont, de plus, immédiatement inscrites sur des *catalogues*.

Aucune communication de service ne doit sortir d'un état-major sans avoir été enregistrée. L'enregistrement doit se faire *in extenso* pour les dépêches importantes et sommairement pour les affaires courantes.

Les *registres de correspondance* tenus dans un état-major sont habituellement: 1° un registre confidentiel restant entre les mains du chef d'état-major; 2° un registre des ordres généraux et un registre des ordres particuliers; 3° des registres spéciaux aux différents services.

Rédaction des ordres, lettres, etc. — En règle générale, ne traiter qu'un seul sujet dans une même pièce; par conséquent faire autant de pièces qu'il y a d'affaires distinctes. — Il importe que toute affaire traitée donne toujours lieu à une conclusion nette et précise.

Pour un ordre, classer méthodiquement les différentes parties de l'ordre et faire de chacune de ces parties l'objet d'un alinéa particulier; éviter tout détail qui peut être réglé par l'autorité inférieure. Il est essentiel qu'un ordre ne puisse prêter à une fausse interprétation; lorsqu'un ordre peut être mal compris, il y a toute chance pour que l'erreur soit commise par l'un ou l'autre des subordonnés.

Quand on répond à une lettre, indiquer la date de ladite lettre et son numéro d'enregistrement. Dans un télégramme réponse, mentionner la question à laquelle se rapporte la réponse.

Indiquer les localités d'une façon bien précise, de manière à éviter toute erreur en cas de similitude de noms; ne jamais employer les mots : devant, derrière, etc.; se servir des termes géographiques : nord, sud, rive droite, rive gauche, en amont, en aval; éviter les expressions vagues, comme : beaucoup, peu, etc; préciser au contraire, le plus possible, en donnant des chiffres.

Écrire les heures en toutes lettres; mentionner s'il s'agit du matin ou du soir. — Écrire également en toutes lettres les chiffres importants.

Rechercher toujours le mot propre; ne pas hésiter, dans ce but, à employer plusieurs fois la même expression. Ne pas se servir d'abréviations, surtout dans les dépêches qui traitent des mouvements de l'ennemi. Dans les télégrammes, ne pas diminuer le nombre des mots aux dépens de la clarté.

En tête de toute dépêche, mentionner le grade, le nom et l'emploi du signataire, le grade et l'emploi seulement de la personne à laquelle elle est adressée.

En marge, mentionner les unités constituées auxquelles appartient le signataire : au-dessous, indiquer sommairement l'objet de la lettre; faire suivre cette indication du numéro d'enregistrement.

Porter en vedette le titre que l'on doit donner réglementairement à la personne à laquelle on s'adresse. Terminer sans aucune formule de salutation, par une simple signature.

Inscrire, au haut de la feuille à droite, le lieu, la date et l'heure de la signature.

Transmission des dépêches. — «Le service d'ordonnance est fait par les estafettes et les plantons des quartiers généraux, ou par les escortes. Le porteur d'un ordre écrit reçoit de l'expéditeur un billet qu'il doit lui rapporter. Ce billet indique le lieu et l'heure du départ, ainsi que l'allure à employer : le destinataire le signe après y avoir inscrit le lieu et l'heure de la réception et de la mise en route pour le retour. » (Art. 35.)

Quand on fait usage du télégraphe, il peut y avoir lieu de réclamer du destinataire un accusé de réception reproduisant littéralement la dépêche qui lui est parvenue.

Rapport journalier. — Lorsque les circonstances le permettent, il est avantageux de tenir tous les jours, à une heure fixée d'avance, un rapport dans les différents états-majors. Les généraux en sous-ordre, les chefs de corps et de service y envoient chacun un officier pour recevoir communication des ordres, pour apporter les comptes rendus, demandes, etc., et pour fournir de vive voix les renseignements susceptibles d'être transmis de cette manière.

Service extérieur des officiers d'état-major.

« Un officier envoyé *en mission* dans un pays occupé par des postes ennemis doit être accompagné par deux cavaliers au moins, choisis parmi les hommes bien montés. Il évite les villes et les villages, préfère aux grandes routes les chemins de traverse, se repose le moins possible et seulement dans les lieux écartés. Dans les chemins qui lui paraissent dangereux, il se fait précéder par un des cavaliers. Il doit toujours être prêt à déchirer ses dépêches et à les faire disparaître; il se prépare à faire des réponses adroites aux questions que l'ennemi peut lui adresser sur l'objet de sa mission ou sur la situation de l'armée, et ne se laisse intimider par aucune menace.

« Lorsqu'un officier en mission est blessé ou malade, il s'adresse au commandant des troupes les plus proches et lui transmet son ordre ou sa dépêche; celui-ci en donne reçu et désigne immédiatement un autre officier pour remplir la mission.

« Le commandant de la troupe de cavalerie la plus voisine est tenu de fournir un bon cheval à l'officier chargé d'une mission, si l'état de sa monture ne lui permet pas de l'accomplir en temps utile. A défaut de cavalerie, cette obligation s'étend à tout commandant de troupes pourvues de chevaux (artillerie, train, etc.). » (Art. 34.)

L'officier envoyé *en reconnaissance* communique ses instructions « au général de brigade dont les avant-postes doivent être dépassés. Cet officier général y ajoute les indications qu'une connaissance particulière des dispositions de l'ennemi et des localités peut le mettre à même de donner; il confie à l'officier en reconnaissance les troupes nécessaires, ou les lui fait fournir par la réserve d'avant-postes.

» S'il faut se porter sur un point culminant ou tout autre, pour en déloger les postes ennemis, l'officier chargé de la reconnaissance demande préalablement l'agrément du général de la brigade; il ne peut rien entreprendre sans l'avoir obtenu. » (Art. 192.)

« En principe, personne ne doit sortir des lignes sans autorisation. Les officiers et les détachements envoyés en mission, les militaires isolés munis d'un laissez-passer ou d'un ordre délivré par l'autorité militaire, doivent se présenter au commandant de la grand'garde, qui les fait accompagner jusqu'à la ligne des sentinelles.

« Les personnes isolées qui demandent à entrer dans les lignes sont arrêtées par les sentinelles et conduites au commandant de la grand'garde. Lorsque, pendant la nuit, une troupe ou un détachement se présente pour rentrer dans les lignes, les sentinelles l'arrêtent. Quel que soit son grade, le chef de la troupe ainsi arrêtée est tenu de répondre à toutes les questions qui lui sont faites dans le but de constater son identité. » (Art. 173.)

Se munir d'une carte mise à jour, d'une lunette, d'une boussole et d'une montre. Étalonner son pas et celui de son cheval aux différentes allures. N'emporter avec soi aucune note, aucun document pouvant fournir des indications utiles à l'ennemi. — Pour une mission de longue durée, se pourvoir d'un carnet de réquisition. — Prendre le mot. S'assurer avant le départ que les hommes ont des cartouches, que les armes sont en bon état et que les chevaux sont bien ferrés. Un guide est souvent indispensable : le choisir avec soin et lui faire donner un cheval de réquisition.

CHAPITRE V. — RENSEIGNEMENTS DIVERS.

§ Ier. — DROITS AU COMMANDEMENT.

« En cas de mort, de rappel, de démission ou d'absence temporaire, tout titulaire d'un commandement est provisoirement remplacé par l'officier le plus ancien dans le plus élevé des grades que comprend ce commandement.

» A grade égal, les officiers de l'armée active ont le commandement sur les officiers de réserve et de l'armée territoriale. Toutefois, les officiers retraités classés dans la réserve de l'armée active conservent les droits au commandement que leur conférait leur ancienneté au moment où ils ont quitté l'armée. Les officiers retraités, classés dans l'armée territoriale, conservent les mêmes droits au commandement, mais sur les officiers de l'armée territoriale seulement.

« Les officiers étrangers ne peuvent exercer le commandement d'une place forte ou d'un poste de guerre, qu'à défaut d'officiers français ; si donc il se trouve des officiers français dans la place ou le poste, le plus ancien dans le grade le plus élevé, quel que soit ce grade, remplit les fonctions de commandant de la place ou du poste. L'officier étranger conserve d'ailleurs le commandement des troupes s'il est supérieur en grade.

« Sont seuls considérés comme officiers français les officiers nés ou naturalisés français qui sont pourvus de leur grade conformément à la loi sur l'avancement ; les officiers français ou naturalisés français servant au titre étranger sont assimilés en toutes circonstances aux officiers étrangers, et n'ont d'autres droits que ceux dont jouissent ces officiers.

» Les officiers chargés d'une mission spéciale ont, à grade égal, le commandement sur tous les autres officiers employés dans la même mission.

« Quand un officier est chargé de diriger une expédition ou une reconnaissance, sans avoir le commandement de la troupe, le chef de cette troupe et les officiers des différentes armes doivent se concerter avec lui pour toutes les dispositions qui peuvent assurer le succès de l'opération.

« Lorsque, par suite d'une mission, un officier a le commandement d'une troupe dans un poste ou dans une opération, il ne peut étendre son autorité au personnel, à l'administration, ni à la discipline intérieure de cette troupe. » (Art. 3.)

§ II. — DROIT DE PUNIR.

Peuvent être infligés :

Aux soldats : — par les sous-lieutenants et lieutenants : 8 jours de consigne, 4 de salle de police ; — par les capitaines : 15 jours de consigne, 8 de salle de police ; — par les capitaines commandants dans leur compagnie, escadron ou batterie, et par les officiers supérieurs : 30 jours de consigne, 15 de salle de police, 8 de prison ; — par les colonels dans leur régiment : 30 jours de consigne, 30 jours de salle de police, 15 jours de prison ou 8 de cellule en déduction d'un nombre égal de jours de prison ; le renvoi de la 1re classe à la 2e ;

Aux caporaux ou brigadiers : — par les sous-lieutenants et lieutenants : 8 jours de consigne, 4 de salle de police ; — par les capitaines : 15 jours de consigne, 8 de salle de police ; — par les capitaines commandants dans leur compagnie, escadron ou batterie, et par les officiers supérieurs : 30 jours de consigne, 15 de salle de police, 8 de prison ; — par les colonels dans leur régiment : 30 jours de consigne, 30 de salle de police, 15 de prison ;

Aux sous-officiers : — par les sous-lieutenants et lieutenants : 8 jours de consigne au quartier, 4 de consigne à la chambre ; — par les capitaines : 8 jours de consigne au quartier, 8 de consigne à la chambre ; — par les capitaines commandants dans leur compagnie, escadron ou batterie, et par les officiers supérieurs : 15 jours de consigne au quartier, 15 de consigne à la chambre, 8 de prison, ou la réprimande; — par les colonels dans leur régiment: 30 jours de consigne au quartier, 30 de consigne à la chambre, 15 de prison, ou la réprimande mise à l'ordre du régiment.

Aux officiers: — les arrêts simples, par tout autre officier d'un grade supérieur, ou même d'un grade égal si ce dernier est plus ancien et s'il a le commandement de la garnison, du détachement ou du cantonnement. — Un lieutenant peut ordonner les arrêts simples pendant 4 jours; un capitaine pendant 8 jours; un capitaine commandant dans sa compagnie, escadron ou batterie, ou un officier supérieur, pendant 15 jours; le colonel dans son régiment, pendant 30 jours. — Le colonel dans son régiment peut ordonner la réprimande, les arrêts de rigueur pendant 30 jours, les arrêts de forteresse pendant 15 jours.

Tout capitaine, lieutenant ou sous-lieutenant commandant un détachement a le droit d'infliger les mêmes punitions qu'un officier supérieur. Tout officier supérieur commandant un détachement a les mêmes droits, à cet égard, que le colonel dans son régiment.

Tout supérieur qui inflige une punition à un militaire d'un autre corps en rend compte sur-le-champ au commandant d'armes ou au commandant du cantonnement ou du bivouac.

Les officiers, sous-officiers, caporaux ou brigadiers et soldats chargés d'emplois spéciaux ne peuvent être punis, en ce qui concerne leur service spécial, que par leur supérieur dans ce service.

Droits des généraux en matière de punition. — Le général de brigade, le général de division et le général commandant le corps d'armée peuvent augmenter, changer, diminuer, suspendre et lever les punitions dans les corps ou services placés sous leur commandement. Le général de brigade peut prolonger jusqu'à 30 jours la durée de la prison ou des arrêts de forteresse; il en rend compte au général de division. Le général de division peut infliger la prison ou les arrêts de forteresse pendant 60 jours; il en rend compte au général commandant le corps d'armée. Le général commandant le corps d'armée peut également porter à 60 jours la durée de la prison et des arrêts de forteresse.

En dehors de son commandement, tout officier général a les droits d'un colonel dans son régiment; il rend compte au général commandant le corps d'armée.

La rétrogradation des sous-officiers est prononcée par le général de brigade.

La cassation est prononcée : pour les caporaux ou brigadiers et pour les caporaux ou brigadiers-fourriers, par le général de brigade; pour les sous-officiers autres que les adjudants, par le général de division ; pour les adjudants, par le général commandant le corps d'armée.

La révocation ou la mise à la retraite d'office des caporaux ou brigadiers et soldats commissionnés, la rétrogradation et la cassation des sous-officiers rengagés et de ceux qui sont nommés par le Ministre, la rétrogradation et la cassation des chefs armuriers par mesure de discipline, sont prononcées par le général commandant le corps d'armée, sur l'avis conforme du conseil d'enquête des sous-officiers.

La cassation des caporaux ou brigadiers, la rétrogradation et la cassation des sous-officiers, quand ils sont décorés de la Légion d'honneur ou de la médaille militaire, sont prononcés par le Ministre sur l'avis conforme du même conseil d'enquête.

Composition des conseils d'enquête pour les sous-officiers. — Régiment : le colonel, 3 officiers supérieurs, 4 capitaines, 2 sous-officiers ; — bataillon formant corps : 1 officier supérieur, 3 capitaines, 1 sous-officier ; — compagnie formant corps : 1 officier supérieur, 2 capitaines, 1 lieutenant, 1 sous-officier ; — section de secrétaires d'état-major : 1 officier supérieur, 3 capitaines (dont 2 de l'état-major du corps d'armée), 1 sous-officier ; — section de commis et ouvriers d'administration : 1 sous-intendant, 2 capitaines, 1 officier d'administration, 1 sous-officier ; — section d'infirmiers : 1 sous-intendant, 1 capitaine, 1 médecin-major, 1 officier d'administration, 1 sous-officier. — Le commandant et l'adjudant-major du bataillon et le commandant de la compagnie, escadron, batterie ou section à laquelle appartient le sous-officier figurent toujours parmi les membres du conseil, qui est convoqué par le commandant du corps d'armée. La procédure est celle prescrite pour les conseils d'enquête des officiers. En cas de partage égal des voix, celle du président est prépondérante.

Execution des punitions. — En campagne, «les arrêts sont gardés dans les limites du cantonnement ou bivouac de la compagnie, de l'escadron ou de la batterie ; toutefois l'officier puni prend ses repas avec ses commensaux habituels. Le poste de discipline remplace dans les bivouacs les salles de police et les prisons du corps ; on n'y consigne que les hommes punis pour fautes contre la discipline et qui, dans le cas d'une attaque, peuvent être renvoyés à la fraction constituée dont ils font partie. » (Art. 76.)
« Dans les cantonnements, les hommes punis sont surveillés directement par la garde de police. » (Art. 79.)

Pendant les marches, les officiers et les hommes de troupe punis reprennent leur rang dans les colonnes.

§ III. — AVANCEMENT ET DÉCORATIONS.

En campagne, le temps de service exigé pour passer d'un grade à un autre peut être réduit de moitié.

Aucune condition de temps de service n'est exigée dans les cas ci-après :

1° Action d'éclat dûment justifiée et mise à l'ordre de l'armée ; — joindre à la proposition un extrait de l'ordre de l'armée et une copie du rapport de l'officier sous les yeux duquel le fait s'est passé, visé par le général de brigade et le général de division (voir page 137);

2° Lorsqu'il est impossible de pourvoir autrement aux vacances dans les corps qui sont en présence de l'ennemi ; — la proposition doit l'indiquer.

Il n'est pas dressé de tableau d'avancement en campagne.

En ce qui concerne les grades d'officiers, les propositions sont faites, savoir :

Pour l'avancement aux grades de sous-lieutenant, lieutenant et capitaine, par le chef de corps, après avoir pris l'avis des chefs de bataillon ou d'escadrons et celui du lieutenant-colonel s'il est présent ;

Pour l'avancement au grade de chef de bataillon ou d'escadrons, par le général de brigade, après avoir pris l'avis des chefs de corps de sa brigade ;

Pour l'avancement au grade de lieutenant-colonel, par les généraux de division, après avoir pris l'avis des chefs de corps et des généraux de brigade de leur division ;

Enfin, pour l'avancement aux grades de colonel et de général de brigade, par le commandant en chef, après avoir pris, pour le grade de colonel, l'avis des généraux de brigade et de division, et pour le grade de général de brigade, celui des généraux de division.

Il est présenté trois candidats pour chaque vacance ; le nombre des candidats peut être réduit pour les grades de lieutenant-colonel, de colonel et de général de brigade.

Dans les corps qui sont en présence de l'ennemi, l'avancement est donné : à l'ancienneté, la moitié des grades de lieutenant et de capitaine ; au choix du chef de l'État, la totalité des grades de chef de bataillon.

Il n'est pourvu au remplacement des caporaux ou brigadiers et des sous-officiers tombés au pouvoir de l'ennemi, que d'après l'ordre du commandant en chef et lorsque les besoins du service l'exigent.

Les officiers prisonniers de guerre ne sont remplacés dans leur emploi que lorsque les besoins du service l'exigent impérieusement et d'après l'ordre du Ministre de la guerre.

Les officiers rentrant de captivité, qui ne trouvent plus vacant l'emploi qu'ils occupaient, sont mis en non-activité.

Un militaire qui, avant d'être fait prisonnier de guerre, aurait fait une action d'éclat mise à l'ordre de l'armée, peut être promu au choix quoique au pouvoir de l'ennemi.

— En temps de guerre, les actions d'éclat dûment justifiées et mises à l'ordre du jour de l'armée, ainsi que les blessures graves, peuvent dispenser des conditions exigées pour l'admission ou l'avancement dans la *Légion d'honneur.*

Il en est de même pour l'obtention de la *médaille militaire.*

§ IV. — PENSIONS DE RETRAITE.

Les blessures ou infirmités graves et incurables donnant droit à la pension de retraite lorsqu'elles proviennent d'événements de guerre ou d'accidents éprouvés dans un service commandé, il importe de pouvoir produire, le cas échéant, un *certificat d'origine de blessures* ou *infirmités.*

L'origine, les causes des blessures ou des infirmités, sont justifiées : soit par les *rapports officiels* et autres documents authentiques qui ont dû constater le fait des blessures, l'époque et les circonstances de l'origine des infirmités; soit par des *certificats des autorités militaires* (sous-officier commandant de détachement, commandant de compagnie, chef de bataillon, chef de corps, officier d'état-major, etc.) assistés de deux ou trois témoins; soit enfin par une *information* ou *enquête* prescrite et dirigée par les mêmes autorités.

Ces justifications doivent spécifier la nature des blessures, ainsi que l'époque, le lieu et les circonstances, soit des événements de guerre, soit du service commandé, où elles ont été reçues. Elles doivent être produites avant toute visite médicale tendant à faire déclarer l'incurabilité du militaire.

— Les veuves d'officiers tués sur le champ de bataille, ou dont la mort a été causée par des événements de guerre, ont droit à une pension viagère fixée à la moitié du maximum de la pension d'ancienneté affectée au grade dont leur mari était titulaire.

Après le décès de la mère, les enfants mineurs ont droit à un secours annuel égal à la pension de la mère, jusqu'à ce que le plus jeune d'entre eux ait atteint l'âge de 21 ans accomplis.

§ V. — ASSIMILATIONS, RANGS, PRÉSÉANCES.

1° Sont assimilés aux combattants et considérés comme hommes de troupe et officiers de réserve ou de l'armée territoriale, savoir :

		ASSIMILATION.
	Préposé	Soldat de 1re classe.
Corps	Sous-brigadier	Caporal.
militaire	Brigadier	Sous-officier.
des	Lieutenant	Lieutenant.
douanes.	Capitaine	Capitaine.
	Sous-inspecteur et inspecteur	Chef de bataillon.

ASSIMILATION.

Corps des chasseurs forestiers.	Garde..	Soldat de 1ʳᵉ classe.
	Garde de 1ʳᵉ classe......................	Soldat (ou caporal).
	Brigadier.................................	Caporal.
		Sous-officier.
	Garde général...........................	Sous-lieutenant.
		Lieutenant.
	Inspecteur adjoint......................	Capitaine.
	Inspecteur..............................	Chef de bataillon.
	Conservateur...........................	Lieutenant-colonel.

Manufactures de l'État. — Artillerie.

Anciens élèves de l'École polytechnique.	Élève ingénieur..........................	Sous-lieutenant.
	Sous-ingénieur...........................	Lieutenant.
	Ingénieur................................	Capitaine.
	Directeur de 4ᵉ et 3ᵉ classe............	Chef de bataillon.
	Directeur de 2ᵉ et 1ʳᵉ classe...........	Lieutenant-colonel.

Corps des mines. — Artillerie.
Corps des ponts et chaussées — Génie.

Élève ingénieur..........................		Sous-lieutenant.
Ingénieur......	de 3ᵉ classe...............	Lieutenant.
	de 2ᵉ classe...............	Capitaine.
	de 1ʳᵉ classe...............	Chef de bataillon.
Ingénieur en chef........................		Lieutenant-colonel.

Administration des lignes télégraphiques.

Élève inspecteur.........................	Sous-lieutenant.
Chef de station..........................	Lieutenant.
Directeur des transmissions............	Capitaine.
Sous-inspecteur.........................	
Inspecteur..............................	Chef de bataillon.
Inspecteur divisionnaire................	Lieutenant-colonel.

2° Ont une hiérarchie propre dont les grades correspondent à ceux de la hiérarchie militaire, et jouissent des bénéfices de la loi sur l'état des officiers, savoir :

CORRESPONDANCE DE GRADE.

Intendance.	Adjoint..................................	Capitaine.
	Sous-intendant.	de 3ᵉ classe.............	Chef de bataillon.
		de 2ᵉ classe.............	Lieutenant-colonel.
		de 1ʳᵉ classe.............	Colonel.
	Intendant................................	Général de brigade.
	Intendant général.......................	Général de division.

Corps de santé militaire.	Médecin ou pharmacien :		
	aide-major.....	de 2ᵉ classe..............	Sous-lieutenant.
		de 1ʳᵉ classe..............	Lieutenant.
	major..........	de 2ᵉ classe..............	Capitaine.
		de 1ʳᵉ classe..............	Chef de bataillon.
	principal.......	de 2ᵉ classe..............	Lieutenant-colonel.
		de 1ʳᵉ classe..............	Colonel.
	inspecteur...............................	Général de brigade.
	Médecin inspecteur général............	Général de division.

Vétérinaires militaires. (Décret du 8 juin 1884.)	Aide.....................................	Sous-lieutenant.
	En 2ᵉ...................................	Lieutenant.
	En 1ᵉʳ..................................	Capitaine.
	Principal de 2ᵉ classe..................	Chef de bataillon.
	Principal de 1ʳᵉ classe.................	Lieutenant-colonel.

3° Ont une hiérarchie propre ne comportant aucune assimilation, ni correspondance avec les grades de l'armée, et jouissent des bénéfices de la loi sur l'état des officiers, savoir :

Corps du contrôle de l'administration de l'armée. — Contrôleur adjoint. — Contrôleur de 2ᵉ classe. — Contrôleur de 1ʳᵉ classe. — Contrôleur général de 2ᵉ classe. — Contrôleur général de 1ʳᵉ classe.

(Pour les honneurs et préséances, les contrôleurs adjoints prennent rang individuellement après les chefs de bataillon et avant les sous-intendants de 3ᵉ classe, les contrôleurs de 2ᵉ classe après les lieutenants-colonels et avant les sous-intendants de 2ᵉ classe, et ainsi de suite.)

Ingénieurs des poudres et salpêtres. — Élèves-ingénieurs. — Sous-ingénieurs. — Ingénieurs de 2ᵉ et de 1ʳᵉ classe. — Ingénieurs en chef de 2ᵉ et de 1ʳᵉ classe.

Archivistes d'état-major, gardes d'artillerie et adjoints du génie. — De 3ᵉ classe. — De 2ᵉ classe. — De 1ʳᵉ classe. — Principaux de 2ᵉ classe. — Principaux de 1ʳᵉ classe. — Ils ont rang d'officier.

Officiers d'administration du service de l'intendance et de la justice militaire. — Adjoint de 2ᵉ classe. — Adjoint de 1ʳᵉ classe. — De 2ᵉ classe. — De 1ʳᵉ classe. — Principal. — Ils ont rang d'officier.

Interprètes. — De 3ᵉ classe. — De 2ᵉ classe. — De 1ʳᵉ classe. — Principal. — Ils n'ont pas le titre d'officiers.

Contrôleurs d'armes. — De 3ᵉ classe. — De 2ᵉ classe. — De 1ʳᵉ classe. — Principal de 2ᵉ classe. — Principal de 1ʳᵉ classe. — Ils n'ont pas le titre d'officiers.

4° Ont une organisation particulière et ne jouissent pas des bénéfices de la loi sur l'état des officiers, savoir :

		TRAITÉS COMME
Aides-vétérinaires stagiaires		Adjudants.
Interprètes auxiliaires de 2ᵉ et 1ʳᵉ classe		Adjudants.
Médecins auxiliaires		Sous-officiers.
Aumôniers		Capitaines de 2ᵉ classe.

Trésorerie et postes.

Sous-agents.	Gardiens de bureau. Gardiens de caisse.	Sous-officiers.
Agents.	Commis.	Sous-lieutenants.
	Payeurs adjoints.	Capitaines.
Agents supérieurs	Payeurs particuliers.	Chefs de bataillon.
	Payeurs principaux.	Colonels.
	Payeurs généraux.	Généraux de brigade.

Télégraphie militaire.

Sous-agents.	Ouvriers.	Soldats.
	Maîtres ouvriers.	Caporaux.
	Chefs d'équipe.	Sergents.
Agents.	Télégraphistes.	Adjudants.
Fonctionnaires.	Chefs de poste.	Sous-lieutenants.
	Sous-chefs de section.	Lieutenants.
	Chefs de section.	Capitaines.
Foncᵗʳᵉˢ supérieurs	Sous-directeurs.	Chefs de bataillon.
	Directeurs.	Colonels.

Service des chemins de fer.

Agents secondaires.	Ouvriers.	Soldats de 2ᵉ classe.
	Sous-chefs ouvriers.	Soldats de 1ʳᵉ classe.
	Chefs ouvriers.	Sous-officiers.
Agents supérieurs	Employés.	Sous-lieutenants.
	Employés principaux.	Lieutenants.
	Sous-chefs de service.	Capitaines.
	Chefs de service.	Chefs de bataillon.
	Directeurs.	Colonels.

Rangs et préséances. — Lorsque les autorités militaires ayant rang individuel doivent assister aux cérémonies publiques et cérémonies officielles, elles y prennent rang et séance dans l'ordre déterminé par le règlement du 23 octobre 1883 sur le service dans les places.

Le même règlement détermine l'ordre suivant lequel doivent se ranger les groupes d'états-majors convoqués pour les cérémonies publiques, et le classement du personnel dans les groupes.

Rang des troupes entre elles. — Pour les marches et opérations, les troupes sont placées suivant les dispositions arrêtées par les généraux en raison du but à atteindre. (Voir 4ᵉ partie, chapitre IV, § III.)

Pour les parades, revues, cérémonies publiques, voir 4ᵉ partie, chapitre v, § v.

§ VI. — ALLOCATIONS DES OFFICIERS D'ÉTAT-MAJOR, ARCHIVISTES ET HOMMES DE TROUPE DES QUARTIERS GÉNÉRAUX.

Les officiers de toutes armes de l'armée active, de réserve ou de l'armée territoriale, régulièrement désignés pour faire un service d'état-major ou pour remplir les fonctions d'officiers d'ordonnance, jouissent des allocations indiquées par le tableau ci-contre.

Indemnité de route. — Elle comprend, en plus de l'indemnité kilométrique lorsque l'officier voyage avec une feuille de route, ou bien simplement dans le cas où l'officier voyage avec un bon de chemin de fer : 1° l'indemnité fixe de 5 francs pour tous les grades; 2° l'indemnité journalière de 5 francs pour les officiers supérieurs et de 3 francs pour les officiers subalternes.

Indemnité extraordinaire de voyage. — Elle est fixée en raison des distances et allouée aux officiers de tous grades en vertu d'un ordre de mission extraordinaire. Elle n'est accordée pour le retour que si la mention en est exprimée dans l'ordre.

Le pouvoir de donner un ordre de mission extraordinaire appartient aux commandants en chef d'armée ou de corps d'armée et aux intendants d'armée ou de corps d'armée.

Le taux de cette indemnité est fixée par kilomètre, sur les voies ferrées au quart du tarif : officiers supérieurs, 0ᶠ,265; officiers subalternes, 0ᶠ,20; — sur les routes ordinaires : officiers supérieurs, 0ᶠ,77; officiers subalternes, 0ᶠ,64.

Il peut être alloué pour chaque journée de séjour obligé un supplément d'indemnité montant à 15 francs pour les officiers supérieurs et à 10 francs pour les officiers subalternes.

Lorsqu'un officier général en mission touche l'indemnité de déplacement fixée par la décision du 5 août 1870, il défraye de toutes leurs dépenses les officiers attachés à sa personne; ceux-ci n'ont droit à aucune autre indemnité personnelle.

Allocations des officiers.

SOLDE, INDEMNITÉS, RATIONS.	COLONELS.	LIEUTENANTS-COLONELS.	CHEFS DE BATAILLON ou d'escadrons et majors.	CAPITAINES de 1re classe.	CAPITAINES de 2e classe.	LIEUTENANTS.	SOUS-LIEUTENANTS.
	fr.	fr.	fr.	fr.	fr.	fr.	fr.
Solde de présence { par mois..	720,00	591,00	498,00	300,00	270,00	219,00	204,00
par jour...	24,00	19,70	16,60	10,00	9,00	7,30	6,80
d'absence.. { par mois...	360,00	295,50	249,00	150,00	135,00	109,50	102,00
(A) { par jour...	12,00	9,85	8,30	5,00	4,50	3,65	3,40
Indemnité pour frais de service. Chef d'état-major { d'un corps d'armée..	370,50	"	"	"	"	"	"
{ d'une division....	82,50	82,50	82,50	"	"	"	"
Indemnité d'entrée en campagne............	1800,00	1200,00	1000,00	700,00	700,00	500,00	500,00
Indemnité aux prisonniers de guerre (B) pour perte d'effets.....	900,00	800,00	700,00	500,00	500,00	400,00	400,00
pour perte de chevaux, par cheval..........	450,00	450,00	450,00	"	"	"	"
Indemnité aux non-prisonniers de guerre pour chaque cheval tué par l'ennemi (c)......	450,00	450,00	450,00	"	"	"	"
Rations de vivres (par jour)....	3	3	3	2	2	1 1/2	1 1/2
de chauffage (D).......	"	"	"	"	"	"	"
de fourrages, pour chevaux de selle, par jour	3	3	3	3	3	2	2

(A) La solde d'absence est due aux officiers en congé, à l'hôpital, en jugement ou détention et en captivité. Les officiers malades ou blessés qui sont traités à leur domicile, chez des particuliers ou dans les ambulances dont l'entretien n'est pas à la charge de l'État, ont droit à la solde de présence.

(B) Ces indemnités sont payées au retour des prisons de l'ennemi. L'indemnité pour perte d'effets n'est due qu'aux officiers qui reçoivent l'ordre de rentrer immédiatement en campagne.

(C) Ces pertes sont constatées par des certificats délivrés par le chef d'état-major et visés par le général commandant l'armée ou le corps d'armée. Les certificats doivent préciser la date et indiquer l'affaire dans laquelle la perte a eu lieu Ils doivent être remis à l'intendant ou au sous-intendant dans les 15 jours qui suivent l'événement, sous peine de déchéance.

(D) Les rations de chauffage, pour la cuisson des aliments ou pour les bivouacs et camps, ne peuvent être accordées aux officiers qu'en vertu d'une décision prise par le général commandant en chef.

Délégations. — Les officiers en campagne peuvent souscrire, en faveur de leur famille ou d'un tiers, des délégations du quart de leur traitement. Le Ministre peut autoriser à dépasser cette proportion. Ceux qui veulent user de cette faculté doivent, avant leur départ ou après leur arrivée à destination, en faire la déclaration au sous-intendant militaire.

Les délégations sont valables pour une année et peuvent être renouvelées. Mention en est faite sur le livret de solde des officiers sans troupes. Les délégataires sont payés par mois, mais seulement après la réception du certificat constatant que la retenue a été opérée sur le traitement de l'officier; les payements sont faits au moyen de mandats individuels établis au titre de la classe ou du corps auquel appartient l'officier.

Lorsque les officiers ont été faits prisonniers de guerre, le Ministre peut autoriser leurs familles à recevoir la moitié de leur traitement de captivité. Cette avance est retenue sur leur solde lors de leur retour en France. En cas de décès, le trop payé aux familles ne donne lieu à aucune reprise.

Allocations des archivistes.

SOLDE, INDEMNITÉS, RATIONS.	PRIN-CIPAL de 1re classe	PRIN-CIPAL de 2e classe.	1re classe.	2e classe.	3e classe.
	fr.	fr.	fr.	fr.	fr.
Solde de présence { par mois	270,00	246,00	213,00	189,00	174,00
{ par jour	9,00	8,20	7,10	6,30	5,80
Solde d'absence { par mois	135,00	123,00	106,50	94,50	87,00
{ par jour	4,50	4,10	3,55	3,15	2,90
Indemnité de 1re mise d'équipement	"	'	"	"	400,00
Indemnité d'entrée en campagne	500,00	500,00	400,00	400,00	400,00
Indemnité pour perte d'effets aux prisonniers de guerre	400,00	400,00	300,00	300,00	300,00
Rations de vivres, par jour	1 1/2	1 1/2	1 1/2	1 1/2	1 1/2

Hommes de troupe des quartiers généraux.
(Solde journalière avec vivres de campagne.)

CATÉGORIE.	SERGENT.	CAPORAL.	SOLDAT de 1re classe	SOLDAT de 2e classe.
	fr.	fr.	fr.	fr.
Secrétaires d'état-major et sous-officiers plantons subsistants	0,87	0,42	0,30	0,25
Train des équipages et subsistants divers : cadres des équipages des quartiers généraux, conducteurs de voitures, ordonnances, etc	1,07	0,67	0,41	0,32

§ VII. — TENUE DES OFFICIERS D'ÉTAT-MAJOR, CARTES, BAGAGES, ETC.

Tenue. — La tenue de campagne des officiers d'état-major est celle des officiers de l'arme à laquelle ils appartiennent, avec les différences suivantes : *officiers brevetés ou non brevetés hors cadres,* foudres au collet, aiguillettes sur l'épaule droite; *officiers brevetés détachés et officiers employés comme officiers d'ordonnance ou dans un état-major,* aiguillettes, pas de foudres.

Armement, équipement et harnachement. — Ceux de l'arme à laquelle appartient l'officier, sans aucune différence.

Cartes de mobilisation. — Les cartes de mobilisation attribuées aux officiers du service d'état-major sont réparties d'après les bases suivantes :

1° Tous les officiers, quel que soit leur grade, y compris les archivistes, reçoivent une collection de *cartes tactiques* (France au 80000e ou cartes équivalentes);

2° Les officiers supérieurs reçoivent en outre des *cartes stratégiques,* (France au 320000e ou cartes équivalentes). Il en est de même des officiers subalternes attachés aux états-majors généraux d'armée;

3° Enfin, des *cartes d'ensemble* (France au 600000e ou cartes équivalentes) sont distribuées aux chefs et sous-chefs d'état-major des corps d'armée, aux chefs d'état-major des divisions de cavalerie et aux colonels et lieutenants-colonels attachés aux états-majors généraux d'armée.

Caisses à bagages et cantines à vivres. (Voir 2e partie, page 74.)

Caisses d'archives. (Voir 2e partie, page 91.)

Livrets de solde. — Les officiers sans troupe doivent être pourvus d'un livret de payement (délivré par l'intendance) sur lequel les payeurs inscrivent toutes les sommes qu'ils leur remettent à un titre quelconque.

Livrets matricules. — Les livrets matricules des officiers sans troupe sont tenus par les chefs de service, qui y inscrivent les changements survenant dans la position militaire de l'officier, les grades, décorations, blessures, actions d'éclat, etc., ainsi que les dates y relatives.

Le livret de l'officier qui change de corps ou de service est envoyé au conseil d'administration du nouveau corps ou au chef du nouveau service aussitôt après la radiation des contrôles.

Les livrets matricules des chevaux d'officiers sont tenus dans les mêmes conditions que ceux des officiers eux-mêmes. On y inscrit les mutations et tous les renseignements relatifs à l'état physique et sanitaire de l'animal.

Les livrets nécessaires aux officiers sans troupe sont délivrés par l'intendance d'après les ordres des commandants de corps d'armée. En cas de perte d'un livret, il en est établi un nouveau sur la couverture duquel on écrit le mot *duplicata* en caractères saillants.

Feuillets du personnel. — Les feuillets du personnel des officiers sont mobiles et renfermés dans un portefeuille à serrure. Les chefs d'état-major ou les généraux y inscrivent, à mesure, les punitions infligées aux officiers et, au moins deux fois par an, en janvier et en juillet, des notes sur leur conduite militaire et privée, leur instruction et leurs aptitudes au service. Ces feuillets doivent permettre de suivre l'officier dans toutes les circonstances de sa carrière, en guerre comme en paix, et en particulier de se rendre compte de la manière dont il se comporte devant l'ennemi.

Quand un officier change de corps ou de service, son feuillet est envoyé sous pli cacheté à son nouveau chef de corps ou de service.

Plaques d'identité. (Voir 2ᵉ partie, page 79.)

Objets divers. — Porter une sacoche pouvant contenir notamment: des cartes, du papier, des enveloppes gommées, un encrier, des plumes, des crayons de couleur et autres, etc. Ne pas oublier des ferrures de rechange, des clous ordinaires, des clous à glace; se munir de moyens de pansement pour arrêter une hémorragie.

§ VIII. — ADMINISTRATION DES ISOLÉS DES QUARTIERS GÉNÉRAUX.

Les *officiers d'approvisionnement* des quartiers généraux assurent les prestations en nature pour tous les isolés, officiers et hommes de troupe, de ces quartiers généraux; en outre, ils assurent la solde, mais pour les hommes de troupe seulement. Ces officiers sont désignés comme il suit :

1° Dans chaque quartier général d'armée ou de corps d'armée, l'un des officiers d'administration du cadre actif attachés à la direction des services administratifs, désigné par l'intendant de l'armée ou du corps d'armée ;

2° Dans chaque quartier général de division, d'infanterie, l'officier d'administration du cadre actif attaché au bureau de la sous-intendance, avec faculté de charger des détails l'officier de réserve ou l'élève d'administration attaché à son service;

3° Dans chaque quartier général de division de cavalerie, un des officiers d'administration du convoi administratif de ladite division ;

4° Dans chaque quartier général de brigade de cavalerie de corps, un des officiers d'administration des hôpitaux attachés à l'ambulance.

—Le personnel en sous-ordre est prélevé sur les détachements de commis et ouvriers d'administration.

Prestations en nature pour les officiers. — Les bons peuvent être collectifs et établis par groupes ou tables d'officiers. Dans chaque groupe l'un des officiers est chargé de l'établissement et de la signature des bons. Au verso des bons sont énoncés les noms, grades et qualités des officiers composant le groupe, ainsi que le nombre de rations à attribuer à chacun d'eux. L'omission de cette répartition engagerait la responsabilité de l'officier signataire du bon. Les officiers sont individuellement responsables des rations ainsi touchées en leur nom.

Un approvisionnement de bons est constitué dans la réserve d'imprimés du sous-intendant militaire de la division ou du quartier général.

Solde des officiers. — Les officiers perçoivent directement leur solde et autres allocations à la caisse du payeur du quartier général, sur la présentation de mandats individuels établis au titre de la classe ou du corps auxquels ils appartiennent (1re classe pour les officiers du service d'état-major et les officiers d'ordonnance).

Les intendants sont, en principe, chargés de mandater la solde et les autres allocations des officiers sans troupe; mais ils peuvent déléguer ce soin aux sous-intendants placés sous leurs ordres.

Prestations en nature et solde des hommes de troupe. — Afin de faciliter le service dans les quartiers généraux, les isolés sont réunis en 3 groupes, savoir:

1er groupe: Secrétaires et sous-officiers plantons d'état-major;

2e groupe: Commis et ouvriers d'administration;

3e groupe: Train des équipages militaires et subsistants. A ce groupe sont rattachés tous les soldats-ordonnances (sauf les hommes tirés des sections), tous les conducteurs de voitures, et l'escorte de l'état-major de l'artillerie.

Chaque groupe est administré au titre du corps auquel il est rattaché: section de secrétaires d'état-major, section de commis et ouvriers d'administration, ou enfin escadron du train du corps d'armée. Néanmoins le commandement a la faculté, lorsque des raisons de service l'exigent, de mettre en subsistance dans l'un des trois groupes, des militaires qui appartiennent normalement à un autre groupe.

Dans chaque groupe, le chef de détachement, c'est-à-dire l'homme de troupe le plus élevé en grade, établit et remet à l'officier d'approvisionnement les états de solde ainsi que les bons des prestations en nature. Les bons peuvent toutefois être établis distinctement par sous-groupe, lorsque les différents états-majors ou services d'un même quartier général ne sont pas réunis et que les isolés correspondants marchent séparément ou vivent en tables distinctes; dans ce cas, les bons sont établis par l'homme de troupe le plus élevé en grade du sous-groupe.

Lorsque la distribution ne peut être assurée par les soins de l'officier d'approvisionnement, les bons de prestations en nature sont visés par l'un des officiers, désigné par l'officier général ou supérieur auprès duquel les groupes ou sous-groupes sont employés ; cet officier devient dès lors responsable des perceptions faites abusivement. Il en est de même des ordres de réquisition, des reçus, des prestations et des certificats de nourriture par l'habitant dans les mêmes circonstances.

— Pour l'accomplissement de sa mission, l'officier d'approvisionnement reçoit une copie du tableau de groupement des isolés par tables distinctes d'officiers et d'hommes de troupe, tel qu'il est arrêté par le général commandant. Il reçoit, en outre, une liste nominative des hommes de troupe isolés (ou petits détachements dont les hommes sont considérés comme isolés) qui sont au quartier général, avec indication des fonctions de chaque homme, du corps auquel il appartient, de l'époque où il a cessé d'être payé par les soins de son corps.

Dans chaque état-major ou service faisant partie d'un quartier-général, un officier désigné par le chef dudit état-major ou service veille à la transmission régulière, à l'officier d'approvisionnement dudit quartier général, des situations, des mutations et des pièces justificatives de ces mutations; l'omission de ces formalités peut engager la responsabilité de cet officier.

Dispositif théorique d'une Compagnie en grande garde.

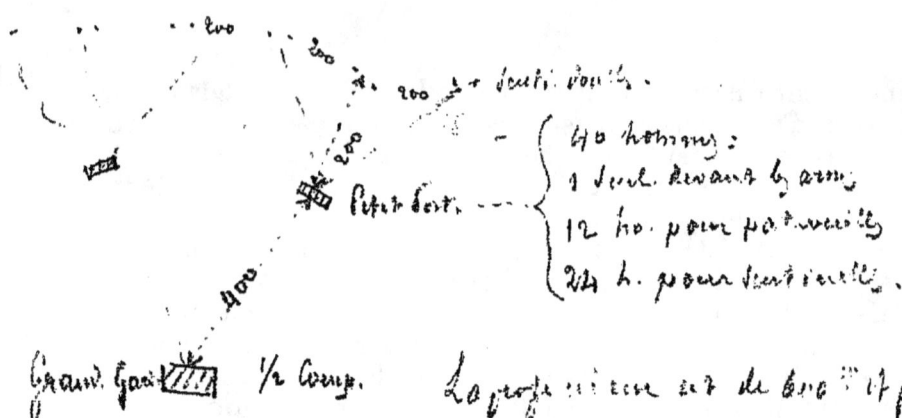

600

200

200 + sent. double.

250   Petit Poste --- { 40 hommes:
1 sent. devant les armes,
12 ho. pour patrouilles,
24 h. pour sentinelles.

400

Grand Gard. ▨ ½ Comp.   La profondeur est de 600ᵐ et peut aller à ...

Dispositif théorique d'un bataillon en avant-postes.

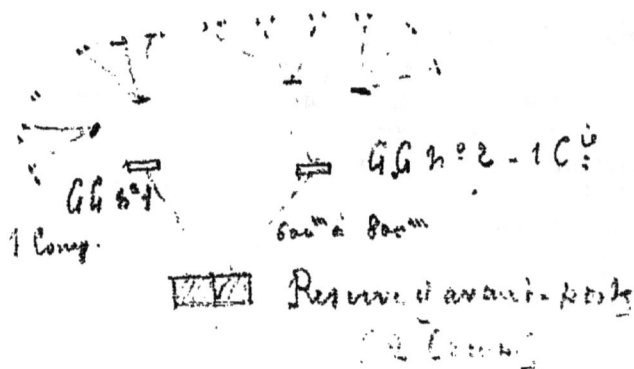

GG n°1   ≠ GG n°2 - 1 Cⁱᵉ
1 Comp.   600ᵐ à 800ᵐ

▨▨ Réserve d'avant-postes
(2 Comp.)

▨▨▨ Corps principal

La ligne des sentinelles surveille sur une front de 2000 à
2500ᵐ mètres et à une distance minimum de 600ᵐ des
Corps principal

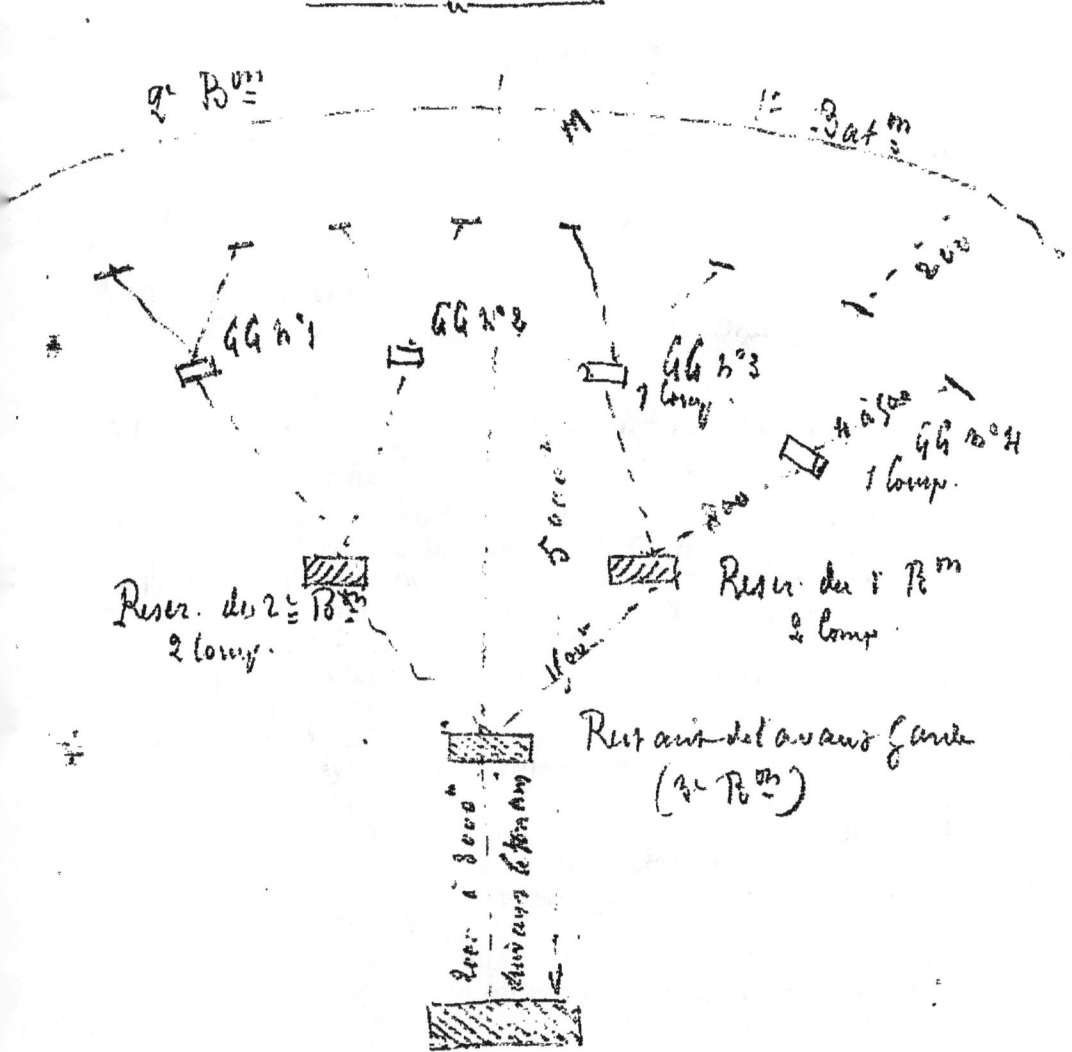

Dispositif théorique

d'un régiment avant garde d'une division et fournissant deux bataillons aux avant postes.

————

3ᵉ Bᵒⁿ ⸺ ⸺ ⸺ ⸺ ⸺ 1ᵉʳ Batᵐ

GG n°1   GG n°2   GG n°3
1 comp.

GG n°4
1 comp.

Réser. du 2ᵉ Bᵐ
2 comp.

Réser. du 1ᵉ Rᵐ
2 comp.

Réser. de l'avant garde
(3ᵉ Rᵐ)

4ᴱ PARTIE.

DÉTAILS CONCERNANT LES DIVERS SERVICES.

Chapitre Iᵉʳ. — RECONNAISSANCES, SIGNES CONVENTIONNELS, CARTES FRANÇAISES ET ÉTRANGÈRES, MESURES ITINÉRAIRES.

§ Iᵉʳ. — MÉMENTO POUR LES RECONNAISSANCES SPÉCIALES.

Aperçu général et description d'ensemble du terrain.

Routes et chemins. — Nature et degré de viabilité pour les différentes armes, les convois. État d'entretien : matériaux employés; mauvais pas; ressources existant dans le voisinage pour les réparations. Largeur, surtout dans les parties les plus étroites. Pentes. Bordures : arbres (indiquer leur espacement), haies, fossés, murs, etc.; route encaissée ou en chaussée. La route est-elle kilométrée?

Voies de communication qui croisent la route ou s'embranchent sur elle : indications fournies par les croix, les poteaux d'embranchement, etc. Passages des chemins de fer : à niveau, inférieurs, supérieurs. Passages des cours d'eau : gués, ponts. La route est-elle suivie de fils télégraphiques, aériens ou souterrains? Nature des supports aériens, leur espacement; où sont les postes télégraphiques?

Terrain environnant : se prête-t-il à la marche et au déploiement des troupes? a-t-il des vues étendues? y trouve-t-on des positions défensives? Facilités ou difficultés qu'il présente pour la retraite; se prête-t-il aux surprises? etc.; villes ou villages, châteaux, usines, etc., qu'on rencontre sur la route; défilés qu'elle traverse.

Chemins de fer. — Direction générale et importance de la ligne. Dispositifs de mines, emplacements et charges des fourneaux.

Ouvrages d'art dont on doit prévoir où préparer la destruction dans certaines éventualités; points sur lesquels une destruction partielle de la voie serait le plus efficace; durée de l'interruption (1).

---

(1) L'étude des moyens à employer est du ressort des commissions de chemins de fer de campagne, à qui incombe la tâche d'opérer la destruction totale ou partielle de la voie et des ouvrages d'art. — Il est de règle absolue qu'aucun ouvrage d'art ne peut être détruit ou mis hors de service, sans l'ordre formel du général en chef ou d'un officier général délégué spécialement à cet effet. (Règlement sur les transports militaires par chemins de fer.)

Interruptions qui peuvent exister sur la ligne. Temps et moyens nécessaires pour la remettre en état. Possibilité d'établir des voies de détournement.

Mesures de sécurité à prendre pour protéger la ligne : parties à surveiller spécialement. Opportunité et possibilité de mettre les gares ou d'autres points en état de défense.

Ligne. — A double ou simple voie. Tracé et profil en long : longueur des sections en ligne droite, longueur des parties courbes, leur rayon de courbure, longueur des portions de voies en palier; longueur et raideur des pentes et des rampes (des poteaux indiquent généralement les changements de pente). Remblais, matériaux dont ils sont formés; tranchées, nature de leur revêtement. Tunnels : longueur, hauteur, mode de construction. Ouvrages d'art, viaducs, ponts, passages. Bifurcations. Profil et nature des rails, leur longueur, manière dont ils sont assujettis sur les traverses.

Postes télégraphiques et signaux installés sur les lignes en dehors des gares.

Peut-on utiliser la voie pour le passage des voitures? (Il faut pour cela que les traverses soient recouvertes et le sol nivelé.)

Gare. — Importance de la gare; si c'est un nœud de chemins de fer, nombre et direction des lignes qui y aboutissent. Nombre des employés de l'exploitation, de la voie et de la traction. Bâtiments d'exploitation, leur capacité; cours pour les voyageurs et les marchandises. Possibilité d'établir des magasins et des ambulances dans les bâtiments et dans les dépendances sans gêner l'exploitation de la ligne. Voies principales, de garage, de manœuvre, etc. Plaques tournantes, aiguilles ou changements de voies. Quais couverts ou découverts; points sur lesquels on pourrait établir des quais provisoires ou organiser des débarquements avec rampes mobiles. Grues de déchargement fixes et mobiles; gabarits indiquant les dimensions maxima du chargement des wagons. Appareils télégraphiques : disques, sémaphores et signaux. Réservoirs d'eau, moyen de les alimenter. Dépôts de machines. Nombre de voitures et de locomotives. Approvisionnements de charbon.

Cours d'eau. — Largeur, profondeur; hauteur et époque des crues, des basses eaux, rapidité du courant. Si la marée se fait sentir, jusqu'où remonte-t-elle? Le cours d'eau gèle-t-il habituellement en hiver? Débâcles. Brouillards, brumes dans les diverses saisons. Qualité de l'eau, son utilisation pour le commerce et l'industrie. Nature du lit, des berges; commandement d'une rive sur l'autre. Iles: nombre, dimensions, formes, etc. Largeur de la vallée, nature de ses pentes, défilés ou étranglements qu'elle présente. Moulins, usines, hameaux et villages ou villes situés sur les bords du cours d'eau.

Peut-on tendre des inondations? Procédés à employer.

Indications relatives à la navigation : limites du flottage, de la navigation; écluses, ports, quais, barrages.

Batellerie : nombre et espèces de bateaux en usage, dimensions, tonnage, tirant d'eau; mode de traction; vitesse à la descente et à la montée; ressources en personnel.

Points favorables pour l'établissement des ponts militaires.

Ponts : en pierre, en bois, en fer, suspendus, passerelles, etc., longueur, largeur, praticabilité aux différentes armes et aux charrois; abords; appui que prête le terrain en deçà et au delà, facilité de déboucher; possibilité d'établir une tête de pont.

Bacs et trailles : nature, dimensions; peuvent-ils servir aux chevaux, aux voitures? Chemins d'accès.

Gués : profondeur, largeur, direction (perpendiculaire ou oblique), nature du fond; existent-ils en toute saison? Facilité d'accès.

Canaux. — Largeur, profondeur, nature des bords, niveau de l'eau, à fleur de terre, au-dessous ou au-dessus du sol naturel? Peut-on établir des saignées? Dérivations, réservoirs d'alimentation. Écluses, gares, souterrains, ponts-canaux, etc. État et largeur des chemins de halage; comment passent-ils les ponts? Rive de manœuvre des ponts mobiles.

Digues. — Emplacement, nature, hauteur, épaisseur.

Marais, tourbières, étangs. — Étendue, profondeur, nature de leurs abords; se dessèchent-t-ils parfois; peut-on les traverser? Possibilité de déverser les eaux d'un étang dans l'autre; temps nécessaire.

Défilés. — Longueur, largeur, viabilité; nature des hauteurs dominantes et des débouchés : facilités ou difficultés qu'ils présentent au point de vue de l'attaque, de la défense ou de la retraite; moyens de rendre le défilé impraticable; peut-il être tourné? Rechercher les positions accessibles qui donneraient à la défense des vues étendues.

Forêts et bois. — Situation, étendue, reliefs du terrain; appartenant à l'État, aux communes ou à des particuliers.

Nature du sol. Cours d'eau, étangs, inondations possibles à l'intérieur ou aux abords : sources, leur emplacement, leur débit.

Essences dominantes. Modes d'exploitation : futaie avec ou sans sous-bois, fourrés (quart en réserve), taillis sous futaie.

Densité des massifs; clairières; emplacement des nouvelles coupes. Pénétrabilité pour l'infanterie, pour la cavalerie, etc.

Enclaves : cultures, villages, maisons forestières.

Voies de communication : routes et chemins entretenus, tranchées, laies sommières, empierrées ou non empierrées. Direction de ces voies de communication, état d'entretien, largeur; sont-elles bordées de fossés, en remblai, en déblai, en corniche? y a-t-il des ponts ou des gués? sont-elles bordées de gros arbres pouvant servir à faire des abatis? Carrefours, étoiles. — Direction, nombre, largeur, état d'entretien des lignes séparatives des coupes dans les diverses parties de la forêt; sont-elles habituellement élaguées pour la chasse? Sentiers.

Lisières : leurs parties défensives, points dominants, vues en avant, rentrants, endroits fourrés, fossés, murs, talus, flanquements, constructions; leurs parties faibles, saillants, points dominés, éclaircies, zones où aboutissent les cheminements naturels de l'attaque. Chemins de surveillance le long des lisières.

Défense intérieure : lignes de résistance successives, réduit ou réduits; région favorable à des retours offensifs, organisation de débouchés offensifs.

Moyens de défendre la forêt contre des attaques tournantes.

Emplacements à occuper en arrière pour empêcher l'ennemi de déboucher s'il s'empare du massif. Villages et positions aux abords.

Ressources que l'on trouverait dans le voisinage : agents forestiers, bûcherons, outils, tréfileries.

Hauteurs. — Système dont elles font partie : direction, élévation, pentes, nature des cultures, commandement; moyen d'atteindre leur sommet ou de les franchir; emplacements de défense qu'elles présentent.

Facilités de parcours à travers champs.—*Plaine.*—Étendue, nature du sol, cultures, villages, hauteurs dominantes. Obstacles qui gêneraient ou arrêteraient la marche des troupes : bouquets de bois, cours d'eau, étangs, marais, fossés, chemins creux, haies, clôtures, murs, etc.

Terrains accidentés. — Hauteur des sommets, raideur des pentes, largeur des vallées; nature du sol sur les sommets, sur les pentes et dans les fonds; cultures, lieux habités; obstacles qui arrêteraient ou gêneraient la marche (comme ci-dessus).

Lieux habités. — Situation géographique et administrative; population : agricole, viticole, industrielle, forestière; nombre d'habitants, de feux, de maisons; écarts : leur importance, leur distance.

Ruisseaux, puits, distributions d'eau, fontaines, mares.

Disposition et largeur des rues, places.

Bâtiments principaux : églises (indiquer la forme et la hauteur des clochers), couvents, casernes, collèges, hospices, établissements industriels, châteaux, écuries, granges.

Nature des constructions, des toitures. Ressources pour la nourriture, l'entretien et le cantonnement; moyens de transport : où
se conservent les récoltes, sous des granges ou en meules? Nombre
de fours.

Lisières : clôtures extérieures, parcs, cimetières; nature des
abords, commandement, vues en avant.

Moyens de mettre la localité en état de défense; emplacements
pour l'artillerie, les réserves; points qui peuvent servir de réduits.

§ II. — DONNÉES PRATIQUES DIVERSES.

Orientation. — *D'après le soleil :* il passe à l'Est à 6 heures
du matin, au Sud-Est à 9 heures, au Sud à midi, au Sud-Ouest à
3 heures après midi, à l'Ouest à 6 heures du soir, temps vrai. La
différence entre le temps vrai et le temps moyen varie suivant
les époques de l'année : l'écart maximum est d'un quart d'heure
environ, soit en plus, soit en moins.

L'ombre la plus courte d'un style vertical (midi vrai), ou la
bissectrice de deux ombres d'égale longueur (avant et après midi),
coïncide exactement avec la méridienne.

D'après la lune : elle va de l'Est à l'Ouest en passant par le Sud,
aux heures suivantes :

1er quartier..... Est   *"*   Sud 6 h. soir.   Ouest minuit.
Pleine lune..... Est 6 h. soir.   Sud minuit.   Ouest 6 h. matin.
Dernier quartier. Est minuit.   Sud 6 h. matin. Ouest.   *"*

Quand la lune croît, le croissant a la forme d'un D; quand elle
décroît, il a la forme d'un C.

D'après l'étoile polaire : on la trouve en prolongeant la ligne
qui joint les gardes de la Grande-Ourse d'une longueur égale à
cinq fois la distance de ces gardes. Les gardes sont les deux
étoiles brillantes qui forment le petit côté du rectangle opposé à
la queue de la Grande-Ourse.

D'après la boussole : la déclinaison varie avec les lieux : elle
diminue quand on marche du Nord vers le Sud et quand on
marche de l'Ouest vers l'Est. En France, la diminution est de 1° 26′
de Paris à Perpignan et de 2° 21′ de Paris à Belfort. — Déclinaison à Paris, au 1er janvier 1884 : 16° 11′ à l'Ouest du méridien.
La déclinaison, dans le même lieu, diminue d'environ 9′ par an.

Quand on fait usage de la boussole, il faut s'éloigner de tout
objet en fer capable d'influencer l'aiguille : se tenir à 12m au moins
d'un canon d'acier et à 2m ou 3m d'une arme portative.

La plupart des anciennes églises sont orientées de l'Est à l'Ouest,
l'autel étant à l'Est, la porte d'entrée à l'Ouest. La mousse sur le

tronc des arbres, sur les rochers, etc., indique la direction d'où viennent les plus mauvais temps : généralement le Nord-Ouest.

Évaluation des longueurs et des surfaces. — Les feuilles de la carte de France au 80000ᵉ ont 0ᵐ,80 de longueur sur 0ᵐ,50 de hauteur; elles représentent un rectangle de 64 kilomètres sur 40. Celles de la carte au 320000ᵉ ont les mêmes dimensions ; elles représentent donc un rectangle de 256 kilomètres sur 160.

La correction à faire pour tenir compte des pentes est insignifiante quand on mesure un parcours sur une route carrossable ; elle n'est que de 1 p. o/o pour la pente maxima de 1/6. Si la pente est plus forte, augmenter la longueur relevée sur la carte pour avoir la longueur vraie, où diminuer la longueur vraie pour avoir celle à porter sur le croquis : de 3 p. o/o pour une pente de 1/4, 5 p. o/o pour une pente de 1/3, 10 p. o/o pour une pente de 1/2, 20 p. o/o pour une pente de 3/4 et 30 p. o/o pour une pente de 1/1.

Le diamètre d'une pièce de 5 centimes en bronze est de 25ᵐᵐ; il représente exactement 2 kilomètres au 80000ᵉ et 8 kilomètres au 320000ᵉ. Le diamètre d'une pièce de 5 francs en argent est de 37ᵐᵐ, ce qui représente environ 3 kilomètres au 80000ᵉ et 12 au 320000ᵉ (soit une demi-étape moyenne).

Allures réglementaires. — Infanterie : pas accéléré, 120 pas de 0ᵐ,75, soit 90ᵐ par minute; pas gymnastique, 170 pas de 0ᵐ,80, soit 136ᵐ par minute.

Cavalerie : au pas, 100ᵐ (légère), 110ᵐ (ligne), 120ᵐ (réserve) par minute ; au trot, 240ᵐ, et au galop, 340ᵐ par minute, pour les trois subdivisions de l'arme.

Évaluation des hauteurs et des pentes. — On appelle *équidistance naturelle,* ou *métrique,* la distance verticale constante entre deux des sections horizontales consécutives qui servent, sur les cartes en courbes, à exprimer les reliefs du terrain, et sur les cartes hachées, à délimiter les bandes de hachures. L'*équidistance graphique* est la longueur qui représente cette distance à l'échelle de la carte. Ainsi, pour une équidistance naturelle de 20ᵐ, l'équidistance graphique sera de 0ᵐᵐ,2 sur une carte au 100000ᵉ, de 0ᵐᵐ,25 sur une carte au 80000ᵉ, de 0ᵐᵐ,4 sur une carte au 50000ᵉ, de 2ᵐᵐ sur une carte au 10000ᵉ.

Quand l'équidistance graphique en millimètres est inscrite en marge d'une carte, la pente du terrain en un point donné s'obtient très rapidement en mesurant en millimètres la largeur de la bande de hachures ou la distance entre les deux courbes correspondant au point considéré, et en divisant l'équidistance graphique par le nombre ainsi mesuré. Exemple : équidistance graphique de 1/4 millimètre; distance entre deux courbes, 7ᵐᵐ; la pente moyenne correspondante sera de 1/4 : 7 = 1/28.

Pour la carte de France au 80000ᵉ en hachures, l'équidistance graphique est généralement de 1/4 millimètre, ce qui correspond à une équidistance naturelle de 20ᵐ. Mais cette équidistance graphique est souvent réduite à 1/8 millimètre en pays plat, et quelquefois portée à 1/2 millimètre en pays de montagnes, ce qui correspond à des équidistances naturelles de 10 et de 40ᵐ. La méthode indiquée ci-dessus n'est donc pas d'une application très pratique pour la carte dont il s'agit, et dans beaucoup de cas on ne pourra se faire une idée de la valeur des pentes que par la teinte des hachures.

— En pays de montagnes, une troupe d'infanterie entraînée s'élève d'environ 300ᵐ en 1 heure de marche.

Nivellement barométrique : en moyenne, le baromètre baisse de 9/10 de millimètre quand on s'élève de 10 mètres.

Praticabilité des pentes. — Les données ci-après ne sont que des approximations, la nature et le degré d'humidité du terrain influant beaucoup sur les conditions de parcours.

Pentes de :

1/125 — 0°30′ — 8ᵐⁱˡ pour 1ᵐ. — Limite pour les trains militaires de 50 voitures et à simple traction.
1/50 — 1° — 2ᶜᵐ pour 1ᵐ. — Maximum de pente des chemins de fer.
1/20 — 3° — 5ᶜᵐ pour 1ᵐ. — Maximum de pente des nouvelles routes.
1/6 — 9°30′ — 17ᶜᵐ pour 1ᵐ. — Maximum de pente des anciennes routes.
1/4 — 14° — 25ᶜᵐ pour 1ᵐ. — Limite jusqu'à laquelle les troupes des trois armes peuvent se mouvoir en bon ordre.
1/3 — 18°30′ — 33ᶜᵐ pour 1ᵐ. — Accessible aux chevaux montés, aux voitures légères.
1/2 — 26° — 50ᶜᵐ pour 1ᵐ. — Accessible aux mulets.
3/4 — 37° — 75ᶜᵐ pour 1ᵐ. — Escarpements rocheux et talus d'éboulis, accessibles aux fantassins chargés.
1/1 — 45° — 1ᵐ pour 1ᵐ. — Escarpement qu'un fantassin peut encore franchir en s'aidant de ses mains.

Prévision du temps. — Réclamer pour les états-majors d'armée et de corps d'armée l'envoi télégraphique des bulletins météorologiques de l'Observatoire, qui permettent de prévoir le temps du lendemain, et même dans certains cas celui du surlendemain.

§ III. — SIGNES CONVENTIONNELS POUR REPRÉSENTER LES TROUPES, ÉTATS-MAJORS ET SERVICES DIVERS.

Autant que possible, les troupes sont figurées à l'échelle; si l'échelle est trop petite, on peut augmenter les dimensions de manière à rendre les indications plus claires.

Pour les états-majors et services, on proportionne la dimension des signes à celle des signes employés pour les troupes.

On varie les couleurs pour distinguer : 1° les grandes unités, divisions, corps d'armée, armées, etc.; 2° les partis opposés; 3° les positions successives occupées par une même troupe. Dans ce dernier cas, on peut aussi employer des teintes plus ou moins intenses, en conservant les mêmes couleurs.

1° — Troupes. (Échelle du 20000°.)

Au bivouac ou en cantonnement.

Bataillon d'infanterie en ligne déployée...

Bataillon d'infanterie en colonne double..

Bataillon de chasseurs en colonne double.

Compagnie d'infanterie en ligne déployée.

Régiment de cavalerie en bataille........

Régiment de cavalerie en colonne.......

Escadron de cavalerie en bataille........

Batterie d'artillerie montée............

Compagnie du génie en ligne déployée...

En position.

Chaîne de tirailleurs.................

Bataillon d'infanterie en ligne déployée...

Bataillon d'infanterie en ligne de colonnes de compagnie, à 24 pas.............

Bataillon d'infanterie en colonne double..

Régiment de cavalerie en bataille........

Régiment de cavalerie en ligne de colonnes

Régiment de cavalerie en masse.........

4 batteries montées en batterie.........

4 batteries montées en bataille.........

4 batteries montées en masse..........

En marche.

Colonne d'infanterie...............

Colonne de cavalerie..............

Colonne d'artillerie...............

Colonne composée de troupes de toutes armes...................

2° — États-majors.

Quartier général d'armée...............

Quartier général de corps d'armée...............

État-major général d'armée...............

État-major de corps d'armée...............

État-major de la 1re division d'infanterie d'un corps d'armée...............

État-major de la 2e division d'infanterie d'un corps d'armée...............

État-major de division de cavalerie...............

État-major de brigade d'infanterie...............

État-major de brigade de cavalerie...............

État-major de brigade d'artillerie...............

3° — Services.

Section de munitions d'infanterie...............

Section de munitions d'artillerie...............

Section de parc...............

Équipage de pont..

Convoi administratif du quartier général d'un corps
d'armée...

Convoi administratif d'une division d'infanterie......

Ambulance du quartier général d'un corps d'armée...

Ambulance d'une division d'infanterie..............

Ambulance d'une brigade de cavalerie..............

Ambulance d'une division de cavalerie.............

Parc du génie d'un corps d'armée..................

Section télégraphique.............................

Dépôt de remonte mobile..........................

Boulangerie de campagne.........................

Hôpital de campagne.............................

§ IV. — PRINCIPALES CARTES DE LA FRANCE ET DE L'EUROPE OCCIDENTALE ET CENTRALE.

Cartes françaises.

Cartes de l'état-major.

	ECHELLES.
France en hachures : édition gravée sur cuivre, édition zincographique par feuille entière et édition revisée par quart de feuille.	80 000e
France en hachures..........................	320 000e
France en courbes et en couleurs (en cours de publication)......	50 000e
France en courbes et en couleurs (en cours de publication)......	200 000e
France : carte des distances kilométriques..........	200 000e
France : carte chorographique, 2 feuilles..........	600 000e
France : carte des étapes..........................	1 200 000e
France : cartes des régions de corps d'armée............	1 250 000e
France : lignes télégraphiques et brigades de gendarmerie......	1 600 000e
France : carte des chemins de fer, en couleurs............	1 250 000e
	800 000e

France : carte des chemins de fer.................................	1 600 000°
France : carte des chemins de fer, en cours d'exécution.........	1 250 000°
Environs de garnison..	20 000°
Département de la Seine, en hachures............................	40 000°
Département de la Seine.. { en courbes et en couleurs............	20 000°
Même carte en noir.........	20 000°
Alpes, en courbes et couleurs....................................	80 000°
Alpes, en courbes et couleurs....................................	320 000°
Alpes (avec versant italien), en courbes........................	50 000°
Alpes (avec versant italien), en courbes........................	40 000°
Alpes : carte dite de Raymond, revue en 1879....................	200 000°
Carte militaire des principaux États de l'Europe centrale (1832); revue pour les chemins de fer en 1876.........................	2 400 000°
Carte des chemins de fer de l'Europe centrale...................	1 200 000°
Europe centrale (1868); revue en 1877...........................	320 000°
Carte des pays situés entre la France, les Pays-Bas et le Rhin (1848), d'après les ingénieurs géographes; mise à jour pour les chemins de fer en 1878...	100 000°
États pontificaux (1865)..	80 000°
Grèce (1855)..	200 000°
Afrique, en cours de publication................................	2 000 000°
Algérie, en courbes et en 7 couleurs, en cours de publication...	50 000°
Algérie...	800 000°
Algérie...	1 600 000°
Départements d'Alger, d'Oran et de Constantine, carte des étapes (3 feuilles), 1884...	800 000°
Province d'Alger (1867)...	100 000°
Environs d'Alger (1881)...	200 000°
Province d'Oran : feuille N, 1867; feuille S (Sud-Oranais), juin 1883.	400 000°
Sud-Oranais en 16 feuilles, en cours d'exécution................	200 000°
Province de Constantine : f{lle} N, revue en 1877; f{lle} S, revue en 1882.	400 000°

Cartes diverses.

France : en couleurs, ministère de l'Intérieur; en cours de publication...	100 000°
France : cartes du Dépôt des { en couleurs; en cours de publication..	500 000°
fortifications .... { en noir................................	864 000°
France : en noir, avec courbes, ministère des Travaux publics; en cours de publication..	200 000°
Cartes des environs des places fortes, { Planchettes.............	10 000°
brigade topographique du génie; { Cartes réduites...........	20 000°
en cours d'exécution........... { Cartes réduites...........	50 000°
Cartes d'ensemble du ministère des Travaux publics : 4 feuilles séparées, périodiquement revisées, pour les chemins de fer d'intérêt général, les chemins de fer d'intérêt local, la navigation intérieure et les routes nationales...........................	1 250 000°
Lignes télégraphiques françaises, ministère des Postes et Télégraphes.	

Cartes de l'Allemagne.
Cartes des états-majors prussien, bavarois, etc.

Empire d'Allemagne : hachures discontinues pour les pentes jusqu'à 10°; pleines et discontinues mélangées pour les pentes de 10° à 15°; pleines pour les pentes supérieures a 15°. Cotes en mètres; sur quelques feuilles anciennes, les cotes sont en pieds du Rhin (0m,314) ou en pieds décimaux. En cours de publication......	100 000
Alsace-Lorraine : carte provisoire...............................	80 000°

Alsace-Lorraine : planchettes; en cours de publication............	25 000ᵉ
Bade : en hachures, cotes en mètres. Sur un assez grand nombre de feuilles, les cotes sont en pieds badois (0ᵐ,300)............	50 000ᵉ
Bade : en hachures, cotes en pieds badois.....................	200 000ᵉ
Bade : planchettes; en cours de publication...................	25 000ᵉ
Bavière : en hachures, cotes en mètres. Sur quelques feuilles, cotes en Ruthen (2ᵐ,919)......................................	50 000ᵉ
Bavière : planchettes; en cours de publication................	25 000ᵉ
Hanovre et Brunswick : en hachures, cotes en pieds hanovriens (0ᵐ,292). Carte de Papen	100 000ᵉ
Hesse électorale : en hachures, cotes en pieds du Rhin (0ᵐ,314)...	50 000ᵉ
Hesse électorale : planchettes................................	25 000ᵉ
Hesse-Darmstadt : en hachures, cotes en mètres ou en Klafter (2ᵐ,50).	50 000ᵉ
Hohenzollern : en courbes, cotes en pieds décimaux (0ᵐ,377)......	50 000ᵉ
Oldenbourg : en hachures, cotes en pieds hanovriens (0ᵐ,392)	50 000ᵉ
Prusse : planchettes; en cours de publication.................	25 000ᵉ
Prusse rhénane et Westphalie : en hachures (diapason Lehmann, pentes de 45° figurées par le noir absolu) ; pas de cotes	80 000ᵉ
Saxe royale : en hachures, cotes en mètres....................	100 000ᵉ
Wurtemberg : en hachures, cotes en pieds wurtembergeois (0ᵐ,286).	50 000ᵉ
Wurtemberg : planchettes; en cours de publication.............	25 000ᵇ
Allemagne du Sud-Ouest (état-major bavarois) : en hachures, cotes en Ruthen (2ᵐ,919)	250 000ᵉ

Cartes diverses.

Europe centrale (Reymann) : en hachures, cotes en pieds de roi français (0ᵐ,325).....................................	200 000ᵉ
Europe centrale (Liebenow)...................................	300 000ᵉ
Allemagne du Nord-Ouest (Liebenow).........................	300 000ᵉ
Allemagne et pays voisins (Kiepert, Hammer et Ohmann)........	1 000 000ᵉ
Télégraphes allemands (Office impérial des télégraphes)........	600 000ᵉ
Chemins de fer allemands (Office impérial des chemins de fer)....	1 000 000ᵉ
Chemins de fer de l'Europe centrale (Liebenow)	1 250 000ᵉ

Cartes de l'Autriche-Hongrie.

Cartes de l'état-major.

Monarchie austro-hongroise : en hachures et courbes, cotes en mètres; en cours de publication	75 000ᵉ
Monarchie austro-hongroise : en couleurs, cotes en mètres; en cours de publication (30 feuilles).......................	750 000ᵉ
Provinces de la monarchie : en hachures, cotes en Klafter (1ᵐ,897).	144 000ʳ
Provinces de la monarchie : en hachures, cotes en Klafter (1ᵐ,897).	288 000ᵇ
Étapes de la monarchie......................................	300 000ᵇ
Chemins de fer austro-hongrois	1 000 000ᶜ
Allemagne du Sud-Ouest.....................................	288 000ᵉ

Cartes diverses.

Europe centrale (reproduction par l'héliogravure de la carte de Schéda) : en hachures, cotes en Klafter (1ᵐ,897)............	576 000ʳ
Europe centrale..	750 000ᵉ

Cartes de la Belgique.

Belgique : en courbes et en couleurs.........................	20 000ᵉ
Belgique : en courbes et en noir	20 000ᵉ

Belgique : en courbes..... { équidistance de 5ᵐ.................. 40 000ᵉ
{ équidistance de 20ᵐ................ 160 000ᵉ
Chemins de fer belges................................. 320 000ᵉ

Cartes du Danemark.

Danemark et Slesvig : en courbes et hachures, cotes en pieds danois
(0ᵐ,314)... 80 000ᵉ
Jutland : en courbes, cotes en pieds danois (0ᵐ,314) 40 000ᵉ

Cartes de l'Espagne.

Espagne : en courbes et en couleurs; en cours de publication...... 50 000ᵉ
Espagne et ses possessions d'outre-mer, par provinces (carte de Coello),
en cours de publication............................. 200 000ᵉ
Itinéraire militaire, avec cahiers d'itinéraires descriptifs.......... 500 000ᵉ
Espagne (Valverde y Alvarez)............................ 750 000ᵉ

Cartes des Iles Britanniques.

Angleterre, Écosse et Irlande, carte des comtés : en courbes, cotes
en pieds (0ᵐ,305); en cours de publication............ 10 560ᵉ
Angleterre, Écosse et Irlande : ancienne série, en hachures, terminée;
nouvelle série, en courbes et hachures, en cours de publication;
cotes en pieds (0ᵐ,305.)................................ 63 360ᵉ

Cartes de l'Italie.

Italie : planchettes, en courbes, cotes { Pays de plaines et environs
en mètres; en cours de publication. { des grandes villes...... 25 000ᵉ
{ Le reste du royaume..... 50 000ᵉ
Italie : en courbes et hachures, cotes en mètres; en cours de publi-
cation.. 100 000ᵉ
États sardes ; en hachures (lumière oblique), cotes en mètres...... 50 000ᵉ
Lombardie, Vénétie et Italie centrale (d'après la carte de l'état-major
autrichien) : en hachures, cotes en Klafter autrichiens (1ᵐ,897). 86 400ᵉ
États sardes.. 250 000ᵉ
États sardes.. 500 000ᵉ
Italie méridionale..................................... 250 000ᵉ
Ile de Sardaigne (la Marmora)........................... 250 000ᵉ
Sicile et Calabre...................................... 500 000ᵉ
Italie supérieure et centrale............................. 600 000ᵉ
Carte routière et des chemins de fer...................... 1 000 000ᵉ
Carte des chemins de fer............................... 1 250 000ᵉ
Carte des emplacements de troupes du temps de paix.......... ″
Carte générale de l'Italie (Artaria, Vienne)................. 864 000ᵉ
Carte des télégraphes de l'Italie.......................... ″

Cartes du Luxembourg.

Luxembourg : carte géologique de Wies.................... 40 000ᵉ
Luxembourg : carte de Liesch............................ 40 000ᵉ
Luxembourg : d'après Reymann.......................... 200 000ᵉ
Carte des distances du grand-duché de Luxembourg.......... ″

Cartes des Pays-Bas.

Pays-Bas : en hachures, cotes en mètres.................. 50 000ᵉ
Pays-Bas : en hachures, cotes en mètres.................. 200 000ᵉ

Cartes du Portugal.

Portugal : en courbes, cotes en mètres; en cours de publication... 100 000ᵉ
Portugal : en courbes, cotes en mètres.................... 500 000ᵉ

Cartes de la Suisse.

Suisse : en courbes, cotes en mètres ; {	La haute montagne......	50 000ᵉ
en cours de publication............ {	Le reste du pays.........	25 000ᵉ
Suisse : en hachures (lumière oblique pour la haute montagne, verticale pour le reste du pays), cotes en mètres............		100 000ᵉ
Suisse : en hachures, cotes en mètres.....................		250 000ᵉ

§ V. — ÉCHELLES DES PRINCIPALES CARTES FRANÇAISES ET ÉTRANGÈRES.

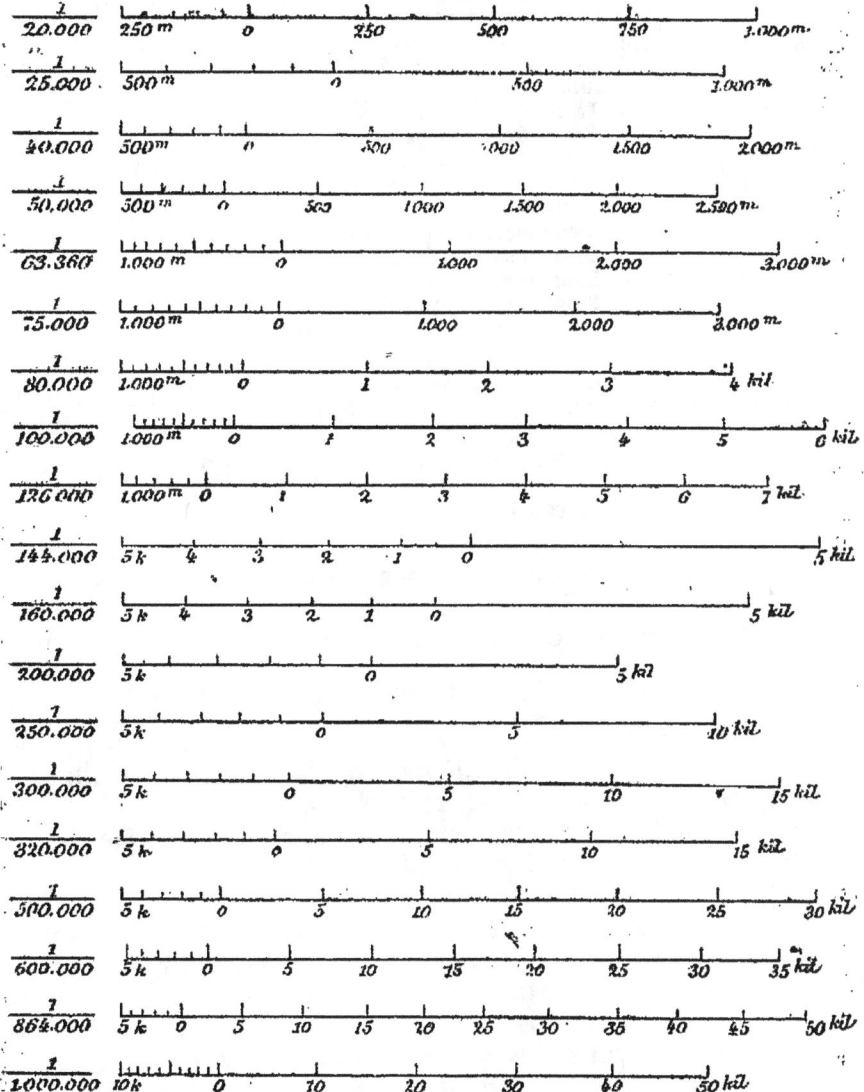

§ VI. — MESURES ITINÉRAIRES.

		Mètres.
Allemagne	Kilomètre	1000
	Nouvelle *Meile*, depuis 1872	7500
	Ancienne *Meile* prussienne de 24000 pieds	7532
Angleterre	*Mile* de 1760 *yards*	1609
Autriche-Hongrie.	*Meile* de 4000 *Klafter* = 24000 pieds	7587
Belgique	Kilomètre	1000
Danemark	*Miil* de 24000 pieds	7532
Espagne	Kilomètre	1000
	Ancienne *legua*	1552
Grèce	*Stadion*	1000
Hollande	*Mijl* de 1000 *ellen*	1000
Italie	*Miglio*	1000
	Ancien mille sarde de 800 *trabucchi*	2466
Norvège	*Mil*	11295
Portugal	*Legoa*	5000
Russie	*Verste* de 500 *sagènes*	1067
Suède	*Mil*	10688
Suisse	Lieue de 16000 pieds	4800
Turquie	*Agatsch* de 3 *berri*	5001
MESURES MARINES.	Lieue marine de 20 au degré	5557
	Mille marin de 60 au degré	1852
	Encablure française (nouvelle)	200
	Brasse marine française	1^m,624
	Nœud français de 120 au mille marin	15^m,435

(Chacun des nœuds du loch parcourus dans les 30 secondes du sablier ou dans la 120ᵉ partie d'une heure correspond à 1 mille marin par heure : ainsi 9 nœuds filés en 30 secondes indiquent une marche de 9 milles, soit 16^k,668 par heure.)

CHAPITRE II. — CANTONNEMENTS ET BIVOUACS.

Les dispositions relatives aux cantonnements, aux bivouacs et aux camps sont régies par les titres IV et V (art. 39 à 86) du décret du 26 octobre 1883 sur le service des armées en campagne. On se borne à donner dans le présent chapitre quelques indications de détail pour l'exécution de ces dispositions.

§ 1ᵉʳ. — CANTONNEMENTS.

Choix et occupation des cantonnements. — La capacité de cantonnement d'une localité dépend de la nature des cultures, des occupations des habitants, de la richesse du pays, de la nature des constructions, des ressources en eau, de l'époque de l'année (granges, greniers pleins ou vides).

Tout en adoptant des cantonnements aussi étendus que possible pour assurer aux hommes des abris convenables, on doit avant tout se préoccuper du temps qu'il faudrait pour concentrer les troupes, les faire sortir pour combattre, ou les mettre à même d'entreprendre une opération quelconque. Dans les circonstances ordinaires, la zone des cantonnements occupés par un corps d'armée doit être telle qu'il puisse se rassembler en une demi-journée. Dans une série de marches continues, il est avantageux de cantonner en profondeur, en plaçant les divers éléments des colonnes les uns derrière les autres dans l'ordre de marche, et à peu de distance de la route à suivre. On cherche à rapprocher de l'eau les fractions de troupes qui ont un grand nombre de chevaux.

Autant que possible, on installe les états-majors dans les mairies, et l'on réserve aux officiers de chaque corps une maison où ils puissent se réunir et prendre leur repas.

En territoire national, les détenteurs de caisses publiques déposées dans leur domicile, les veuves et filles vivant seules et les communautés religieuses de femmes sont dispensés de fournir le cantonnement dans le logement qu'ils occupent, mais le cantonnement peut être requis dans toutes dépendances desdits logements, sous la seule condition de fermer les communications avec ces logements. (Avis du Conseil d'État du 1er février 1881, interprétatif de l'art. 12 de la loi du 3 juillet 1877.)

Installation dans les cantonnements. — L'ordre que le commandant des troupes donne avant l'entrée dans un cantonnement a pour objet de faire connaître : le service à fournir ; la place d'armes pour la réunion des troupes en cas d'alerte ; les sauvegardes à placer ; le mode d'alimentation quand il y a lieu, ainsi que l'heure, le lieu des distributions et les corvées qu'on doit y envoyer ; l'abreuvoir et l'heure à laquelle chaque fraction devra faire boire ses chevaux pour éviter l'encombrement ; les instructions pour l'évacuation des malades et blessés (hommes et chevaux), pour le service de la poste et les levées de boîtes, pour la police et le maintien de l'ordre, pour le départ du lendemain ; si l'on est à proximité de l'ennemi, les mesures de sûreté.

Le chef du cantonnement fait placer dans un endroit bien en vue une affiche indiquant : — le poste de police, le poste de correspondance ; — le logement du commandant du cantonnement, des généraux, des chefs de corps et de service, des médecins ; — l'emplacement de l'ambulance ou lieu de pansement, de la forge ; — les divers magasins et lieux de distributions ; — les chemins qui conduisent aux villages voisins. — La nuit, une lanterne est fixée contre l'affiche portant ces renseignements.

Les corps font placarder, au coin des rues principales, l'indication des fractions de troupe occupant la rue ou le quartier, des lieux de rassemblement ou de distributions.

Le logement des généraux est marqué par leur fanion de commandement pendant le jour et, pendant la nuit, par une lanterne de couleur déterminée ; il en est de même des ambulances, qui doivent être placées dans le voisinage des quartiers généraux.

Des poteaux ou signes indicateurs jalonnent la direction des emplacements des quartiers généraux, des magasins, des ambulances ; on en établit de même à la sortie des localités pour signaler le nom et la direction des cantonnements voisins.

On doit faire disparaître toutes ces indications en quittant le cantonnement.

§ II. — BIVOUACS.

Choix des emplacements. — Le choix et la répartition des emplacements de bivouac sont subordonnés aux exigences tactiques du moment. Sous cette réserve, on doit rechercher des endroits secs, abrités, et à portée des ressources en eau, en bois et en fourrages.

La répartition du terrain entre les corps est faite comme pour les cantonnements. Le commandant du campement reconnaît spécialement les abreuvoirs et les endroits où les hommes peuvent prendre de l'eau.

Dimensions des bivouacs (1).

Infanterie. — Bataillon en colonne double : front, 140^m; profondeur, 120^m y compris l'état-major du régiment, 110^m sans cet état-major. — Bataillon déployé : front, 340^m; profondeur, 80^m. — Régiment en ligne de bataillons en colonne double (22^m,50 entre les bataillons): front, 465^m; profondeur, 120^m. — Régiment en colonne (22^m,50 entre les bataillons): front, 140^m; profondeur, 385^m. — Régiment déployé (22^m,50 entre les bataillons): front, 1065^m; profondeur, 80^m. — Compagnie isolée : en colonne, front de 60^m à 70^m; profondeur, 40^m à 50^m.

Cavalerie. — Régiment en colonne : front, 220^m; profondeur, 135^m. — Régiment en bataille : front, 280^m; profondeur, 125^m.

Brigade en colonne: front, 220^m; profondeur, 290^m.

Brigade en ligne de deux régiments en colonne accolés : front, 370^m; profondeur, 135^m.

Brigade en bataille. Les deux régiments déployés sur une ligne: front, 570^m; profondeur, 125^m. — En deux lignes de régiments déployés: front, 280^m; profondeur, 290^m.

Artillerie. — Batterie montée ou à cheval : front (y compris les distances jusqu'aux bivouacs des troupes voisines), 150^m; profondeur, 135^m. — Batterie de montagne : front, 80^m; profondeur, 115^m. — Section de munitions d'infanterie (y compris les distances jusqu'aux bivouacs des troupes voisines) : front, 160^m; profondeur,

---

(1) Les chiffres ci-dessous supposent des unités à l'effectif de guerre complet. Ils sont déduits : pour l'infanterie et la cavalerie, des figures annexées au décret du 26 octobre 1883 (art. 46 et suivants); pour l'artillerie, de l'Aide-mémoire de campagne de cette arme.

130ᵐ. — Section de munitions d'artillerie (y compris les distances jusqu'aux bivouacs des troupes voisines) : front, 152ᵐ; profondeur, 130ᵐ. — Parc de corps d'armée, 6 hectares au minimum, dans le voisinage d'une route, et, autant que possible d'un cours d'eau.

CHAPITRE III. — AVANT-POSTES.

Les règles d'exécution relatives au service des avant-postes sont données dans le titre IX, 1ʳᵉ partie, du décret du 26 octobre 1883 sur le service des armées en campagne (art. 164 à 184).

Dispositif d'avant-postes réguliers d'une brigade d'infanterie encadrée. — Front à couvrir, 3000ᵐ (front maximum de combat d'une division). Un bataillon aux avant-postes, avec 2 compagnies en grand'garde et 2 compagnies en réserve. Chaque grand'garde d'une compagnie détache 2 petits postes d'une section (ou 4 petits postes d'une escouade, si le terrain est très couvert). Un petit poste d'une section a ainsi 750ᵐ à surveiller; il fournit 5 à 7 sentinelles doubles et 1 sentinelle simple devant les armes.

Profondeur du dispositif, variable selon le terrain. La distance entre la ligne des sentinelles doubles et le front des cantonnements ou bivouacs des troupes à couvrir est au moins de 3 kilomètres, et peut être portée jusqu'à 5 kilomètres.

CHAPITRE IV. — MARCHES.

Les règles relatives à l'exécution des marches et à la protection des colonnes font l'objet du titre VIII du décret du 26 octobre 1883 sur le service des armées en campagne (art. 111 à 163).

§ 1ᵉʳ. — ÉLÉMENTS DES COLONNES. — CALCUL DE LEUR LONGUEUR.

Sur les routes, l'infanterie marche habituellement par le flanc sur 4 rangs, les serre-files dans le rang; la cavalerie par 2 ou par 4, l'artillerie et les voitures sur une seule file. La colonne suit le côté droit de la route, l'autre côté doit rester absolument libre.

Chaque rang d'une troupe d'infanterie marchant par le flanc occupe en profondeur.........................	1ᵐ40
Deux rangs d'une troupe de cavalerie occupent............	6.00
Longueur d'une voi- (à 1 cheval.................	8,00
ture (y compris 1ᵐ (à 2 chevaux	9,00
d'intervalle entre (à 4 chevaux...............	12,00
les voitures)...... (à 6 chevaux...............	15,00

La cavalerie marche isolément des autres armes, rien ne la détruisant plus que la nécessité de se conformer au pas de l'infanterie; cette règle doit toujours être observée quand on est loin de l'ennemi. Si l'on ne dispose pas d'un nombre suffisant de routes, on les affecte toutes à l'infanterie et à l'artillerie montée; la cavalerie marche alors à travers champs, sur les flancs, en colonne de pelotons ou dans toute autre formation réglementaire. Cette dernière disposition est même souvent à employer quand on est près de l'ennemi, pour diminuer la longueur des colonnes de cavalerie et faciliter le déploiement des unités de cette arme, qu'on ne peut pas faire entrer en action successivement comme celles de l'infanterie.

Une colonne, si faible qu'elle soit, s'allonge dès qu'elle est en marche; l'allongement croît avec la vitesse, la profondeur de la colonne, la durée de la marche, le mauvais état des routes, la chaleur, la pluie. Sans les supprimer complètement, on en neutralise les inconvénients par une bonne discipline de marche, par les haltes horaires simultanées (sauf pour la cavalerie), et par le fractionnement. Le fractionnement consiste à diviser la colonne en groupes ou *unités de marche*, séparés entre eux par des espaces égaux à l'allongement de chacun d'eux. Pendant la marche, les espaces vides sont remplis peu à peu par l'allongement, et les têtes des différents groupes peuvent ainsi marcher avec une vitesse uniforme sans être retardés par la queue des groupes précédents. A la halte horaire, toutes les têtes de groupe s'arrêtent en même temps; les éléments qui ont perdu leur distance serrent sur la tête de leur groupe, et la longueur de la colonne reste constante.

Pour l'infanterie, en adoptant comme unité de marche le bataillon, avec distance minimum de 10^m entre les compagnies, l'allongement peut être réduit à 1/10 de la longueur de la colonne, et il n'atteindra le quart que dans des cas exceptionnels.

Pour la cavalerie et l'artillerie, en prenant l'escadron et la batterie pour unités de marche, l'allongement doit être maintenu au-dessous de 1/4.

Pour les trains régimentaires et les convois, un sectionnement convenable permettra de même de réduire l'allongement à 1/4.

Les tableaux qui suivent donnent les *longueurs* des divers éléments ou groupes des colonnes. Ces longueurs ont été obtenues en ajoutant à l'espace réellement occupé par l'élément sur le pied complet de guerre, sans allongement, une distance correspondant à la limite que l'allongement ne doit pas dépasser dans les conditions ordinaires.

Quand les effectifs ne seront pas complets, on aura une approximation suffisante en diminuant ces longueurs: de 50^m pour

100 fusils en moins par bataillon d'infanterie; de 2^m ou 1^m par sabre en moins dans l'escadron (selon qu'il marchera par 2 ou par 4); de 15^m par voiture en moins dans l'artillerie; de 10^m par voiture en moins dans les trains régimentaires et les convois. Toutefois, comme les longueurs ainsi calculées pour l'infanterie sont un peu faibles, il conviendra, pour obtenir plus d'élasticité dans la marche des colonnes, de ne faire subir aucune réduction aux données des tableaux tant que l'effectif ne descendra pas au-dessous de 200 fusils par compagnie (effectif ordinaire en campagne).

Enfin, quand la longueur de l'étape, l'état des routes ou les conditions atmosphériques paraîtront devoir occasionner aux troupes un excès de fatigue qui se traduit toujours par une augmentation de l'allongement, les longueurs corrigées d'après les effectifs devront, en outre, être affectées de coefficients que les états-majors détermineront d'après l'expérience des premières marches de la campagne.

Tableau donnant les longueurs des éléments des colonnes.
(Distances comprises.)

Corps d'armée.		LON-GUEURS.
États-majors.		
État-major...	d'un corps d'armée et escorte (1 voiture-bureau).....	250ᵐ
	d'une division d'infanterie.......................	100
	d'une brigade d'infanterie......................	20
	de la brigade de cavalerie......................	20
Chevaux de main des états-majors.		
État-major...	d'un corps d'armée..........................	100
	d'une division d'infanterie.....................	50
	d'une brigade d'infanterie......................	10
	d'une brigade de cavalerie.....................	10

		LONGUEURS, le bataillon étant		
		complet à 932 fusils.	à 800 fusils.	à 600 fusils.
	Infanterie.			
Ligne ou chasseurs à pied.	Section isolée....................	25ᵐ	25ᵐ	20ᵐ
	Compagnie isolée (1 mulet)......	105	105	80
	Compagnie dans le bataillon......	100	100	75
	Bataillon (4 mulets, 2 voitures)...	450	450	350
Infanterie de ligne.	État-major du régiment..........	35	35	35
	Voiture d'outils du régiment......	10	10	10
	Régiment complet à 3 bataillons (12 mulets, 7 voitures)........	1 400	1 400	1 100

	LONGUEURS		
Cavalerie.	par 2.	par 4	par peloton.
Escadron..................................	300ᵐ	150ᵐ	50ᵐ
NotA. — On peut admettre qu'un escadron occupe en longueur un nombre de mètres égal au chiffre de son effectif ou au double de ce chiffre, selon qu'il marche par 4 ou par 2.			
Régiment (état-major, 4 escadrons, 4 voitures)....	1 300	700	240
Demi-régiment (2 escadrons, 2 voitures).........	650	350	120
Brigade (état-major et 2 régiments)...............	2 650	1 450	500
Brigade avec batterie à cheval...................	3 100	1 900	750

un escadron (2 voitures).........	25ᵐ
deux escadrons (3 voitures)......	35
un régiment (6 voitures).........	70
Un jour de vivres pour	un régiment et une batterie (8 voitures)........................	95
	une brigade (12 voitures)........	140
	une brigade et une batterie (14 voitures)....................	165

	LON-GUEURS
Artillerie.	
Batterie montée (17 voitures)...........................	350ᵐ
Batterie à cheval (17 voitures)........................	450
Groupe d'artillerie divisionnaire (état-major, 4 bᵗⁱᵉˢ montées, 1 voit.)..	1 420
État-major de l'artillerie de corps............	10
1ᵉʳ groupe (état-major, 4 bᵗⁱᵉˢ montées, 1 voit.)..	1 420
Artillerie de corps . { 2ᵉ groupe (état-major, 2 batteries montées, 1 batterie à cheval, 2 voitures).............	1 180
2ᵉ groupe, quand la 2ᵉ batterie à cheval n'est pas détachée.............................	1 630
Total... { avec 7 batteries..............	2 610
avec 8 batteries..............	3 000
Section de munitions d'infanterie (34 voitures)....................	550
Section de munitions d'artillerie (21 voitures)...................	430
Commandement des sections réunies et 2 sections d'artillerie pour l'artillerie de corps (43 voitures)........................	900
Équipage de pont (40 voitures).........................	900
Génie.	
Compagnie divisionnaire ou compⁱᵉ de réserve (2 mulets, 2 voit.)..	130ᵐ
Demi-compagnie (1 mulet, 1 voiture)..................	65
Parc du génie de corps d'armée (11 voitures)................	230
Ambulances.	
Ambulance d'une division d'infanterie (21 voitures, 33 mulets).....	425ᵐ
Détach'd'ambulance divisionnaire, à l'avant-garde.... { d'une colonne de corps d'armée (7 voitures, 20 mulets).............................	150
d'une colonne de division (4 voit., 10 mulets).	100
Détachement d'ambulance divisionnaire affecté à une colonne de brigade (6 voitures, 10 mulets).........................	125
Ambulance du quartier gˡ d'un corps d'armée (27 voit., 33 mulets)...	500
Ambulance d'une brigade de cavalerie de corps d'armée (8 voitures).	120

Service télégraphique.

Section télégraphique de 1re ligne (12 voitures) .... | 175m

Gendarmerie.

Prévôté du corps d'armée et force publique à la garde des prisonniers. | 50m
Force publique d'une division d'infanterie et prisonniers .... | 50
Force publique de la brigade de cavalerie et prisonniers............ | 25

Trains régimentaires.

Train régimentaire	du quartier général du corps d'armée (22 fourgons, 1 forge, 6 voitures de la trésorerie et des postes).	400m
	d'un quartier général de division d'infanterie (7 fourgons, 3 voitures de la trésorerie et des postes)...	175
Chass^{rs} à pied.	Train d'un bataillon (7 voitures)	75
Infanterie ...	Train d'un bataillon (6 voitures)...................	65
	Train d'un régiment (21 voitures).................	230
	Train d'une brigade (43 voitures).................	480
Cavalerie........ (Déduction faite d'un jour de vivres à l'avant-garde.)..	Train d'un escadron (2 voitures).............	25
	Train de deux escadrons (6 voitures).........	65
	Train d'un régiment (13 voitures)............	145
	Train d'une brigade (28 voitures)...........	310
Cavalerie........... (Train complet.)	Train d'un escadron (4 voitures).............	50
	Train de deux escadrons (9 voitures)........	100
	Train d'un régiment (19 voitures).............	210
	Train d'une brigade (40 voitures)...........	450

Artillerie		
	Train d'une batterie montée (3 fourg., 1 ch.-fourr^{re}).	50
	Train de deux batteries montées (7 fourg., 2 ch.-fourr^{res}).	120
	Train d'un groupe de batteries divisionnaires (14 fourgons, 4 chariots-fourragères, 1 voit. de cantinière).	250
	Train de l'état-major de l'art^{ie} de corps (1 fourgon).	10
	Train du 1er groupe de l'artillerie de corps (15 fourgons, 4 chariots-fourragères, 1 voit. de cantinière).	260
	Train du 2e groupe : 2 b^{ies} montées (7 fourg., 2 ch-fourr^{res}, 1 voiture de cantinière).............	130
	1re b^{ie} à cheval (5 fourg., 1 ch.-fourr^{re})	75
	2e b^{ie} à cheval (4 fourg., 1 ch.-fourr^{re}).	65
	Total du train de l'artillerie de corps.	540
	(Si l'une des batteries à cheval est détachée à la brigade de cavalerie, avec 2 fourgons de vivres à l'avant-garde, on comptera seulement)...........	520
	Train d'une section de munitions d'infanterie (3 fourgons, 1 chariot-fourragère).....................	50
	Train d'une section de munitions d'artillerie (3 fourgons, 1 chariot-fourragère, 1 voit. de cantinière).	60
	Train des 2 sections de mun^{ons} d'une div^{on} d'inf^{ie}...	110
	Train des 2 sections de mun^{ons} de l'art^{ie} de corps..	100
	Train des 6 sections marchant réunies.............	320
	Train de l'équipage de pont (7 fourg., 1 ch.-fourr^{re}).	100
Génie	Train d'une compagnie divisionnaire (2 fourg.)..,....	25
	Train de la compagnie de réserve et du parc (3 fourg.).	35

Division de cavalerie indépendante.	LONGUEURS		
	par peloton.	par 2.	par 4.
États-majors.			
État-major de la division......................	*n*	30^m	*n*
État-major d'une brigade.....................	*n*	20	*n*
Chevaux de main.			
État-major de la division....................	*n*	40	*n*
État-major d'une brigade....................	*n*	10	*n*
Cavalerie.			
(Voir le nota de la page 175.)			
Escadron...............................	50^m	300	150^m
Régiment (état-major, 4 escadrons, 4 voitures).	240	1 300	700
Demi-régiment (2 escadrons, 2 voitures)......	120	650	350
Brigade (état-major et 2 régiments)..........	500	2 650	1 450
Artillerie.			
Une batterie à cheval (18 voitures)..........	250	470	
État-major du groupe et chariot à dynamite....	*n*	40	
Le groupe des trois batteries (55 voitures).....	*n*	1 450	
Ambulance.			
Ambulance de la division (12 voitures)........		200	
Section d'ambulance affectée à une brigade....		80	
Service des subsistances.			
Service de distribution et de réquisition du jour, marchant à la suite de l'avant-garde.............		50	
Gendarmerie.			
Force publique de la division et prisonniers..........		40	
Trains régimentaires.			
Train du quartier général de la division (5 fourgons, 2 voitures de la trésorerie et des postes, 1 voiture de la télégraphie)...................		200	
Cavalerie — Train d'un escadron (2 voitures)........		25	
Train de deux escadrons (6 voitures)......		65	
Train d'un régiment (13 voitures)........		145	
Train d'une brigade (27 voitures).........		300	
Artillerie — Train d'une batterie à cheval (3 fourgons, 1 chariot-fourragère).................		50	
Train du groupe de 3 batteries (9 fourgons, 3 chariots-fourragères)...............		150	

§ II. — VITESSE DE MARCHE. — DURÉE D'ÉCOULEMENT DES COLONNES.

Vitesse de marche. — La vitesse de marche d'une colonne composée de troupes de toutes armes est celle de l'infanterie. Elle est habituellement de 80 mètres à la minute, soit 4 kilomètres en 50 minutes de marche effective, ou 4 kilomètres à l'heure en tenant compte de la halte horaire de 10 minutes. C'est une moyenne au-dessous de laquelle il convient de ne pas descendre dans les marches de 22 à 25 kilomètres sur des routes passables. Si l'étape est longue ou la route mauvaise, il vaut mieux interrompre la marche par plusieurs repos d'une heure que de laisser ralentir la vitesse. Toutefois, pour les longues colonnes, il sera prudent de ne compter que sur une vitesse de 3600 mètres à l'heure (72 mètres par minute de marche effective), lorsque les conditions de température et de viabilité ne seront pas entièrement satisfaisantes.

Une petite colonne peut au contraire franchir une étape de longueur ordinaire à la vitesse de 5 kilomètres à l'heure (100 mètres par minute) sur une bonne route.

Les tableaux des pages 180 et 181 donnent, pour ces trois vitesses, les durées de parcours d'une distance donnée et les distances franchies en un temps donné.

Grand'haltes. — En général, quand il n'y a que 4 ou 5 heures de marche, il vaut mieux franchir l'étape d'une seule traite. Quand la grand'halte est nécessaire, on la fait après avoir parcouru les deux tiers ou les trois quarts de la route.

S'il y a intérêt à conserver les distances entre les principales fractions de la colonne, l'ordre de mouvement peut fixer des emplacements de grand'halte différents, convenablement espacés, pour chacune de ces fractions (un pour l'avant-garde, un ou deux pour le gros, un pour les trains régimentaires). Les unités appartenant à chaque fraction se forment et repartent successivement.

Haltes accidentelles. — Si l'écoulement d'une colonne est retardé sans être complètement arrêté (passage d'un pont, portion de route en mauvais état, etc.), on procède comme il suit : l'arrêt qui résulte du ralentissement de la marche devant être d'autant plus long pour les différents groupes qu'ils sont plus éloignés de la tête, on fait faire aux premiers des haltes de 5, 10, 15 minutes, suivant leur rang dans la colonne, et l'on prescrit une grand'halte à ceux dont la marche serait arrêtée pour plus d'une demi-heure. Le départ des troupes qui se sont formées en grand'halte est réglé sur les nouvelles conditions de l'écoulement. Quand celui-ci est redevenu normal, la tête fait à son tour une grand'halte après que toutes les troupes ont franchi le défilé, et se remet en marche quand chaque unité a repris sa distance. — Lorsque le défilé n'a qu'une faible longueur et ne présente pas de difficultés de marche, il peut être avantageux de le faire parcourir au pas gymnastique par l'infanterie, au trot par les cavaliers et les voitures.

Longues étapes et marches accélérées. — Lorsque l'étape atteint ou dépasse 40 kilomètres, on coupe la marche toutes les 3 ou

4 heures par un long repos, indépendamment des haltes horaires et de la grand'halte.

Si l'on doit faire plusieurs jours de suite de longues marches (30 à 40 kilomètres), on forme le plus de colonnes possible, et l'on augmente les intervalles entre les régiments et les groupes de batteries. On évite de marcher la nuit et l'on augmente la ration.

Marches forcées. — Alléger la charge des hommes en réquisitionnant des voitures pour le transport des sacs; faire marcher l'infanterie et l'artillerie en colonnes séparées; échelonner les régiments d'infanterie à de très grands intervalles (1200^m à 1500^m), chacun d'eux faisant les haltes horaires pour son compte; faire alterner de longs repos de 4 à 6 heures avec la marche; augmenter la ration; relever l'avant-garde au moins une fois pendant la marche.

Une marche forcée ne peut être poussée au delà de 28 à 30 heures, pendant lesquelles l'infanterie fera 60 kilomètres environ.

Durée d'écoulement. — On appelle ainsi le temps que met une colonne ou fraction de colonne à franchir un espace égal à sa propre longueur.

Durée d'une marche. — La durée d'une marche comprend:

1° Le temps employé aux mouvements transversaux que les divers éléments exécutent pour se rendre des cantonnements ou bivouacs au point initial, et ensuite pour gagner leurs emplacements à partir du point de dislocation de la colonne;

2° Le temps nécessaire à la tête de colonne pour parcourir l'étape, haltes horaires comprises;

3° Le temps nécessaire à l'écoulement de toute la colonne;

4° Éventuellement, la durée de la grand'halte, des longs repos, des haltes accidentelles.

Vitesse des colonnes de cavalerie. — La vitesse et l'alternance des allures sont réglées par le commandant de la colonne selon la nature du terrain et l'état des routes. La fatigue du cheval étant surtout occasionnée par le poids qu'il porte, la cavalerie a intérêt à marcher avec une certaine vitesse pour diminuer la durée des marches et augmenter la durée du repos.

La cavalerie ne fait pas de haltes horaires. La fréquence et la durée des haltes sont déterminées d'après le but de la marche et la distance à parcourir; elles ont lieu de préférence en dehors des défilés et des villages, le côté droit de la route étant maintenu libre pour la circulation.

Si l'étape est longue et la température élevée, on fait une grand'halte après avoir parcouru les deux tiers ou les trois quarts de la route. On s'établit en halte gardée, en dehors des chemins;

Temps nécessaire à une tête de colonne pour parcourir une distance donnée (ou durée d'écoulement d'un élément de colonne d'une longueur donnée).

DISTANCES.	TEMPS à la vitesse par minute de			
	80 mètres,		72 mètres,	100 mètres,
	haltes horaires non comprises.	haltes horaires comprises.	haltes horaires comprises.	haltes horaires comprises.
metres.	h. m. s.	h. m. s.	h. m. s.	h. m. s.
5	4	5	5	4
10	8	9	10	7
20	15	18	20	14
25	19	23	25	18
50	38	45	50	36
100	1 15	1 30	1 40	1 12
200	2 30	3 "	3 20	2 24
300	3 45	4 30	5 "	3 36
400	5 "	6 "	6 40	4 48
500	6 15	7 30	8 20	6 "
600	7 30	9 "	10 "	7 12
700	8 45	10 30	11 40	8 24
800	10 "	12 "	13 20	9 36
900	11 15	13 30	15 "	10 48
1 000	12 30	15 "	16 40	12
kilomètres.				
2	25	30	33	24
3	38	45	50	36
4	50	1 "	1 7	48
5	1 3	1 15	1 23	1 "
6	1 15	1 30	1 40	1 12
7	1 28	1 45	1 57	1 24
8	1 40	2 "	2 13	1 36
9	1 53	2 15	2 30	1 48
10	2 5	2 30	2 47	2 "
11		2 45	3 03	2 12
12		3 "	3 20	2 24
13		3 15	3 37	2 36
14		3 30	3 53	2 48
15		3 45	4 10	3 "
16		4 "	4 27	3 12
17		4 15	4 43	3 24
18		4 30	5 "	3 36
19		4 45	5 17	3 48
20		5 "	5 33	4 "
21		5 15	5 50	4 12
22		5 30	6 07	4 24
23		5 45	6 23	4 36
24		6 "	6 40	4 48
25		6 15	6 57	5 "
30		7 30	8 20	
35		8 45	9 43	
40		10 "	11 7	

Distances franchies en un temps donné
par une tête de colonne.

TEMPS.	DISTANCES franchies à la vitesse par minute de			
	8o mètres,		72 mètres,	100 mètrés,
	haltes horaires non comprises.	haltes horaires comprises.	haltes horaires comprises.	haltes horaires comprises.
h. m. s.	mètres.	mètres.	mètres.	mètres.
3o.	40	33	30	42
1	8o	67	60	83
2	160	133	120	167
3	240	200	180	250
4	320	267	240	333
5	400	333	300	417
6	480	400	360	500
7	560	467	420	583
8	640	533	480	667
9	720	600	540	750
10	800	667	600	833
15	1 200	1 000	900	1 250
20	1 600	1 333	1 200	1 667
3o	2 400	2 000	1 800	2 500
4o	3 200	2 667	2 400	3 333
45	3 600	3 000	2 700	3 750
5o	4 400	3 334	3 000	4 167
1	4 800	4 000	3 600	5 000
1 3o	7 200	6 000	5 400	7 500
2	9 600	8 000	7 200	10 000
2 3o	12 000	10 000	9 000	12 500
3	"	12 000	10 800	15 000
3 3o	"	14 000	12 600	17 500
4	"	16 000	14 400	20 000
4 3o	"	18 000	16 200	22 500
5	"	20 000	18 000	25 000
5 3o	"	22 000	19 800	"
6	"	24 000	21 600	"
6 3o	"	26 000	23 400	"
7	"	28 000	25 200	"
7 3o	"	30 000	27 000	"
8	"	32 000	28 800	"
8 3o	"	34 000	30 600	"
9	"	36 000	32 400	"
9 3o	"	38 000	34 200	"
10	"	40 000	36 000	"
10 3o	"	"	37 800	"
11	"	"	39 600	"

près d'une fontaine ou d'un cours d'eau. Les cavaliers font un repas de viande froide; les chevaux peuvent être débridés et légèrement dessanglés par fractions, et manger un peu de foin et de paille.

L'avoine est réservée, sauf exception, pour le moment où un repos de quelque durée permet aux chevaux de la digérer.

La condition fondamentale à remplir est qu'après une marche plus ou moins rapide, prolongée même pendant plusieurs jours, la troupe arrive en état d'aborder vigoureusement l'ennemi et ensuite de le poursuivre.

Une troupe de cavalerie bien conduite, et dont les chevaux sont en bon état d'entraînement, peut parcourir aisément, en terrain accidenté et sur de bonnes routes, 50 à 60 kilomètres par 24 heures, à la vitesse de 9 à 10 kilomètres par heure de marche; les alternances du pas et du trot peuvent atteindre la proportion de 1/4 au pas et des 3/4 au trot. Cette vitesse doit pouvoir être maintenue pour un parcours de 200 à 300 kilomètres.

On franchit en une heure :

9 060^m en marchant 1 kilomètre au pas et 1 kilomètre au trot.
10 350^m ——————— 1 ——————————— 2 kilomètres au trot.
11 100^m ——————— 1 ——————————— 3 ———————————

Cette vitesse moyenne est toutefois diminuée : 1° par les haltes; 2° par la nécessité de ne prendre les allures vives au départ qu'après avoir exécuté un certain parcours au pas, et de terminer également la marche au pas.

§ III. — ORDRES NORMAUX DE MARCHE.

Les tableaux ci-après reproduisent, en les détaillant, les dispositifs normaux de marche arrêtés par le règlement sur le service en campagne pour la division d'infanterie, pour le corps d'armée et pour une brigade mixte. On y a ajouté (tableau C) un dispositif pour une division d'infanterie marchant avec les éléments non endivisionnés du corps d'armée.

Pour les marches en retraite, les éléments des colonnes se succèdent dans un ordre inverse de celui qui est adopté pour la marche en avant, sous les reserves suivantes : 1° l'avant-garde, qui devient arrière-garde, est habituellement constituée plus fortement que l'avant-garde ordinaire, à l'aide des troupes qui ont le moins souffert; 2° les troupes du génie peuvent être envoyées en arrière pour préparer la défense des positions sur lesquelles on essayera de faire tête à l'ennemi; 3° à la fin de la marche, les avant-postes sont fournis par l'arrière-garde lorsque l'ennemi est éloigné; dans le cas contraire, et surtout après un combat, les avant-postes sont tirés du gros de la colonne et l'arrière-garde achève sa retraite sous leur protection.

On a inscrit sur les tableaux, d'après les données des §§ I et II, la longueur des éléments des colonnes (distances comprises), ainsi que leurs durées d'écoulement à la vitesse de 4 kilomètres à l'heure (haltes horaires comprises).

L'ordre de succession des divers éléments dans les colonnes peut être modifié suivant les circonstances. Les modifications sont indiquées par *l'ordre de marche* (voir page 111).

Quant aux distances indiquées entre les différentes fractions de l'avant-garde et de l'arrière-garde, et à celles qui séparent l'avant-garde du gros, le gros du train de combat, le train de combat de l'arrière-garde, l'arrière-garde des trains régimentaires, les chiffres des tableaux n'ont rien d'absolu. Ces distances sont arrêtées selon les circonstances par le commandant de la colonne, et résultent des heures de passage au point initial fixées par l'ordre de marche pour les têtes de chacune des fractions.

Les détachements de flanc-gardes d'infanterie ne sont à prévoir que pour les cas où, en raison de la nature du terrain ou de toute autre circonstance, la sûreté des flancs de la colonne ne peut pas être assurée par la cavalerie de corps d'armée, à qui cette tâche incombe normalement en vertu de l'article 123 du règlement sur le service en campagne. Ces détachements sont tirés du dernier régiment de la colonne; ils marchent avec l'avant-garde.

	LONGUEURS ET DURÉES			
	particielles.		cumulées.	
A. — Division d'infanterie.	Longueurs.	Durées d'écoulement.	Longueurs.	Durées d'écoulement.
	mètres.	h. m. s.	mètres.	h. m.
1° — **Service d'exploration et de sûreté.**				
La cavalerie attachée à la division, plus ou moins loin en avant, selon les circonstances et la proximité de l'ennemi......	»	»	»	»
2° — **Avant-garde.**				
Détachement de cavalerie couvert par ses éclaireurs 40ᵐ				
Distance............. 500				
Une compagnie d'infanterie 105	1460	21 54		
Distance 300				
État-major et 3 compagnies du 1ᵉʳ régiment d'infanterie....... 385				
Compagnie divisionnaire du génie. 130				
Distance.................. 300		4 30		
À reporter	1760	26 24	»	»

| | | LONGUEURS ET DURÉES | | |
| | | partielles. | | cumulées. |
	Longueurs.	Durées d'écoulement.	Longueurs.	Durées d'écoulement.
	mètres.	h. m. s.	mètres.	h. m.
Report........................	1760	26 24		
État-major de la 1re brigade...... 20m				
2e bataillon du 1er régt d'infanterie. 450				
Une batterie montée (ou deux s'il y a lieu)....................... 350				
3e bataillon du 1er régt d'infanterie. 450				
Chevaux de main de l'état-major de la 1re brigade et distance......... 60	1700	25 30		
Détachement d'ambulance 100				
Un jour de vivres pour la cavalerie (6 fourgons).................. 70				
Le campement de la division (suivi d'un détachement d'ouvriers d'administration)................. 200				
TOTAUX pour l'avant-garde.......	3460	51 54	3460	.52
Distance indéterminée, par exemple	1500	22 30	4060	1 14
(Le bétail sur pied, le personnel et le matériel de réquisition marchent au milieu de cette distance.)				
3° — Gros de la colonne.				
État-major de la division et escorte. 100m				
État-major et 1er bataillon du 2e régiment........................ 485				
Artillerie divisionnaire: état-major et 3 batteries............... 1070	2620	39 18		
2e et 3e bataillons du 2e régiment d'infanterie................. 945				
Chevaux de main de l'état-major de la division................... 50				
Distance..............	50	45	7630	1 54
État-major de la 2e brigade .. 20m				
3e régiment d'infanterie...... 1400				
4e régiment d'infanterie, moins l'arrière-garde.......... 1200	2630	39 27	10260	2 34
Chevaux de main de l'état-major de la 2e brigade........ 10				
TOTAUX pour le gros............	5300	1 19 30		
Distance................	100	1 30	10360	2 35
4° — Train de combat de la division.				
Ambulance, moins le détachement d'avant-garde................. 325m				
Section de munitions d'infanterie.. 550				
Section de munitions d'artillerie... 430	1525	22 53	11885	2 56
Distance.......... 200				
Détachement de police.......... 20				
Distance.............	400	6	12285	3 4

	mètres.	h. m. s.	mètres.	h. m.
5°.— Arrière-garde.				
Deux compagnies du 4ᵉ régiment d'infanterie, moins une section.. 175ᵐ				
Distance.......... 200				
Une section d'infanterie........:.. 25	740	11 6	13025	3 15
Distance......... 300				
Détachement de cavalerie (éventuellement)...................... 40				
Distance..............	1000	15	14025	3 30
6° — Train régimentaire de la division.				
Gendarmerie et prisonniers 50ᵐ				
Train du quartier général de la division 175				
Train de la cavalerie (moins les fourgons de vivres à l'avant-garde)... 145	395	5 56		
Train de la compagnie divisionnaire du génie..................... 25				
Distance...............	50	45		
Train de la 1ʳᵉ brigade............	480	7 12		
Distance...:.........	50	45		
Train de la 2ᵉ brigade..............	480	7·12		
Distance.............	50	45		
Train de l'artillerie divisionnaire·.. 250ᵐ				
Train de la section { d'infanterie.. 60	360	5 24		
de munitions.... { d'artillerie... 50				
Totaux pour le train régimentaire.	1865	27 59	15890	3 53
B.— Corps d'armée sur une seule route.				
1°.— Service d'exploration et de sûreté.				
La brigade de cavalerie en avant, plus ou moins loin, avec une batterie à cheval, s'il y a lieu........................	"	"	"	"
2°·— Avant-garde.				
Détachement de cavalerie, couvert par ses éclaireurs............. 40ᵐ				
Distance......... 500				
Une compagnie d'infanterie....... 105				
Distance......... 300	1460	21 54		
État-major et trois compagnies du 1ᵉʳ régiment d'infanterie........ 385				
Compagnie du génie de la 1ʳᵉ division...................... 130				
Distance...............	300	4 30		
État-major de la 1ʳᵉ division...... 100ᵐ				
État-major de la 1ʳᵉ brigade....... 20				
A reporter............. 120	1760	26 24		

*11

		LONGUEURS ET DURÉES			
		partielles.		cumulées.	
		Lon-gueurs.	Durées d'écoule-ment.	Lon-gueurs.	Durées d'écou-le-ment.
		mètres.	h. m. s.	mètres.	h. m.
Report......................	120ᵐ	1760	26 24		
2ᵉ et 3ᵉ bataillons du 1ᵉʳ régiment d'infanterie...................	910				
Deux batteries montées...........	700				
2ᵉ régiment d'infanterie..........	1400				
Chevaux de main de l'état-major de la 1ʳᵉ division et de la 1ʳᵉ brigade.	60	3240	48 36		
Distance............	50				
Détachement d'ambulance de la 1ʳᵉ division....................	150				
Vivres de la cavalerie (1 jour: 14 fourgons)..............	165				
Campement du corps d'armée et détachement d'ouvriers d'admi-nistration	400	715	10 44		
TOTAUX pour l'avant-garde........		5715	1 25 44	5715	1 26
Distance indéterminée, par exemple........		2000	30	7715	1 56
(Le bétail sur pied, le personnel et le matériel de réquisition marchent au milieu de cette distance.)					
3° — Gros du corps d'armée.					
État-major du corps d'armée et escorte................	250ᵐ				
État-major de la 2ᵉ brigade....	20				
Bataillon de chasseurs à pied..	450				
2 batteries montées et état-ma-jor du groupe..............	720				
3ᵉ régiment d'infanterie......	1400	4675	1 10 8		
4ᵉ régiment d'infanterie......	1400				
Chevaux de main des états-ma-jors du corps d'armée et de la 2ᵉ brigade..............	110				
Distance..........	50				
Ambulance (moins le détache-ment d'avant-garde).......	275				
Distance................		100	1 30	12490	3 7
État-major de l'artillerie de corps	10ᵐ				
2ᵉ groupe (état-major, 2 batteries montées, 1 à cheval)..........	1180	2610	39 9		
1ᵉʳ groupe (état-major, 4 batteries montées)...................	1420				
Distance................		100	1 30	15200	3 48
A reporter......................		7485	1 52 17		

1ʳᵉ division. (accolade à gauche du groupe)

		métres.	h. m. s.	métres.	h. m
	Report........................	7485	1 52 17		
	État-major de la 2e division... 100m				
	Compagnie de réserve du génie. 130				
	Compagnie divisionnaire du génie........ 130				
	État-major de la 3e brigade... 20				
	5e régiment d'infanterie...... 1400	3240	48 36		
	6e régiment d'infanterie........ 1400				
	Chevaux de main des états-majors de la 2e division et de la 3e brigade............. 60				
	Distance................	50	45	18490	4 37
	Artillerie divisionnaire (état-major et 4 batteries).................	1420	21 18		
	Distance................	50	45	19960	4 59
	État-major de la 4e brigade... 20m				
	7e régiment d'infanterie...... 1400				
	8e régiment d'infanterie (moins le bataillon d'arrière-garde). 950	2845	42 41		
	Chevaux de main de l'état-major de la 4e brigade et distance......... 50				
	Ambulance divisionnaire..... 425				
	TOTAUX pour le gros.............	15090	3 46 21	22805	5 42
	Distance................	100	1 30	22905	5 44
	4° — Train de combat du corps d'armée.				
	Parc du génie du corps d'armée.........	230	3 27		
Sections de munitions.	Commandement des sections........... 40m				
	2 sections de munitions d'infanterie... 1100	2860	42 54		
	4 sections de munitions d'artillerie.... 1720				
	Équipage de pont (éventuellement)......	900	13 20		
	Distance................	200	3		
	Détachement de police.............	50	45		
	TOTAUX pour le train de combat...	4240	1 3 26	27145	6 47
	Distance................	400	6	27545	6 53
	5° — Arrière-garde.				
	Un bataillon du 8e régiment, moins une compagnie............... 350m				
	Distance......... 200				
	Une compagnie d'infanterie...... 100	900	14 51	28535	7 8
	Distance......... 300				
	Détachement de cavalerie....... 40				
	Distance..................	1000	15	29535	7 23

*14.

| | LONGUEURS ET DURÉES | | | |
| | partielles. | | cumulées. | |
	Lon-gueurs.	Durées d'écoule-ment.	Lon-gueurs.	Durées d'écou-le-ment.
	mètres.	h. m. s.	mètres.	h. m.
6°— Train régimentaire du corps d'armée.				
Gendarmerie du quartier général et prisonniers................... 50ᵐ				
Ambulance du quartier général.... 500	550	8 15		
Distance................. 50		45	30135	7 32
Train régimentaire du quartier gᵃˡ. 400ᵐ				
Section télégraphique de 1ʳᵉ ligne (éventuellement)............. 175				
Train régimentaire de la cavalerie, moins les fourgons d'avant-garde. 310	900	14 24		
Train du bataillon de chasseurs.... 75				
Distance................. 100		1 30	31195	7 47
Gendarmerie et prisonniers... 50ᵐ				
Train régimentaire du quartier général.............. 175				
Train de la compagnie du génie. 25				
Distance.......... 50				
Train de la 1ʳᵉ brigade....... 480	1610	24 9		
Distance.......... 50				
Train de la 2ᵉ brigade....... 480				
Distance.......... 50				
Train de l'artᵉ divisionnaire.. 250				
Distance................. 100		1 30	32905	8 14
Train de la 2ᵉ division, même composition.	1610	24 9		
Distance................. 100		1 30	34615	8 39
Train de la compagnie de réserve et du parc du génie............ 35ᵐ				
Train de l'artillerie de corps....... 520				
Train des sections d'infanterie.. 120	975	14 38		
de munitions.... d'artillerie... 200				
Train de l'équipage de pont....... 100				
Totaux pour le train régimentaire.	6055	1 30 50	35590	8 54
C. — Corps d'armée sur deux routes. (Division d'infanterie avec les troupes non endivisionnées du corps d'armée.)				
1° — Service d'exploration et de sûreté.				
La cavalerie attachée à la colonne, plus ou moins loin en avant, selon les circonstances et la proximité de l'ennemi.....	"	"	"	"

(Train de la 1ʳᵉ division.)

	métres.	h. m. s.	métres.	h. m.
2° — Avant-garde.				
Même détail qu'au tableau A............	3810	57 9	3810	57
(Sauf qu'il y a habituellement 2 batteries.)				
Distance indéterminée, par exemple.....	1500	22 30	5810	1 20
(Le bétail sur pied, le personnel et le matériel de réquisition marchent au milieu de cette distance.)				
3° — Gros de la colonne.				
État-maj. du corps d'armée et escorte. 250ᵐ				
État-major de la division......... 100				
Bataillon de chasseurs à pied...... 450				
Artillerie divisionnaire (état-major et 2 batteries)............... 720	3070	46 3		
2ᵉ régiment d'infanterie 1400				
Chevaux de main des états-majors du corps d'armée et de la division... 150				
Distance..............	100	1 30	8480	2 7
Artillerie de corps (état-major, 1ᵉʳ et 2ᵉ groupes).................	2610	39 9		
Distance...............	100	1 30	11190	2 48
2ᵉ brigade. { État-major de la 2ᵉ brigade.... 20ᵐ				
Compagnie de réserve du génie. 130				
3ᵉ régiment d'infanterie...... 1400				
4ᵉ régiment d'infanterie (moins l'arrière-garde)............1200	2760	41 24		
Chevaux de main de l'état-major de la 2ᵉ brigade........ 10				
Totaux pour le gros............	8640	2 9 56	13950	3 29
Distance................	100	1 30	14050	3 31
4° — Train de combat.				
Ambulance de la division, moins le détachement d'avant-garde...............	325	4 53		
Distance...............	50	45		
Parc du génie du corps d'armée... 230ᵐ				
Commandement des sections de munitions du corps d'armée....... 40				
1 section de munitions d'infanterie. 550	3010	45 9		
3 sections de munitions d'artillerie.. 1290				
Équipage de pont............... 900				
Distance...............	200	3 .		
Détachement de police..................	50	45		
Totaux pour le train de combat...	3635	54 32	17685	4 25
Distance................	400	6	18085	4 31
5° — Arrière-garde.				
Même détail qu'au tableau A............	740	11 6	18825	4 42
Distance.................	1000	15	19825	4 57

| | LONGUEURS ET DURÉES | | | |
| | partielles. | | cumulées. | |
	Lon-gueurs.	Durées d'écoule-ment.	Lon-gueurs.	Durées d'écou-le-ment.
	mètres.	h. m. s.	mètres.	h. m.
6° — Train régimentaire.				
Gendarmerie et prisonniers du quartier général du corps d'armée.... 50ᵐ				
Ambulance du quartier général du corps d'armée................. 500	550	8 15		
Distance................	50	45		
Train régimentaire du quartier général du corps d'armée.......... 400ᵐ				
Section télégraphique de 1ʳᵉ ligne (éventuellement)............... 175				
Train régᵗᵉ de la cavalerie, moins les fourgons de l'avant-garde.... 145	795	11 56		
Train du bataillon de chasseurs.... 75				
Distance................	100	1 30		
Train de la division. — Détail du tableau A, moins le train de la cavalerie (145ᵐ) et celui de deux sections de munitions (110ᵐ.)	1 610	24 9		
Distance................	100	1 30		
Train de la compagnie de réserve et du parc du génie.............. 35ᵐ				
Train de l'artillerie de corps...... 520	865	12 58		
Train des 4 sections de munitions... 210				
Train de l'équipage de pont...... 100				
Totaux pour le train régimentaire.	4070	1 1 3	23895	5 59
D. — Colonne mixte.				
(2 escadrons, 1 brigade d'infanterie, 2 batteries, détachements du génie et d'ambulance.)				
1° — Service d'exploration et de sûreté.				
Les deux escadrons, moins un peloton, à une distance plus ou moins grande en avant.........................	»	»	»	»
2° — Avant-garde.				
Détachement de cavalerie......... 20ᵐ				
Distance......... 500				
Une section d'infanterie.......... 25				
Distance......... 300	990	14 51		
Une compagnie d'infanterie, moins une section.............. 80				
Détachement du génie........... 65				
Distance.........	300	4 30		
À reporter..............	1290	19 21		

	mètres.	h. m. s.	mètres.	h. m.
Report............................	1290	19 21		
État-major et 3 compagnies du 1er régiment d'infanterie.......... 385m				
Une batterie montée............ 350	1185	17 47		
2e bataillon du 1er régiment d'infanterie....................... 450				
TOTAUX pour l'avant-garde........	2475	37 8	2475	37
Distance indéterminée, par exemple.....	1000	15	3475	52
3°. — Gros de la colonne.				
État-major de la brigade............ 20m				
3e bataillon et voiture d'outils du 1er régiment..................... 460				
Une batterie montée............ 350				
2e régiment d'infanterie, moins une compagnie d'arrière-garde...... 1300	2265	33 59		
Chevaux de main de l'état-major de la brigade.................... 10				
Détachement d'ambulance......... 125				
Distance.................	200	3		
Détachement de police 15		14		
TOTAUX pour le gros............	2480	37 13	5955	1 20
Distance.................	200	3	6155	1 32
4° — Arrière-garde.				
Une comp^ie d'inf^ie, moins 1 section. 80m				
Distance............ 100				
Une section d'infanterie............. 25	525	7 53	6680	1 40
Distance........... 300				
Détach^t de cavalerie (s'il y a lieu).. 20				
Distance.................	500	7 30	7180	1 48
5° — Train régimentaire.				
Fourgon du général, train de la cavalerie, train du génie......... 120m				
Train du 1er régiment............ 230	700	10 30	7880	1 58
Train du 2e régiment............ 230				
Train des 2 batteries............. 120				

Colonnes de cavalerie. — Les indications de distances, de longueurs des éléments et de durée d'écoulement ne sauraient être données avec quelque précision pour les colonnes de cavalerie et d'artillerie à cheval. Les longueurs sont extrêmement variables, puisque la cavalerie marche non seulement par 2 et par 4 sur les routes, mais aussi en colonnes de pelotons, en colonnes doubles, etc., à travers champs. Les durées d'écoulement dépendent à la fois des formations et des allures. Quant aux distances, notam-

ment entre les divers éléments de l'avant-garde et entre celle-ci et
le gros, elles sont subordonnées aux conditions topographiques;
en terrain plat et découvert, les éclaireurs marchent ordinairement
à 400ᵐ environ de la pointe, et à 600ᵐ de la tête d'avant-garde
d'une colonne de brigade ou de division, ou du gros d'un escadron isolé.

En règle générale, dès qu'une division est à 70 ou 80 kilomètres
de l'ennemi, elle détache une brigade d'avant-garde et cesse de
marcher en longue colonne sur une route; son avant-garde n'est
suivie ni du service de réquisition, ni du service de distributions :
toute fixation *à priori*, de longueurs et de distances doit être aban-
donnée : ce qui n'empêche nullement de pouvoir préciser l'heure
de l'arrivée des divers éléments en des points déterminés, l'alternance des allures permettant aux commandants des diverses fractions de régler leur vitesse de marche d'après les ordres reçus.

C'est sous ces réserves qu'on reproduit le type d'ordre normal
donné pour une *division de cavalerie* par le règlement sur le service
en campagne (art. 133).

1° Avant-garde........
{ 1ʳᵉ brigade.
Une batterie (si l'on prévoit que l'avant-garde aura à
  faire usage du canon pour renverser un obstacle).
Un détachement d'ambulance.
Service de réquisition et de distribution du jour.

2° Gros de la colonne..
{ État-major de la division.
2ᵉ brigade.
Deux ou trois batteries.
3ᵉ brigade, moins un ou deux escadrons d'arrière-garde.

3° Train de combat. — L'ambulance, moins le détachement d'avant-garde.

4° Arrière-garde. — Un ou deux escadrons.

5° Train régimentaire.
{ Gendarmerie et prisonniers.
Trains : du quartier général, de la 1ʳᵉ brigade, de l'ar-
  tillerie, de la 2ᵉ brigade, de la 3ᵉ brigade.

6° Convoi administratif. — Éventuellement; il lui est donné une escorte spéciale.

§ IV. — CONVOIS ADMINISTRATIFS.

Les convois administratifs ne marchent presque jamais réunis.
Habituellement un premier convoi suit les colonnes à 10 ou 15 kilomètres en arrière des trains régimentaires, de façon à pouvoir,
en forçant l'étape, rejoindre les cantonnements dans la soirée ou
au plus tard le lendemain matin. Ce premier échelon est généralement formé des deux sections à chargement complet qui
forment la réserve roulante de vivres, et de la réserve d'effets.

Le troupeau (1 jour de viande sur pied) marche avec cet
échelon (entre les deux sections); pour activer les distributions,
il est souvent préférable de le faire marcher à quelque distance en
arrière de la colonne des trains régimentaires.

Pendant les périodes de stationnement, les deux sections du convoi administratif libérées de biscuit font le va-et-vient du service du ravitaillement dans une zone de une ou deux étapes en arrière de l'armée. Pendant les périodes de marche en avant, on évite de leur imposer des marches rétrogrades : elles marchent à hauteur du premier échelon; la section désignée pour le ravitaillement est rejointe au soir par une section du convoi auxiliaire et force la marche du lendemain pour prendre le contact des trains régimentaires.

Le personnel administratif des convois est partagé en fractions distinctes qui marchent : 1° avec le service de distribution du jour derrière l'avant-garde; 2° avec le troupeau; 3° avec les diverses sections des convois. La réserve de commis et ouvriers marche avec le premier échelon du convoi du quartier général.

Les convois auxiliaires et les boulangeries de campagne sont généralement mis à la disposition du service des étapes. Les sections des convois auxiliaires formées à 75 ou à 150 voitures (voir page 86) marchent réunies ou séparées, soit pour ravitailler les convois administratifs, soit pour former une deuxième réserve roulante de vivres quand le ravitaillement sur l'arrière ne fonctionne pas. Les boulangeries de campagne se déplacent avec les stations têtes d'étapes de guerre ou se transportent aux gîtes principaux d'étapes de route les plus avancés.

Le tableau ci-après, qui donne les longueurs (compris l'allongement de 1/4) et les durées d'écoulement (vitesse de 4 kilomètres à l'heure) des divers éléments des convois, servira à établir les données correspondant aux colonnes formées avec ces éléments.

Convoi administratif du quartier général.		LON-GUEURS.	DURÉES D'ÉCOULEMENT.
		mètres.	m. s.
Chef d'escadron du train commandant les convois administratifs du corps d'armée et distance		10	9
Réserve de commis et ouvriers	10ᵐ	30	27
Une section de convoi. { Officier du train et trompettes			
Personnel administratif, commis et ouvriers (1 voiture)	20	680	10 12
Section des vivres (17 fourgons, 7 chariots de parc, 29 voitures de réquisition)	650		
Service de la 2ᵉ compagnie du train attelant 2 sections (2 forges, 1 chariot de parc, 1 chariot-fourragère, chevaux haut le pied, cadres)		100	1 30
Service de la 4ᵉ compagnie du train attelant 2 sections (mêmes éléments, plus une voiture de cantinière)		110	1 39
Train régimentaire { pour le convoi complet (12 fourgons)		130	1 57
pour une compagnie du train (6 fourgons)		65	59
pour une section isolée (3 fourgons)		35	32
Réserve d'effets du corps d'armée (commis et ouvriers, cadres du train, 9 voitures)		140	2 6

	LON-GUEURS.	DURÉES D'ÉCOU-LEMENT.

Convoi administratif d'une division.

	mètres.	m. s.
Capitaine du train commandant le convoi et distance........	10	9
Une section de convoi. { Officier du train et trompettes............... 10ᵐ		
Personnel administratif, commis et ouvriers (1 voiture)........................ 15	425	6 23
Section des vivres (11 fourgons, 6 chariots de parc, 16 voitures de réquisition)..... 400		
Service de la compagnie du train attelant les 4 sections (2 forges, 1 chariot de parc, 1 chariot-fourragère, chevaux haut le pied, cadres)...........................	150	2 15
Train régimen-taire { pour la compagnie (7 fourgons)...............	80	1 12
pour 2 sections (3 à 4 fourgons)........	40	36
pour 1 section isolée (2 fourgons)...........	20	18

Colonnes de bétail.

(Non compris le troupeau d'un jour de vivres marchant avec l'avant-garde.)

Un jour de viande sur pied { pour le corps d'armée entier (3 voitures, 90 bœufs).	100	1 30
pour une division (1 voiture, 35 bœufs)........	40	36
pour une division et les éléments non endivi-sionnés (2 voitures, 55 bœufs).............	60	54

Ordres de marche. — Dans une colonne de convoi adminis-tratif du quartier général, les éléments se succèdent dans l'ordre suivant : commandant du convoi et personnel admi-nistratif, réserve de commis et ouvriers, sections des vivres formant deux groupes entre lesquels est intercalé le trou-peau, service de la compagnie ou des compagnies du train, train régimentaire du convoi, réserve d'effets du corps d'armée.

Dans une colonne de convoi administratif d'une division, ordre de marche analogue : commandant du convoi et per-sonnel administratif, sections des vivres avec le troupeau intercalé, service de la compagnie du train et train régimen-taire.

Quand les convois administratifs d'une ou de deux divisions sont réunis dans une même colonne au convoi du quartier général, ils marchent à la suite de ce dernier ; mais le bétail des divers convois ne forme qu'un seul troupeau qui marche entre les sections de vivres du convoi du quartier général.

Convoi administratif de la brigade de cavalerie de corps d'armée.

Pour mémoire (est formé éventuellement avec des éléments fournis par le convoi du quartier général).............	"	"

Convoi administratif d'une division de cavalerie indépendante.

N'est pas constitué d'une manière permanente. Le personnel administratif des subsistances marche avec le train régi-mentaire du quartier général............................	"	"

Boulangerie de campagne du corps d'armée.

Colonne de la boulangerie proprement dite (36 fours roulants et chariots de parc, 9 fourgons, détachement du train, offi-ciers d'administration, détachement de commis et ouvriers).	600	7 30
Colonne de voitures de réquisition (140 voitures et cadre du train)...	1650	23 15

	LON- GUEURS	DURÉES D'ÉCOU- LEMENT.
	mètres.	h. m. s.
Convoi auxiliaire des subsistances.		
Chef d'escadron du train territorial commandant le convoi auxiliaire d'un corps d'armée et personnel adjoint........	20	18
Section à 75 voi- tures. { Officiers et trompettes................. 10ᵐ		
75 voitures de réquisition............... 850	900	13 30
Conducteurs en excédent, chevaux haut le pied et cadre............. 40		
Section à 150 voi- tures. { Officiers et trompettes............... 10		
150 voitures de réquisition............ 1690	1720	25 48
Chevaux haut le pied et cadre.......... 20		

§ V. — PARC D'ARTILLERIE.

	LON- GUEURS.	DURÉES D'ÉCOU- LEMENT.
	mètres.	h. m. s.
Le parc d'artillerie forme généralement une co- lonne séparée, qui marche à 1 ou 2 journées en arrière du corps d'armée, dans l'ordre suivant.		
État-major du parc........................ 25ᵐ		
Détachements d'ouvriers et d'artificiers............... 75	100	1 30
1ʳᵉ section de parc (45 voitures).....................	850	12 45
2ᵉ section de parc (45 voitures).....................	850	12 45
Distance.....................	300	4 30
3ᵉ section de parc (45 voitures).....................	850	12 45
4ᵉ section de parc (40 voitures).....................	800	12
Train régimentaire du parc (22 voitures)...................	250	3 45
Totaux......................	4000	1

§ VI. — DÉPOT DE REMONTE MOBILE.

Le dépôt de remonte mobile marche habituellement derrière un des convois administratifs. Avec la composition normale de 100 chevaux et 3 voitures, il occupe une longueur de 225 mètres; sa durée d'écoulement est de 3 minutes 1/2.

§ VII. — HOPITAUX DE CAMPAGNE.

Un hôpital de campagne attelé par un détachement du train (10 voitures) occupe 150 mètres de longueur, correspondant à une durée d'écoulement de 2 minutes.

Un ou plusieurs des hôpitaux attelés du corps d'armée peuvent être intercalés dans la colonne du train régimentaire du corps d'armée, à la suite de l'ambulance du quartier général. Les autres forment un convoi spécial en queue des convois administratifs.

Chapitre V. — FORMATIONS DES DIFFÉRENTES ARMES.

§ 1er. — FORMATIONS A RANGS SERRÉS.

Infanterie.

Intervalles et distances entre les divers éléments.

Entre :

	INTERVALLES.
Les compagnies en ligne déployée...................	4m,50 (6 pas)
Les bataillons en ligne déployée...................	22m,50 (3o pas)
Les compagnies d'un bataillon en ligne de colonnes de compagnie...................	18m,00 (24 pas)
Les compagnies d'un bataillon en colonne double.........	4m,50 (6 pas)
Les compagnies d'un bataillon en ligne de colonnes de peloton.................... Front de section, plus 4m,50 (6 pas)	
Les sections d'une compagnie en ligne de colonnes de peloton. Front de section.	

	DISTANCES.
Les sections d'une colonne de compagnie..............	
Les sections d'une compagnie en ligne de colonnes de peloton.	4m,50 (6 pas)
Les compagnies d'un bataillon en colonne double ou en masse...................	4m,50 (6 pas)
Les compagnies d'une colonne de bataillon. Front de section, plus 4m,50 (6 pas)	

Espaces occupés par les divers éléments.

Les indications ci-dessous donnent les espaces occupés sans les sapeurs, tambours ou clairons, musiciens, etc.

Dans une compagnie déployée, le nombre F des files, y compris les créneaux des chefs de section, est égal à la moitié de l'effectif en hommes de troupe, diminué de 11 unités (1 adjudant, 1 sergent-major, 1 sergent fourrier, 1 caporal fourrier, 1 infirmier, 4 tambours ou clairons, 1 conducteur, 1 ordonnance du capitaine monté). — Une file occupe 0m,70 en front et 1m,40 en profondeur; une voiture à 4 chevaux, 2m en front et 11m en profondeur.

BATAILLON	FRONT.	PROFONDEUR.
déployé.............	4 F × 0m,70 + 13m,50	
en colonne double.......	1/2 F × 0m,70 + 4m,50	34m
en masse..............	F × 0m,70	15m
en ligne de colonnes de compagnie { à 24 pas.	F × 0m,70 + 54m,00	15m
{ à 6 pas..	F × 0m,70 + 13m,50	15m
en ligne de colonnes de peloton...............	(4 F —1/4 F) × 0m,70 + 13m,50	8m
en colonne de bataillon...	1/4 F × 0m,70	70m + 3/4 F × 0m,70
RÉGIMENT		
déployé...............	12 F × 0m,70 + 85m,50	
en ligne de colonnes doubles.................	6/4 F × 0m,70 + 58m,50	34m
en ligne de colonnes de compagnie { à 24 pas.	12/4 F × 0m,70 +207m,00	15m
{ à 6 pas..	12/4 F × 0m,70 + 85m,50	15m

Cavalerie.

Intervalles et distances entre les divers éléments.

Tous les chiffres ci-dessous ont été calculés en prenant pour base l'effectif normal de l'escadron à 48 files pleines ou creuses, le régiment à 4 escadrons, la brigade à 2 régiments et la division à 3 brigades.

Entre :

	INTERVALLES.
Les escadrons en bataille ou en masse	12^m
Les régiments et les brigades en bataille ou en masse	12
Les régiments d'une brigade en ligne de masses avec intervalles de déploiement	156

	DISTANCES.
Les escadrons en colonne de route	12^m
Les escadrons en colonne de pelotons	18
Les escadrons en colonne serrée	18
Les régiments d'une brigade en colonne de masses	18
Les escadrons en colonne d'escadron à demi-distance	30
à distance entière	54

Les régiments et les brigades, mêmes distances qu'entre les escadrons des régiments.

Espaces occupés par les divers éléments.

		FRONT.	PROFONDEUR.
Une file		1^m	15
Escadron	en bataille	48	15
	en colonne de pelotons	12	46
Régiment	en bataille	228	15
	en ligne de colonnes	192	46
	en masse	84	46
	en colonne serrée	48	87
	en colonne d'escadrons à demi-distance	48	123
	en colonne d'escadrons à distance entière	48	195
	en colonne de pelotons	12	226
Brigade	en bataille	468	15
	en ligne de colonnes	432	46
	en ligne de masses	180	46
	en ligne de masses avec intervalle de déploiement	322	46
	en colonne de masses	84	106
	en colonne serrée	48	183
	en colonne d'escadrons à demi-distance	48	267
	en colonne d'escadrons à distance entière	48	435
	en colonne double	36	226
	en colonne de pelotons	12	471
Division	en bataille	1428	15
	en ligne de masses	564	46
	en ligne par brigades en colonne de masses	276	106
	en colonne par brigades en ligne de masses	180	175
	en colonne de masses	84	346
	en colonne serrée	48	567
	en colonne d'escadrons à demi-distance	48	843
	en colonne d'escadrons à distance entière	48	1400
	en colonne double	36	706
	en colonne de pelotons	12	1426

Artillerie.

Intervalles et distances entre les divers éléments.

Entre :

Les files d'une batterie	montée	Intervalle	13ᵐ
	à cheval	Idem	16
Les éléments successifs d'une batterie en colonne		Distance	1
Deux batteries en bataille ou en masse		Intervalle	25
Deux batteries en ligne de colonnes	Batteries montées	Idem	85
	Batteries à cheval	Idem	100
Deux batteries en colonne serrée ou en colonne par section ou par pièce	Batteries montées	Distance	13
	Batteries à cheval	Idem	10

Espaces occupés par les divers éléments.

A. — Batterie de combat (12 voitures).
B. — Batterie avec sa réserve (18 voitures).

	FRONT.	PROFONDEUR. A.	PROFONDEUR. B.
	m.	m.	m.
Une voiture à 6 chevaux	2	14	14
Batterie montée. en bataille	77	29	44
en colonne par section	17	89	145
Batterie à cheval. en bataille	92	35	50
en colonne par section	20	107	165
Groupe de 4 batteries montées. en bataille	325	29	44
en ligne de colonnes	325	89	145
en masse	145	89	145
en colonne serrée	77	160	215
en colonne par section	17	400	620
Groupe de 3 batteries à cheval. en bataille	330	35	50
en ligne de colonnes	260	107	165
en masse	110	107	165
en colonne serrée	92	115	170
en colonne par section	20	350	520

§ II. — FORMATIONS DE RASSEMBLEMENT.

Infanterie.

(F a la même signification qu'au § 1ᵉʳ.)

Dans les formations de rassemblement, les bataillons sont en colonne double, ou en ligne de colonnes de compagnie à intervalles de 6 pas (4ᵐ,50), ou en masse; les distances et les intervalles sont de 30 pas (22ᵐ,50) entre les bataillons d'un même régiment, et de 40 pas (30ᵐ) entre les régiments d'une brigade.

La *brigade* a trois formations de rassemblement:

1° et 2° Sur deux lignes, un régiment par ligne, les voitures sur un des flancs du régiment; les bataillons sont en colonne double ou en masse. — Formation en colonne double : front 6/4 F × 0ᵐ,70

+ 90^m (voitures comprises); profondeur, 98^m. — Formation en masse : front 3 F × 0^m,70 + 75^m (voitures comprises); profondeur, 63^m.

3° Sur trois lignes par régiments accolés (bataillons en lignes de colonnes de compagnie à 6 pas), les voitures derrière chaque régiment. Profondeur, 110^m en comprenant les voitures; front, 2 F × 0^m,70 + 57^m.

La *division* a trois formations de rassemblement :

1° Par brigades, l'une derrière l'autre;

2° Par brigades accolées et dans chaque brigade les régiments l'un derrière l'autre;

3° Par brigades et régiments accolés.

Cavalerie.

La *masse* est la formation de rassemblement de la cavalerie.

La brigade se rassemble :

1° En ligne de masses (les 2 régiments en masse accolés);

2° En colonne de masses (les deux régiments en masse l'un derrière l'autre).

La division se rassemble :

1° En ligne de masses (les 6 régiments en masse accolés);

2° En ligne par brigades en colonne de masses (les 3 brigades accolées, chacune d'elles étant en colonne de masses);

3° En colonne par brigades en ligne de masses (les 3 brigades l'une derrière l'autre, chacune d'elles étant en ligne de masses);

4° En colonne de masses (les 6 régiments en masse l'un derrière l'autre).

(Voir ci-dessus, page 197, les espaces occupés par le régiment, la brigade et la division dans les différents cas.)

Artillerie.

Pour se rassembler, une batterie isolée se forme en bataille, la réserve derrière les caissons de la batterie de combat; un groupe de batteries se forme en colonne serrée ou plus souvent en masse, chaque batterie ayant sa réserve derrière elle.

Les intervalles peuvent être serrés jusqu'à 2^m entre les files de voitures dans les formations en bataille ou en colonne serrée, et réduits à 13^m entre les batteries dans la formation en masse.

§ III. — FORMATIONS DE COMBAT.

Infanterie.

Bataillon (encadré, 800 fusils). — *Offensive* : front d'action, 300 à 350^m; profondeur, 300 à 500^m suivant le terrain. *Défensive* :

front d'action, 450ᵐ environ; profondeur, moindre que dans l'offensive, dépasse rarement 300ᵐ.

Pour un combat démonstratif dans l'offensive, et pour l'occupation d'une ligne fortifiée dans la défensive, les fronts de combat peuvent être plus étendus.

Brigade (encadrée). — En général par régiments accolés dans l'offensive et dans la défensive, chaque régiment ayant 2 bataillons en première ligne et le 3ᵉ en deuxième ligne à 300ᵐ.

Dans l'offensive : front, 1200 à 1300ᵐ; profondeur, 700 à 750ᵐ.

Dans la défensive : front, 1800ᵐ environ, profondeur moindre que dans l'offensive.

Si la brigade est isolée, ou si elle se trouve à l'extrémité d'une ligne, les deux régiments, ou un seul, peuvent avoir leurs 3 bataillons échelonnés à 300ᵐ environ les uns derrière les autres.

Artillerie.

Front d'une batterie : 100ᵐ environ. — Peut être réduit à 60ᵐ. Avant-trains à 15 ou 20ᵐ en arrière des pièces.

Les caissons du 1ᵉʳ échelon, abrités le mieux possible, et placés derrière chaque section, de manière que les pourvoyeurs n'aient pas trop de distance à parcourir. Les caissons du 2ᵉ échelon, en réserve à 500ᵐ en arrière des pièces, du côté du flanc le moins exposé.

Division d'infanterie.

Division encadrée : généralement formée par brigades accolées dans l'offensive et la défensive, trois régiments étant en 1ʳᵉ ligne, le 4ᵉ tenu en réserve. Dans chaque régiment de 1ʳᵉ ligne, deux ou un bataillon en formation de combat, les autres bataillons en 2ᵉ et 3ᵉ ligne.

Avec 6 bataillons en formation de combat et 4 batteries, le front de combat pourra être de 2200 à 2400ᵐ dans l'offensive, et d'environ 3000ᵐ dans la défensive.

On peut aussi placer les deux brigades l'une derrière l'autre, chacun des régiments de 1ʳᵉ ligne ayant 2 bataillons en formation de combat et le troisième bataillon en 2ᵉ ligne. Dans ce cas, avec 4 bataillons et 4 batteries sur la ligne de feu, dans l'offensive, le front de combat pourra être de 1600 à 1800ᵐ.

Division isolée. — Dans l'offensive : un régiment au combat démonstratif (2 ou même 3 bataillons en 1ʳᵉ ligne), une brigade au combat décisif, l'artillerie à l'aile intérieure de la brigade chargée du combat décisif, le quatrième régiment en réserve vers l'aile intérieure de la brigade d'attaque.

Dans la défensive : trois régiments en 1re ligne, ayant chacun 2 bataillons en formation de combat; le quatrième régiment tenu en réserve du côté de l'aile la plus menacée.

Cavalerie.

La cavalerie en présence de l'ennemi se forme habituellement sur 3 lignes, les deuxième et troisième lignes en échelons en arrière des deux ailes de la première.

Elle s'éclaire au moyen de patrouilles de combat, et se fait précéder par des éclaireurs de terrain. Généralement elle fournit un soutien à l'artillerie qui lui est attribuée.

§ IV. — FORMATIONS POUR LES REVUES ET DÉFILÉS.

Infanterie.

Pour tous les calculs relatifs aux revues et défilés, on admet que l'effectif est connu et fixé à l'avance. Dans les formules qui suivent, F représente le nombre de files prescrit par compagnie, augmenté de 4 pour tenir compte des créneaux des chefs de section.

Revues.

Quelle que soit la formation adoptée, les intervalles sont: 6 pas (4^m,50) entre les compagnies; — 30 pas (22^m,50) entre les bataillons; — 40 pas (30^m) entre les régiments; — 50 pas (38^m) entre les brigades; — 60 pas (45^m) entre les divisions.

Trois formations peuvent être adoptées:

1° En ligne déployée. — Profondeur, 50^m.

Front
- de bataillon..................... 4 F × 0^m,70 + 13^m,
- de régiment .... 12 F × 0^m,70 + 85^m,
- de brigade....................... 24 F × 0^m,70 + 201^m
- de division .... 48 F × 0^m,70 + 410^m

2° En ligne de colonnes de compagnie à 24 pas, — Profondeur, 35^m.

Front
- de bataillon..................... F × 0^m,70 + 65^m
- de régiment .... 3 F × 0^m,70 + 230^m
- de brigade....................... 6 F × 0^m,70 + 475^m
- de division .... 12 F × 0^m,70 + 970^m

3° En ligne de bataillons en masse. — Profondeur, 35^m.

Front
- de bataillon..................... F × 0^m,70 + 10^m
- de régiment .... 3 F × 0^m,70 + 70^m
- de brigade....................... 6 F × 0^m,70 + 145^m
- de division .... 12 F × 0^m,70 + 325^m

On peut encore, pour les revues, placer d'avance les troupes dans l'une des formations qui servent au défilé. (Voir ci-dessous les espaces occupés.)

Places au moment de la revue. — Le colonel se porte, s'il n'y est déjà, à 20 pas (15ᵐ) de la droite de son régiment; le général de brigade se place à 10 pas (8ᵐ) du colonel du 1ᵉʳ régiment de sa brigade; le général de division à 10 pas (8ᵐ) du général de la 1ʳᵉ brigade. Les états-majors et escortes des généraux se groupent derrière eux comme pour le défilé. Les médecins se placent à 20 pas derrière la gauche de leur bataillon, les infirmiers à 4 pas (3ᵐ) en arrière d'eux.

Défilés.

Quatre formations, correspondant : les deux premières à la formation n° 1, les deux autres aux formations nᵒˢ 2 et 3 des revues. Les distances sont uniformément de 60 pas (45ᵐ) entre les régiments, de 80 pas (60ᵐ) entre les brigades, de 100 pas (75ᵐ) entre les divisions.

1° En colonne à distance entière par compagnie. Front, $F \times 0^m,70$.

Distance entre les bataillons d'un même régiment.. $F \times 0^m,70 + 22^m,50$

Profondeur
- de bataillon.................... $3\ F \times 0^m,70 + 65^m$
- de régiment..................... $11\ F \times 0^m,70 + 185^m$
- de brigade...................... $22\ F \times 0^m,70 + 443^m$
- de division..................... $44\ F \times 0^m,70 + 994^m$

2° En colonne à distance entière par section. Front, $1/4\ F \times 0^m,70$.

Distance entre les bataillons d'un même régiment.. $1/4\ F \times 0^m,70 + 22^m,50$

Profondeur
- de bataillon.................... $15/4\ F \times 0^m,70 + 65^m$
- de régiment..................... $11.3/4\ F \times 0^m,70 + 185^m$
- de brigade...................... $23.1/2\ F \times 0^m,70 + 443^m$
- de division..................... $47\ F \times 0^m,70 + 994^m$

3° En colonne de régiment. Front, $1/4\ F \times 0^m,70$.

Distance entre les bataillons.................... $1/4\ F \times 0^m,70 + 9^m$

Profondeur
- de bataillon.................... $3/4\ F + 119^m$
- de régiment..................... $2.3/4\ F + 320^m,50$
- de brigade...................... $5.1/2\ F + 713^m$
- de division..................... $11\ F + 1534^m$

4° En colonne de bataillons en masse. Front, $F \times 0^m,70$.

Distance entre les bataillons.................... $F \times 0^m,70 + 9^m$

Profondeur
- de bataillon.................... 65^m
- de régiment..................... $2\ F + 158^m,50$
- de brigade...................... $4\ F + 380^m$
- de division..................... $8\ F + 886^m$

Nota. — Dans les calculs ci-dessus, on a compté comme profondeur entre les sapeurs et la 1ʳᵉ subdivision : 132ᵐ pour le premier régiment d'une division, 84ᵐ pour le premier régiment d'une brigade et 57ᵐ pour le deuxième régiment d'une brigade; pour un bataillon isolé, on a compté 20ᵐ entre les tambours et la 1ʳᵉ subdivision. Les éléments qui défilent à la suite de la dernière subdivision (section hors rang, cantinières, médecins, infirmiers, train de combat) ont été comptés pour 43ᵐ dans un régiment, et pour 31ᵐ,50 dans un bataillon isolé.

Places. — En tête de colonne, les sapeurs et la musique du premier régiment (9 pas ou 7ᵐ entre les sapeurs et le premier rang des tambours, et 20ᵐ de profondeur pour les tambours et la musique).

Le général de division à 25 pas (19^m) du dernier rang de la musique, son chef d'état-major à 10 pas (8^m) en arrière, les officiers d'état-major et officiers d'ordonnance sur un rang, à 5 pas (4^m) en arrière du chef d'état-major; l'escorte à 10 pas (8^m) plus en arrière.

Le général de brigade à 45 pas (34^m) derrière le général de division (20 pas de son escorte) ou à 20 pas (15^m) de la musique s'il n'y a pas de général de division; les officiers d'ordonnance à 10 pas (8^m) du général; les cavaliers d'escorte à 5 pas (4^m) plus en arrière.

Le colonel à 30 pas (23^m) du général de brigade (15 pas de son escorte) ou à 18 pas (11^m) de la musique, s'il n'y a pas de général de brigade.

Le chef du 1er bataillon à 10 pas (8^m) derrière le colonel, et à 12 pas (9^m) devant le centre de la subdivision de tête; le lieutenant-colonel à 4 pas (3^m) à droite du chef du 1er bataillon, l'adjudant-major à la même distance à sa gauche.

Le drapeau, avec sa garde, à 12 pas (9^m) en avant de la subdivision de tête du bataillon auquel il appartient; le chef de ce bataillon à 12 pas (9^m) en avant du drapeau.

Les capitaines à 6 pas (4^m,50) devant la section de tête de leur compagnie ou devant le centre de leur compagnie. Si l'on défile en colonne de bataillons en masse, ils se placent sur un rang à 6 pas (4^m,50) devant le centre de la compagnie de tête de leur bataillon.

La section hors rang, quand elle assiste à la revue, défile à 12 pas (9^m) de la dernière subdivision du régiment; les cantinières sont à 5 pas (4^m) en arrière.

Les médecins réunis par régiment défilent sur un rang à 6 pas (4^m,50) des cantinières ou de la dernière subdivision; à 4 pas (3^m) en arrière; les médecins auxiliaires et les infirmiers.

Les chevaux de main, les mulets d'outils et les voitures du train de combat, sur un ou plusieurs rangs, et sur un front égal au plus à celui des subdivisions, défilent à 12 pas (9^m) en arrière des infirmiers.

Cavalerie.

Revues.

Formations habituelles en bataille ou en ligne de masses.

Une file de cavalerie occupe 1^m de front, 6^m de profondeur.

Les intervalles entre les diverses unités, escadrons, régiments et brigades, sont de 12^m, comptés du colonel à la gauche du dernier escadron du régiment précédent.

Les officiers supérieurs se placent sur l'alignement du rang des officiers.

Les colonels se placent à 3^m de la droite des trompettes de leur régiment, les trompettes à 6^m de la droite du 1er escadron de leur régiment; ce qui donne en réalité 35^m entre le 1er escadron d'un régiment et le 4e escadron du régiment précédent.

Dans une brigade, dans une division, ou dans un groupe de divisions, seul le commandant des troupes se place à 25^m en avant du centre de la ligne. Les autres officiers généraux se placent à la droite du colonel de leur premier régiment. Les états-majors des généraux sont derrière eux, comme pour le défilé.

Formations. (Régiment à 4 escadrons, division à 6 régiments.)

1° En bataille :

Régiment, 251^m; — brigade, 514^m; — division .... 1572^m

2° En masse :

Front... {
Régiment en masse.................................. 107^m
Brigade en ligne de masses.......................... 226
Division en ligne de masses......................... 705
Division en ligne par brigades en colonne de masses....... 351
}

Profondeur. (Voir page 197.)

Défilés.

Six formations peuvent être adoptées :

	FRONT.	PROFONDEUR.		
En colonne :		RÉGIMENT.	BRIGADE.	DIVISION.
	mètres.	mètres.	mètres.	mètres.
1° de pelotons......................	12	290	635	2045
2° de divisions.....................	24	280	614	1974
3° d'escadrons à distance entière........	48	260	566	1830
4° d'escadrons à demi-distance..........	48	185	422	1393
5° serrée...........................	48	150	350	1172
6° de masses........................	84	"	278	966

Distances. — Entre les brigades, 60^m; entre les régiments, 45^m (mesurés de la dernière subdivision du régiment ou de la brigade aux trompettes du régiment suivant); entre les escadrons en colonne par division, 30^m.

Places. — Le général de division défile à la tête de sa division, ayant à 8^m derrière lui son chef d'état-major, et à 1^m,50 derrière celui-ci les officiers de son état-major.

Chaque général de brigade, ayant à 4^m derrière lui ses officiers d'ordonnance, défile à la tête de sa brigade, à 20^m en avant du colonel de son 1er régiment; le général de la 1re brigade se tient à 30^m en arrière du général de division. — Chaque colonel défile à 25^m en avant de la fraction de tête, le lieutenant-colonel à sa gauche et un peu en arrière. A 6^m en arrière, les officiers de l'état-major du régiment sur un rang.

Les trompettes du 1ᵉʳ régiment de la division marchent à 25ᵐ en avant du général de division; ceux du 1ᵉʳ régiment des autres brigades à 25ᵐ en avant du général brigade ; ceux du 2ᵉ régiment de chaque brigade à 25ᵐ en avant de leur colonel.

Les médecins et vétérinaires sur un rang défilent à la gauche de leur régiment, à 4ᵐ de la dernière fraction.

Artillerie.

Revues.

Formation en bataille. — Dans chaque batterie, 3 lignes de voitures séparées par des distances de 15ᵐ : 1° pièces; 2° caissons 3° réserve. (Une voiture occupe 2ᵐ en front, 14ᵐ en profondeur.

Les servants à pied ou à cheval en peloton sur 2 rangs derrière leur pièce, à 6ᵐ de la bouche.

Les autres unités sont également sur 3 lignes.

Intervalle entre les batteries, 25ᵐ; entre les groupes de batteries, 40ᵐ. Si le terrain l'exige, l'intervalle entre les pièces peut être serré à 2ᵐ et celui entre les batteries à 10ᵐ; les lignes de voitures serrent à 8ᵐ de distance.

Le chef d'escadron, ayant derrière lui l'officier de réserve adjoint et l'officier d'approvisionnement, se place à 3ᵐ de la droite des batteries qu'il commande, sur l'alignement des conducteurs de devant.

Les trompettes sont sur 2 rangs sur le même alignement, leur gauche à 10ᵐ de la droite de la 1ʳᵉ batterie.

Le colonel se place à 10ᵐ de la droite des trompettes, ayant derrière lui son capitaine adjoint.

Unités à intervalles serrés.	FRONT.	PROFONDEUR.
Batterie .. { montée	22ᵐ	72ᵐ
à cheval	24	72
Groupe de 4 batteries montées	118	72
Groupe de 3 batteries à cheval	92	72
Artillerie { avec les 8 batteries	280	72
de corps.. { avec 7 batteries	246	72
Section de { d'infanterie (3 lignes)	46	72
munitions { d'artillerie (3 lignes)	30	72
Groupe divisionnaire de 2 sections de munitions	86	72
Groupe de 2 sections de munitions d'artillerie	70	72
Les 6 sections réunies	260	72
Équipage de pont (3 lignes)	70	72
Section de parc de corps d'armée (3 lignes)	66	72
Les 4 sections de parc réunies	294	72

Défilés.

Par batterie à intervalles serrés, les servants sur les coffres; les autres unités sur un front de 6 à 10 voitures.

		FRONT.	PROFONDEUR.
Batterie .. { montée		22ᵐ	48ᵐ
{ à cheval		24	55
Groupe de 4 batteries montées		22	345
Groupe de 3 batteries à cheval		24	275
Artillerie { avec les 8 batteries		24	650
de corps { avec 7 batteries		24	570
Section { d'infanterie (6 voitures de front)		22	95
de munitions } d'artillerie (8 voitures de front)		30	65
Groupe divisionnaire de 2 sections de munitions		30	220
Groupe de 2 sections de munitions d'artillerie		30	190
Les 6 sections réunies		30	650
Équipage de pont (10 voitures de front)		38	120
Section de parc de corps d'armée (9 voitures de front)...		34	110
Les 4 sections de parc réunies		34	595

Le colonel ou lieutenant-colonel commandant un groupe divisionnaire ou l'artillerie de corps marche à 25ᵐ en arrière des trompettes et à 30ᵐ en avant de la fraction de tête.

Chaque chef d'escadron à 4ᵐ en avant de la première unité de son groupe.

Les batteries ou sections prennent 25ᵐ de distance entre elles.

Les médecins et vétérinaires sur un rang défilent à la gauche de la colonne à 6ᵐ de la dernière subdivision.

Nota. — Toutes ces distances sont comptées dans les chiffres ci-dessus.

§ V. — REVUES ET DÉFILÉS DES TROUPES DE TOUTES ARMES.

Rang des troupes entre elles.

L'ordre de bataille pour les réunions de troupes, parades, revues, cérémonies publiques, etc., est réglé comme il suit par les articles 253 et 254 du décret du 23 octobre 1883.

Armée de terre.

1° **Troupes à pied.** — *Invalides.* — *Gendarmerie :* gendarmerie départementale, gendarmerie mobile, garde républicaine. — *Sapeurs-pompiers :* des communes; de la ville de Paris. — *Artillerie à pied et sans son matériel :* bataillons et régiments, pontonniers, ouvriers, artificiers. — *Génie, sans son matériel :* sapeurs-mineurs, ouvriers militaires de chemins de fer, sapeurs-conducteurs à pied. — *Infanterie :* chasseurs à pied; douaniers, chasseurs forestiers (les compagnies ou sections actives à la suite des compagnies ou sections de forteresse); zouaves, infanterie de ligne, infanterie légère d'Afrique, officiers des compagnies de discipline, tirailleurs algériens, légion étrangère. — *Train des équipages militaires, sans son matériel.* — *Services particuliers :* sections techniques d'ouvriers de chemins de fer (sans matériel), service de la télégraphie (*idem*);

service de la trésorerie et des postes, sections de secrétaires d'état-major et du recrutement, sections de commis aux écritures et d'ouvriers d'administration, sections d'infirmiers.

2° **Troupes à cheval ou avec leur matériel.** — *Artillerie.* — *Génie :* sapeurs-conducteurs. — *Train des équipages militaires.* — *Services particuliers :* sections techniques d'ouvriers de chemins de fer, service de la télégraphie, service de la trésorerie et des postes, service des ambulances.

3° **Troupes à cheval.** — *Gendarmerie :* gendarmerie départementale, garde républicaine. — *Cavalerie :* éclaireurs volontaires, brigades à cheval des douanes, escadrons des chasseurs forestiers, chasseurs d'Afrique, hussards, chasseurs, dragons, cuirassiers, cavaliers de remonte, spahis.

Armée de mer.

1° **Troupes à pied.** — Gendarmerie. Équipages de la flotte. Artillerie de la marine. Infanterie de la marine. Pompiers de la marine. Gardes-consignes.

2° **Troupes à cheval.** — Gendarmerie. Artillerie montée.

(Les troupes indigènes des colonies se placent à la gauche des troupes nationales de leur arme.)

L'ordre précédent peut être observé séparément pour chaque division ou corps d'armée; toutefois on peut réunir les troupes de même arme, soit pour former la haie, soit pour former le défilé.

A bord, dans l'arsenal ou sur les terrains de la marine, les troupes de l'armée de mer prennent la droite. Elles prennent la gauche à terre hors de l'arsenal et des terrains de la marine. Les troupes de l'armée territoriale prennent la gauche des troupes de leur arme de l'armée active. Quand les troupes doivent être formées en haie, la droite est le côté droit déterminé par la direction que suit le cortège.

Honneurs à rendre par les troupes aux revues et prises d'armes.

Toutes les fois que les troupes présentent les armes, les officiers de tout grade présentent l'épée ou le sabre. Ils font le salut de l'épée ou du sabre lorsque la personne à qui cet honneur est dû passe devant eux et lorsqu'ils défilent devant elle. — Les membres de l'intendance, du corps de santé militaire, les vétérinaires et autres fonctionnaires des armées de terre et de mer ayant rang d'officier, qui ne mettent pas l'arme à la main, saluent dans les mêmes conditions que les officiers de troupe qui leur sont assimilés. Ce salut s'exécute en portant la main à la coiffure.

Président de la République. Les troupes présentent les armes ; les tambours et clairons battent et sonnent aux champs, les trompettes sonnent la marche, les musiques jouent l'air national ; tous les officiers saluent de l'épée ou du sabre ; les drapeaux et étendards saluent.

Ministres de la guerre et de la marine, maréchaux et amiraux, généraux de division commandant en chef une ou plusieurs armées, gouverneurs militaires de Paris et de Lyon, généraux de division commandant un corps d'armée, vice-amiraux pourvus d'une commission d'amiral ou commandant en chef à la mer ou préfets maritimes, généraux de division commandant la région territoriale après la mobilisation. — Les troupes placées sous leur commandement ou qu'ils ont mission de voir et d'inspecter présentent les armes ; les tambours et clairons battent et sonnent aux champs ; les trompettes sonnent la marche ; les musiques jouent l'air national ; les officiers généraux, les commandants des corps de troupe, quel que soit leur grade, et les officiers supérieurs saluent de l'épée ou du sabre ; les drapeaux et étendards saluent.

Généraux de division commandant les divisions actives, généraux de division et vice-amiraux. — Les troupes placées sous leur commandement ou qu'ils ont mission de voir et d'inspecter portent les armes ; les tambours et clairons battent et sonnent le rappel ; les trompettes sonnent des appels ; les musiques jouent l'air national ; les officiers généraux, les commandants des corps de troupe, quel que soit leur grade, et les officiers supérieurs saluent de l'épée ou du sabre ; les drapeaux et étendards saluent.

Généraux de brigade commandant les brigades actives, généraux de brigade et contre-amiraux. — Les troupes placées sous leur commandement ou qu'ils ont mission de voir et d'inspecter portent les armes ; les tambours, clairons et trompettes sont prêts à battre ou à sonner ; les musiques jouent l'air national ; les commandants des corps de troupe, quel que soit leur grade, saluent de l'épée ou du sabre.

Commandants d'armes qui ne sont pas officiers généraux. — Les troupes portent les armes ; le commandant des troupes, seul, salue de l'épée ou du sabre.

Prescriptions pour les revues et défilés des troupes de toutes armes.

Le commandant en chef se porte seul à la rencontre de la personne à laquelle on rend les honneurs, la salue de l'épée lorsqu'il arrive à 10 pas d'elle, se range à sa gauche et se maintient à portée de recevoir ses ordres. Il lui cède le côté des troupes pendant la revue ; son chef d'état-major l'accompagne ; son état-major et son escorte restent à la droite de la ligne, un peu en arrière, et ne reprennent place derrière lui que pour le défilé.

Le commandant en chef défile en tête de toutes les troupes, *en avant* de la musique (infanterie) ou des trompettes (cavalerie) du premier régiment. Après avoir fait le salut, il va, suivi de son état-major, se placer en face de la personne à laquelle on rend les honneurs, et à 20 pas environ du flanc de la colonne. Tous les officiers généraux continuent de marcher à la tête de leurs troupes.

Le défilé a lieu, dans l'infanterie, soit au port d'armes, soit l'arme sur l'épaule droite, suivant l'ordre qui en est donné ; dans la cavalerie, le sabre à la main. Le guide est toujours pris du côté de la personne à laquelle on rend les honneurs.

Chaque régiment d'infanterie défile avec sa musique. L'artillerie défile avec la musique de l'école d'artillerie de la brigade, ou à défaut avec la musique du dernier régiment d'infanterie. Dans la cavalerie, chaque régiment défile précédé de ses trompettes, qui sonnent la marche correspondant à l'allure.

La *distance* est, pour toutes les armes, de 45^m (60 pas) entre les régiments, 60^m (80 pas) entre les brigades, 75^m (100 pas) entre les divisions. Si le défilé a lieu au pas pour toutes les armes, la distance d'une arme à l'autre est de 100^m ; si les troupes à cheval défilent au trot, la distance entre elles et l'infanterie est de 500^m ; elle est de 800^m si les armes à cheval défilent au galop. Enfin, si l'artillerie défilant au trot, la cavalerie défile au galop, la distance entre ces deux armes est aussi de 800^m.

Les officiers convoqués pour une revue sans avoir de commandement dans les troupes qui défilent ou sans être appelés à faire partie des états-majors ; les membres de l'intendance, du corps de santé militaire, les vétérinaires et les autres fonctionnaires des armées de terre et de mer ayant rang d'officier, qui n'appartiennent pas aux corps de troupe présents à la revue, mais qui y ont été convoqués par les officiers généraux commandants ; enfin les officiers étrangers invités à la revue, ne défilent pas. Pendant la revue, ils se placent sur le terrain à la droite des troupes, et pendant le défilé ils se groupent derrière la personne à qui les honneurs sont dus. Dans les deux cas, ils se rangent dans l'ordre assigné aux troupes de leur arme, les chefs de service au premier rang, ayant leur personnel derrière eux. Ils ne mettent pas l'arme à la main, et quand ils doivent saluer, ils le font en portant la main droite à la coiffure.

— Pour la revue, tracer l'emplacement des troupes à l'aide de fanions; commander des cavaliers pour faire la police du terrain et assurer la liberté des débouchés.

Déterminer la direction du défilé à l'aide de jalonneurs, ou de mâts avec fanions si on a le temps.

Établir des ambulances sur le terrain.

Défilé d'un corps d'armée.

En campagne ou pendant les grandes manœuvres, on peut donner aux troupes, pour les revues et défilés, une disposition se rapprochant des ordres de marche normaux indiqués au chap. IV.

Dans ce cas, la colonne pourra être formée comme il suit :

Distances.

  Général commandant le corps d'armée.
8ᵐ. — Le chef d'état-major du corps d'armée.
4ᵐ. — Les chefs de service du corps d'armée, sur un rang dans l'ordre suivant: artillerie, génie, intendance, santé.
4ᵐ. — Les personnels de l'état-major et des services du corps d'armée, dans l'ordre suivant : 1° officiers du service d'état-major et officiers d'ordonnance; 2° officiers des états-majors de l'artillerie et du génie; 3° fonctionnaires de l'intendance, du service de santé et du service vétérinaire. (Dans chaque service, les personnels sont rangés par grade ou ancienneté.)
8ᵐ. — L'escorte.

1ʳᵉ division.

45ᵐ. — Sapeurs du 1ᵉʳ régiment de la 1ʳᵉ division.
10ᵐ. — Tambours, clairons, musique du 1ᵉʳ régiment.
19ᵐ. — Général commandant la 1ʳᵉ division.
8ᵐ. — Le chef d'état-major de la 1ʳᵉ division.
4ᵐ. — L'état-major et les chefs de service de la 1ʳᵉ division, sur un ou plusieurs rangs, dans l'ordre suivant : service d'état-major et officiers d'ordonnance, artillerie, génie, intendance.
8ᵐ. — Escorte.
15ᵐ. — Compagnie du génie divisionnaire et son parc.
15ᵐ. — Général commandant la 1ʳᵉ brigade d'infanterie, suivi de ses officiers d'ordonnance et de ses cavaliers d'escorte.
23ᵐ. — Colonel du 1ᵉʳ régiment.
19ᵐ. — 1ᵉʳ régiment (suivi de son train de combat).
45ᵐ. — 2ᵉ régiment.
100ᵐ. — Trompettes de l'artillerie divisionnaire.
25ᵐ. — Officier supérieur commandant le groupe des batteries de la 1ʳᵉ division, suivi des officiers adjoints.
30ᵐ. — 4 batteries divisionnaires.
100ᵐ. — Sapeurs, tambours, clairons et musique du 3ᵉ régiment.
15ᵐ. — Général commandant la 2ᵉ brigade, suivi de ses officiers d'ordonnance et des cavaliers d'escorte.
23ᵐ. — Colonel du 3ᵉ régiment.
19ᵐ. — 3ᵉ régiment.
45ᵐ. — 4ᵉ régiment.
50ᵐ. — Ambulance de la 1ʳᵉ division.

Troupes non endivisionnées.

50ᵐ. — Fanfare du bataillon de chasseurs.
12ᵐ. — Commandant du bataillon de chasseurs.

15^m. — Bataillon de chasseurs.
25^m. — Tambours et clairons de la compagnie de réserve du génie.
12^m. — Officier supérieur commandant la réserve et le parc du génie.
25^m. — Compagnie de réserve du génie.
100^m. — Trompettes de l'artillerie de corps.
25^m. — Colonel commandant l'artillerie de corps, suivi du capitaine adjoint.
15^m. — Officier supérieur commandant le 1er groupe de l'artillerie de corps, suivi des officiers adjoints.
15^m. — 1er groupe de l'artillerie de corps (4 batteries montées).
45^m. — Officier supérieur commandant le 2e groupe de l'artillerie de corps, suivi des officiers adjoints.
15^m. — 2e groupe de l'artillerie de corps (2 batteries montées, 2 à cheval).

100^m.

2e division.

(Même ordre que pour la 1re division.)

Brigade de cavalerie.

100^m. — Trompettes du 1er régiment de la brigade de cavalerie.
25^m. — Général commandant la brigade, suivi de ses officiers d'ordonnance et du sous-intendant de la brigade.
20^m. — Colonel du 1er régiment.
25^m. — 1er régiment (chasseurs ou hussards).
45^m. — 2e régiment (dragons).
50^m. — Ambulance de la brigade de cavalerie.

Train de combat du corps d'armée.

100^m. — Parc du génie du corps d'armée.
50^m. — Trompettes des sections de munitions.
25^m. — Officier supérieur commandant le groupe des sections de munitions, suivi de l'officier adjoint.
30^m. — Sections de munitions (2 d'infanterie, 4 d'artillerie).
50^m. — Équipage de pont.

Trains régimentaires.

100^m. — Prévôt du corps d'armée, suivi du détachement de gendarmerie de la prévôté.
50^m. — Ambulance du quartier général.
50^m. — Vaguemestre du quartier général et gendarmes à cheval du détachement de force publique.
25^m. — Train régimentaire du quartier général (équipages du quartier général, voitures de la trésorerie et des postes avec le personnel du service).
25^m. — Section télégraphique.
25^m. — Train de la brigade de cavalerie.
25^m. — Train du bataillon de chasseurs.
50^m. — Capitaine commandant la force publique de la 1re division et détachement de gendarmerie.
25^m. — Train de la 1re division.
50^m. — Capitaine commandant la force publique de la 2e division et détachement de gendarmerie.
25^m. — Train de la 2e division.
50^m. — Train de la compagnie de réserve et du parc du génie.
50^m. — Train de l'artillerie de corps.
25^m. — Train des sections de munitions.
25^m. — Train de l'équipage de pont.
25^m. — Gendarmes à pied du détachement de force publique du quartier général.

Chapitre VI. — FORTIFICATION ET TRAVAUX DE CAMPAGNE (1).

Profils.

Épaisseurs à donner aux parapets. — Contre les balles, 0^m,50 à 0^m,80. Contre l'artillerie de campagne : sable rassis, 3 mètres ; terre ordinaire, 4 mètres ; argile grasse, 5 mètres. Si l'on emploie la neige au lieu de terre, doubler les épaisseurs.

Organisation des ateliers. — Les travailleurs sont répartis en *ateliers*, généralement 3 hommes (2 pelleteurs, 1 piocheur) ; longueur de l'atelier, 2^m,60 (2 longueurs de pelle). Si l'on veut faire travailler 1/3 de la troupe, porter l'atelier à 3^m (2 longueurs de pelle, 1 fer de pioche). On accélère le travail en faisant travailler simultanément 1/2 de l'effectif, soit chaque rang à tour de rôle : longueur de l'atelier, 2^m,10 (espace occupé par 3 files dans le rang) ; prendre toujours cette disposition avec la bêche portative et relever les travailleurs tous les quarts d'heure.

Embuscade ou trou de tirailleurs. — Simple trou pour 2 tireurs ; longueur 1^m,60 ; — 2 hommes, 1 pelle, 1 pioche ; 40 à 45 minutes (30 avec les sapeurs du génie).

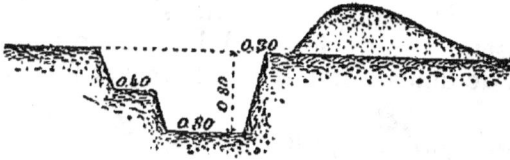

Abri de tirailleurs. — 3 hommes. 2 pelles, 1 pioche par atelier de 2^m,60 ; 12 à 15 minutes. — Se dissimule parfaitement, couvre bien contre les balles ; si l'on a le temps, se transforme facilement en tranchée-abri.

Tranchée-abri. — 3 hommes, 2 pelles, 1 pioche par atelier de 2^m,60 ; 25 à 30 minutes. — N'offre aucun obstacle au franchissement, est éminemment offensive ; facile à dissimuler ; très peu de prise à l'artillerie.

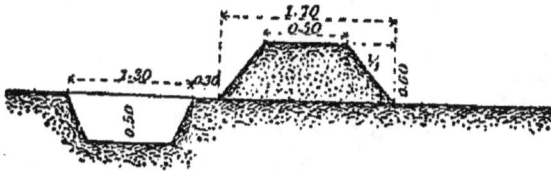

(1) Les données numériques inscrites dans ce chapitre et dans le chapitre VII sont extraites de l'*Aide-mémoire de campagne de l'artillerie* ou des *Conférences sur les travaux de campagne* faites aux officiers d'infanterie à l'école régimentaire du génie de Versailles (1878). Certaines de ces données diffèrent de celles qui figurent dans les *Cahiers des travaux pratiques* des troupes du génie, dans lesquels on suppose les travaux exécutés exclusivement par les sapeurs-mineurs.

Avec les 435 gros outils de terrassier portés par les mulets de compagnie et la voiture d'un régiment d'infanterie (voir page 66), 2 compagnies de travailleurs peuvent exécuter 430 mètres de tranchée-abri en une 1/2 heure. Avec les 480 bêches et pioches portatives des compagnies, il faut 3/4 d'heure, 1 heure ou plus, suivant le terrain. Avec les 915 outils réunis, on peut construire 1350 mètres de tranchée-abri en 1 heure.

Tranchée-abri perfectionnée. — Il est facile de renforcer la tran

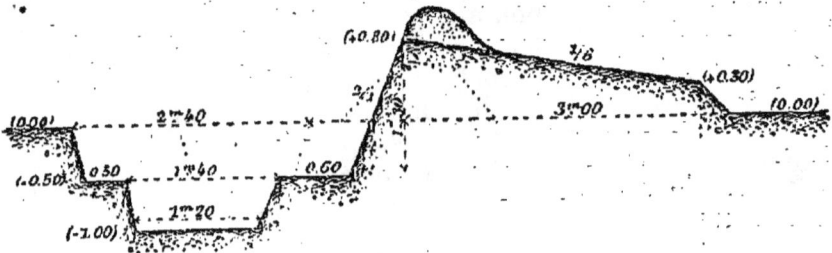

chée-abri et de lui donner un profil à l'épreuve du canon de campagne, sans lui faire perdre ses qualités offensives. — 0ᵐ,80 de relief, 3 mètres d'épaisseur, pas de fossé ; 3 heures de travail total. Si l'on a un excédent de déblai, établir des *bonnettes* formant créneaux.

Retranchement rapide simplifié. — 1ᵐ,30 de relief, 3 mètres

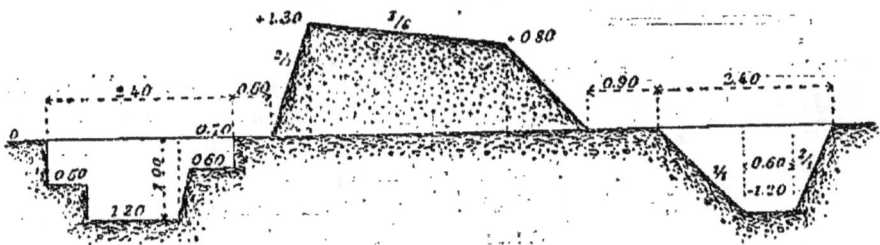

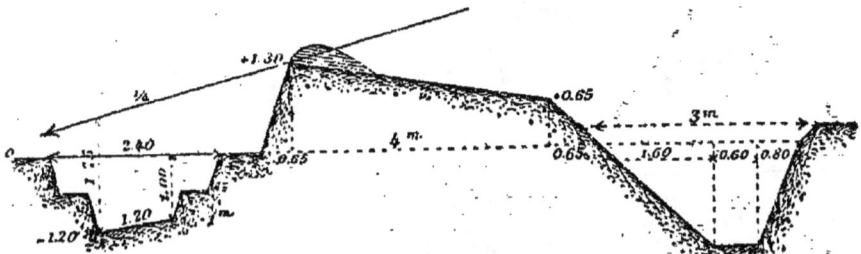

d'épaisseur (presque toujours suffisants sur le champ de bataille); 4 hommes (2 dans chaque fossé), 2 pelles et 2 pioches par mètre courant; 3 à 4 heures de travail. Peut être perfectionné après coup, en portant à 4 mètres l'épaisseur du parapet; 4 à 6 heures de travail total.

Avec les 435 gros outils de terrassier d'un régiment d'infanterie, 3 compagnies de travailleurs peuvent exécuter 110 mètres courants des deux profils précédents, dans le temps indiqué pour chacun d'eux.

Retranchement d'un profil quelconque. — Ateliers de 2 mètres; on peut les réduire à un minimum de 1^m,30, pour aller vite; par atelier, 1 piocheur et un nombre de pelleteurs variable suivant la nature du terrain et le profil du retranchement. On adjoint 1 dameur et 1 régaleur pour 2 ateliers.

Le nombre d'heures nécessaires s'obtient en divisant par 400 le volume du déblai d'un atelier, exprimé en décimètres cubes. (Un soldat médiocrement exercé peut pelleter 400 décimètres cubes en 1 heure.)

Tracés.

Coupure. — Retranchement en ligne droite, employé pour couper des routes, passages, etc.; ne fournit des feux qu'en avant.

Redan. — 2 faces formant un angle saillant de 60° au minimum pour ne pas être démoli trop facilement par le canon; présente un *secteur privé de feux* au saillant.

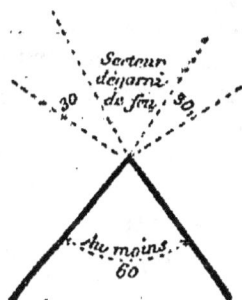

Prend le nom de *flèche*, si les faces ont moins de 30 mètres.

Lunette. — Redan prolongé par 2 petites faces latérales ou *flancs*; longueur des faces, 20 à 60 mètres; des flancs, 15 à 40 mètres.

Demi-redoute. — Ouvrage ouvert à la gorge, formé de 3 faces dont la position et les longueurs dépendent de la situation et de l'importance des points à battre. S'emploie généralement sur les premières lignes, toutes les fois qu'on veut avoir des feux énergiques en avant.

Redoute. — Ouvrage fermé dont les faces, en nombre variable, peuvent être très irrégulières suivant la situation et l'importance des buts à battre. Le plier aux formes du terrain et développer autant de feux qu'on le peut sans compliquer le tracé. Établir les parados et traverses nécessaires; assurer les communications des faces à la gorge et aux flancs, dans l'intérieur de l'ouvrage, par une ou plusieurs tranchées courbes.

La garnison d'une redoute peut être d'une compagnie, mais doit rarement dépasser 2 compagnies. Le développement des crêtes varie de 100 à 300 mètres.

Batteries.

Principes généraux. — N'installer des pièces dans les ouvrages de campagne que rarement et dans des cas spéciaux, par exemple si l'artillerie ne peut être placée sur les flancs et un peu en arrière, d'où elle donne aux ouvrages une protection bien plus efficace. — On peut aussi construire pour elle un épaulement appuyé à l'ouvrage principal.

Épaulement rapide. — Ouvrage de champ de bataille, correspondant à la tranchée-abri. — Chaque pièce a un épaulement séparé, avec terre-plein enfoncé de $0^m,25$ dans le sol; 6 servants par pièce, 4 pour la plate-forme et les rampes et 1 pour chaque rigole; on se sert des outils portés par les caissons. Genouillère, $0^m,80$; temps nécessaire, 45 minutes à 1 heure.

Si, l'on a le temps, augmenter ensuite l'épaisseur de l'abri au moyen de terres prises soit en arrière, soit dans un fossé en avant.

Épaulement renforcé. — Plus spécialement employé pour l'installation de l'artillerie dans les lignes de retranchements; rechercher un champ de tir aussi étendu qu'il est nécessaire et possible.

Analogue à l'épaulement rapide; terre-plein enfoncé de $0^m,40$, avec 5^m d'épaisseur de parapet devant les pièces et $3^m,50$ devant les fossés-abris; 8 mètres d'intervalle entre les directrices lorsque

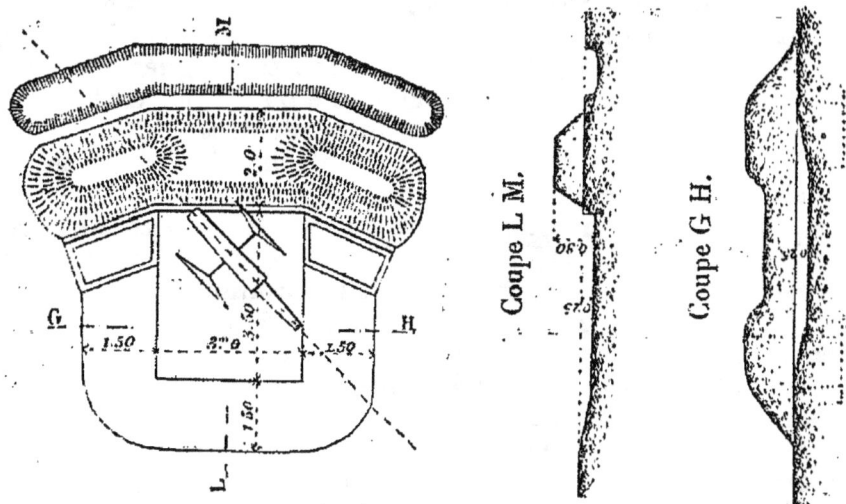

l'épaulement est continu. Par pièce, avec 6 servants et les outils des caissons: 6 à 7 heures; avec 9 hommes par pièce, 3 heures 1/2.

Abris de munitions (1 pour les charges, 1 pour les projectiles) dans la paroi antérieure des rigoles-abris.

Si la batterie est construite sur le sol, le temps nécessaire est de 8 heures avec 6 hommes par pièce, et de 6 heures avec 9 hommes; 4 heures suffisent avec 6 hommes, si l'on se contente de 2^m d'épaisseur de parapet.

Les avant-trains, caissons, chevaux de main, etc., à proximité de la batterie, un peu en arrière et sur le côté, masqués par les couverts naturels; au besoin, derrière des abris artificiels : tranchées de 2^m,50 au fond, avec parapet en demi-cercle de 3 mètres d'épaisseur. Assurer la sécurité des communications avec la batterie au moyen de tranchées donnant un couvert de 1^m,80 de hauteur, s'il est nécessaire.

Installation dans une tranchée-abri. — Se rapprocher autant que possible des dispositions précédentes : à cet effet, élargir le fossé de 2^m ou 2^m,50, creuser des fossés-abris entre chaque pièce et établir les rampes nécessaires. Compter 8 mètres de crête par pièce; genouillère, 0^m,80; avec 6 servants par pièce, et les outils des caissons, 1 heure suffit.

Défenses accessoires.

Les plus pratiques sont les abatis, les réseaux de fils de fer, les palissades et les palanques.

Abatis. — S'ils sont laissés sur place, on peut employer tous les arbres, sans distinction de grosseur, en ne les détachant pas entièrement de la souche; s'ils sont transportés, on choisit des arbres d'un diamètre de 0^m,12 à 0^m,15; ces arbres, élagués et appointés sur place, sont traînés à bras d'homme ou à l'aide d'avant-trains, puis solidement fixés au sol et les uns aux autres.

Pour abattre un arbre de 0^m,40 à 1^m de diamètre, à la hache et à la scie passe-partout: 9 hommes, 1 hache, 1 scie passe-partout, 2 coins en bois, 1 corde de 10 mètres, 2 commandes de 2 mètres; temps, 8 à 15 minutes. A la hache seulement: 4 hommes, 2 haches, 1 corde de 10 mètres; il faut 25 minutes à 2 1/2 heures, suivant le diamètre. A la scie articulée: 4 hommes, 1 scie articulée, 1 corde de 10 mètres, 2 commandes de 2 mètres; 7 à 15 minutes; il est difficile d'abattre par ce procédé des arbres d'un diamètre supérieur à 0^m,50.

Avec la serpe ou la hache portative, 3 hommes peuvent raser 100 mètres carrés de taillis en 1 ou 2 heures, suivant la nature du taillis.

Avec les outils d'un régiment d'infanterie, c'est-à-dire 26 haches de bûcheron ou de sapeur, 4 scies passe-partout, 13 scies articulées, 36 haches portatives et 20 serpes, une compagnie de travailleurs peut abattre en 1 heure 100 à 120 arbres de différentes grosseurs, les ébrancher, faire les débroussaillements utiles, en un mot mettre en état de défense 170 à 200 mètres courants de lisière d'un bois.

En 1 1/2 à 2 heures, 200 sapeurs ou artilleurs, avec 62 haches, 4 scies passe-partout, 13 scies articulées, 20 serpes et un nombre suffisant de cordes de 10^m, de commandes de 2^m et de coins en bois, font sur une lisière un abatis de 70 à 100^m de longueur sur 3 arbres de profondeur.

De bons abatis, sur une profondeur de 80 à 100 pas, forment un obstacle infranchissable qu'il suffit de surveiller en arrière.

Réseaux de fils de fer. — A défaut d'arbres pouvant être utilisés pour les tendre, planter en quinconce, à 2 ou 3 mètres les uns des autres, de solides piquets dépassant le sol de 0^m,50 environ; les relier diagonalement, longitudinalement et latéralement par de forts fils de fer. — 2 hommes munis de 1 serpe, 1 hachette, 1 scie, font en 1 heure 50 à 60 piquets de 0^m,70 à 0^m,80 de longueur. Pour les planter, temps variable selon le terrain.

Pour établir un réseau de 10^m de profondeur autour d'arbres ou de piquets plantés d'avance: 4 hommes pour 5 mètres courants; 2 pinces coupantes, 1 pince ordinaire par atelier; 500 grammes de fil de fer moyen par mètre carré de surface; 1 heure 1/2 environ.

Palissades. — Pièces de bois généralement triangulaires de 2ᵐ,50 à 3ᵐ de hauteur et de 0ᵐ,15 à 0ᵐ,20 de côté; on les plante solidement dans le sol, espacées de 0ᵐ,06 à 0ᵐ,07, de façon à former clôture. Un arbre de 0ᵐ,40 de diamètre en fournit 4; un arbre de 0ᵐ,50 en fournit 6. — *Pour les confectionner:* 4 hommes par atelier munis de 4 haches, 1 scie de long, 2 masses carrées, 8 coins en fer; ils peuvent faire 30 palis par jour (40 si ce sont des travailleurs exercés). — *Pour les poser:* 2 charpentiers, 1 aide et 1 terrassier munis de 1 pelle, 1 pioche, 1 tarière, 2 marteaux, 1 hache et 1 serpe; ils peuvent faire 10 à 15 mètres de palissadement par jour, à raison de 4 palis par mètre courant.

Palanques. — Palissades en forts rondins jointifs, convenablement entaillés pour former des créneaux espacés de 0ᵐ,70 au moins, et placés à 2 mètres au-dessus du fond d'un petit fossé creusé en avant.

Organisation défensive des obstacles.

Sacs à terre. — Sac plein, longueur 0ᵐ,50 sur 0ᵐ,25 de largeur et 0ᵐ,15 d'épaisseur; poids 24 kilogrammes. *Pour le remplissage:* 6 hommes (1 piocheur, 2 pelleteurs, 1 servant, 2 lieurs), 100 sacs par heure, cubant 1ᵐᶜ,700.

Banquette en terre de 0ᵐ,40 à 1ᵐ de hauteur devant un mur. — 3 hommes par atelier de 2ᵐ,60; 2 pelles et 1 pioche; 40 minutes à 2 heures, suivant la hauteur.

Écrêter un mur de 0ᵐ,40 à 0ᵐ,60 d'épaisseur. — Créneaux de 0ᵐ,20 à 0ᵐ,40 de profondeur et espacés de mètre en mètre: 1 homme par créneau; 1 pic ou 1 pioche par homme; 10 à 20 minutes.

Créneaux percés dans un mur de 0ᵐ,40 à 0ᵐ,60 d'épaisseur. — 1 homme par créneau; 1 pic ou 1 pioche par homme et 1 pince pour 5 hommes; 30 à 45 minutes. Si le mur a plus de 0ᵐ,60 d'épaisseur, mettre 2 hommes par créneau, un de chaque côté du mur.

Organisation défensive d'un fossé, d'une digue, etc. — 3 hommes par atelier de 2ᵐ,60; 1 pioche et 2 pelles par atelier, avec les outils nécessaires pour abattre des arbres, s'il y a lieu. — Compter 0ᵐᶜ,400 de déblai par piocheur et par heure.

Emploi de la poudre et de la dynamite.

Pour employer la poudre dans la destruction des ouvrages ou le renversement des obstacles, on la renferme généralement dans des boîtes en bois ou dans des sacs. On se sert également des caisses de 50 kilogrammes de l'artillerie.

La dynamite s'emploie habituellement en cartouches ou pétards de 100 grammes.

Brèche à un mur de 0ᵐ,50 à 0ᵐ,70 d'épaisseur. — Pour une brèche de 2 à 3ᵐ, à la poudre : placer au pied du mur 25 à 50 kil. de poudre en sacs, ou un pétard en bois dur contenant 10 kil., ou 2 sacs à terre remplis chacun de 15 kil. et buttés avec des moellons. Pour une brèche de mêmes dimensions à la dynamite, disposer au pied du mur une charge allongée de 4 à 5 kil. par mètre courant.

Créneaux. — Un paquet de 6 cartouches de 100 gr. suspendu à un mur d'épaisseur moyenne perce en détonant un assez bon créneau.

Rupture des portes ou barrières. — Un sac de 15 kil. de poudre ou 3 kil. de dynamite, contre le pied de la porte; 2 pétards de dynamite contre la serrure d'une porte d'habitation ordinaire, ou en chaque point d'attache d'une grille en fer.

Palissades. — Un sac de 15 à 20 kil. de poudre contre-butté par quelques sacs à terre, ou un saucisson de 2 kil. de dynamite par mètre courant.

Palanques de 0ᵐ,30 à 0ᵐ,35 de diamètre.— 2 sacs de poudre placés l'un sur l'autre et chargés chacun de 15 kil., contre-buttés avec des sacs à terre ou enterrés de 0ᵐ,50. Avec la dynamite, une charge allongée de 5 kil. par mètre courant.

Abatage des arbres et poteaux. — En cas d'urgence, opérer par simple contact en entourant l'arbre d'un chapelet de pétards de dynamite attachés avec une ficelle et se touchant; ajouter 2 pétards du côté où l'on veut faire tomber l'arbre. Pour les diamètres variant de 0ᵐ,50 à 0ᵐ,70, on peut employer un saucisson renfermant de 2ᵏ,500 à 7 kil. de dynamite. — Si on a le temps, exécuter avec une tarière de 0ᵐ,04 un forage pour les arbres moyens ou deux forages en croix pour les plus gros, et placer la charge avec bourrage dans le trou vers le centre de l'arbre; celui-ci tombe du côté du forage.

DIAMÈTRE DE L'ARBRE.	CHARGE	
	PAR LE CONTACT.	PAR LE FORAGE.
$d = $ 0ᵐ,10....................	1 pétard	1 pétard
—— 0ᵐ,20....................	5 pétards	1 ——
—— 0ᵐ,30....................	10 ——	3 pétards
—— 0ᵐ,40....................	20 ——	5 ——

NOTA. — Au-dessus de 0ᵐ40, on emploiera la formule $C = 20\,d^3$ (C, charge en kilogrammes par mètre courant de circonférence de l'arbre; d, diamètre de l'arbre, exprimé en mètres).

Les poteaux télégraphiques se coupent de la même manière que les arbres; un chapelet de 2 pétards ou 2 trous forés suffisent habituellement. Ne pas oublier de briser les isolateurs et de couper les fils.

L'emploi de la dynamite pour l'abatage des petits arbres et des poteaux ne doit être qu'exceptionnel; il vaut mieux recourir aux outils ordinaires.

Abatis. — Un sac contenant 2 kil. de dynamite et 13 kil. de poudre, ou 4 kil. de dynamite, placé sous les liens, ouvre une brèche de 2ᵐ,50 à 3ᵐ dans une ligne d'arbres. Avec 6 kil. de dynamite ou 2 sacs de 15 kil. de poudre dont l'un renferme 2 kil. de dynamite, la brèche est de 4ᵐ.

Piles de ponts. — Deux fourneaux de 50 à 60 kil. de poudre, bien bourrés et jouant simultanément, détruisent une pile de 1ᵐ,30 à 1ᵐ,60 d'épaisseur. Pour creuser 1 mètre de rameau, il faut 12 à 15 heures dans la maçonnerie très dure, 3 à 4 heures dans la maçonnerie de briques ou de pierres blanches.

On peut établir rapidement un fourneau en pratiquant à la dynamite des chambres à l'extrémité de forages exécutés à la barre, et en employant comme explosif la dynamite, qui occupe bien moins de volume que la poudre.

On peut aussi couper une pile en y pratiquant une rainure suffisante pour loger des saucissons de dynamite bien étançonnés; charge par mètre courant, $C = 4 E^2$ (soit 9 kil. pour une épaisseur de pile de 1ᵐ,50).

Arches de ponts. — 300 ou 400 kil. de poudre suspendus sous la voûte et étançonnés détruisent une arche en maçonnerie de 10 mètres de longueur. Une charge de 150 ou 200 kil., recouverte de terre, suffit au fond d'une tranchée de 0ᵐ,50 de profondeur creusée au-dessus de la clef de la voûte. Trois tas de poudre de 100 kil. chacun, placés simplement sur le pavé du pont et recouverts de madriers, crèvent une voûte de 2 mètres d'épaisseur à la clef. Avec la dynamite, employer le tiers de ces charges.

Poutres des ponts métalliques. — Pour la rupture des fers ou aciers méplats jusqu'à 16 millimètres d'épaisseur, un chapelet de pétards sur toute leur largeur.

Pour les pièces assemblées et rivées, appliquer la formule $c = 0,003\, ab^2$. — c charge en kilogrammes, a largeur et b épaisseur de la pièce, toutes deux en centimètres.

En général, un saucisson de 8 à 10 kil. de dynamite par mètre courant suffit pour rompre les arcs et les poutres droites qui forment les travées.

Ponts en bois. — Pour détruire une palée formée de 3 pilots espacés de 1ᵐ,40, placer 50 kil. de poudre contre le pilot central, sous 2 à 3 mètres d'eau.

100 kil. de poudre placés entre 2 palées, sous 3ᵐ,50 d'eau, peuvent détruire le tablier et les 2 palées.

50 kil. de poudre sous le tablier et 100 kil. sur le tablier suffisent pour détruire une travée.

Pour rompre un pilot de 0ᵐ,35 de diamètre, il faut 1ᵏ,500 de dynamite. Placer la charge à 0ᵐ,40 au moins au-dessous du niveau de l'eau, pour rendre la réparation plus difficile.

Pour rompre une travée, appliquer contre les poutres de support une charge allongée de 5 kil. de dynamite par mètre courant, dans un saucisson en toile.

Ponts de chevalets. — 30 kil. de poudre ou 10 kil. de dynamite, placés contre un des supports sous 2 à 3 mètres d'eau, suffisent pour renverser plusieurs travées.

Routes. — Fourneaux de 100 kil. de poudre à 3ᵐ au-dessous de la chaussée et à 6ᵐ les uns des autres. Chaque puits demande 5 à 6 heures de travail. Mais on peut réduire ce temps à 1 ou 2 heures, si l'on possède des instruments de forage; on opère alors comme il a été dit pour les piles de pont.

Maisons. — 6 kil. de poudre ou 2 kil. de dynamite par 10 mètres cubes de vide dans le rez-de-chaussée. Disperser cette charge au rez-de-chaussée ou dans les caves et fermer avec soin toutes les ouvertures.

Rupture d'un canon. — 5 pétards dans l'âme d'une pièce de campagne, 7 à 8 dans celle d'une pièce quelconque, en fermant la bouche avec un tampon d'argile ou de gazon.

Rupture de la glace. — Une file de pétards bout à bout, recouverts de sable ou de morceaux de glace, brise complètement le banc jusqu'à 0ᵐ,50 d'épaisseur. Dans le cas de glaces amoncelées, placer des charges de 1 à 3 kil. dans des trous verticaux en quinconce, espacés de 4ᵐ à 5ᵐ.

Avec la poudre, placer les charges dans des récipients étanches qu'on introduit à 0ᵐ,50 sous la couche de glace.

Établir une rampe dans un talus à pic. — Faire à mi-hauteur du talus 3 ou 4 trous distants de 1 mètre environ, destinés à recevoir chacun une cartouche de dynamite ; établir sur le haut du talus, à égale distance du bord, le même nombre de logements de cartouches. Chaque explosion déblaye un entonnoir, et le terrain intermédiaire coule facilement.

Destruction du matériel des chemins de fer.

Les points à choisir pour la rupture d'une voie sont :

1° Les courbes ; dans ce cas, on brise le rail extérieur ;

2° Les parties en déblai, de manière à produire un grand encombrement s'il y a déraillement ;

3° Les bifurcations ; dans ce cas, on détruit deux voies à la fois.

Rupture simple d'un rail. — Placer 2 cartouches de 100 grammes longitudinalement l'une sur l'autre contre le rail entre deux traverses, soit à l'intérieur, soit à l'extérieur de la voie ; les attacher au rail si on a le temps. Mettre quelques poignées de terre ou quelques pierres par-dessus. La rupture est de 0ᵐ,40.

Rupture double. — 2 charges de 200 grammes à 1ᵐ,50 d'intervalle, à droite et à gauche d'une traverse et près des traverses voisines, l'une en dedans, l'autre en dehors du rail. Rupture de 1ᵐ,50 à 1ᵐ,80 ; le morceau se place en travers sur la voie.

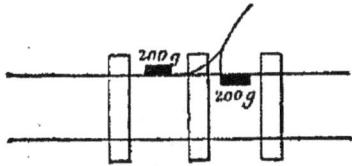

Rupture de deux traverses. — 2 charges de 500 grammes placées sur deux traverses non consécutives, au contact du rail ; rupture, 2ᵐ,40. Avec les rails à double champignon, les traverses et les coussinets sont brisés, mais le rail peut rester intact.

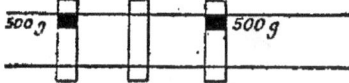

Rupture de 5 à 6 mètres. — 4 charges de 200 grammes dans quatre intervalles consécutifs, les charges extrêmes en dehors, les charges intermédiaires en dedans.

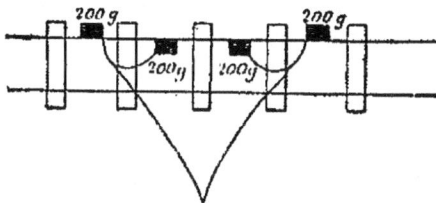

Changement de voie. — Pour détruire l'*aiguillage*, une charge de 200 grammes, serrée avec le levier de manœuvre entre le milieu de chaque aiguille et le rail contre-aiguille.

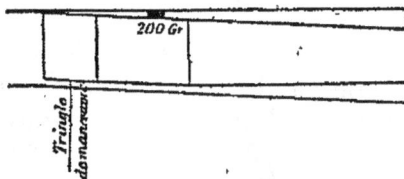

Pour rompre le *croisement*, 2 charges de 400 grammes, l'une au cœur du croisement, l'autre entre les contre-rails de pointe. Toutes ces pièces sont d'un modèle spécial et difficiles à remplacer.

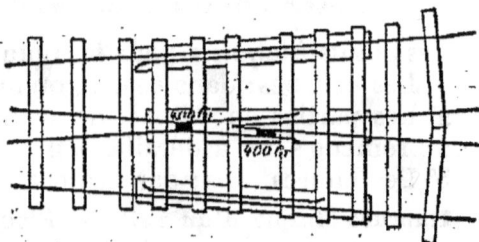

Plaque tournante. — Briser l'axe avec une charge de 500 grammes, ou le fausser en faisant détoner une charge de 300 grammes interposée entre le plancher et le cercle de roulement des galets.

Réservoir d'eau. — Crever le réservoir avec une charge de 200 grammes suspendue contre la paroi au moyen d'une ficelle, ou briser le robinet-vanne avec cette même charge.

Locomotive. — Faire éclater un pétard dans un des tubes de la chaudière, briser un cylindre ou la bielle motrice avec 2 pétards superposés. Une charge de 1 kil. suffit pour rompre l'essieu moteur.

Tender. — Crever la caisse à eau ou briser le robinet-vanne avec un pétard.

Wagon. — Briser les crochets d'attelage, les ressorts ; faire sauter un essieu ; charge, 500 à 600 grammes.

Emploi du coton-poudre comprimé.

Il se manie et s'amorce comme la dynamite. Il a sensiblement les mêmes effets à poids égal ; à cause de sa plus faible densité, il exige des trous plus larges ou plus nombreux.

CHAPITRE VII. — PASSAGE DES RIVIERES.

§ Ier — RENSEIGNEMENTS GÉNÉRAUX.

Les attributions des services de l'artillerie et du génie, en ce qui concerne l'établissement des moyens de passage, ont été définies page 128.

Pour les reconnaissances des cours d'eau, voir page 156.

Vitesse des cours d'eau. — S'exprime par le nombre de mètres que parcourt par seconde un flotteur abandonné dans le *thalweg*. Courant faible : $0^m,50$ à $0^m,80$; — ordinaire : $0^m,80$ à $1^m,50$; — rapide : $1^m,50$ à 2^m ; — très rapide : 2^m à 3^m ; — impétueux : au delà de 3^m.

Dans les sinuosités, le plus fort courant se rapproche de la rive concave ; c'est là que l'eau a ordinairement le plus de profondeur.

§ II. — PONTS MILITAIRES.

Points de passage. — Choisir un rentrant dont la rive commande la rive opposée, cette dernière offrant en outre un débouché facile. Des affluents sur la rive amie, près et en amont du pont, des îles dans la direction du passage, facilitent et abrègent l'opération.

Si l'on jette à la fois plusieurs ponts, conserver entre deux ponts voisins une distance égale à 2 fois au moins la largeur de la rivière.

1° — Ponts de bateaux d'équipage.

L'équipage peut servir sur tous les cours d'eau, quelles que soient leur largeur et leur rapidité.

Mode de pontage. — On peut ponter à *petites*, à *grandes* et à *très grandes* portées.

Réglementairement on ponte à *petites portées;* la longueur des travées de bateaux est alors de 6^m d'axe en axe; à grandes portées, on gagne une largeur de bateau (1^m,70 environ); à très grandes portées, deux.

La longueur des travées de chevalets ou de culées varie de 4^m,80 à 5^m,80; les chevalets ne peuvent être employés, si la profondeur dépasse 2^m,60.

Avec les petites portées, l'équipage de corps d'armée (voir page 68) peut fournir un pont de 122^m en pontant tous les chevalets et de 100^m en n'en pontant aucun. Les longueurs de pont correspondantes sont de 63^m et 52^m pour une division d'équipage, et de 241^m et 196^m pour un équipage d'armée.

Voie, charges. — La voie des ponts est de 2^m,96 entre les poutrelles extrêmes.

La charge du pont par mètre courant est de 640 kil. pour l'infanterie en colonne par 4, quand les rangs se serrent accidentellement; de 400 kil. pour la cavalerie en colonne par 2, et de 450 kil. pour l'artillerie de campagne.

Le bateau ponté peut supporter une charge de 7660 kil., soit 1270 kil. par mètre courant pour les travées de 6^m; par suite, une travée, même de 9^m à 9^m,50, peut supporter tous les fardeaux militaires, à l'exception toutefois de l'infanterie en déroute, qui donne pour la travée une charge de plus de 9000 kil. sous laquelle le pont serait inévitablement submergé.

Le tirant d'eau du bateau ponté est de 0^m,23 et n'atteint pas 0^m,60 sous le passage de l'infanterie par le flanc à rangs serrés. La hauteur des plats-bords au-dessus de l'eau varie de 0^m,71 (bateau vide) à 0^m,11 (bateau chargé de 7000 kil.).

Pour les gros charrois, augmenter la force du tablier en mettant une ou deux poutrelles de plus par travée, ou bien en diminuant à la fois l'écartement des poutrelles et l'intervalle entre les bateaux.

Pont par bateaux successifs. — C'est le plus solide. Les bateaux étant à l'eau et le matériel disposé sur la rive, un pont de 16 bateaux et de 100^m de longueur peut être construit en 40 minutes par 4 officiers, 12 sous-officiers ou brigadiers et 85 pontonniers, si la vitesse du courant ne dépasse pas 1^m,50 ; soit 2 minutes 1/2 pour ponter un bateau d'équipage.

Augmenter la force du détachement quand le nombre de bateaux est plus grand ou le courant plus rapide.

Si l'équipage est chargé, compter 1 1/2 heure entre l'arrivée des voitures à pied-d'œuvre et le commencement du passage. Il faut le même temps pour replier le pont et recharger le matériel.

Pont par portières. — Moins solide que le précédent, offre plus de résistance au courant et exige un plus grand nombre de bateaux ; la moitié en sus, si les portières sont de 2 bateaux ; les 2 septièmes si elles sont de 3 bateaux, ce qui est le cas habituel.

Un pont de 5 portières, soit de 15 bateaux et de 82^m,68 de longueur, est construit par 3 officiers, 8 sous-officiers ou brigadiers et 80 pontonniers.

Toutes les portières peuvent être repliées simultanément.

Pont par conversion. — C'est celui qui peut être jeté et replié le plus rapidement. Il faut 4 officiers, 8 sous-officiers ou brigadiers et 79 hommes pour jeter, par conversion, un pont de 16 bateaux long de 100 mètres. La manœuvre nécessite des hommes très exercés ; son succès serait incertain sur une rivière large ou d'un courant rapide.

2° — Ponts de radeaux.

Radeaux d'arbres. — Construction facile et expéditive, quelles que soient la largeur et la profondeur de la rivière ; peuvent porter les plus lourdes charges, mais ne résistent qu'à un courant de 1^m,50 à 2^m au plus ; avec un courant de 2 mètres, il faut un ancrage renforcé ; au delà, les radeaux ne peuvent plus être employés.

Avec des arbres de 14 mètres de longueur, 13 arbres par radeau ; avec des arbres de 10 mètres, 22 arbres.

D'après l'*École de ponts* du génie, 1 sous-officier et 8 hommes construisent en 3 ou 4 heures un radeau d'arbres de 12 mètres au moins de longueur, les arbres étant à l'eau. Outillage : 1 cordeau, 1 cognée de charpentier, 1 scie passe-partout, 1 tarière de 27 millimètres, 1 masse, 1 ciseau de charpentier, 1 maillet, harts ou fil de fer, cordes, billots, clameaux, broches et pointes. Les radeaux construits, il faut, pour jeter le pont, un détachement de 1 officier, 5 sous-officiers et 42 sapeurs.

D'après l'*Aide-mémoire d'artillerie*, on compte, pour jeter un pont de 100 mètres (y compris la construction de 9 radeaux), 4 officiers, 12 sous-officiers ou brigadiers et 124 pontonniers.

Radeaux de tonneaux. — Très vite construits, mais naviguent mal, ne résistent pas à un courant de plus de 2 mètres de vitesse.

3° — Ponts de chevalets.

Ponts de chevalets à 4 pieds. — Exigent peu de matériaux et peu de temps. — Peuvent être employés dans les courants rapides si la profondeur est très faible; dans des courants de 1^m,50 quand la profondeur ne dépasse pas 2^m; dans les faibles courants jusqu'à une profondeur de 3^m. Le fond doit être ferme et assez uni.

Les chevalets à 4 pieds n'existent pas dans le matériel; ils sont construits sur place. Dimensions ordinaires : longueur du chapeau, 4^m,50; hauteur du chevalet, 2 à 4 mètres; longueur ordinaire des travées, 4^m; jamais plus de 5^m.

2 charpentiers font un chevalet en 10 heures, les bois étant équarris et à pied d'œuvre; 6 charpentiers le font en 3 heures. Outils nécessaires : 2 haches, 1 herminette, 1 bisaiguë, 1 ciseau, 1 passe-partout, 1 scie, 2 tarières, 1 vrille, 1 masse en fer, 1 maillet, 2 marteaux, 1 équerre, 1 fausse équerre, 1 compas, 1 mètre, 1 fil à plomb, 1 fil à tracer. Un pont de 100^m exige 24 chevalets; il est construit par 3 officiers, 7 sous-officiers et 69 hommes.

Ponts de chevalets à 2 pieds. — Exigent moins de matériaux et de moins bons ouvriers que les ponts de chevalets à 4 pieds; peuvent être établis dans de plus forts courants et beaucoup plus vite, mais manquent de stabilité et exigent l'emploi de poutrelles à griffes.

Poids du chevalet, 170 kil. Longueur du chapeau, 5^m,20 à 5^m,40. Hauteur des pieds, variable suivant la profondeur de l'eau, qui peut aller jusqu'à 2^m,60.

4° — Ponts sur pilotis.

Plus stables que les autres ponts, conviennent sur les rivières torrentueuses; généralement employés pour remplacer et rendre disponible le matériel d'équipage, lorsqu'on veut conserver sur les lignes d'étapes les passages établis au cours des opérations.

Leur construction demande beaucoup de matériaux et beaucoup de temps. Il faut une sonnette, dont les ferrures seules font partie de l'équipage de pont. Ces ponts sont en général établis par le génie, dont les parcs d'armée sont outillés en conséquence (voir page 70).

Passage des troupes sur les ponts.

Infanterie. — Par 2 ou par 4, sans bruit de caisse ou de musique et sans fumer ; laisser quelques mètres de distance entre les compagnies et 30 à 50 pas entre les bataillons ; rompre le pas en l'allongeant. Si les oscillations deviennent inquiétantes, s'arrêter un instant, mais éviter les arrêts prolongés ; accélérer la marche si le pont menace de se rompre.

Cavalerie. — Par 1 ou par 2 ; tout le monde pied à terre, les chevaux sur le milieu de la voie ; laisser de grandes distances entre les escadrons.

Artillerie. — En colonne par pièce ; tout le monde pied à terre, excepté les conducteurs de derrière ; 10 mètres de distance entre les voitures. Si une voiture trop lourde est engagée sur le pont, ne pas l'arrêter, mais accélérer sa marche.

Ponts volants.

Promptement établis, exigent peu de matériel, sont manœuvrés par 2 ou 4 hommes ; peuvent servir à toutes les troupes et aux fardeaux les plus lourds ; ne peuvent fonctionner que sur les rivières rapides, avec une vitesse de 1^m au minimum.

Le pont volant de 6 bateaux d'équipage, réunis 3 par 3 pour former une portière, est construit par 36 hommes dirigés par 3 officiers et 3 sous-officiers ou brigadiers ; il met 3 minutes pour traverser une rivière de 200^m de largeur et de 1^m,50 de vitesse de courant ; il peut transporter 200 hommes d'infanterie ou 25 chevaux avec leurs cavaliers, ou 2 voitures d'artillerie de campagne avec les canonniers et les chevaux. Si le courant est fort, réduire le chargement d'un tiers.

Traille.

Habituellement composée d'une portière de 2 bateaux. Peut recevoir 60 hommes d'infanterie ou 8 chevaux avec leurs cavaliers ou 2 voitures d'artillerie avec les servants, mais sans les attelages. La largeur de la rivière doit être inférieure à 200^m et la vitesse du courant égale ou supérieure à 1^m.

La traille est établie par 1 officier, 2 sous-officiers ou brigadiers et 24 pontonniers.

§ III. — PONTS IMPROVISÉS.

Pont de bateaux du commerce. — Si les bateaux sont inégaux, placer dans le plus fort courant les plus grands ou ceux dont la forme offre le moins de résistance à l'eau. Relever au besoin les plats-bords au moyen de traverses, sur lesquelles sont fixés des supports pour les poutrelles. Si les bordages sont trop faibles ou trop évasés, placer sur le fond du bateau un chevalet, dont le chapeau est destiné à porter la travée. Les poutrelles sont ordinairement fixées et jumelées par des clameaux.

Quand le pont ne doit pas porter des fardeaux considérables, ponter à grandes portées, les poutrelles reposant alternativement sur deux plats-bords d'un bateau et sur un plat-bord de l'autre. Dans certains cas plus rares, ne placer les poutrelles que sur un plat-bord de chaque côté, et relier par de fausses poutrelles les poutrelles de deux travées consécutives.

Ponceau. — Susceptible de livrer passage à l'artillerie sur des canaux de 3 à 6 mètres de largeur.

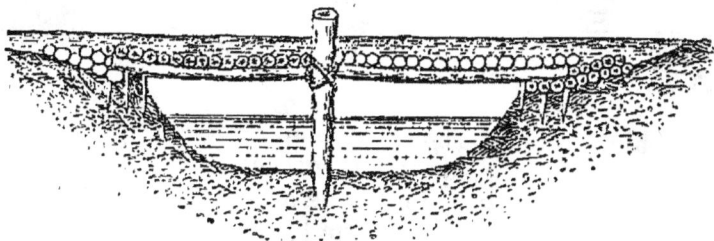

Corps d'arbres jointifs de $0^m,25$ de diamètre, recouverts d'un tablier en madriers, rondins, etc., avec une couche de terre damée. Atelier de 15 hommes avec 3 haches, 4 scies, 1 ou 2 masses en bois, 1 serpe, 2 cordes de 10 mètres, 10 commandes de 2 mètres, 1 pioche, 2 pelles. Pour abattre et préparer les bois, 1 1/2 à 2 heures. Pour jeter le pont, 1/2 heure. Temps total : 2 à 2 1/2 heures.

Si les poutrelles sont trop faibles pour la portée, on peut les étayer vers leur milieu.

Pont de chevalets rapides. — En corps d'arbres en grume, le dessus du chapeau étant seul aplani; peut servir au passage des troupes de toutes armes. Pour confectionner un chevalet, les arbres étant abattus d'avance et amenés au lieu d'emploi, il faut par chevalet un atelier de 1 sous-officier et de 12 hommes du génie (dont 5 charpentiers). Outillage : 4 scies, 3 haches à main, 2 cognées de charpentier, 3 herminettes, 2 ciseaux, 2 masses en fer, 3 vilebrequins, 2 maillets, 2 marteaux, 2 compas, 1 fil à tracer, 2 gabarits pleins et 2 gabarits creux. Temps nécessaire, 1 à 1 1/2 heure.

Passerelle sur chevalets français ou sur chevalets-palées. — Chapeau formié d'un rondin de 3ᵐ,50 de long et de 0ᵐ,15 à 0ᵐ,20 de diamètre; pieds de 0,ᵐ10 à 0,ᵐ15 de diamètre; toutes les pièces assemblées entre elles au moyen de ligatures en corde ou en fil de fer.

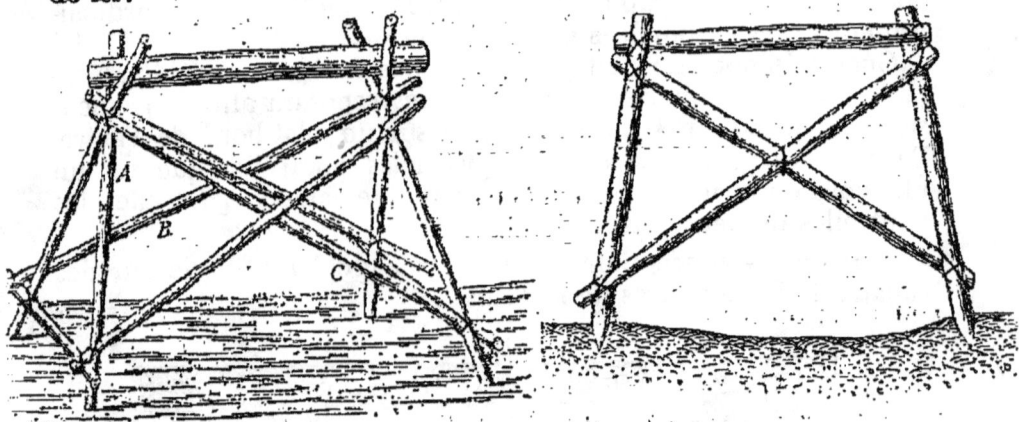

Le chevalet français repose simplement sur ses quatre pieds; pour le chevalet-palée, quand il est dressé, on en enfonce les pieds dans le fond au moyen de quelques coups de mouton à bras.

Les perches étant apportées sur le chantier, il faut 10 hommes du génie par chevalet, avec 2 scies, 2 hachettes, 1 serpe, 2 mètres environ de corde ou de fil de fer pour chaque ligature (il y a 7 ligatures dans le chevalet-palée, 10 dans le chevalet français). — Chevalet-palée, 15 minutes, chevalet français, 20 minutes; 20 à 25 minutes par travée de 3 mètres, exécutée par 12 hommes.

Les troupes du génie sont exercées à improviser et à jeter divers autres types de passerelles en poutrelles, perches ou bigues consolidées sur place, ou assemblées à l'avance en forme de fermes, au moyen de ligatures. Ces sortes de passages ne peuvent servir d'ordinaire que pour l'infanterie marchant par 1 ou par 2 en files écartées, ou pour la cavalerie sur un rang.

Pont de voitures. — Ne peut s'établir que dans des rivières dont la profondeur ne dépasse pas 1ᵐ,50.

Pont de fascines, gabions ou tonneaux. — Constituer les supports au moyen de fascines, gabions ou tonneaux placés debout en files parallèles au courant et qu'on charge ou remplit de pierres. On donne ordinairement de 4ᵐ à 5ᵐ de longueur aux travées. On peut encore employer, comme supports, des piles de planches ou de madriers reliés entre eux par des ligatures en corde. — Profondeur maxima, 1ᵐ.

Ponceau rapide à l'aide d'arbres renversés par la dynamite. — Si un ruisseau étroit et profond est bordé d'arbres de 0ᵐ,20 à 0ᵐ,25 de diamètre, chacun exigera, 'pour être coupé, 5 à 6 cartouches de dynamite; 20 arbres ainsi renversés et ramenés sur un seul point, à l'aide de cordes à fourrages, formeront par juxta-position une base de tablier de 4 mètres de largeur sur une longueur de 5ᵐ à 8ᵐ. Ce pont peut servir à la cavalerie.

N'employer ainsi la dynamite que dans des cas très exceptionnels.

§ IV. — RÉPARATION PROVISOIRE DES PONTS DÉTRUITS.

Les ponts de bateaux détruits par l'ennemi ne sont pas en géné-ral réparables; on peut cependant renflouer parfois les bateaux coulés.

Pour réparer des palées, on ente des montants sur les pieux coupés et on les coiffe d'un chapeau à hauteur de l'ancien tablier. Il est souvent plus simple de receper les pieux de chaque palée au même niveau et de les coiffer d'un faux chapeau, sur lequel on assemble des montants qui portent un second chapeau pour ser-vir de support aux poutrelles du tablier.

Sur la partie intacte d'une pile de pont rompue, et sur les dé-combres provenant de la rupture d'une arche, on établit des che-valets en charpente, de hauteur et de force variable selon la hau-teur du tablier à établir. Au besoin on emploie, comme supports intermédiaires, des radeaux, bateaux ou portières solidement amar-rés, sur lesquels on établit des chevalets analogues.

La lacune formée par la rupture d'une arche en maçonnerie de faible portée peut être franchie au moyen de poutres chargées à l'arrière, ou soutenues par des contre-fiches, et surplombant de chaque côté le vide sur un tiers de leur longueur. On assemble ensuite à l'extrémité de chacun de ces encorbellements des tra-verses sur lesquelles on pose les longerons qui franchissent le vide central.

§ V. — PASSAGES EN BATEAUX, A GUÉ OU SUR LA GLACE.

1° — Passage en bateaux.

20 hommes portent facilement à l'épaule le bateau d'équipage. Mis à l'eau et conduit par 5 pontonniers, ce bateau transporte 25 hommes d'infanterie assis avec armes et bagages. Exiger le silence et l'immobilité, quels que soient les mouvements du bateau; défendre expressément de faire feu pendant le trajet.

Le bateau peut également transporter 6 cavaliers, les chevaux suivant à la nage, à droite et à gauche du bateau. Si le courant est très fort, on n'en transporte que 3, les chevaux nageant en aval.

On peut passer l'artillerie dans les bateaux d'équipage en la démontant, mais il est plus expéditif d'embarquer chaque voiture sur deux bateaux accouplés pourvus de planchers en poutrelles. Les servants sont passés dans les mêmes bateaux que leur pièce; les conducteurs et chevaux sont passés comme il est indiqué pour la cavalerie.

Une portière de 3 bateaux, conduite par 6 rameurs et 2 pilotes, transporte 100 hommes d'infanterie debout. Elle peut recevoir 16 chevaux et leurs cavaliers, ou une pièce avec l'attelage et les servants; la voiture est dételée, enrayée et calée.

Si la portière n'a que 2 bateaux, elle peut recevoir le même chargement que la traille (voir ci-dessus).

On peut aussi transporter des troupes sur des radeaux; on y met plus de monde, mais ils sont plus difficiles à gouverner.

2° — Passage à gué.

Profondeur maxima des gués. — Pour l'infanterie, $0^m,80$ à 1^m; — pour la cavalerie, $1^m,20$. — Pour les voitures: chargement non mouillé, $0^m,65$; chargement mouillé, $1^m,30$. — Les meilleurs gués sont ceux qui ont un fond de gravier dur et résistant.

Précautions à prendre. — Jalonner le gué ou le faire border en aval par une ligne de cavaliers. Recommander aux hommes de ne pas regarder le courant, mais de porter les yeux sur la rive opposée. L'infanterie passe la première sur un front aussi étendu que la largeur du gué, les rangs ouverts et laissant entre eux assez de distance pour ne pas gêner l'écoulement de l'eau. La cavalerie passe après l'artillerie. Les gués à proximité des ponts accélèrent le passage; ils servent à la cavalerie, pendant que l'infanterie défile sur le pont.

3° — Passage sur la glace.

Épaisseur minima de la glace.		
Hommes marchant par files espacées....	$0^m,09$
Cavalerie..................	$0^m,12$
Artillerie de campagne traînée à bras...	$0^m,14$
Artillerie de campagne attelée.........	$0^m,16$
Fardeaux les plus lourds.............	$0^m,27$

Précautions à prendre. — S'assurer que la glace repose sur l'eau; ne pas s'inquiéter des craquements tant que l'eau ne jaillit pas par les fentes. Couvrir de paille, de sable ou de terre le chemin que doit suivre la cavalerie. On peut augmenter l'épaisseur de la glace en la couvrant de paille ou de fascines que l'on arrose jusqu'à ce que les brins soient liés entre eux par la glace.

Les troupes défilent régulièrement, sans s'arrêter, les chevaux tenus en main, avec de grandes distances entre les voitures.

CHAPITRE VIII. — TRANSPORTS MILITAIRES PAR CHEMINS DE FER, TRANSPORTS PAR LA NAVIGATION INTÉRIEURE ET TRANSPORTS MARITIMES

§ 1er. — TRANSPORTS MILITAIRES PAR CHEMINS DE FER.

Division des transports. — Les transports stratégiques se divisent en 2 catégories:

1° *Transports en deçà de la base d'opérations* (voir page 131): ils sont ordonnés par le Ministre de la guerre, et exécutés par les Compagnies nationales sous la direction et la responsabilité de la Commission militaire supérieure des chemins de fer, avec la coopération des commissions et sous-commissions de ligne et des commissions de gare. Ils comprennent: les transports de mobilisation et de concentration en entier; les transports de ravitaillement et transports d'évacuation en deçà de la base d'opérations.

2° *Transports au delà de la base d'opérations:* ils sont ordonnés au nom du commandant en chef des armées par le directeur général des chemins de fer et des étapes, et exécutés:

Jusques et y compris les stations de transition, par les Compagnies nationales sous la direction de la délégation de la Commission militaire supérieure des chemins de fer aux armées, avec la coopération des commissions et sous-commissions de ligne et commissions de gare visées ci-dessus;

Au delà des stations de transition, par les sections techniques d'ouvriers de chemins de fer de campagne et par les compagnies d'ouvriers de chemins de fer du génie, sous l'autorité de la Direction des chemins de fer de campagne, secondée par les commissions de chemins de fer de campagne et les commandements de gare (voir pages 131 et 132).

Ils comprennent: les transports de troupes actives nécessités par les opérations militaires, dans leur entier; les transports de ravitaillement et transports d'évacuation, au delà de la base d'opérations.

Transports en deçà de la base d'opérations.

Attributions du personnel. — Pour tout ce qui se rattache à l'exécution des transports dont elle est chargée, la *Commission supérieure* est le seul intermédiaire entre le Ministre de la guerre et les autorités territoriales d'une part, et les administrations centrales des Compagnies d'autre part. Elle est exclusivement chargée de préparer dès le temps de paix, puis de diriger l'exécution des transports de mobilisation et de concentration. Elle peut, en temps de guerre, déléguer tout ou partie de ses pouvoirs à une *commission exécutive* composée de son président ou vice-président, d'un membre technique et d'un troisième membre au besoin. Pour les transports de ravitaillement et d'évacuation en deçà de la base d'opérations, elle centralise (jusqu'à ce qu'elle ait pu se rendre compte du mouvement général du matériel sur le réseau) toutes les demandes de transport en provenance ou à destination de l'armée; elle répartit les transports sur les diverses lignes, et les classe par ordre d'urgence d'après les indications qu'elle reçoit du directeur général des chemins de fer et des étapes. Elle règle, d'accord avec sa délégation à l'armée, le mouvement des trains traversant la base d'opérations et veille d'une façon particulière à la bonne organisation du service dans les stations placées sur cette base. Elle se tient en relations constantes avec sa délégation, ainsi qu'avec la direction des chemins de fer de campagne, et contribue, en ce qui la concerne, à la rédaction des tableaux de marche établissant des communications régulières entre les stations points de départ d'étapes et l'armée.

Les *commissions de ligne*, constituées dès le temps de paix comme commissions d'études, fonctionnent comme agents d'information et de contrôle de la Commission supérieure. Chacune de ces commissions est assistée par une ou plusieurs *sous-commissions* composées, comme elle-même, d'un officier du service d'état-major et d'un agent supérieur des Compagnies. Les deux membres ainsi associés veillent, en restant respectivement dans leur spécialité, à l'exécution des ordres de la Commission supérieure concernant la partie du réseau dont ils sont chargés. Les commissions de ligne peuvent réclamer le concours des officiers des états-majors de région territoriale, chargés des mouvements de troupes par voie ferrée.

Les *commissions de gare*, composées d'un officier supérieur ou capitaine, commissaire militaire, et d'un agent des Compagnies, commissaire technique, siègent sur chaque ligne dans les stations déterminées par la Commission supérieure. Elles reçoivent leurs ordres et instructions des commissions ou sous-commissions de ligne, ou directement de la Commission supérieure dans les cas urgents. Elles règlent toutes les dispositions locales à prendre pour l'exécution des transports prescrits par la Commission supérieure.

La spécialité des fonctions des deux commissaires doit être maintenue de la façon la plus absolue. Au commissaire militaire appartiennent dans la gare les fonctions d'un *commandant d'armes*; il en exerce tous les droits sur les isolés ou les corps de troupes qui s'y embarquent, la traversent ou y débarquent. En conséquence, les commandants de ces troupes, quel que soit leur grade, sont obligés de se mettre en rapport avec le commissaire militaire, de déférer à ses recommandations verbales et de faire observer toutes les consignes établies par lui, soit dans la gare, soit aux abords de la gare. Le commissaire technique est, de son côté, seul responsable du mouvement des trains, et seul compétent pour donner des ordres aux agents des Compagnies et en surveiller l'exécution.

Les commissions de gare sont temporaires ou permanentes. — Commissions temporaires: ce sont celle dites des *mobilisation* (période de mobilisation), *d'embarquement* (chef de corps et chef de gare pour les garnisons occupées par un seul corps de troupes), de *station halte-repas* (pour celles de ces stations où le service d'alimentation cesse de fonctionner après la concentration), de *débarquement* (il est adjoint deux officiers au commissaire militaire pour que le personnel puisse au besoin être dédoublé). — Commissions permanentes: de *station point de départ d'étapes*, de *gare ou bifurcation importante*, de *station halte-repas* maintenue après la fin des concentrations, de *station-magasin*. — Le personnel militaire attaché aux commissions de gare varie d'après la destination de la gare; il comprend notamment: dans les gares importantes, un capitaine ou lieutenant adjoint au commissaire militaire; dans les stations halte-repas, un service d'alimentation (gestionnaire des subsistances, commis et ouvriers d'administration); dans les stations-magasins, un fonctionnaire de l'intendance; dans ces mêmes stations et dans les stations points de départ d'étapes, des gestionnaires des divers services administratifs, des commis et ouvriers, des infirmiers. — Un poste permanent est fourni à chaque gare par le commandement territorial, qui met également à la disposition de la commission, s'il y a lieu, des hommes ou détachements appartenant aux services auxiliaires ou à l'armée territoriale.

Emploi du télégraphe. — Les membres de la Commission supérieure, des commissions et sous-commissions de ligne et des commissions de gare peuvent se servir gratuitement, pour le service, du télégraphe de l'État et de celui des chemins de fer; la transmission de cette correspondance est toutefois subordonnée aux exigences de la marche des trains. Aucune autre autorité ne peut faire admettre un télégramme de service à la transmission gratuite par les fils des Compagnies, sans le faire viser par le commissaire militaire de gare.

Règles d'exécution des transports. — Les transports stratégiques s'opèrent, en général, conformément aux règles militaires et techniques en vigueur pour les transports de troupes et de matériel en temps de paix.

Afin de prévenir toute confusion aux gares d'arrivée, tous les transports de personnel, de matériel et d'approvisionnements à destination, soit des services généraux, soit des corps de troupes, et prenant leur origine dans une région de corps d'armée, sont dirigés par les établissements ou corps expéditeurs sur la *gare point de départ d'étapes* assignée à cette région. A partir de cette gare, les transports, réunis autant que possible par trains spéciaux, sont dirigés sans rompre charge, savoir: les transports de personnel, sur leur destination, en passant par la station de transition si cette destination est au delà de cette dernière station; les transports de matériel et d'approvisionnements, sur les stations-magasins. — Il peut être dérogé à l'obligation de centraliser les transports à la station point de départ d'étapes, lorsque les services expéditeurs peuvent charger des trains complets.

Tous les envois de l'armée vers l'intérieur, à l'exception des malades et blessés (voir chapitre XI, § III), sont divisés par régions de corps d'armée destinataires par les soins des commissions de gare les plus rapprochées de la base d'opérations, si cette division n'a pu être faite au point de départ ou à la station de transition. Les transports concernant chaque région sont dirigés ensuite vers la gare point de départ d'étapes de cette région. La commission de cette dernière gare, après avoir reconnu les transports, en fait la réexpédition sur les établissements ou les dépôts destinataires.

Transports au delà de la base d'opérations.

Directeur général des chemins de fer et des étapes. — Ses attributions en matière de service des chemins de fer ont été définies pages 131 et 132.

Transports dirigés par la délégation de la Commission supérieure. — La *délégation* se compose d'un membre militaire, président avec voix prépondérante, et d'un membre technique au moins, désignés par le Ministre de la guerre sur la proposition de la Commission supérieure. Elle fait exécuter le service sur les sections exploitées par les Compagnies nationales au delà de la base d'opérations. Elle adresse à cet effet des ordres directs aux commissions et sous-commissions de ligne chargées desdits réseaux, et en donne avis à la Commission supérieure. Quand les mouvements prescrits par le directeur général des chemins de fer et des étapes dépassent les limites des moyens en matériel et en personnel mis par la Commission supérieure à la disposition de sa délégation, celle-ci en réfère à la Commission supérieure, qui fait exécuter les ordres du directeur général avant tout autre transport. Les relations journalières que la délégation entretient, d'une part avec la Com-

mission supérieure, d'autre part avec la direction des chemins de
fer de campagne, ont pour objet d'assurer l'ensemble le plus complet dans le service des transports.

Les *commissions et sous-commissions de ligne* et les *commissions de
gare* ont les mêmes attributions qu'en deçà de la base d'opérations.
Leurs relations avec le service des étapes, qui fonctionne à partir
de cette base, sont les mêmes que celles qui seront définies plus
loin pour les organes correspondants de la direction des chemins
de fer de campagne.

**Transports relevant de la direction des chemins de fer de cam-
pagne.** — *Direction des chemins de fer de campagne* (voir sa composition, page 45). — Le directeur militaire est, en toute circonstance, le chef du service des chemins de fer de campagne, et tout
le personnel technique doit, aussi bien que le personnel militaire,
déférer à ses ordres. Il reçoit et fiat exécuter les instructions du
directeur général des chemins de fer et des étapes, vis-à-vis duquel
il est directement responsable de tout ce qui n'a pas un caractère
exclusivement technique dans la construction, la réparation, la
destruction et l'exploitation des lignes ferrées. Le directeur technique a autorité sur le personnel technique de la direction, des
commissions et des sections.

La direction des chemins de fer de campagne dirige tous les
transports par voie ferrée entre les armées et les stations de transition. Elle ordonne les travaux de construction, de réparation
et de mise en état de la voie et de ses dépendances, dispose du
parc des ponts et gros outillage des chemins de fer de campagne, arrête les tableaux de marche établis par les commissions
de chemins de fer de campagne, donne des instructions à ces commissions sur toutes les parties du service, renseigne le directeur
général des chemins de fer et des étapes sur la situation des réseaux de son ressort et sur toutes les questions intéressant l'utilisation militaire des chemins de fer.

Ses relations journalières avec la Commission supérieure et sa
délégation ont pour objet : 1° les demandes de personnel (mobilisation des sections techniques) et de matériel à faire passer temporairement ou en permanence du réseau en deçà au réseau au
delà des stations de transition; 2° la communication réciproque
de tous les tableaux de marche des trains militaires; 3° les informations réciproques sur les transports dirigés de l'intérieur sur
les armées et *vice versa;* 4° les renseignements sur l'emplacement
des stations têtes d'étapes de guerre, sur celui des stations-magasins
nouvellement créées, sur la composition et l'emplacement des
trains dits *en-cas mobiles*, etc; 5° le déplacement des stations de

transition en avant ou en arrière et les modifications à apporter en conséquence à l'exploitation des lignes.

La direction des chemins de fer de campagne se tient également en communication journalière avec les commissions de gare des stations de transition. Ces commissions reçoivent en règle générale toutes leurs instructions de la Commission supérieure ou de sa délégation et des commissions de ligne; elles doivent néanmoins obtempérer aux ordres que la direction des chemins de fer de campagne leur adresse directement en cas d'urgence et sous sa responsabilité.

Le matériel d'exploitation est livré par les Compagnies aux stations de transition, sur la réquisition de la Commission supérieure renseignée par la direction des chemins de fer de campagne. Les dépenses de toute nature sont ordonnancées par les sous-intendants attachés à la direction et aux commissions, lesquels administrent le personnel militaire du service des chemins de fer de campagne.

La direction des chemins de fer de campagne est exclusivement chargée de la destruction de la voie et des ouvrages d'art sur le théâtre de la guerre. Il est de règle absolue qu'aucun ouvrage d'art ne doit être détruit ou mis hors de service sans l'ordre formel du commandant en chef des armées ou des généraux qu'il a délégués à cet effet.

Commissions de chemins de fer de campagne (voir leur composition page 46). — L'officier supérieur président est le chef militaire de la commission, dont tous les membres doivent déférer à ses ordres lorsque les circonstances lui imposent de couvrir leur responsabilité particulière en engageant la sienne.

Les commissions entrent en fonctions au moment déterminé par la direction des chemins de fer de campagne. Sous son autorité et pour les réseaux qui leur sont respectivement assignés, elles sont chargées d'organiser et de diriger l'exploitation. Leurs attributions comprennent : la construction, la réparation des ouvrages d'art, de la voie et de ses dépendances; l'installation des stations têtes d'étapes de guerre et autres stations ouvertes aux transports; l'établissement des tableaux de marche et le mouvement des trains réguliers, facultatifs et spéciaux extraordinaires; les travaux d'entretien de la voie; la police des trains et des gares; le service des infirmeries de gare; le service des haltes-repas pour les troupes transportées. Elles adressent des rapports journaliers à la direction des chemins de fer de campagne, et se tiennent en communication avec les commissions de ligne et de gare des stations de transition.

Les commissions de chemins de fer de campagne restent en relations constantes avec le directeur des étapes de l'armée à laquelle leur réseau est affecté (voir pages 132 et 134). Elles communiquent à ce directeur les tableaux de marche des trains, reçoivent de lui ou de ses délégués (voir page 254) les demandes de transport, et leur font connaître la suite qui peut y être donnée. Elles satisfont à ces demandes dans la limite des trains réguliers mis à la disposition de l'armée par la direction des chemins de fer de campagne après approbation des tableaux de marche; si les demandes excèdent les moyens prévus, elles prennent les ordres de cette direction. Enfin elles se concertent avec les autorités d'étapes pour les mesures de protection de la voie, des gares et des trains.

Commandements de gare (voir leur composition page 46). — Le commandant militaire est commandant d'armes dans la gare et ses dépendances; il exerce sur le personnel militaire et technique la même autorité que le président de la commission de chemins de fer de campagne sur les membres de cette commission.

Les commandants de gare sont les agents d'exécution locaux de la commission de chemins de fer de campagne dont ils dépendent; ils ne reçoivent d'ordres que d'elle et lui adressent un rapport quotidien.

Les commandants de gare sont en relations constantes avec les commandants d'étapes établis dans la localité. Ils se concertent avec eux pour tout ce qui concerne : le débarquement et l'embarquement du personnel et du matériel; le logement et l'alimentation des troupes appelées à stationner; les distributions de vivres au personnel du service des chemins de fer; la sécurité et la défense de la gare et de la voie dans le rayon du commandement d'étapes. Les détachements de gendarmerie ou de troupes affectés par le service des étapes à la police ou à la protection d'une gare passent, pendant la durée de leur mission, sous l'autorité du commandant de gare; il en est de même pour les agents des divers services, les plantons et les corvées.

A défaut de commandant d'étapes, le commandant de gare peut être chargé du service des étapes; il relève, pour cette partie de ses fonctions, de l'autorité d'étapes de la circonscription à laquelle il appartient.

Dans les localités *stations têtes d'étapes de guerre,* il est toujours établi un commandement d'étapes en même temps qu'un commandement de gare. Le commandant de gare veille à ce que tous les wagons soient immédiatement déchargés, puis rechargés s'il y a lieu pour être réexpédiés, et à ce que les abords de la gare ne soient jamais obstrués. Il appartient au commandant d'étapes de faire emmagasiner les denrées ou le matériel qui doivent sortir de la gare, de loger les troupes qui doivent séjourner, et de former les convois à diriger sur l'armée.

Compagnies d'ouvriers de chemins de fer du génie (voir page 44). — Ces compagnies sont spécialement chargées de la construction ou remise en état des lignes de fer dans la zone la plus exposée aux attaques de l'ennemi; en cas de nécessité, elles exploitent provisoirement cette partie du réseau. L'officier supérieur du génie attaché à la direction des chemins de fer de campagne a, à cet égard, les attributions d'un directeur du génie. Le capitaine commandant la compagnie ou fraction de compagnie mise à la disposition d'une commission de chemins de fer de campagne remplit les fonctions de chef du génie; l'adjoint du génie remplit celles de gérant.

Sections techniques d'ouvriers de chemins de fer de campagne (voir leur composition page 47). — Elles sont formées avec le personnel des Compagnies et du réseau de l'État soumis aux obligations de la loi militaire. Elles sont mobilisées sur l'ordre du Ministre par les soins de la Commission supérieure, et mises sous les ordres de la direction des chemins de fer de campagne pour l'exploitation et au besoin pour la remise en état d'une portion déterminée de réseau. Une section peut exploiter environ 300 kilomètres de ligne.

Chaque section forme un corps distinct, administré par un conseil d'administration sous la surveillance du président et du sous-intendant de la commission de chemins de fer de campagne, et sous le contrôle supérieur de la direction des chemins de fer de campagne. Toutes les pièces de recettes et dépenses relatives tant à l'exploitation qu'aux autres parties du service sont adressées au bureau sédentaire de comptabilité de la direction, établi en arrière du théâtre de la guerre.

Le personnel technique des sections, de même que celui de la direction, est soumis à toutes les obligations du service militaire, jouit de tous les droits des belligérants, est justiciable des conseils de guerre et porte un uniforme spécial. Sa hiérarchie et ses droits aux prestations ont été indiqués page 147. Il est subordonné, pour la discipline générale, aux commandants militaires des localités dans lesquelles il se trouve, mais il ne peut être puni que par ses chefs hiérarchiques pour fautes commises dans son service spécial. Les punitions disciplinaires sont, indépendamment des punitions en usage dans le service ordinaire des Compagnies: la consigne, la salle de police et la prison pour les agents secondaires; les arrêts simples, de rigueur et de forteresse pour les agents supérieurs. Le renvoi dans un corps de troupes peut être prononcé par le directeur général des chemins de fer et des étapes sur l'avis de la direction des chemins de fer de campagne.

Sections télégraphiques d'étapes et de chemins de fer (voir leur composition page 48). — Une ou plusieurs de ces sections peuvent être attachées à chaque section technique; dans ce cas les inspecteurs et contrôleurs du télégraphe entrant dans le cadre de la section technique ne sont pas mobilisés. Les relations entre le service des chemins de fer de campagne et celui de la télégraphie militaire seront définies au chapitre X.

Exécution des transports au delà de la base d'opérations. — Les règles militaires et techniques à suivre sont les mêmes qu'en deçà de la base d'opérations. Les lignes sont fermées en principe au transport des voyageurs civils et des objets privés. (On entend par objets privés tout ce que l'administration militaire n'a pas pris effectivement en charge. Il est interdit aux Compagnies d'accepter le transport d'objets privés à destination des stations au delà de la base d'opérations.)

Les *stations têtes d'étapes de guerre*, dont l'emplacement et l'affectation sont déterminés par le directeur général des chemins de fer et des étapes, doivent être rapprochées le plus possible des armées ou fractions d'armée qu'elles desservent; mais elles doivent aussi présenter les ressources nécessaires pour que l'exploitation y fonctionne facilement; des annexes temporaires sont au besoin créées dans les stations voisines. Les commissions de ligne ou de chemins de fer de campagne dont ces stations dépendent s'entendent pour leur organisation avec les commandants d'étapes; les commissions aménagent les gares; les commandants d'étapes installent les magasins et dépôts, qui doivent, en principe, être placés en dehors des locaux de la gare.

Les tableaux journaliers de marche, que les commissions de ligne et de chemins de fer de campagne établissent pour leurs réseaux respectifs entre la base d'opérations et la station tête d'étapes de guerre, doivent prévoir, indépendamment des *trains réguliers* circulant à l'aller et au retour, un certain nombre de *trains facultatifs* pour les trains de matériel venant tout formés des stations-magasins et les trains complets de personnel ou de matériel en provenance de l'intérieur ou de l'armée. *Les trains spéciaux extraordinaires* n'étant pas prévus dans les tableaux de marche, ne sont expédiés que sur l'ordre des commissions précitées, lequel ne peut être donné que dans deux cas : nécessité de pourvoir à la sûreté du chemin de fer; ordre exprès du directeur général des chemins de fer et des étapes.

Protection de la voie et des trains. — La protection des voies ferrées contre les opérations stratégiques de l'ennemi est du ressort du grand état-major général; leur protection contre les entreprises des partisans, ou des habitants en territoire ennemi, incombe aux directeurs d'étapes d'armée ou aux commandants territoriaux particuliers. Sur les sections exposées aux tentatives de l'ennemi, les trains sont conduits avec la plus grande prudence, et leur expédition précédée de l'échange de dépêches et de signes convenus avec les postes en avant. Quand un train de personnel peut être attaqué, le chef de la troupe embarquée prend la direction du train et prescrit les mesures de précaution ; les agents de l'exploitation défèrent à ses ordres. Dans les mêmes circonstances, les trains de matériel reçoivent, par les soins du commandant d'étapes et sur la réquisition du commissaire ou commandant de gare, une escorte d'infanterie qui se place dans les premières voitures, et dont le chef prend la direction du train.

Transport des troupes.

Ordres de mouvement. — 1° *Mouvements de l'intérieur vers l'armée.* — Les ordres de mouvement sont établis par la Commission supérieure, sur les demandes qui lui parviennent de l'armée ou des autorités territoriales. Ces dernières autorités délivrent directement des ordres de mouvement aux isolés et aux petits détachements, dans la limite des pouvoirs que la Commission supérieure leur restitue, après les transports de concentration.

Les itinéraires sont communiqués aux fonctionnaires de l'intendance pour la délivrance des bons de chemin de fer. A la gare de départ et à chaque changement de réseau, ces bons sont échangés contre des billets individuels ou collectifs.

2° *Mouvements dans la zone des étapes.* — Pour les isolés et les petits détachements qui peuvent être transportés par les trains réguliers, les demandes de transport sont délivrées par les commandants d'étapes du point de départ, en vertu de la délégation permanente qu'ils reçoivent à cet effet du directeur des étapes (voir page 254). Ces demandes sont visées, pour servir d'ordres de mouvement, par le commissaire militaire ou commandant de gare, qui fixe l'heure de l'embarquement.

Pour les détachements plus considérables, les demandes de transport sont adressées par le directeur des étapes à la commission de ligne ou de chemins de fer compétente, qui lui fait parvenir les ordres de mouvement. Quand les commandants d'étapes des stations têtes d'étapes de guerre ont été exceptionnellement chargés par le directeur des étapes d'établir en son nom les demandes de transport de toute nature, c'est à ceux-ci que la gare remet les ordres de mouvement. Dans l'un et l'autre cas, les copies de ces ordres peuvent servir de bons de chemins de fer.

3° *Mouvements sur le théâtre des opérations.* — Lorsqu'un transport important de troupes (corps d'armée, division, brigade, etc.)

a été résolu pendant le cours des opérations, la direction des chemins de fer de campagne ou la délégation de la Commission supérieure est renseignée par le directeur général des chemins de fer et des étapes, ou par le commandant de l'armée intéressée (voir page 109), sur l'effectif et les emplacements des unités à enlever, et elle fait préparer le plan de transport par les commissions de ligne ou de chemins de fer de campagne compétentes. Les ordres de mouvement établis par ces commissions sont adressés par la voie du commandement au chef de la fraction de troupes à transporter, lequel les notifie aux diverses unités de transport. Des copies de ces ordres sont remises aux gares d'embarquement pour servir de bons de chemins de fer.

Si le but du transport ne doit pas être divulgué, les ordres de mouvement notifiés aux troupes font seulement connaître la gare, le jour et l'heure du départ. Les indications relatives aux repas et distributions, aux gares d'arrivée et aux cantonnements après débarquement ne sont données qu'en cours de route.

Composition, fractionnement et vitesse des trains de troupes. — La limite maxima des trains militaires est fixée à 50 véhicules, non compris la locomotive et son tender. La vitesse moyenne est de 25 à 30 kilomètres à l'heure.

Nombre de trains nécessaires pour transporter (effectifs de guerre complets) :

1 quartier général de corps d'armée	2
1 quartier général de division d'infanterie	1
1 bataillon d'infanterie (seul ou avec un état-major de régiment ou de brigade)	1
1 escadron (seul ou avec un état-major de régiment ou de brigade)	1
1 batterie montée ou à cheval	1
L'artillerie d'une division (état-major compris)	4
L'artillerie de corps (8 batteries, états-majors compris)	8
1 section de munitions { d'infanterie	2
{ d'artillerie	1
Le parc d'artillerie d'un corps d'armée	8
L'équipage de pont d'un corps d'armée	3
Les 3 compagnies et le parc du génie d'un corps d'armée	2
Le convoi administratif des subsistances { d'une division	5
{ du quartier général	8
La réserve d'effets du quartier général	1
Une ambulance divisionnaire	1
L'ambulance du quartier général, avec l'ambulance de la brigade de cavalerie	1
Un hôpital de campagne attelé	1½
Un dépôt de remonte mobile	1
Une section des convois auxiliaires { à 75 voitures	2
{ à 150 voitures	4
Une boulangerie de campagne	3

Il résulte de ces données que l'enlèvement du personnel et du matériel d'un corps d'armée sur le pied complet de guerre nécessite 100 à 110 trains. Le transport d'une division d'infanterie en exige environ 30.

Contenance des wagons. — Dans les wagons à voyageurs, il est attribué aux soldats de toutes armes équipés et armés 10 places pour 8 hommes. Si le trajet est inférieur à 150 kilomètres, il n'est alloué que 9 places pour 10 hommes dans toutes les armes, sauf les cuirassiers et la gendarmerie. Dans les wagons à marchandises aménagés, le chiffre de contenance inscrit sur les parois de la voiture est applicable sans réduction pour toutes les armes.

Les officiers occupent toujours des voitures à voyageurs.

Les wagons à marchandises reçoivent dans le sens parallèle à la voie 8 chevaux et 2 hommes (6 chevaux seulement pour la gendarmerie et les cuirassiers). Lorsque le wagon ne porte pas l'indication de sa contenance en chevaux, l'embarquement se fait dans le sens perpendiculaire à la voie; on calcule cette contenance à raison de 0^m,55 à 0^m,65 de largeur par cheval, suivant l'arme; des strapontins sont fournis pour les gardes d'écurie. A moins d'ordre formel, les chevaux voyagent toujours dessellés; les selles et les sacs d'avoine sont déposés entre les deux rangs de chevaux, quand ceux-ci sont dans le sens parallèle à la voie; dans le cas contraire, on les charge dans des wagons spéciaux (60 selles environ par wagon). Les chevaux d'attelage conservent leurs harnais.

Les voitures sont chargées sur des trucs. Selon ses dimensions, un truc peut recevoir : 2 voitures à 4 roues de dimensions moyennes, ou une voiture et demie d'artillerie, ou un chariot de batterie, chariot de parc ou forge avec ou sans une demi-voiture, ou deux voitures à 2 roues. Pour les équipages de pont, les trucs doivent avoir au moins 5^m,30 de longueur.

Règles militaires. — Pour l'embarquement, la police en marche, les temps d'arrêt dans les gares, les haltes-repas, le débarquement, les troupes se conforment strictement aux *règles militaires* annexées au règlement général sur les transports par chemin de fer.

Dès qu'une troupe a reçu l'ordre de mouvement, le chef de corps envoie un officier, dit *préposé au chargement*, pour reconnaître la gare et ses abords, prendre connaissance des consignes spéciales, et concerter avec le chef de gare les détails d'exécution de l'embarquement. Au moment du départ, ce même officier, avec un sous-officier adjoint, conduit à la gare la garde de police, le détachement des bagages, les chevaux de main, etc. Il précède la troupe à embarquer d'une demi-heure pour l'infanterie, et pour les autres armes, du temps nécessaire pour la reconnaissance du train et le numérotage des wagons. L'infanterie doit être rendue à la gare *une heure*, la cavalerie *une heure et demie*, l'artillerie, le génie et les trains *deux heures* avant l'heure fixée pour le départ. L'embarquement a lieu dans l'ordre et suivant le mode prescrits par les règles militaires.

Si, pour une raison quelconque, une fraction de troupe ne peut partir par le train qui lui a été désigné, elle ne se met en route que lorsque la direction des chemins de fer de campagne ou la délégation de la Commission supérieure, avertie télégraphiquement par la gare, a désigné à nouveau le train qui doit la transporter.

Les relations du chef de la troupe embarquée avec les agents de l'exploitation reposent sur l'observation d'un double principe: les agents de l'exploitation n'ont à s'immiscer dans aucune question de discipline, et le chef de la troupe embarquée ne doit intervenir en rien dans les opérations techniques de formation ou de conduite du train. L'embarquement et le débarquement ont lieu sous les ordres du chef de détachement. Pendant la marche, et jusqu'à l'arrivée, la direction du train appartient exclusivement au chef de train, sauf le cas de danger d'attaque (voir page 241). Dans les gares, les agents du chemin de fer s'adressent toujours au commandant du détachement ou au commissaire militaire ou commandant de gare; de leur côté, les officiers du détachement adressent exclusivement leurs demandes au commissaire militaire ou commandant, ou en son absence au chef de gare.

Le débarquement s'opère dans l'ordre inverse de l'embarquement; on compte pour le débarquement: d'un train d'infanterie, *une demi-heure*; d'un escadron, *trois quarts d'heure*; d'un train de troupe avec matériel, *une à deux heures*. Afin d'éviter tout retard dans le débarquement des trains subséquents, toute troupe débarquée évacue immédiatement la gare, et ne se reforme en ordre tactique qu'au dehors; elle est mise aussitôt en route pour les cantonnements assignés, ou se rend, pour attendre des ordres, sur un emplacement qui lui est indiqué par le commissaire militaire ou commandant de gare.

Transport des malades et blessés.

Voir ci-après chapitre XI, § III: évacuations par les voies ferrées.

Transport du matériel.

Transports en deçà de la base d'opérations. — Le matériel envoyé à une armée par les services du territoire est dirigé (sauf l'exception prévue page 235) en transit sur la gare point de départ d'étapes, à l'adresse du comptable entrepositaire attaché à la commission siégeant dans cette gare; il en est de même pour les colis à destination des corps de troupes. Le comptable, secondé par le personnel auxiliaire mis à sa disposition, procède aux opérations de reconnaissance et de réexpédition sur la station-magasin désignée.

Les *stations-magasins*, tout en servant à maintenir disponibles à portée du théâtre de la guerre les approvisionnements de toute nature, constituent en même temps un régulateur indispensable du mouvement de ces approvisionnements, soit vers l'armée, soit vers l'intérieur. Leur emplacement et leur affectation sont déterminés dès le temps de paix par le Ministre; chacune d'elles est assignée à une armée déterminée, et tous les approvisionnements qu'elle renferme sont destinés, quelle que soit leur provenance, au service de cette armée, sans distinction de corps d'armée (sauf pour les colis et le matériel propres à chaque corps de troupes).

Une station-magasin doit présenter de bonnes communications routières, un grand développement de quais, des hangars de marchandises et abris ou au moins de vastes espaces pour en construire, une gare spacieuse et susceptible de développement et tous les accessoires fixes nécessaires aux mouvements intérieurs du matériel des chemins de fer; les hangars et magasins y sont répartis et organisés d'une manière distincte par service.

Le commissaire militaire de la station-magasin est toujours un officier supérieur; des comptables des divers services font partie du personnel adjoint à la commission de gare. Le sous-intendant attaché à cette commission dirige l'ensemble des services administratifs; il relève administrativement de l'intendant du territoire, mais tous les approvisionnements sont à la disposition du directeur des étapes de l'armée à laquelle la station est affectée.

Les nouvelles stations-magasins qui peuvent être créées au delà de la base d'opérations pendant le cours de la guerre sont constituées d'une manière analogue; elles relèvent administrativement de l'intendant en chef de l'armée qu'elles sont appelées à desservir. Le commissaire militaire ou commandant de gare y est toujours en même temps commandant d'étapes.

Le matériel et les denrées provenant des stations point de départ d'étapes ou de tout autre expéditeur sont déchargés immédiatement à l'arrivée dans les stations-magasins; les agents de chaque service procèdent à la reconnaissance, à la réception et à l'emmagasinement. Si toutefois, pour satisfaire aux demandes parvenues de l'armée au moment de l'arrivée des trains aux stations-magasins, il y a avantage à utiliser le chargement de wagons entiers pour les expéditions à faire le jour même sur l'armée, on fait entrer ces wagons, sans les décharger, dans la composition des trains dirigés vers les stations têtes d'étapes de guerre. On procède toujours ainsi pour le matériel des parcs de siège de l'artillerie et du génie. Il en est de même, quand il y a avantage reconnu, pour les expéditions de l'armée vers l'intérieur en cas d'évacuation ou de retraite. Dans ces divers cas, les trains sont reconnus par les agents comptables et réexpédiés sans rompre charge avec un convoyeur.

C'est également dans les stations-magasins les plus rapprochées de l'armée qu'on forme ou qu'on reconstitue, sur l'ordre du directeur général des chemins de fer et des étapes, les *en-cas mobiles* (deux ou trois trains de subsistances et de munitions par armée) qui doivent être échelonnés en avant pour parer aux besoins urgents.

Demandes d'ordre de transport. — Pour les expéditions de l'intérieur sur l'armée, les demandes d'ordres de transport sont toujours établies en double expédition et d'une façon distincte par service et par gare de départ. Quelle que soit leur origine (direction générale des chemins de fer et des étapes, services du ministère de la guerre ou autorités territoriales), ces demandes sont adressées à la Commission supérieure qui, d'après les indications qu'elle a reçues du directeur général des chemins de fer et des étapes, détermine l'ordre d'urgence des envois, et affecte à chaque demande un numéro de classement par gare, une date de départ, et l'indication de la vitesse à employer. Une des expéditions est transmise à la Compagnie intéressée, l'autre est renvoyée à l'autorité dont elle émane, pour servir d'ordre de transport.

Ces dispositions sont appliquées dans toute leur rigueur à partir du commencement de la mobilisation; toutefois, pendant le cours de la guerre, la Commission supérieure, après s'être rendu compte de l'importance des mouvements du matériel militaire sur les différentes parties du réseau requis, peut restituer aux autorités compétentes du territoire le droit d'adresser directement des ordres de transport à certaines gares et pour des destinations déterminées.

Lettres de voiture et factures d'expédition. — Tout transport de matériel ou de denrées donne lieu à l'établissement d'une lettre de voiture. Tout transport en passe-debout par une station point de départ d'étapes, entre une gare de l'intérieur et une station-magasin, ou *vice versa*, constitue deux transports distincts et donne lieu à l'établissement de deux lettres de voiture, dont il est donné respectivement décharge par l'entrepositaire et par le destinataire définitif.

Le comptable expéditeur adresse une facture d'expédition au comptable destinataire, et une ampliation de cette facture au comptable entrepositaire de la station point de départ d'étapes, sous le couvert du commissaire militaire de cette station.

Dispositions diverses. — Chaque wagon doit recevoir extérieurement une inscription sommaire indiquant la nature et l'importance du chargement, la gare expéditrice et la gare destinataire.

L'autorité militaire peut, dans certains cas, faire accompagner par un convoyeur un train destiné à l'armée. Le convoyeur est muni d'un bon ordinaire de chemin de fer, qu'il échange à la gare de départ contre un titre assurant son transport; il est porteur d'un double des factures d'expédition. Il prend place dans le fourgon du chef de train; à l'arrivée, il prévient le commissaire militaire de la présence en gare du matériel qu'il a accompagné; il rentre à son poste immédiatement après chaque voyage.

Les transports de bétail sont toujours accompagnés d'un personnel spécial calculé à raison d'un toucheur pour 4 wagons. Pendant les chaleurs, ou si le trajet excède 36 heures, on décharge le bétail à une station intermédiaire, une fois par 24 heures, pour le faire manger et boire.

En cas d'insuffisance des équipes des Compagnies ou du personnel militaire auxiliaire, et à défaut de travailleurs militaires disponibles, les commissaires militaires des stations-magasins et des stations points de départ d'étapes sont autorisés à requérir, au compte des Compagnies, des ouvriers civils pour le chargement et le déchargement des wagons.

Transports traversant la base d'opérations. — Les stations-magasins réexpédient le matériel et les denrées sur les stations têtes d'étapes de guerre ou sur les magasins créés le long des lignes d'opérations, en exécution des ordres d'expédition adressés au commissaire militaire par le directeur des étapes (ou ses délégués) de l'armée à laquelle ces stations-magasins sont respectivement affectées. Les réexpéditions se font par des trains dont la marche est réglée par des tableaux de service ou par des instructions émanant de la Commission supérieure, de sa délégation et de la direction des chemins de fer de campagne, chacune pour le réseau qui la concerne. Aux points d'arrivée, le matériel, les denrées et les colis sont remis au service compétent des étapes qui en donne décharge à la gare, et qui en assure, soit le chargement immédiat en gare sur les convois ou les équipages de l'armée, soit le dépôt dans les magasins du lieu.

Tous les trains expédiés d'une station-magasin, ainsi que ceux qui y transitent sans rompre charge, sont pris en charge à la station-magasin, et accompagnés jusqu'à destination, par des *convoyeurs gardes-bagages*, responsables du chargement. Ces convoyeurs reçoivent des comptables expéditeurs, pour chaque service, des factures d'expédition en double; ils remettent ces factures aux comptables destinataires et rapportent aux expéditeurs les duplicata revêtus du récépissé des destinataires.

Dans le cas d'un train traversant une station-magasin sans rompre charge, les lettres de voiture qui l'accompagnent sont retirées du train et déchargées par les destinataires pour service exécuté. Après reconnaissance sommaire, les comptables de cette station établissent, au moyen des factures d'origine, de nouvelles factures portant la mention spéciale de réexpédition d'urgence.

A la station-magasin, il est établi, au lieu de lettres de voiture, des bordereaux de chargement en double, qui sont certifiés par le chef de gare, visés par le commissaire militaire ou par le fonctionnaire de l'intendance, et signés pour prise en charge par le convoyeur garde-bagages. A la station de transition, une des expéditions est remise au chef de gare et visée par l'autorité militaire de la gare pour constatation du transport effectué jusqu'à ce point; elle sert de pièce justificative à l'appui des factures de transport à établir par les Compagnies. L'autre expédition, visée par la même autorité pour continuation de route, accompagne le train jusqu'à destination finale et est remise au chef de la gare d'arrivée, qui la fait parvenir à la direction des chemins de fer de campagne.

Transports prenant leur origine au delà de la base d'opérations. — Les expéditions faites sur l'armée par les stations-magasins créées au delà de la base d'opérations ont lieu en vertu des ordres adressés par le directeur des étapes (ou ses délégués) au commissaire militaire ou commandant de gare.

Pour les réexpéditions de l'armée sur l'intérieur, les demandes de transport sont adressées : soit par le directeur des étapes à la commission de ligne ou de chemins de fer compétente; soit par les commandants d'étapes, dans la limite de la délégation qu'ils ont reçue du directeur des étapes, au commissaire militaire ou commandant de gare de la localité correspondante (voir page 254).

Le matériel et les approvisionnements à réexpédier sont toujours livrés en gare par les équipages du service des étapes ou des corps d'armée.

Les formalités relatives aux factures, bordereaux de chargement, lettres de voiture et convoyeurs sont, sauf les cas d'urgence, les mêmes que pour les transports venant des stations-magasins de l'intérieur.

§ 2. — TRANSPORTS PAR LA NAVIGATION INTÉRIEURE.

Les transports par les rivières et canaux ont lieu, à l'intérieur du territoire, en vertu de marchés généraux ou particuliers passés par les fonctionnaires de l'intendance; on peut également avoir recours à la réquisition.

Dans la zone de l'arrière des armées, ces transports sont opérés en général par voie de réquisition. En deçà de la frontière, le directeur général des chemins de fer et des étapes et les directeurs des étapes requièrent la coopération des ingénieurs et conduc teurs des ponts et chaussées chargés du service de la navigation, pour réunir et aménager les bateaux, former les convois par eau et organiser les moyens de traction, halage par chevaux, touage ou remorquage à vapeur. En territoire ennemi, la même mission est confiée au personnel du génie des étapes, qui provient en grande partie du service des ponts et chaussées.

Les rivières et canaux parallèles aux lignes d'étapes routières peuvent être très avantageusement employés pour soulager le ser vice du ravitaillement par les équipages de réquisition. (Voir chap. XIII, § VI.) Malgré la lenteur qui leur est inhérente, les trans ports par eau peuvent suppléer ou désencombrer les chemins de fer pour la formation d'approvisionnements qui ne doivent pas être consommés à bref délai, ou plus rarement pour les mouvements des équipages de siège. Mais on doit surtout y avoir recours pour l'évacuation des malades et blessés grièvement atteints. (Voir chap. XI, § III.)

§ III. — TRANSPORTS MARITIMES. (1)

Le chef d'un corps ou d'un détachement qui doit s'embarquer reçoit de l'officier général ou supérieur commandant le port d'em barquement un *ordre écrit* indiquant le jour de l'embarquement et le nom du navire.

Cet ordre est immédiatement remis au sous-intendant militaire chargé des passages, en même temps que des *états de filiation* (en double expédition), nominatifs et par grade, de tous les officiers, sous-officiers et soldats qui doivent s'embarquer sur chaque na vire; en outre, un *état signalétique des chevaux et mulets*, établi en trois expéditions, est également certifié par le sous-intendant militaire.

Les armes doivent être encaissées, les munitions embarillées, la veille ou au plus tard le matin du jour de l'embarquement; les caisses d'armes et les barils à cartouches sont délivrés sur bons par le service de l'artillerie. Le matériel dont les corps ne doivent jamais se séparer est embarqué sur les mêmes navires et avant la troupe.

Les homme ne conservent, pendant la traversée, que la capo pote ou la veste, le képi, une couverture de campement fournie avant l'embarquement ou, à défaut, une couverture de bord.

Les chevaux n'ont que la couverture et le bridon d'écurie.

---

(1) D'après les règlements en vigueur. Une modification de ces règlements est à l'étude.

L'embarquement terminé, le sous-intendant arrête les états de filiation et remet à chaque chef de corps ou de détachement sa *feuille de route* dûment complétée; les chevaux et les mulets sont portés sur cette feuille.

Les militaires de tous grades sont nourris au compte de l'État pendant toute la durée de la traversée, à dater du jour de l'embarquement s'il a lieu avant midi, à dater du lendemain s'il n'a lieu qu'après cette heure.

Les officiers et assimilés (voir pages 145 et 146), nourris à bord des bâtiments de l'État, sont ainsi répartis (armée active, réserve et armée territoriale):

Table du commandant: 1re catégorie, officiers généraux ; *2e catégorie*, officiers supérieurs;

Table de l'état-major: capitaines et lieutenants;

Table des aspirants: sous-lieutenants.

Pour les personnels ne jouissant pas de la correspondance de grade, la répartition suivante résulte d'une circulaire du Ministre de la marine du 22 avril 1880 (1).

Table du commandant: 1re catégorie, payeurs généraux ; *2e catégorie*, officiers d'administration principaux, interprètes principaux, directeurs et chefs de service de la télégraphie militaire, payeurs principaux et particuliers ;

Table de l'état-major: chefs de musique, gardes principaux d'artillerie, contrôleurs d'armes principaux, adjoints principaux du génie, officiers d'administration (service de l'intendance et justice militaire), aumôniers, interprètes, payeurs adjoints, chefs de section de la télégraphie militaire ;

Table des aspirants: gardes d'artillerie, contrôleurs d'armes, adjoints du génie, officiers d'administration adjoints, interprètes auxiliaires, commis de la trésorerie et des postes, chefs de poste de la télégraphie militaire, élèves de l'école polytechnique et des écoles militaires.

Troupe. — A la *table des maîtres* prennent place les adjudants, chefs artificiers, adjudants du service de la justice militaire, sergents-majors, maréchaux des logis chefs, sous-chefs de musique, ouvriers d'État de 1re et de 2e classe du génie et de l'artillerie, chefs armuriers, gardiens de batterie, portiers-consignes de 1re et de 2e classe, télégraphistes.

Tous les hommes de troupe ou assimilés d'un service militaire quelconque, non désignés ci-dessus, vivent à la ration.

La ration de bord pour les chevaux et mulets a une composition spéciale. (Voir page 302.)

A bord des bâtiments de l'État, les officiers sont couchés sur des

---

(1) Cette répartition n'est pas en harmonie avec la situation faite aux officiers d'administration, gardes d'artillerie et adjoints du génie par la loi du 16 mars 1882. Elle ne comprend d'ailleurs ni les archivistes d'état-major, ni les personnels techniques des chemins de fer, ni le corps du contrôle. Une réglementation nouvelle serait indispensable.

cadres ou au moins dans des hamacs fournis par le service de la marine; les sous-officiers et soldats, dans des hamacs, comme les hommes de l'équipage.

A bord, l'autorité absolue appartient au commandant du navire; les réclamations ne doivent lui parvenir que par l'intermédiaire de son second, qui ne doit en accepter que du chef du corps ou du détachement embarqué. (Règlement du 31 décembre 1823.)

Chapitre IX. — SERVICE DES ÉTAPES.

§ 1er. — ENSEMBLE DU SERVICE.

Objet du service. — Le service des étapes comprend l'ensemble des services de l'arrière définis page 130, moins le service des chemins de fer. Il est organisé par armée et dirigé dans chaque armée par un officier général sous l'autorité du chef d'état-major général, et sous la haute surveillance du directeur général des chemins de fer et des étapes, dont les attributions à cet égard ont été indiquées page 132.

Lignes d'étapes. — On désigne sous le nom général de lignes d'étapes l'ensemble des communications organisées en vue de faciliter et de régulariser les échanges continus de personnel et de matériel entre une armée et les régions d'origine des corps d'armée qui la composent.

Sur la plus grande partie de leur développement, ces communications sont établies par voie ferrée et donnent lieu à des transports dirigés par le service des chemins de fer.

La dénomination de *lignes d'étapes* convient plus spécialement aux communications par routes, que le service des étapes organise en prolongement du réseau de chemins de fer utilisé par l'armée. Les lignes d'étapes de route commencent aux *stations têtes d'étapes de guerre* et se terminent à la limite de la zone des étapes et de la zone d'opérations de l'armée proprement dite, soit à deux marches environ des cantonnements du gros des corps d'armée. Les extrémités de ces lignes portent le nom de *têtes d'étapes de route*. Une ligne d'étapes de route suffit en général pour deux corps d'armée.

Au delà des têtes d'étapes de route, tous les mouvements de personnel et de matériel sont réglés directement par les commandants des troupes et les chefs des services de l'armée proprement dite.

Les lignes d'étapes sont jalonnées par les *gîtes d'étapes*, distants d'une marche et dans chacun desquels est établi un *commandement d'étapes*. Un de ces commandements fonctionne toujours dans chaque station tête d'étapes de guerre, à côté de la commission ou du commandement de gare; là s'établit en général la liaison entre le service des chemins de fer et celui des étapes. Les commandements des têtes d'étapes de route sont mobiles et se déplacent avec tout leur personnel de manière à se maintenir à deux marches des corps d'armée: c'est par ces commandements que le service des étapes se relie avec les troupes et services d'opérations. Quand une ligne d'étapes s'allonge, on la divise en circonscriptions d'étapes en échelonnant, à 3 ou 4 marches les uns des autres, des *gîtes principaux d'étapes,* qui forment centres de commandement, d'exploitation et de ravitaillement, et auxquels sont subordonnés les commandements des gîtes intermédiaires.

Indépendamment des lignes principales d'étapes de route, on est conduit dans certains cas à en établir d'autres, parallèlement aux voies ferrées, pour soulager le service des chemins de fer sur un parcours plus ou moins étendu. Ces *lignes auxiliaires* sont utilisées pour les mouvements des gros détachements, pour les convois de prisonniers, pour les évacuations ; elles prennent leur origine dans les gares en avant desquelles l'exploitation des chemins de fer ne peut encore fonctionner avec l'activité et la sécurité nécessaires.

D'autres lignes d'étapes auxiliaires, transversales aux chemins de fer, peuvent aussi être organisées pour desservir les corps de seconde ligne, les corps de siège, ou les troupes d'occupation des territoires conquis Le fonctionnement de ces lignes est en général le même que celui des lignes principales.

Enfin on utilise dans la plus large mesure, pour le transport des approvisionnements et du matériel encombrant et pour les évacuations, les lignes de navigation (fleuves, rivières et canaux) situées dans la zone des étapes. (Voir page 248.)

§ II. — SERVICE GÉNÉRAL DE LA DIRECTION DES ÉTAPES.

Directeur des étapes. — Le directeur des étapes d'une armée centralise la direction de tous les services d'étapes dans la zone de l'arrière affectée à cette armée; il en est responsable envers le chef de l'état-major général. Ses devoirs généraux ont été définis page 134.

Ses pouvoirs disciplinaires sont ceux de son grade. Il n'exerce aucun pouvoir judiciaire; les auteurs de crimes ou de délits commis dans la zone d'étapes de l'armée sont justiciables d'un des deux conseils de guerre prévus par la loi au quartier général d'armée, et l'ordre de mise en jugement est donné par le commandant en chef. En territoire national, les conseils de guerre permanents sont saisis tant que les conseils de guerre d'armée n'ont pas été créés.

Le directeur des étapes a sous ses ordres, comme organes de direction et d'exécution, les personnels et troupes énumérés page 40. Les personnels et troupes d'étapes de première formation, ainsi que ceux qui sont dirigés ultérieurement sur le théâtre de la guerre, sont affectés par le ministre à une armée déterminée; mais, en cours d'opérations, le directeur général des chemins de fer et des étapes peut transférer des troupes ou des personnels d'une armée à une autre, sur la proposition des inspecteurs ou directeurs généraux quand il s'agit d'agents des services techniques.

État-major de la direction des étapes. — Cet état-major comprend : 1 officier supérieur breveté, chef d'état-major; 2 officiers inférieurs brevetés, 1 officier inférieur de réserve, 1 archiviste, avec les estafettes, plantons et secrétaires nécessaires; ce personnel est emprunté à celui de l'état-major général de l'armée.

L'état-major est chargé de la préparation et de la transmission des ordres et instructions du directeur, ainsi que de l'exécution de ceux que le directeur donne au chef d'état-major, notamment en ce qui concerne : l'organisation, le service et le relèvement des commandements d'étapes; — la répartition et l'emploi des troupes d'étapes; — les mesures de sûreté dans la zone des étapes; — le service des renseignements; — la réunion des équipages de réquisition et leur répartition entre les divers commandements et services d'étapes; — la mise en marche des détachements se rendant à l'armée ou en revenant; — l'organisation des convois de prisonniers et leur escorte jusqu'à la gare d'embarquement assignée; — le service de la remonte; — la marche, l'itinéraire et l'escorte des convois de ravitaillement chargés de prendre le contact avec les équipages de l'armée; — l'organisation et le service des dépôts de convalescents et des dépôts d'éclopés créés par l'armée pendant les périodes de marche (voir chapitre XI).

Le chef d'état-major a sous ses ordres immédiats le chef du service vétérinaire des étapes (voir chap. XII). Il donne des instructions directes au sous-directeur du service télégraphique de 2ᵉ ligne (voir chapitre X).

Chefs des services d'étapes. — Les chefs des différents services d'étapes relèvent du directeur pour le personnel, les mouvements d'approvisionnements et de matériel, la réunion et l'emploi des moyens de transport sur les lignes d'étapes de route. Ils lui fournissent des rapports et lui adressent chaque jour la situation sommaire, par magasin, des ressources de leur service. Au point de vue technique, ils relèvent de leurs chefs hiérarchiques au quartier général, entretiennent avec eux les mêmes relations que les chefs de service placés auprès des commandants de corps d'armée, et leur fournissent des situations détaillées de personnel et de matériel. Sous l'approbation du directeur des étapes, ils prescrivent les mutations dans le personnel troupe de leur service, et en cas d'urgence dans le personnel officiers ou fonctionnaires, sauf à rendre compte à leurs chefs de service au quartier général.

Relations du directeur des étapes avec les quartiers généraux. — Les relations avec le *grand quartier général* résultent des dispositions indiquées pages 132 à 134.

Les relations avec les chefs de service du *quartier général d'armée* ont été définies page 134. Le directeur des étapes se concerte avec ces chefs de service pour assurer la liaison des services des troupes d'opérations avec ceux des étapes, ainsi que la réunion et la répartition des moyens de transport nécessaires aux divers services d'étapes.

Le directeur des étapes correspond avec les *commandants de corps d'armée*. Avec l'autorisation du commandant de l'armée, ceux-ci lui adressent directement leurs demandes de vivres et de matériel et concertent avec lui les mesures concernant les livraisons de ces vivres et de ce matériel aux équipages des corps d'armée, ainsi que les dispositions relatives aux réexpéditions de matériel et aux évacuations. En cas d'urgence, les chefs de service des corps d'armée adressent leurs demandes aux commandants et chefs de service des gîtes d'étapes les plus avancés (têtes d'étapes de route ou stations têtes d'étapes de guerre). Un double de ces demandes est envoyé dans ce cas par l'état-major du corps d'armée au directeur des étapes.

Quand le directeur des étapes ne peut donner satisfaction aux demandes d'un commandant de corps d'armée, il prend les ordres du chef d'état-major général.

Relations du directeur des étapes avec le service des chemins de fer. — On a indiqué, page 237, l'objet des relations du directeur des étapes avec les commissions de ligne ou de chemins de fer de campagne chargées du réseau affecté à l'armée.

Le directeur des étapes peut donner aux commandants des gîtes d'étapes établis sur les voies ferrées délégation permanente de la faculté d'établir des demandes de transport de personnel et de matériel sur les trains réguliers. Ces demandes sont remises au commissaire militaire ou commandant de gare. Si la gare fait connaître qu'il ne peut y être donné suite ou que le transport demandé nécessite un train spécial, le commandant d'étapes rend compte au directeur des étapes, qui adresse une demande de transport à la commission de ligne ou de chemins de fer de campagne.

Le directeur des étapes peut, en cas d'urgence, charger les commandants d'étapes des stations têtes d'étapes de guerre d'adresser en son nom les demandes de transport de toute espèce. Mention expresse de cette disposition exceptionnelle est faite sur toute demande établie dans ces conditions. Les demandes de cette nature sont remises à la gare; la suite à leur donner est notifiée par le commandant de gare au commandant d'étapes.

Le directeur des étapes dispose des approvisionnements réunis dans les stations-magasins situées en deçà de la base d'opérations, et qui sont affectées à l'armée. Il correspond directement avec les commissaires militaires de ces stations, leur envoie les ordres indiquant les expéditions de toute nature à faire sur l'armée, et reçoit d'eux des rapports, ainsi que la situation journalière sommaire des approvisionnements de chaque service. Il peut déléguer aux commandants des stations têtes d'étapes de guerre l'exercice des attributions ci-dessus.

Avis à échanger. — Le directeur des étapes s'assure que les commandants d'étapes se donnent avis, de proche en proche, de tous les mouvements de personnel et de matériel sur les routes d'étapes, et qu'ils échangent avec les gares les informations relatives aux arrivages et expéditions de toute nature.

Il reçoit chaque jour de chacun des commandants de corps d'armée un *bulletin d'emplacement* du quartier général et des principaux éléments de son corps d'armée; des extraits de ce bulletin sont transmis aux chefs de service des étapes et aux commandants d'étapes. De son côté, il transmet aux commandants de corps d'armée et adresse au chef d'état-major général et au directeur général des étapes et des chemins de fer un *bulletin d'emplacement* des troupes et personnels d'étapes. Enfin il fait connaître aux directeurs des étapes des armées voisines l'emplacement de son quartier général et celui des têtes d'étapes de guerre et de route de l'armée.

Commandements d'étapes. — Dès son entrée en fonctions, le directeur des étapes installe les commandements d'étapes des stations têtes d'étapes de guerre et désigne le personnel des commandements des têtes d'étapes de route. Au cours des opérations, il arrête le tracé et l'affectation des lignes d'étapes de route, ainsi que l'emplacement des gîtes principaux et intermédiaires; il désigne le personnel des commandements qui s'établiront dans ces gîtes et en délimite la circonscription.

Pendant les périodes de marche, l'emplacement des têtes d'étapes de route est fixé par l'ordre de mouvement de l'armée.

Sur les lignes auxiliaires d'étapes parallèles aux voies ferrées, le service des étapes peut être confié aux commissaires militaires ou commandants de gare. Les propositions à adresser à cet égard au directeur général des chemins de fer et des étapes sont concertées entre le directeur des étapes et la commission de ligne ou de chemins de fer de campagne.

Dans les stations-magasins créées au delà de la base d'opérations, le commissaire militaire ou commandant de gare est toujours en même temps commandant d'étapes.

Troupes d'étapes. — Les troupes d'étapes sont formées d'unités constituées, généralement empruntées à l'armée territoriale. Une partie de ces troupes fournit la garnison des commandements d'étapes et relève successivement les postes provisoires laissés par les troupes d'opérations pendant les marches en avant; ces troupes sont à la disposition des commandants d'étapes pour le service d'ordre, la garde des communications, l'escorte des convois. L'autre partie est organisée en colonnes mobiles pour surveiller les populations ennemies, prêter main-forte à l'administration provisoire des territoires conquis, assurer la rentrée des contributions et étendre la zone d'exploitation du pays en dehors des lignes d'étapes.

Sécurité de la zone d'étapes. — Le directeur des étapes reçoit et exécute les instructions du chef d'état-major général sur les mesures d'ensemble destinées à pourvoir à la sûreté des derrières de l'armée; en cas d'urgence, il agit de sa propre initiative. Il prépare avec les commissions de ligne ou de chemins de fer de campagne et soumet au directeur général des chemins de fer et des étapes les propositions relatives à la protection des voies ferrées; au besoin il prend les dispositions provisoires nécessaires. Les commandants d'étapes et les commandants de colonnes mobiles défèrent aux réquisitions qui leur sont directement adressées pour le même objet par les autorités du service des chemins de fer; ils en rendent compte au directeur des étapes.

Réquisitions. — Le droit de réquisition est exercé et délégué par le directeur des étapes : en territoire national, conformément à la législation existante (voir chapitre XIV); en territoire ennemi, dans les conditions fixées par le règlement sur le service en campagne et les ordres généraux de l'armée.

Pour le droit de requérir les troupes et services maintenus dans la zone de l'arrière sans être rattachés à l'armée, voir page 133.

Équipages de réquisition. — L'état-major de la direction des étapes tient, d'après les renseignements des commandants d'étapes, un état général des ressources de la zone de l'arrière en voitures et attelages utilisables. Pour les besoins courants, les commandants d'étapes réquisitionnent directement les équipages qui leur sont demandés par les agents locaux des services techniques. Mais si l'importance des transports le comporte, le chef de service d'étapes intéressé fait connaître ses besoins au directeur des étapes, qui met à sa disposition des moyens complémentaires de transport empruntés momentanément aux autres services ou requis dans la zone d'étapes tout entière. Ce dernier procédé est notamment employé lorsqu'il y a lieu de porter au complet les convois auxiliaires des subsistances (voir pages 34 et 86) : le directeur des étapes fixe le contingent à fournir par chaque circonscription administrative ou d'étapes, désigne les points de concentration, assure la réception et l'estimation des équipages, ainsi que leur incorporation dans les compagnies du train.

Si l'ensemble des ressources de la zone d'étapes devient insuffisant, le directeur des étapes en rend compte au directeur général des chemins de fer et des étapes, qui provoque l'envoi d'équipages supplémentaires par les armées voisines ou par le Ministre de la guerre.

Dès que les équipages requis sont devenus inutiles à un service, le chef de ce service en provoque le licenciement ou l'affectation à un autre service.

Administration civile. — Le directeur des étapes est chargé d'administrer provisoirement le territoire ennemi jusqu'à l'organisation des *commandements territoriaux particuliers*. Dans chaque circonscription politique, la direction de cette administration est confiée à un agent militaire, commandant d'étapes ou commandant spécial, assisté d'un personnel civil d'administration et de police, et appuyé au besoin par les troupes d'étapes. On maintient en fonctions les autorités locales après avoir remplacé par des notables les éléments ouvertement hostiles. On s'attache principalement à maintenir l'ordre et la police, à recouvrer les contributions en argent et en nature, et à exploiter méthodiquement les ressources du pays dans l'intérêt de l'armée. Une surveillance attentive est exercée sur l'esprit et l'attitude des populations, sur les correspondances et sur les feuilles publiques. Des rapports périodiques sont adressés au directeur des étapes, à l'état-major duquel tout le service est centralisé.

§ III. — SERVICES SPÉCIAUX DES ÉTAPES.

Artillerie. — Le directeur du grand parc de l'artillerie de l'armée (voir page 42) est le chef du service de l'artillerie des étapes. Il a sous ses ordres : 1° l'état-major et les troupes du grand parc ; 2° l'équipage de pont d'armée (voir page 43) quand il est laissé dans la zone des étapes ; 3° les troupes d'artillerie des étapes quand elles ne sont pas affectées à des colonnes mobiles ou à des garnisons de gîtes d'étapes ; 4° les détachements d'artillerie qui séjournent temporairement dans la zone des étapes pour le ravitaillement ou pour tout autre objet.

Fractionnement du grand parc. — Au début des opérations, les cinq échelons du grand parc sont ainsi répartis le long des voies ferrées : le 1ᵉʳ échelon avec les équipages de transport, partie sur roues, partie en dépôt à hauteur des stations têtes d'étapes de guerre; le 2ᵉ, chargé sur les en-cas mobiles en avant des stations-magasins; le 3ᵉ, dans les stations-magasins; le 4ᵉ et le 5ᵉ, dans les arsenaux du territoire. Pendant le cours des opérations, le 1ᵉʳ échelon est porté aux têtes d'étapes de route dès qu'elles entrent en fonctions; les 3ᵉ, 4ᵉ et 5ᵉ échelons sont successivement avancés et servent à former des dépôts de munitions sur les lignes d'étapes. La composition et l'emplacement de ces dépôts sont fixés par le général en chef sur la proposition du commandant de l'artillerie de l'armée; ils sont toujours maintenus à l'alignement déterminé. Un officier est placé à la tête de tout magasin, dépôt ou convoi un peu important.

Ravitaillement. — L'échelon le plus avancé recomplète les parcs de corps d'armée, soit aux têtes d'étapes de guerre ou de route, où ces parcs (et au besoin les sections de munitions) envoient leurs voitures, soit en des points plus en avant, sur lesquels le grand parc dirige ses équipages; dans ce dernier cas, les livraisons se font par transbordement, en dehors des routes et des lieux habités. Les dépôts se ravitaillent de proche en proche par des convois de réquisition sur les lignes d'étapes, par des appels de munitions des stations-magasins aux stations têtes d'étapes de guerre, et par des envois des arsenaux sur les stations-magasins.

Les ravitaillements ordinaires ne nécessitent pas de transports importants. Les ravitaillements après les grandes batailles exigent au contraire la plus grande activité de la part du personnel du grand parc et le concours de travailleurs auxiliaires et d'équipages de transport que la direction des étapes met à la disposition de l'artillerie : les stations-magasins font transiter sur les têtes d'étapes de guerre, sans rompre charge, des trains ou fractions de trains de munitions complets expédiés par les arsenaux (voir page 245); on a recours aux en-cas mobiles quand les magasins des têtes d'étapes de guerre sont insuffisants ou lorsqu'un train de munitions demandé à la station-magasin ne peut arriver en temps utile. — Les trains de munitions sont toujours accompagnés par des convoyeurs.

Le réapprovisionnement du grand parc par les arsenaux est ordonné par le Ministre de la guerre sur la demande du commandant de l'artillerie de l'armée, transmise par le général en chef.

Les détachements dirigés sur l'armée par les dépôts de l'intérieur peuvent être dotés d'un supplément de cartouches, qui sont versées au grand parc dans les stations têtes d'étapes de guerre ou dans les stations-magasins.

Matériel. — Le grand parc recomplète les parcs de corps d'armée en matériel d'artillerie et reçoit de ceux-ci, pour le renvoyer dans les arsenaux, le matériel inutile ou hors de service; il n'est pas établi d'atelier de grosses réparations dans la zone de l'arrière. Le grand parc reçoit et fait remettre en état les armes apportées par les malades et blessés dans les ambulances et hôpitaux. Il peut être chargé de ramasser et d'emmagasiner les armes et le matériel abandonnés sur le champ de bataille, de concourir au désarmement des populations ou des places du territoire ennemi, ou à l'armement des places et des postes du moment. Pour ce dernier objet, le commandant de l'artillerie de l'armée provoque auprès du commandant en chef et du Ministre l'envoi du matériel complémentaire nécessaire.

Service des communications. — Les équipages de pont d'armée, secondés au besoin par le personnel et le matériel du grand parc, peuvent être chargés, sur l'ordre du directeur du grand parc, d'établir des ponts de bateaux ou des ponts demi-permanents sur les lignes de communication.

Génie. — Le chef de service du génie des étapes est un colonel ou lieutenant-colonel appartenant ou ayant appartenu à l'armée active; il est secondé par 2 officiers et 1 adjoint du cadre de réserve. Les personnels d'exécution comprennent: 1° le parc d'armée du génie; 2° le personnel du génie des circonscriptions d'étapes; 3° éventuellement des troupes territoriales du génie.

Parc du génie d'armée. (Voir sa composition page 44.) — Le directeur du parc est sous les ordres du chef de service. Le parc est concentré à une station tête d'étapes de guerre, puis dirigé sur une tête d'étapes de route, avec laquelle il se déplace; le matériel reste chargé sur voitures.

Les parcs du génie de corps d'armée se ravitaillent soit au parc même, soit dans les cantonnements ou en des points intermédiaires, sur lesquels le directeur du parc expédie les voitures nécessaires. Sur l'ordre du chef d'état-major général, le directeur des étapes fait avancer tout ou partie du parc dans les lignes de l'armée, lorsque celle-ci doit exécuter des travaux de campagne qui dépassent les ressources des corps d'armée en outillage. Le parc peut encore être utilisé dans la zone de l'arrière pour l'exécution de travaux importants, tels que la préparation de positions de combat, l'organisation de postes défensifs, ou la construction de ponts demi-permanents sur les lignes de retraite; le directeur des étapes reçoit à cet effet les instructions du commandant du génie de l'armée.

Le parc est ravitaillé par l'école régimentaire du génie qui l'a mobilisé ; cette école dirige une première réserve sur une station-magasin, et en tient une seconde prête à être expédiée.

Chefferies d'étapes. — Une chefferie territoriale du génie est constituée dans chaque station tête d'étapes de guerre et dans chaque gîte principal d'étapes de route ; le personnel, fourni par le cadre de réserve, comprend un officier et un nombre variable d'adjoints du génie, dont l'un remplit les fonctions de gérant.

Les chefs du génie sont chargés : de l'entretien et de la réparation des routes conduisant à l'armée ; de la direction des travaux ayant pour objet la mise en état de défense des gîtes et la protection des routes d'étapes ; des installations pour le logement des troupes et des malades, pour l'emmagasinement du matériel, pour l'organisation des transports par les voies navigables, lorsque le concours du génie est prescrit par les commandants d'étapes sur la demande des services intéressés. Lorsque les travaux de défense concernent la protection d'une gare ou d'une voie ferrée, le chef du génie se concerte avec les autorités du service des chemins de fer.

Le directeur du parc du génie remplit les fonctions de chef du génie des étapes dans la localité tête d'étapes de route où le parc est cantonné.

Le personnel du génie non réparti dans les commandements d'étapes est employé à préparer des positions de retraite ou à construire des ponts sur les grands cours d'eau ; il constitue des chefferies temporaires ; les troupes d'étapes du génie peuvent être mises à sa disposition.

Les travaux du génie s'exécutent en gérance ; le chef du service du génie des étapes a les attributions d'un directeur. La main-d'œuvre militaire est réservée de préférence pour les travaux de fortification. Pour les travaux de voirie, les baraquements, les appropriations de locaux, etc., on procède en territoire ennemi par voie de réquisition aux municipalités, aux architectes, aux ingénieurs ; on passe des marchés avec des entrepreneurs ; au besoin on requiert directement des travailleurs et des matériaux. Les commandants d'étapes assurent ces réquisitions et mettent à la disposition des agents du génie les détachements armés nécessaires pour maintenir l'ordre et l'obéissance sur les chantiers.

Intendance. — *Organes de direction et d'exécution.* — Le chef de service de l'intendance d'étapes est un intendant ou sous-intendant du cadre actif, assisté de 2 fonctionnaires de l'intendance (dont un de réserve), de 5 officiers d'administration (3 des bureaux, 1 des subsistances et 1 de l'habillement) et d'un certain nombre de commis aux écritures. Ce personnel est prélevé sur celui de l'intendance du quartier général de l'armée.

Les *sous-intendances d'étapes* et les *personnels gestionnaires* chargés de l'exécution des divers services sont répartis comme il est indiqué ci-après au § IV.

Les *convois auxiliaires* sont à la disposition des sous-intendants des stations les plus avancées des lignes d'étapes (stations têtes d'étapes de guerre ou têtes d'étapes de route). Leur approvisionnement est géré par le comptable des subsistances correspondant, lequel peut affecter une partie de son personnel au service de chacun de ces convois.

Les *boulangeries de campagne* fonctionnent auprès des stations têtes d'étapes de guerre ou dans un gîte principal d'étapes de route, exceptionnellement aux têtes d'étapes de route. Elles relèvent du sous-intendant du commandement d'étapes correspondant; elles constituent des gestions spéciales.

Le *parc de bétail d'armée*, fractionné s'il est nécessaire, est placé aux stations têtes d'étapes de guerre et marche avec les têtes d'étapes de route dès que celles-ci entrent en fonctions. Les entrepôts de bétail sont échelonnés sur les lignes de ravitaillement. Bien que le parc et les entrepôts restent la propriété exclusive de l'entrepreneur du service des vivres-viande, ils sont placés sous la surveillance administrative des sous-intendants d'étapes, qui règlent les mouvements de l'un à l'autre et prescrivent les livraisons à faire par le parc d'armée aux parcs de corps d'armée.

Attributions du chef de service. — Le premier devoir du chef de service de l'intendance d'étapes est d'assurer le fonctionnement du ravitaillement en vivres de l'armée. (Le mécanisme du ravitaillement sur l'arrière est décrit ci-après, page 3o6.)

A cet effet, il règle, d'après les instructions qu'il reçoit de l'intendant de l'armée par l'intermédiaire du directeur des étapes, l'emploi et les mouvements des approvisionnements et du matériel de son service réunis dans les stations-magasins de l'intérieur ou créés dans la zone des étapes. Il dirige l'exploitation des ressources du pays, et si ces ressources ne suffisent pas au renouvellement des approvisionnements consommés, il assure le ravitaillement des magasins de proche en proche par des envois de l'arrière. Il provoque en conséquence les demandes de transport par voie ferrée à adresser par le directeur des étapes ou ses délégués, et correspond pour le même objet avec les sous-intendants des stations-magasins de l'intérieur. Lorsqu'il est lui-même trop éloigné des têtes de ligne pour déterminer en temps utile les besoins à satisfaire, il délègue cette attribution aux sous-intendants des stations têtes d'étapes de guerre. Pour les mouvement de denrées à opérer sur les lignes d'étapes de route, il propose au directeur des étapes les dispositions nécessaires pour compléter les convois auxiliaires et organiser les convois éventuels de réquisition. Enfin il dirige le service des boulangeries de campagne et celui des diverses gestions des subsistances, et surveille le parc d'armée et les entrepôts de bétail de l'entrepreneur des vivres-viande.

Le service des étapes doit toujours être en mesure de présenter aux têtes d'étapes de route ou aux stations têtes d'étapes de guerre, selon le cas, un jour complet de vivres, que les équipages des corps d'armée viennent sans demande préalable charger sur place, ou qui leur est porté par les convois auxiliaires aux points de contact déterminés par les ordres du commandement. Lorsque la quotité du ravitaillement des convois administratifs doit dépasser les besoins d'un jour, les intendants de corps d'armée en font aviser le service des étapes (voir page 254), ainsi que du jour et du lieu des livraisons.

Les demandes des corps d'armée en matériel des subsistances, de l'habillement et du campement sont transmises dans les mêmes conditions au service de l'intendance des étapes, qui provoque les ordres d'expédition par les stations-magasins et assure les réexpéditions sur les routes de terre jusqu'aux points où les équipages des corps d'armée ont reçu l'ordre de prendre livraison. Il en est de même pour le matériel du service de santé et les colis des corps. Le chef de service pourvoit de son initiative, sauf à rendre compte à l'intendant de l'armée, au renouvellement du matériel des divers services administratifs de la zone des étapes.

Le chef du service de l'intendance d'étapes administre les troupes et le personnel de la zone des étapes et surveille les gestions du service de santé. Il ordonnance ou fait ordonnancer par les sous-intendants sous ses ordres toutes les dépenses du service des étapes, au moyen des crédits qui lui sont délégués par l'intendant de l'armée et qu'il sous-délègue aux fonctionnaires précités.

Attributions des sous-intendants. — Chaque sous-intendant, dans le ressort qui lui est assigné, dirige toutes les branches du service administratif d'après les instructions du chef de service et en conformité des ordres qui lui sont transmis par les commandants d'étapes.

Les sous-intendants des têtes d'étapes de route ou, quand celles-ci ne fonctionnent pas, ceux des stations têtes d'étapes de guerre, assurent les livraisons de denrées et de matériel aux équipages de corps d'armée et le renvoi en arrière du matériel administratif hors de service ou inutile à l'armée; ils règlent, d'après les ordres reçus, les mouvements des convois auxiliaires et le fonctionnement des boulangeries de campagne.

Les sous-intendants des stations têtes d'étapes de guerre dirigent les opérations de remise à la gare du matériel à expédier sur l'intérieur, ainsi que le déchargement et la réexpédition, par voie de terre, des approvisionnements et du matériel de leur service apportés par les voies ferrées; ils visent les factures d'expédition du matériel.

Dans les stations-magasins relevant de la direction des étapes, les sous-intendants attachés aux commissions ou commandements de gare veillent à ce que les chargements de denrées et de matériel soient conformes aux demandes faites, et réclament l'envoi des en-cas mobiles lorsque le service des chemins de fer n'est pas en mesure de faire les expéditions en temps utile. Les mêmes devoirs incombent aux sous-intendants des stations-magasins de l'intérieur.

Les commandants d'étapes suppléent les fonctionnaires de l'intendance dans les gîtes qui ne sont pas le siège d'une sous-intendance.

Administration des équipages de réquisition. — L'organisation et la répartition des équipages de réquisition sont dans les attributions de l'état-major du directeur des étapes et des commandants d'étapes, mais leur administration est centralisée auprès du chef de service ou des fonctionnaires de l'intendance d'étapes par un ou plusieurs officiers d'administration, *comptables des transports éventuels.* Chacun de ces comptables reçoit des avances du Trésor, et en fait à son tour dans chaque gîte d'étapes à un *délégué local,* officier d'administration ou autre agent militaire, avec lequel il règle mensuellement son compte courant. Chaque équipage est encadré par un personnel militaire (autant que possible 1 brigadier pour 25 voitures, 1 sous-officier pour 5o, 1 officier pour 2oo), dont le chef fait fonctions de *chef de convoi.* Au moyen des fonds qui lui sont remis par le délégué local, le chef de convoi paye la solde, à terme échu, au cadre militaire et aux conducteurs de réquisition; il remet les feuilles de prêt au délégué, qui les transmet au comptable central à l'appui de son compte mensuel. Le chef de convoi établit pour son détachement les bons des prestations en nature (nourriture chez l'habitant, vivres, fourrages, logement ou cantonnement) et en justifie par la remise mensuelle d'un contrôle nominatif, qui sert de feuille de journées pour la liquidation des dépenses. Il délivre, en fin de service, aux propriétaires des équipages ou attelages requis, ou aux municipalités, les certificats individuels ou collectifs constatant le nombre de journées de loyer dues, quand cette prestation doit être payée.

La réquisition peut être avantageusement remplacée, dans certains cas, par des marchés avec des entrepreneurs locaux de transport; ces marchés sont passés par les chefs de service d'étapes ou par les fonctionnaires de l'intendance, sous l'approbation du directeur des étapes. Ce mode d'opérer est toujours à préférer pour les transports par eau.

Service de santé. — Le chef de service est un médecin principal, secondé par 2 médecins-majors (dont 1 de réserve) et 1 officier d'administration des hôpitaux (cadre de réserve). Il a sous ses ordres les personnels des diverses formations sanitaires placées sous l'autorité du directeur des étapes, et une réserve de personnel; il donne des instructions au personnel des établissements créés par les sociétés de secours dans la zone des étapes.

Le fonctionnement du service de santé de l'arrière fait l'objet des § III et IV du chapitre XI ci-après.

Service de la prévôté. — Le prévôt d'étapes est un officier supérieur ou capitaine de gendarmerie; un lieutenant ou sous-lieutenant lui est adjoint. Le détachement de gendarmerie mis à sa disposition est employé, partie au service de la prévôté, partie au service de la force publique dans les commandements d'étapes.

La gendarmerie, dans la zone des étapes, fait le même service que dans les armées et corps d'armée (voir chapitre XVII).

Trésorerie et postes. — Chef de service, un payeur principal, secondé par 2 payeurs adjoints ou commis de trésorerie. La répartition du personnel et le fonctionnement du service seront indiqués au chapitre XV.

Télégraphie militaire. — Un sous-directeur, chef de service, assisté par 1 chef de section ou de poste, 2 télégraphistes secrétaires, 1 chef d'équipe et 4 ouvriers : personnel prélevé sur celui de la direction télégraphique de l'armée. — Personnels d'exécution : une ou plusieurs sections télégraphiques d'étapes et de chemins de fer.

Le service télégraphique de 2° ligne ou d'étapes sera défini au chapitre X.

§ IV. — RÉCAPITULATION DES SERVICES FONCTIONNANT DANS LES DIVERS COMMANDEMENTS D'ÉTAPES.

Station-magasin dans la zone des étapes. — *Artillerie :* un ou plusieurs échelons du grand parc, dont un sur en-cas mobile. — *Génie :* une gestion du matériel. — *Intendance :* une sous-intendance, une gestion des subsistances, une gestion de l'habillement, une gestion du campement (y compris les colis des corps); une gestion du matériel de santé; les en-cas mobiles des subsistances. — *Télégraphie :* un dépôt de matériel (dans une station par armée) géré par l'artillerie.

Les personnels ci-dessus sont adjoints au commissaire militaire ou commandant de gare, qui fait fonctions de commandant d'étapes.

Commandement d'étapes d'une station tête d'étapes de guerre (y compris ses annexes temporaires). — *Artillerie* : un échelon du grand parc. — *Génie :* une chefferie. — *Intendance :* une sous-intendance, une gestion des subsistances, une gestion de l'habillement, du campement et des colis des corps, chargée d'assurer le transit du matériel du service de santé ; une ou plusieurs boulangeries de campagne ; éventuellement un entrepôt de bétail. — *Santé* un hôpital d'évacuation. — *Trésorerie et postes :* un bureau d'étapes, réserve de personnel et de matériel (dans une station par armée). — *Télégraphie :* un bureau télégraphique d'étapes, un petit dépôt de matériel (dans une station par armée).

Quand il n'y a pas de lignes d'étapes de route en avant de la station tête d'étapes de guerre, on rattache au commandement d'étapes : — *Génie :* le parc d'armée réuni dans une seule station. — *Intendance :* les convois auxiliaires, le parc de bétail d'armée en entier ou fractionné. — *Santé :* un dépôt de convalescents, un ou plusieurs hôpitaux de campagne (pouvant être remplacés par des hôpitaux auxiliaires ou des hôpitaux improvisés).

Un des conseils de guerre du quartier général d'armée peut siéger dans une station tête d'étapes de guerre.

Commandement d'une tête d'étapes de route. — *Artillerie :* un échelon ou un dépôt du grand parc. — *Génie :* Le parc d'armée (tout entier dans une des têtes d'étapes). — *Intendance :* une sous-intendance ; une gestion des subsistances, chargée du transit du matériel de l'habillement, du campement, des colis des corps et du matériel de santé ; les convois auxiliaires et les fractions du parc de bétail d'armée correspondant aux corps d'armée desservis ; éventuellement une ou plusieurs boulangeries de campagne. — *Santé :* un hôpital ou section d'hôpital d'évacuation ; éventuellement, des hôpitaux de campagne. — *Trésorerie et postes :* un bureau d'étapes. — *Télégraphie :* un bureau télégraphique d'étapes.

Commandement d'un gîte principal d'étapes. — *Artillerie :* un dépôt du grand parc. — *Génie :* une chefferie, s'il y a lieu. — *Intendance :* une sous-intendance, une gestion des subsistances chargée du transit des autres services, comme ci-dessus ; éventuellement, une ou plusieurs boulangeries de campagne dans le gîte principal le plus avancé. — *Santé :* un hôpital de campagne, remplacé au besoin par un hôpital auxiliaire ou un hôpital improvisé. — *Trésorerie et postes :* un bureau d'étapes. — *Télégraphie :* un bureau télégraphique d'étapes. — *Justice militaire :* un conseil de guerre dans un des gîtes principaux, s'il ne siège pas dans une station tête d'étapes de guerre.

Commandement d'un gîte d'étapes intermédiaire. — *Intendance* : une gestion des subsistances, ou un magasin annexe géré par le comptable d'un gîte principal. — *Santé :* une infirmerie d'étapes, ou un hôpital improvisé. — *Trésorerie et postes :* un relais postal. — *Télégraphie :* un poste télégraphique.

§ V. — SERVICE DES COMMANDANTS D'ÉTAPES.

Composition. — Un commandement d'étapes comprend : 1° 1 officier supérieur ou capitaine commandant d'étapes, 1 officier adjoint, 2 secrétaires, un cadre du train pour l'embrigadement des convois de réquisition; 2° les troupes d'étapes formant la garnison du gîte; 3° les personnels des divers services qui fonctionnent dans le commandement, d'après la répartition indiquée au § IV.

Attributions générales. — A moins de dispositions contraires, la zone d'un commandement d'étapes s'étend : dans le sens des routes d'étapes, jusqu'à mi-distance des gîtes voisins; dans le sens transversal, jusqu'à la distance où l'action de ce commandement peut s'exercer utilement.

Les commandants d'étapes des stations têtes d'étapes de guerre, des têtes d'étapes de route et des gîtes principaux sont immédiatement subordonnés au directeur des étapes ; les commandants des gîtes intermédiaires relèvent des commandants des gîtes principaux, quand il en est établi.

La mission des commandants d'étapes consiste : à maintenir l'ordre et la sécurité dans le gîte, sur les routes et dans la circonscription d'étapes; à assurer le transit, le logement et la subsistance des troupes, des isolés et des convois allant vers l'armée ou en revenant; à veiller au bon état d'entretien des communications utiles à l'armée; à faciliter aux agents des divers services d'étapes l'exploitation des ressources du pays, et à leur fournir les moyens de transport nécessaires.

Le commandant d'étapes a tous les pouvoirs d'un commandant d'armes. Les personnels d'exécution des divers services fonctionnant dans son ressort relèvent de lui pour la discipline générale, la police locale, l'installation des services, la réunion et l'emploi des moyens de transport, les mouvements sur les routes d'étapes. En ce qui concerne l'exécution technique du service, ces mêmes personnels relèvent de leurs chefs hiérarchiques à la direction des étapes, avec lesquels ils correspondent directement, mais dont ils communiquent les instructions au commandant d'étapes.

Le commandant d'étapes dispose, pour toutes les parties de son service, des troupes d'étapes formant la garnison du gîte; pour le service intérieur et l'administration, ces troupes continuent de relever de leurs chefs de corps.

Le commandant d'étapes a les pouvoirs disciplinaires d'un colonel dans son régiment, s'il est officier supérieur; d'un capitaine dans sa compagnie, s'il est capitaine.

Il dirige l'administration civile en pays ennemi, et exerce à ce titre la police politique, la police locale et la police sanitaire.

Prise de possession d'un gîte d'étapes en territoire ennemi. — Le commandant d'étapes relève généralement le chef d'un poste provisoire établi par l'armée pendant sa marche en avant. Les dispositions qui suivent s'appliquent également au commandant provisoire et au commandant d'étapes.

Prendre immédiatement possession de la gare, de la poste, du télégraphe, des caisses publiques, des bâtiments et magasins appartenant à l'État. — Établir un poste de police sur la place principale, et des postes auprès des établissements importants, ainsi qu'auprès des ouvrages d'art des routes et chemins de fer dans le voisinage de la localité; organiser dans le gîte même un service de patrouilles; prendre les premières dispositions pour la mise en état de défense de la ville ou du bourg; si l'on dispose de quelques cavaliers, faire explorer les environs dans un rayon de 8 à 10 kilomètres. — Convoquer à la mairie les autorités municipales, ou à défaut quelques habitants notables. Les avertir que les auteurs de tout crime ou délit préjudiciable aux intérêts de l'armée seront livrés aux tribunaux militaires, et que la commune sera rendue responsable de toute attaque contre les personnes et de toute destruction qui aura lieu sur son territoire. Se faire renseigner sommairement sur le personnel et l'organisation des diverses branches d'administration, sur les établissements publics, sur les règles de police en vigueur, sur la capacité de logement et de cantonnement du gîte et sur ses ressources en moyens de subsistance et de transport. Se faire remettre les cartes à grande échelle de la localité et de la région. Prescrire l'établissement d'un état nominatif des hommes valides de 17 à 40 ans résidant dans la commune, et rendre celle-ci responsable de leur départ. — Avertir les habitants, par voie d'affiches ou à son de caisse, d'avoir à remettre dans les 24 heures les armes et munitions de toute nature dont ils sont détenteurs, et de faire dans les 3 jours déclaration du nombre d'animaux de trait, d'animaux de boucherie et de voitures dont ils sont propriétaires. — Afficher la composition des repas à fournir par les habitants aux officiers et à la troupe, ainsi que les prix de remboursement, s'il y a lieu. — Si l'attitude de la population l'exige, prendre des otages; obliger les propriétaires à laisser les portes des maisons ouvertes pendant la nuit et à éclairer les rez-de-chaussée; faire loger les troupes au rez-de-chaussée; défendre la circulation dans les rues à partir d'une certaine heure; prévenir que tout mouvement hostile sera suivi de représailles immédiates.

La première installation terminée, le commandant d'étapes contrôle par les moyens dont il dispose (gendarmerie, agents de police, perquisitions, etc.) les indications fournies par la municipalité et par les notables. Il complète les mesures de défense, désigne les locaux à affecter aux divers services d'étapes, fait les réquisitions nécessaires pour parer aux premiers besoins de ses troupes et des troupes de passage, et réunit des équipages pour les convois. Il étend successivement aux autres communes de sa circonscription les mesures relatives à la constatation et à la réquisition des vivres et moyens de transport, ainsi qu'au logement et au cantonnement.

Le bureau du commandant d'étapes est signalé le jour par un drapeau tricolore, la nuit par une lanterne rouge. Des inscriptions placées aux principales entrées du gîte font connaître l'emplacement du bureau du commandant, de la sous-intendance, du magasin de vivres et de fourrages, de l'hôpital ou infirmerie, de la poste, du télégraphe. D'autres inscriptions placées sur les routes d'étapes, au croisement des chemins principaux, donnent le nom, la direction et la distance des gîtes d'étapes voisins, des gîtes principaux et des stations têtes d'étapes de guerre.

Troupes, détachements, isolés et convois de passage. — Les commandants d'étapes et les commissaires militaires ou commandants de gare se donnent réciproquement avis, de proche en proche, des arrivages et des départs des troupes, détachements et convois de passage, et du matériel à livrer ou à expédier par les gares.

Les commandants des troupes de passage ou des convois, s'ils sont d'un grade supérieur à celui du commandant d'étapes, informent ce dernier de leur arrivée. S'ils sont d'un grade inférieur au sien, il se présentent à lui. Il en est de même pour les isolés. Toute colonne ou détachement traversant la circonscription d'étapes en dehors du gîte l'informe de son mouvement.

Le commandant d'étapes désigne les logements, cantonnements et emplacements pour parquer. Les isolés et les petits détachements reçoivent des billets de logement; les fractions plus nombreuses sont cantonnées dans le gîte même et dans les localités voisines. L'alimentation est assurée : pour les isolés et petits détachements, par la nourriture chez l'habitant; pour les troupes ou convois d'un effectif plus considérable, par des distributions en magasin, sur des bons établis par le chef de détachement et visés par le commandant d'étapes, à défaut de sous-intendant. Les magasins sont alimentés par le produit des réquisitions, ou entretenus par les municipalités en vertu de conventions passées par le sous-intendant.

Le commandant d'étapes vise les ordres de mouvement et feuilles de route. Il ne peut sous aucun prétexte retenir pour un service d'étapes les troupes de passage. Toutefois les petits détachements et les isolés peuvent être maintenus pendant quelques jours dans la localité, si le défaut de sécurité des routes exige qu'on n'y laisse circuler que de gros détachements.

Les isolés non pourvus de feuille de route ou se trouvant en dehors de l'itinéraire assigné sont arrêtés et, après enquête, dirigés sur leur destination régulière avec un détachement de passage, ou remis à la prévôté.

Les malades sont soignés à l'infirmerie ou à l'hôpital du lieu.

Les troupes de passage et les isolés sont tenus d'observer les consignes établies par le commandant d'étapes pour maintenir l'ordre et éviter l'encombrement.

Installation des magasins, établissements sanitaires, etc. — Lorsque la direction des étapes a ordonné d'établir dans un gîte d'étapes un magasin, un hôpital, un dépôt de chevaux malades, etc., le commandant d'étapes, après concert avec l'agent du service intéressé, désigne les locaux à occuper et réquisitionne la main-d'œuvre, les matériaux et l'ameublement nécessaires pour leur aménagement. Le service du génie d'étapes peut être chargé de l'installation.

Réquisitions et contributions. — Dans le gîte d'étapes même, aucune réquisition n'est faite que par le commandant d'étapes ou sur son *visa*. Dans les autres localités de la circonscription où fonctionnent des établissements des étapes, les chefs de ces établissements exercent des réquisitions dans la limite des délégations qu'ils ont reçues. Les commandants de troupes de passage ne peuvent faire aucune réquisition sans l'autorisation du commandant d'étapes, si ce n'est en cas d'urgence et pour les besoins du jour en subsistances et moyens de transport.

Le commandant d'étapes assure la rentrée des amendes prononcées, et celle des contributions en argent levées par ordre du commandant en chef des armées.

Transports. — Le commandant d'étapes est responsable de la continuité des transports sur les lignes d'étapes. Il établit un contrôle des voitures et attelages existant dans sa circonscription, et se tient toujours prêt à fournir des relais de voitures ou d'attelages pour les transports d'évacuation, de denrées, de matériel, de correspondance postale, etc.. Quand les ressources de la circonscription sont insuffisantes, il rend compte au directeur des étapes. Il assure l'embrigadement de tout convoi de quelque importance, donne les ordres de mouvement, fournit ou relève les escortes.

Écritures et comptes. — Le commandant d'étapes tient un registre d'opérations, un cahier d'enregistrement des bons délivrés et visés, et fournit tous les dix jours un rapport à la direction des étapes.

Il peut engager des dépenses, dans la limite des instructions du directeur des étapes, pour des installations diverses ou pour prestations donnant lieu à remboursement. Ces dépenses, à défaut d'ordonnateur, sont payées par un gestionnaire désigné, qui en justifie selon les règles de son service. Au besoin, des fonds sont avancés par ce gestionnaire au commandant d'étapes lui-même, qui en justifie dans les conditions prescrites pour les officiers d'approvisionnement.

Relations avec le service des chemins de fer. — On a indiqué, page 238, la délimitation des attributions des commandants d'étapes et des commissaires militaires ou commandants de gare siégeant dans la même localité, ainsi que les objets pour lesquels ils doivent agir de concert. En cas de conflit, la décision provisoire appartient au plus élevé en grade ou au plus ancien, jusqu'à ce qu'il ait été statué par les autorités supérieures et au besoin par le directeur général des chemins de fer et des étapes.

Pour les demandes de transport à adresser aux gares par les commandants d'étapes, voir page 254. Pour les avis à échanger, voir page 255.

Fermeture d'un gîte d'étapes. — Quand un gîte d'étapes est devenu inutile, le directeur des étapes en prescrit la fermeture; il se fait remettre les archives, et assigne une destination au personnel et aux approvisionnements.

CHAPITRE X. — TÉLÉGRAPHIE ET SIGNAUX

Personnel. — Le service de la télégraphie militaire est exécuté par un personnel technique mis à la disposition du Ministre de la guerre par le Ministère des postes et des télégraphes. Ce personnel est organisé militairement, porte un uniforme, jouit des droits et est soumis aux devoirs des belligérants. Sa hiérarchie et ses droits aux prestations en nature ont été indiqués page 147. Sa subordination aux chefs militaires a été définie page 130.

Les punitions à infliger aux fonctionnaires supérieurs et fonctionnaires de la télégraphie militaire sont les arrêts simples, les arrêts de rigueur et la prison. Les punitions à infliger aux agents et sous-agents sont la consigne ou le service hors tour, la salle de police et la prison. Les hommes liés au service militaire peuvent être renvoyés dans un corps de troupes, et les volontaires dans un service de l'intérieur. En dehors de sa hiérarchie, le personnel télégraphique ne peut être puni que par les commandants militaires; les directeurs ne peuvent être punis que par les commandants d'armée et par les chefs d'état-major généraux.

Les propositions d'avancement dans la hiérarchie civile sont annotées par les chefs d'état-major généraux et par le major général, et transmises au Ministre des postes et des télégraphes par l'intermédiaire du Ministre de la guerre. Les nominations aux emplois vacants aux armées sont faites par le commandant en chef sur la proposition du directeur général, visée par le major général.

Le personnel de la télégraphie militaire est affecté : 1° aux armées; 2° aux places fortes; 3° au service du territoire.

Service aux armées.

Directions. — A la tête du service télégraphique d'un théâtre de guerre est placée une *direction générale de la télégraphie militaire* (page 47.), qui fait partie du grand quartier général. Le directeur général centralise, sous l'autorité du major général, les services de première ligne et de l'arrière des diverses armées. Le directeur ou sous-directeur adjoint au directeur général est spécialement chargé des services de l'arrière, et peut être placé sous les ordres immédiats du chef d'état-major du directeur général des chemins de fer et des étapes.

Dans chaque armée, une *direction télégraphique* (page 48) est chargée, sous les ordres du chef d'état-major général, des services de première ligne et d'étapes de cette armée. Cette direction est scindée en deux sous-directions, l'une au quartier général de l'armée pour le service de première ligne, l'autre auprès de la direction des étapes et sous les ordres du chef d'état-major de cette direction, pour le service de deuxième ligne.

Personnels d'exécution. — Les personnels d'exécution (voir page 48) comprennent :

1° Les sections de première ligne; on affecte généralement à chaque armée les sections portant les numéros des corps d'armée dont elle se compose;

2° Des parcs télégraphiques, un au moins par armée; la réunion d'un parc et d'une section de première ligne constitue une section de réserve spécialement affectée au service du quartier général de l'armée;

3° Un détachement spécial pour le service du grand quartier général;

4° Des sections d'étapes et de chemins de fer, dont les unes sont affectées aux directions d'étapes pour le service de deuxième ligne, et les autres sont annexées aux sections techniques d'ouvriers de chemins de fer de campagne pour le service télégraphique des voies ferrées au delà des stations de transition. Ces dernières sont renforcées de 25 télégraphistes auxiliaires;

5° Des sections de télégraphie légère formées, dans les divisions de cavalerie indépendante, par le groupement des ateliers de cavaliers télégraphistes des régiments (voir page 49) sous la direction d'un agent monté chef du service télégraphique de la division;

6° Les ateliers de cavaliers télégraphistes des régiments de cavalerie de corps; le matériel télégraphique régimentaire attribué à ces ateliers est porté, dans chaque brigade de cavalerie (de corps ou indépendante), par une voiture légère à un cheval;

7° Eventuellement, des signaleurs d'infanterie (voir page 49).

Des détachements de travailleurs militaires peuvent être mis par le commandement à la disposition des agents du service pour la construction, la destruction ou le relèvement des lignes. Des ouvriers civils peuvent être requis pour le même objet dans la zone des étapes.

Fonctionnement du service. — Le *directeur général* prescrit, d'après les ordres qu'il reçoit, la construction des lignes et l'établissement des postes télégraphiques et veille à la prompte installation des communications électriques. Il répartit le personnel et le matériel selon les besoins; il provoque les envois de personnel et de matériel supplémentaires; il se tient à cet effet en relations constantes avec le Ministère des postes et des télégraphes, ainsi qu'avec les directeurs des régions de l'intérieur dont le territoire est occupé par l'armée ou atteint par le réseau militarisé.

Bien que le service soit organisé par armée, les réseaux d'étapes des diverses armées forment les parties d'un même tout astreintes à fonctionner en parfaite concordance. Il appartient en conséquence au directeur général des chemins de fer et des étapes de fixer, sur la proposition du directeur général de la télégraphie, l'affectation des lignes principales et l'emplacement des bureaux centraux de dépôt de dépêches où se fait la jonction des services spéciaux aux zones d'étapes de chaque armée.

Sous les réserves qui viennent d'être indiquées et dans la limite des instructions techniques qu'il reçoit de son directeur général, le *directeur* de la télégraphie militaire d'une armée a, dans la zone affectée à cette armée, les mêmes attributions que ce dernier en matière de construction et de suppression de lignes, de répartition de personnel et de matériel, et de relations avec les directeurs des régions de l'intérieur.

Service de première ligne. — A pour mission : 1° de relier le quartier général d'armée avec les quartiers généraux de corps d'armée, et d'assurer ses communications avec le réseau de l'arrière ; 2° de relier à l'un des quartiers généraux ci-dessus spécifiés le chef d'une troupe temporairement détachée pour une mission spéciale ; 3° de détruire les réseaux télégraphiques existants lorsque l'intérêt de l'armée l'exige, et sur les ordres formels du commandant en chef ou du chef d'état-major général. Le sous-directeur chargé de ce service recueille et tient à jour les renseignements les plus complets sur les ressources télégraphiques du pays traversé. Il répartit le travail entre les sections. Chaque section se partage en deux ateliers qui fonctionnent autant que possible simultanément, et en un groupe de réserve ; elle peut établir et desservir trois postes.

Le réseau de première ligne peut être construit de deux manières : soit en reliant directement entre eux les divers quartiers généraux, soit en établissant les lignes parallèlement aux routes suivies par les troupes et en les rattachant toutes à une même base télégraphique, que l'on change tous les trois à quatre jours. En principe, une communication n'est réellement assurée entre deux points qu'autant qu'ils sont reliés au moins par deux lignes suivant des directions différentes.

Les lignes de ce réseau sont établies en général avec le câble de campagne, qui est mis en place au moyen de la voiture dérouleuse ou de la brouette à dérouler, quelquefois au moyen de la voiture-poste. Pour établir des postes volants en dehors du réseau, sur une hauteur par exemple, on se sert du câble léger. (Voir pages 71 et 89.)

Les sections légères et les ateliers de cavaliers télégraphistes sont principalement destinés : à faire les reconnaissances pour l'organisation du service télégraphique ; à remettre les lignes du pays en état de fonctionner ; à suppléer, dans les bureaux ou postes locaux, le personnel de l'administration qui viendrait à faire défaut ; enfin à établir des communications optiques et au besoin de nouvelles lignes électriques de peu d'étendue. Les chefs d'état-major des divisions de cavalerie indépendante reçoivent du major général ou des chefs d'état-major généraux les instructions nécessaires pour diriger le service des sections légères.

Les parcs télégraphiques servent à renforcer les sections de première ligne en personnel et surtout en matériel.

Les détachements du train affectés aux sections et aux parcs sont exclusivement chargés de la conduite des voitures. Les officiers et sous-officiers du train reçoivent les instructions des chefs des fractions télégraphiques pour ce qui concerne le service technique seulement; ils restent seuls commandants militaires de leur troupe. Tout conflit est déféré à l'autorité militaire la plus voisine, qui décide en dernier ressort, mais sans pouvoir en aucun cas faire suspendre l'exécution d'un travail commencé. Même règle s'applique aux détachements de travailleurs mis temporairement à la disposition des agents de la télégraphie. Toutefois, en l'absence du chef militaire direct, un fonctionnaire, agent ou sous-agent gradé a le droit de punir les hommes de troupe qu'il emploie, sauf à en rendre compte immédiat à l'autorité militaire.

Service de deuxième ligne. — Ce service a pour objet: 1° de relier les quartiers généraux d'armée entre eux et avec le grand quartier général; 2° de relier le réseau de première ligne avec celui de l'intérieur; 3° de desservir, dans les territoires occupés, les lignes d'étapes et de chemins de fer et tous les postes situés en arrière de l'armée. Il se relie avec le service de première ligne au quartier général de l'armée.

Pendant les concentrations, le personnel du service de deuxième ligne renforce ceux du service de première ligne et du territoire. Pendant les opérations, il assure le renouvellement du personnel et du matériel du service de première ligne, et crée ou restaure le long de la ligne d'opérations les communications entre l'armée et le territoire. A cet effet, pendant les marches en avant, il prend possession des communications établies par l'armée, lorsqu'elles doivent avoir un certain caractère de durée, et y remplace par des lignes ordinaires les lignes et postes établis avec le matériel de campagne, qui est ainsi rendu disponible pour de nouvelles installations.

Pour le renouvellement du matériel des services de première et de deuxième ligne, un dépôt de matériel télégraphique est constitué dans l'une des stations-magasins affectées à chaque armée. Des petits dépôts peuvent également être créés, en cours d'opérations, dans les stations têtes d'étapes de guerre, aux têtes d'étapes de route ou dans les gîtes principaux d'étapes; à défaut de personnel de la télégraphie militaire, ces dépôts sont gérés par les agents du grand parc de l'artillerie.

Pour le *service télégraphique des chemins de fer* au delà des stations de transition, le directeur général des chemins de fer et des étapes fait connaître au directeur général de la télégraphie les lignes et les postes à établir. Ce dernier donne des instructions en conséquence aux directions télégraphiques des armées, qui fournissent le personnel et le matériel nécessaires. Les sections techniques d'ouvriers de chemins de fer de campagne mettent de leur côté des travailleurs auxiliaires et des moyens de transport à la disposition des agents de la télégraphie. Pour l'établissement des poteaux et fils le long des voies, et l'installation des postes dans les gares, ces agents se conforment aux indications du chef de service de la voie.

Les conducteurs électriques installés spécialement pour le service des voies ferrées sont remis à la direction des chemins de fer de campagne. Une ou plusieurs sections télégraphiques d'étapes et de chemins de fer sont affectées à chaque section technique pour l'exploitation: elles sont sous les ordres du directeur de cette dernière section; elles peuvent être chargées de l'installation des communications spéciales à l'intérieur des gares. Une section peut desservir environ 20 postes.

Les postes télégraphiques établis dans les gares pour le service des chemins de fer sont tenus de recevoir les dépêches qui leur sont remises par l'autorité militaire. L'ordre de transmission est réglé comme il suit: 1° dépêches intéressant la sécurité de l'exploitation sur le chemin de fer; 2° dépêches de l'autorité militaire; 3° dépêches relatives à l'exploitation proprement dite. Un ou plusieurs des fils établis le long des lignes peuvent d'ailleurs être réservés au service général de l'armée.

Le personnel télégraphique employé dans les gares et sur la ligne peut être puni par les chefs de gare pour les infractions au service et à la discipline; avis des punitions est donné au commandant de gare, et par celui-ci au chef du service télégraphique de la direction d'étapes.

Service de forteresse.

Le service télégraphique des forteresses est chargé, sur le théâtre de la guerre, de relier les places fortes au réseau du territoire et avec les places et forts voisins, et de desservir les postes optiques ou électriques établis à l'intérieur de chacune de ces places. Les agents désignés pour ce service font partie des garnisons de guerre et sont sous les ordres des gouverneurs.

Dans les grandes places, le système des communications aériennes est complété par les colombiers militaires, placés dans les attributions du service du génie.

Service du territoire.

Dans les régions déclarées en état de siège ou comprises dans la zone d'opération des armées, le service télégraphique continue à fonctionner dans les conditions normales; mais le personnel est mis sur le pied de guerre et assimilé, en tant que belligérant, à celui des directions et sections actives, sauf toutefois le droit aux prestations en nature du département de la guerre. Ce personnel peut être renforcé par des auxiliaires militaires. Les directeurs régionaux sont chargés d'alimenter en hommes, effets et matériel de remplacement les formations mobilisées.

La liaison entre le service du territoire et le service de deuxième ligne des armées a lieu à la frontière en cas d'invasion du territoire ennemi, à la limite d'action des directeurs des étapes si le territoire national est envahi.

Indications diverses.

Établissement et relèvement des lignes. — Les ordres sont donnés par les chefs d'état-major compétents, en tenant compte des données techniques fournies par les directeurs ou sous-directeurs de la télégraphie sur les ressources disponibles en personnel et matériel.

On peut admettre qu'un atelier construit de 2 à 4 kilomètres de ligne à l'heure, mais que dans une journée il ne peut faire plus de 12 kilomètres.

Dans la rédaction des ordres, indiquer, pour chaque ligne à établir, son degré d'urgence, le temps probable pendant lequel elle sera utile, les points où devront être installés les postes, le moment auquel ils devront être ouverts à la correspondance. — Pour les lignes à relever, indiquer l'heure à laquelle les postes pourront cesser de recevoir des dépêches. — Notifier ces dispositions non seulement au directeur de la télégraphie, mais à toutes les autorités ou services intéressés.

Transmission et réception des dépêches. — Au commencement de la campagne, un ordre du général en chef arrête la liste des officiers généraux et autres ayant droit à la franchise, et l'ordre de priorité dans lequel les correspondances doivent être transmises. Ces prescriptions sont affichées dans les postes.

Le service de transmission est permanent. Les dépêches, remises autant que possible chiffrées, sont toujours datées et signées par l'expéditeur. Toute transmission est précédée d'un mot d'ordre et d'un signe de reconnaissance spécial au service télégraphique. Le destinataire inscrit sur la dépêche l'heure et le lieu de la réception.

Afin d'accélérer l'expédition des télégrammes, les commandants militaires font indiquer, autant que possible, au poste télégraphique le plus voisin les points sur lesquels ils vont s'établir en cas de déplacement.

Les originaux des dépêches, les reçus et les rouleaux de papier ayant servi aux transmissions sont versés tous les huit jours à l'état-major général d'armée qui en devient responsable.

— En campagne, on ne doit pas compter sur une transmission de plus de 400 mots à l'heure. Ce chiffre est un maximum qui ne pourra même pas toujours être atteint.

Surveillance des lignes. — Rendre les localités responsables des dégâts commis sur leur territoire. — Répartir les ouvriers sur le réseau à raison d'un homme par 2 à 3 kilomètres. — Envoyer des patrouilles. — Veiller à ce que les troupes ne détériorent pas le câble; des voitures légères peuvent passer sur le câble si le terrain n'est pas trop dur ou trop caillouteux, mais les lourds chariots et les voitures d'artillerie le mettent hors de service.

Destruction des lignes télégraphiques. — Adjoindre autant que possible des télégraphistes habiles aux détachements qui seront chargés de détruire les lignes.

Couper les poteaux le plus près possible du sol. — Couper les fils. — Briser les isolateurs. — Créer des dérangements en lançant sur les fils, pour les réunir, un petit fil métallique armé d'une balle en plomb ou d'une pierre. Des dérangements répétés à des distances aussi éloignées que possible sont préférables à une destruction unique d'une section considérable.

Dans tout poste visité, s'emparer des archives et des rouleaux de transmission. — Si cela est possible, envoyer des dépêches fausses à l'ennemi, chercher à déchiffrer ses dépêches.

Télégraphie optique. — Le service de la télégraphie militaire possède un certain nombre d'appareils optiques, à miroir ou à lentille, du système du colonel Mangin. Les plus puissants sont employés pour le réseau optique fixe. Les modèles de $0^m,14$ et de 0^m24, dont les portées de nuit sont de 25 et de 45 kilomètres, peuvent être utilisés en campagne. Pendant le jour, en faisant usage de la lampe, la portée est considérablement réduite; mais en se servant de la lumière solaire au moyen des héliostats dont les appareils sont munis, on peut correspondre jusqu'à 50 kilomètres à certaines heures de la journée. Ces appareils sont particulièrement utiles pour la cavalerie d'exploration.

En Algérie, on a pu organiser des réseaux optiques avec distance de plus de 100 kilomètres entre les postes.

La vitesse de transmission est d'environ 150 mots à l'heure quand les conditions sont favorables. Les signaux correspondent à ceux de l'alphabet Morse généralement employé dans la télégraphie électrique.

Signaux de l'alphabet Morse.

1° — Alphabet.

LETTRES.	SIGNAUX.	LETTRES.	SIGNAUX.	LETTRES.	SIGNAUX.
a.		i.		r.	
á.		j.		s.	
b.		k.		t.	
c.		l.		u.	
ch.		m.		ü.	
d.		n.		v.	
e.		ñ.		w.	
é.		o.		x.	
f.		ö.		y.	
g.		p.		z.	
h.		q.			

2° — Chiffres.

CHIFFRES.	SIGNAUX.	CHIFFRES.	SIGNAUX.	CHIFFRES.	SIGNAUX.
1.		5.		9.	
2.		6.		0.	
3.		7.		Barre de fraction.	
4.		8.			

3° — Signes de ponctuation et indications de service.

PONCTUATION et INDICATIONS.	SIGNAUX.	PONCTUATION et INDICATIONS.	SIGNAUX.
Point............ (.)		Signal séparant le préambule des indications éventuelles, les indications éventuelles de l'adresse, l'adresse du texte et le texte de la signature.......	
Point et virgule. (;)			
Virgule......... (,)			
Guillemets (avant et après le passage)......(« »)			
Deux points... (:)			
Point d'interrogation ou demande de répétition d'une transmission non comprise.......(?)		Appel (préliminaire de toute transmission)..	
		Compris ou réception........	
Point d'exclamation........(!)		Erreur...........	
Apostrophe.....(')		Fin de la transmission.......	
Alinéa..........		Attente.........	
Trait d'union...(-)		Invitation à transmettre........	
Parenthèse (avant et après les mots).....( )		Réception terminée..........	
Souligné (avant et après les mots ou le membre de phrase)......			

CHAPITRE XI. — SERVICE DE SANTÉ EN CAMPAGNE.

§ 1er. — ORGANISATION GÉNÉRALE DU SERVICE.

Le service de santé en campagne se divise en *service de l'armée d'opérations* et *service de l'arrière*.

Le service de l'armée d'opérations comprend toutes les formations sanitaires qui font partie intégrante du corps d'armée mobilisé; il se divise en trois échelons : 1° le *service régimentaire*, destiné à donner les premiers secours en station, en marche et au combat; 2° les *ambulances*, destinées à recevoir les malades et blessés et à assurer leur évacuation; 3° les *hôpitaux de campagne*, appelés à relever les ambulances et à traiter sur place les malades et blessés non transportables.

Le service de l'arrière comprend les formations sanitaires qui ne font pas partie intégrante du corps d'armée mobilisé; ces formations constituent des groupes destinés : le premier à l'*hospitalisation sur place* (hôpitaux de campagne temporairement immobilisés); le second à l'*évacuation* (transports d'évacuation, hôpitaux d'évacuation, infirmeries de gare et de gîtes d'étapes).

Au cours des opérations, des *dépôts de convalescents* et *des dépôts d'éclopés* peuvent être établis sur les lignes de marche et d'évacuation.

En dehors des formations sanitaires réglementaires, le service de santé utilise toujours les établissements hospitaliers du pays traversé et les *hôpitaux auxiliaires* desservis par les *Sociétés de secours*. Il improvise en cas de besoin des hôpitaux sur les lignes d'étapes, au moyen des ressources dont il dispose.

Le service de santé est dirigé, sous l'autorité immédiate du commandement : au grand quartier général, par l'inspecteur général du service des anté des armées; dans une armée, par un médecin inspecteur, directeur du service de santé de l'armée; dans un corps d'armée et dans une direction d'étapes d'armée, par un médecin principal; dans une division et dans une brigade isolée, par un médecin principal ou major, médecin chef de la division ou de la brigade (1).

Chaque directeur de santé relève : 1° du général auquel il est attaché et dont il reçoit les ordres; 2° du directeur placé immédiatement au-dessus de lui et dont il reçoit les instructions techniques par l'intermédiaire du commandement. Il tient un journal de marche et d'opérations et fournit un rapport spécial à la fin de chaque combat. Ses attributions générales, définies par l'article 15 du service en campagne, ont été reproduites page 129.

L'inspecteur général du service de santé a dans ses attributions spéciales les relations à entretenir avec le directeur général des chemins de fer et des étapes, à l'effet de déterminer les lignes d'évacuation et moyens de transport à affecter à chaque armée, ainsi que l'ordre d'urgence des évacuations sur les différentes parties du théâtre de la guerre. Les médecins chefs de service des directions d'étapes provoquent le concert à établir entre les directeurs d'étapes et les commissions de ligne ou de chemins de fer de campagne

---

(1) L'emploi de médecin chef, prévu par le projet de règlement sur le service de santé en campagne, n'existe pas encore dans les cadres des quartiers généraux des divisions d'infanterie et de cavalerie. Les fonctions de chef de service sont remplies par le médecin le plus ancien dans le grade le plus élevé, appartenant aux corps de troupes ou à l'ambulance de la division.

au sujet des mesures d'exécution des évacuations par les voies ferrées.

Le service de l'intendance ordonnance les dépenses, surveille
les gestions administratives et fournit, en exécution des ordres du
commandement, le matériel et les approvisionnements du service
de santé.

§ II. — SERVICE DES ARMÉES D'OPÉRATIONS.

Service régimentaire. — Pendant les *périodes de marche*, les médecins de chaque corps, secondés par les infirmiers régimentaires,
recueillent les hommes devenus malades pendant la route. Ils disposent à cet effet, indépendamment des voitures médicales de
bataillon, d'une voiture de transport de blessés (à 4 roues pour
les régiments d'infanterie, à 2 roues pour les bataillons de chasseurs), que l'ambulance détache journellement à la suite des
corps. Ces voitures rentrent à l'ambulance pendant les séjours et
toutes les fois qu'un combat est imminent. Le médecin chef de
service marche à la gauche du corps; il reçoit les malades ou éclopés et décide s'ils seront admis dans la voiture ou simplement
allégés de leur sac. A l'arrivée au cantonnement, il passe la visite
dans un local désigné à proximité du poste de police et fixe la
destination à donner à chaque malade. Ceux qui peuvent suivre
le mouvement sont soignés au corps et marchent en queue de
colonne; les autres sont envoyés à l'ambulance sur les voitures
régimentaires et d'ambulance ou sur des voitures de réquisition.
Les hommes non transportables sont remis à l'autorité municipale,
qui est requise d'en assurer le traitement.

Pendant les *séjours*, le service régimentaire organise des infirmeries qui fonctionnent comme en temps de paix.

Pendant le *combat*, le même service organise des *postes de secours*
desservis par les médecins et infirmiers des corps et reliés à la
ligne de feu par les brancardiers régimentaires, qui ont *seuls* mission
de ramener les blessés en arrière de cette ligne. Ces postes sont
établis, au début, à hauteur ou en arrière des réserves de bataillon, autant que possible à l'abri de la mousqueterie. Tous les blessés, quelle que soit leur nationalité, y sont recueillis, visités et
pansés. Lorsque, par suite du mouvement en avant, la zone où ils
sont tombés est trop éloignée du poste de secours, le médecin
chef de service place un nouveau poste en avant du premier. En
cas de mouvement rétrograde, le poste évacue ses blessés sur l'ambulance, en commençant par les moins gravement atteints.

Les blessés pansés, et munis d'une *fiche de diagnostic*, sont évacués le plus tôt possible en arrière par les brancardiers, relayés
au besoin par les musiciens. A cet effet, les voitures médicales

régimentaires sont arrêtées en arrière du poste de secours et forment le premier élément des *stations de voitures*, destinées à conduire aux ambulances les blessés amenés par les brancardiers.

Les corps de cavalerie n'organisent pas de postes de secours; lorsqu'ils combattent avec l'infanterie, leurs blessés sont recueillis et soignés par celle-ci; lorsqu'ils opèrent isolément, leur blessés sont recueillis par les ambulances, ou dirigés en arrière par les médecins des corps, ou remis aux soins des municipalités.

Ambulances. — Le médecin chef d'une ambulance a, comme dans un hôpital à l'intérieur, les attributions et les devoirs d'un chef de corps; il assure la répartition du personnel, le service, le traitement des malades et blessés, la police et la discipline. Pour l'exercice des réquisitions, il reçoit du général commandant des carnets d'ordres de réquisition et de reçus. Le médecin chef de l'ambulance du quartier général est sous l'autorité immédiate du directeur de santé du corps d'armée.

Le comptable d'une ambulance a les mêmes attributions qu'en temps de paix; il exerce en outre les fonctions d'officier d'approvisionnement, et celles d'officier de l'état civil pour tous les militaires qui décèdent à l'ambulance.

Les ambulances, étant spécialement organisées pour le combat, doivent être constamment disponibles et prêtes à marcher; elles ne sont pas employées aux transports d'évacuation à grande distance, sauf en cas de stationnement prolongé ou de suspension d'hostilités.

Pendant les *périodes de marche*, les ambulances prennent dans les colonnes la place qui leur est assignée par l'ordre de mouvement. Elles reçoivent journellement les malades et éclopés des corps de troupes, leur donnent les premiers soins et pourvoient à leur évacuation. Les éclopés sont envoyés dans un dépôt d'éclopés organisé par le commandement; les malades sont dirigés, soit sur un hôpital du pays traversé, soit sur une localité où le service est fait par un hôpital de campagne ou par un hôpital auxiliaire. Lorsque l'ordre de mouvement ne contient pas d'indication spéciale à ce sujet, l'évacuation est faite sur la tête d'étapes de route ou sur la station tête d'étapes de guerre, dont l'hôpital d'évacuation assure la destination ultérieure des malades.

Pendant les *séjours*, le personnel des ambulances prête son concours aux hôpitaux de campagne pour le traitement des malades et blessés; les moyens de transport sont utilisés pour les évacuations.

Au combat, les ambulances divisionnaires entrent les premières en action; les médecins chefs en fixent l'emplacement après avoir pris les ordres du commandement. L'ambulance du quartier général ne fonctionne que sur l'ordre du commandant du corps d'armée ou, en cas d'urgence, du médecin directeur du corps d'armée; une de ses sections doit être tenue en réserve le plus longtemps possible.

Les ambulances sont établies à proximité des réserves de la division, en des points de facile accès, abrités du feu, voisins d'une route conduisant vers l'arrière, et abondamment pourvus d'eau. L'emplacement en est marqué, le jour par le fanion de la Convention de Genève joint au fanion national, la nuit par deux lanternes, l'une à verre rouge et l'autre à verre blanc. Le médecin chef organise des groupes de voitures, cacolets, litières et brancardiers d'ambulance, qui rejoignent les stations de voitures installées en arrière des postes de secours. Il répartit les locaux ou fait dresser les tentes. Il forme trois groupes de médecins, chargés respectivement de la réception et du triage des blessés, des opérations d'urgence et des pansements ou appareils importants. A la suite de chaque pansement, on fixe au vêtement du blessé une fiche de diagnostic (rouge pour ceux qui sont transportables, blanche pour les autres). En cas d'urgence, des médecins appartenant aux corps de troupes en réserve ou aux hôpitaux de campagne disponibles peuvent être détachés momentanément à l'ambulance.

Si les postes de secours de la division se portent en avant, une des sections de l'ambulance suit le mouvement et est relevée, s'il y a lieu, par une section de l'ambulance du quartier général. Si l'on rétrograde, les brancardiers et les stations de voitures se replient avec les troupes, et emportent les blessés les moins grièvement atteints; le médecin chef désigne le personnel qui doit rester auprès des blessés laissés sur place, avec le matériel strictement nécessaire.

Les blessés sont divisés en trois catégories. Ceux qui sont capables de marcher sont rassemblés près de l'ambulance, puis conduits après le combat, sous les ordres du plus élevé en grade, à la destination assignée par le commandement. Les hommes plus grièvement atteints, mais qui peuvent supporter le transport, assis ou couchés, sont conduits aux hôpitaux de campagne installés dans le voisinage, ou directement aux hôpitaux d'évacuation, s'il y a lieu, au moyen des litières, des voitures d'ambulance, ou des voitures auxiliaires fournies soit par la réquisition, soit par les divers services de l'armée. Enfin les blessés absolument intransportables sont remis à un hôpital de campagne qui vient s'installer au lieu même où a fonctionné l'ambulance.

Hôpitaux de campagne. — Le médecin chef et le comptable d'un hôpital de campagne ont les mêmes attributions que dans une ambulance; le pharmacien a le même service que dans un hôpital à l'intérieur.

Les hôpitaux de campagne sont normalement destinés à traiter à proximité du champ de bataille les blessés grièvement atteints ; ils servent en outre à traiter sur place les malades qu'il est impossible d'évacuer sur l'arrière ou de diriger sur un établissement du territoire occupé. Ils font partie intégrante du corps d'armée et marchent, soit avec les convois, soit avec les trains régimentaires, à la place qui leur est assignée par l'ordre de mouvement (voir page 195). Lorsque la présence de la totalité de ces hôpitaux à la suite des troupes d'opérations n'est pas nécessaire, le commandant de l'armée fixe le nombre de ceux qui doivent rester momentanément à l'arrière, dans la zone d'action du directeur des étapes ; celui-ci en dispose, en s'astreignant toutefois à maintenir groupé le personnel de chaque hôpital.

Pendant les *périodes de marche,* les hôpitaux de campagne peuvent être concentrés par le commandement dans certaines localités pour y assurer l'installation et le traitement des malades en attendant qu'on puisse les évacuer. Chaque groupe est placé sous l'autorité du médecin le plus ancien dans le grade le plus élevé.

Pendant les *séjours* ou les *stationnements prolongés,* un ou plusieurs hôpitaux de campagne s'installent à proximité des cantonnements de chaque corps d'armée, pour recevoir les malades susceptibles de se rétablir après traitement sans qu'il soit nécessaire de leur faire quitter le théâtre des opérations.

Pendant le *combat,* le directeur du service de santé du corps d'armée, après s'être renseigné sur les pertes éprouvées, désigne les hôpitaux qui doivent entrer successivement en action, en commençant par ceux qu'on a fait marcher, en prévision d'un engagement, avec l'ambulance du quartier général. Il établit habituellement ces hôpitaux à proximité des ambulances qu'ils doivent relever. Si le front est très étendu, ou si l'engagement est meurtrier, des hôpitaux peuvent être placés de façon à recevoir des blessés apportés directement des postes de secours sans passer par l'ambulance. Dans les mêmes cas, le personnel des hôpitaux tenus en réserve reçoit ordre de se porter d'urgence en avant pour concourir au service des ambulances et des hôpitaux en fonctionnement. Les hôpitaux sont établis hors de portée des projectiles, mais à proximité suffisante du théâtre de l'action, et dans des localités bien situées au point de vue hygiénique, et pourvues de ressources en moyens de couchage et en eau. Le médecin chef, après reconnaissance, désigne les bâtiments à occuper, répartit les locaux, fait les réquisitions nécessaires. L'installation terminée, il en avise le médecin directeur du corps d'armée, qui fait évacuer les blessés des ambulances. Le service est alors exécuté autant que possible comme dans un hôpital à l'intérieur.

En cas de mouvement rétrograde, une des sections de l'hôpital est rendue disponible si le nombre des blessés le permet, et bat en retraite; l'autre reste sur place, conformément à l'article 3 de la Convention de Genève (voir 4° partie, chap. XIX), jusqu'à ce que le traitement des blessés soit parfaitement assuré.

Armes et effets des militaires entrant aux hôpitaux et ambulances. — Les militaires malades ou blessés emportent leurs effets et leurs armes aux ambulances et hôpitaux, ils n'y apportent jamais leurs munitions. Les effets sont nettoyés; du linge de corps est distribué lorsque les circonstances le permettent. Dans les vingt-quatre heures qui suivent le combat, les armes sont recueillies, nettoyées et graissées par les brancardiers d'ambulance; celles des décédés et des hommes gravement atteints désignés par le médecin chef sont versées au service de l'artillerie, sur l'ordre du commandement. L'état numérique de ces armes figure au rapport journalier.

Les hôpitaux conservent et versent dans les mêmes conditions les armes qui y sont apportées directement.

§ III. — SERVICE DE L'ARRIÈRE.

Hospitalisation sur place. — Les *hôpitaux de campagne temporairement immobilisés* passent, lorsque l'armée poursuit sa marche en avant, sous l'autorité du directeur des étapes. Ils fonctionnent sur place jusqu'à guérison ou évacuation de leurs malades, ou bien jusqu'à relèvement, soit par des *hôpitaux d'étapes* organisés par le service de santé de la direction des étapes, soit par des *hôpitaux auxiliaires* de la Société française de secours.

Certains hôpitaux de campagne peuvent être affectés, par ordre du commandant de l'armée, au traitement des *maladies épidémiques ou contagieuses*. Ils sont établis en dehors des lignes de marche, sont signalés par un fanion jaune, et n'évacuent jamais leurs malades sur une autre formation sanitaire : des dépôts spéciaux de convalescents leur sont annexés, s'il y a lieu. Lorsque la fermeture de ces hôpitaux est ordonnée, les abris provisoires, la literie et les effets sont détruits par le feu; le matériel conservé est soumis, ainsi que le personnel, à des mesures de désinfection et de police sanitaire.

Les *dépôts de convalescents* sont organisés par le directeur des étapes; le service y est dirigé, autant que possible, par un médecin militaire. Ils reçoivent les malades qui, après avoir été soignés dans les hôpitaux, sont capables de reprendre leur service au bout de quelques jours de repos ou de traitement. Les moyens de couchage sont fournis par la réquisition.

Évacuations. — Les évacuations ont lieu par les routes de terre,
par les voies navigables et par les voies ferrées. A la tête de chaque
ligne d'évacuation fonctionne un *hôpital d'évacuation*. Les malades
et blessés transportables, concentrés dans cet hôpital, y sont visités, puis désignés définitivement pour être dirigés vers l'intérieur,
ou maintenus dans un hôpital du pays occupé, ou placés dans un
dépôt de convalescents.

Le personnel d'un hôpital d'évacuation comprend en général
6 médecins, 1 pharmacien, 3 officiers d'administration et environ 50 infirmiers, non compris les médecins, comptables et
infirmiers classés audit hôpital pour accompagner les convois
d'évacuation.

Évacuations par les routes de terre. — Les convois partant des hôpitaux d'évacuation des têtes d'étapes de route sont composés au
moyen de voitures spécialement aménagées provenant de la réquisition ou prêtées par les divers services de l'armée, de voitures de
la Société française de secours, ou exceptionnellement de voitures
d'ambulance. L'alimentation et le couchage en route sont assurés
par les hôpitaux et infirmeries des gîtes d'étapes, ou par réquisition des ressources locales.

Évacuations par les voies navigables. — Toutes les fois qu'elle le
peut, la direction des étapes organise des convois par eau pour
le transport des malades et blessés grièvement atteints. On réquisitionne et on aménage à cet effet : sur mer, les transports de
l'État ou des grandes compagnies; sur les fleuves, les bateaux à
vapeur ou les remorqueurs à touage; sur les canaux et rivières navigables, les bateaux plats à halage. Le service est fait comme dans
les hôpitaux de campagne.

Évacuations par les voies ferrées. — La répartition des malades et
blessés à l'intérieur du territoire est faite suivant un plan d'ensemble arrêté à l'avance par le Ministre, et d'après lequel des régions déterminées sont désignées pour recevoir les malades et
blessés provenant de chacune des armées. D'après cette base, le directeur général des chemins de fer et des étapes règle, sur les propositions de l'inspecteur général du service de santé des armées,
l'ensemble des mouvements du service des évacuations par voie
ferrée. Les mesures d'exécution sont concertées, pour chaque armée, entre le directeur de santé de l'armée, le directeur des étapes
et la commission de ligne ou de chemins de fer de campagne intéressée.

En général, les lignes ferrées utilisées pour les transports d'évacuation sont les mêmes que celles qui ont servi au transport des
troupes; elles relient les stations têtes d'étapes de guerre à des

stations points de départ d'étapes. A chaque station tête d'étapes de guerre, l'hôpital d'évacuation assure l'embarquement des malades et blessés à destination d'une gare désignée d'avance, dans laquelle se fera leur répartition si elle n'a pu être faite au départ. Une annexe de l'hôpital d'évacuation est installée à cet effet dans cette gare, située à proximité de la base d'opérations. Le commissaire militaire de ladite gare reçoit chaque jour, des directeurs du service de santé des régions territoriales assignées, l'avis télégraphique du nombre de places disponibles dans l'ensemble des établissements de leur région. D'après ces indications et de concert avec le médecin chef de l'annexe et avec un délégué de la Société française de secours, le commissaire militaire fait régler par le service des chemins de fer la composition et le mouvement des transports d'évacuation en deçà de la gare de répartition, et désigne la gare point de départ d'étapes sur laquelle chacun de ces trains sera dirigé. Cette répartition se fait en évitant aux malades tout transbordement qui ne serait pas indispensable.

À la gare point de départ d'étapes, les trains sont reçus par le directeur régional du service de santé ou son délégué, qui arrête immédiatement la sous-répartition dans les divers établissements hospitaliers de la région; la commission de gare assure ensuite le transport à la destination définitive par les premiers trains disponibles. L'autorité militaire locale du lieu d'arrivée, prévenue d'avance, reçoit les malades et blessés descendant du train, et les fait transporter à l'hôpital.

Les hôpitaux d'évacuation sont établis à proximité de la gare; leur emplacement, ainsi que celui de leurs annexes en cas de fractionnement, est concerté entre le service des étapes, de qui ils relèvent, et le service des chemins de fer. Ces hôpitaux répartissent les malades et blessés à évacuer en trois catégories correspondant aux trois sortes de trains dont il sera parlé ci-après.

Sur le parcours des lignes d'évacuation, au delà comme en deçà de la ligne d'opérations, des *infirmeries de gare* sont organisées dans des localités ou bifurcations importantes. Elles fonctionnent dans la gare même, et relèvent du commandant ou commissaire militaire de gare pour la discipline et le service intérieur. Elles sont destinées : à pourvoir à la nourriture des malades et blessés en cours de transport; à leur donner les secours médicaux urgents et à recevoir les malades dont l'état se serait aggravé en route; à procurer, avec le concours des autorités d'étapes ou des autorités militaires de l'intérieur, le logement aux malades pendant les arrêts prolongés des trains; à assurer l'évacuation des blessés ou malades provenant des établissements hospitaliers du voisinage. Un service d'alimentation doit toujours être prêt à fonctionner dans les infirmeries de gare, qui pour ce motif sont placées de préférence dans des stations halte-repas ou dans des gares pourvues de buffets. Les distributions doivent être faites dans les voitures mêmes aux malades qui ne peuvent se déplacer. Quand il n'existe pas d'établissements hospitaliers à proximité, le service de santé improvise des hôpitaux, en recourant au besoin à la Société française de secours aux blessés.

Trains d'évacuation. — Les voitures à voyageurs de 1re, 2e et 3e classes sont réservées aux malades ou blessés en état de voyager *assis*, les voitures de 1re et 2e classes servant aux officiers, ainsi qu'aux malades les plus souffrants; elles ne reçoivent pas d'aménagements spéciaux. Les wagons aménagés pour les transports de troupes ne sont utilisés qu'en cas d'absolue nécessité pour le transport des malades ou blessés assis. Pour le transport des malades ou blessés *couchés*, on se sert de wagons couverts à marchandises pourvus temporairement d'aménagements spéciaux (lits de camp, brancards, moyens d'éclairage, etc.). Les voitures qui ont transporté des malades ou blessés ne doivent être employées à de nouveaux transports à destination de l'armée qu'après avoir été désinfectées. La désinfection est pratiquée immédiatement après le débarquement par le service de santé du point d'arrivée.

Trains sanitaires permanents. — Sont composés de voitures spécialement construites et aménagées dès le temps de paix pour le transport des malades ou des blessés les plus grièvement atteints. Ce sont de véritables hôpitaux roulants, dotés d'un personnel spécial et dans lesquels le service médical est fait sans interruption. L'alimentation est préparée dans le train lui-même. Chaque voiture porte l'insigne de la Convention de Genève, et l'indication: *Train sanitaire n°....* La répartition de ces trains entre les différentes armées est faite par le directeur général des chemins de fer et des étapes, sur la proposition de l'inspecteur général du service de santé.

Trains sanitaires improvisés. — Sont composés de voitures couvertes à marchandises, aménagées pour malades et blessés couchés. Le nombre des voitures ne doit pas dépasser 35 par train. Le fanion de la Convention de Genève est arboré sur la première voiture; sur chaque wagon on inscrit un numéro d'ordre et l'on place alternativement sur l'une ou l'autre des faces latérales l'insigne de la Convention de Genève. Un personnel (médecins, adjudant ou élève d'administration, infirmiers) fourni par l'hôpital d'évacuation aménage les voitures avec le concours des agents des gares, installe les malades et blessés et assure le service médical en route; l'alimentation est fournie par les infirmeries de gare. Après débarquement des hommes évacués, et si le train doit être employé à d'autres transports, les insignes de la Convention de Genève sont enlevés, sauf sur les voitures qui ramènent à l'hôpital d'évacuation le personnel et les objets d'aménagement.

Trains ordinaires et convois de malades. — Les malades et blessés en état de voyager assis sont transportés par les trains ordinaires dans des voitures à voyageurs; des places sont réservées à quelques infirmiers de l'hôpital d'évacuation. Ce mode de transport est surtout employé pour évacuer les malades et blessés légèrement atteints, sur les hôpitaux et dépôts de convalescents établis le long des voies ferrées dans la région de l'arrière.

En cas d'urgence, et pour parer au danger des agglomérations subites de malades et blessés à la suite d'épidémies ou de combats, des trains spéciaux sont organisés pour leur transport; ils portent le nom de *convois de malades.* En règle générale, ces trains ne voyagent que de jour; une infirmerie de gare désignée à cet effet assure l'alimentation et procure le logement.

Dans les trains spéciaux, les voitures contenant les malades ou blessés qui réclament les plus grands ménagements sont placées dans le milieu du train, où les secousses et les chocs sont le moins sensibles. Il en est de même pour les voitures de malades dans les trains ordinaires.

Dispositions diverses. — Les militaires évacués emportent leurs effets, et jamais leurs armes.

Le médecin qui dirige un transport d'évacuation remplit, au point de vue des relations avec les agents du service des chemins de fer, les fonctions assignées au chef de la troupe embarquée dans un transport de troupes. Il donne décharge sur le bon à chemin de fer à chaque changement de réseau et à l'arrivée a destination. Sa mission terminée, il rentre à l'hôpital d'évacuation avec le personnel sous ses ordres.

Nul malade ou blessé n'est admis dans un train s'il n'est porté sur la feuille d'évacuation établie par l'hôpital du point de départ. Cette feuille est portée par un officier ou élève d'administration ou par un infirmier, qui y inscrit les mutations survenues en cours de route. En cas de force majeure, cette feuille est établie d'une manière sommaire, et complétée pendant la marche.

Quand le profil de la ligne le permet, on donne aux trains d'évacuation une marche plus rapide qu'aux trains ordinaires de troupes. Pour les trains sanitaires improvisés, il y a lieu de prévoir des arrêts assez fréquents dans les gares pour que le service sanitaire puisse être fait convenablement. Les marches de trains applicables aux évacuations sont établies en conséquence.

§ IV. — SOCIÉTÉS DE SECOURS AUX BLESSÉS (1).

La *Société française de secours aux blessés* est autorisée à seconder en temps de guerre le service de santé militaire et à faire parvenir aux malades et blessés les dons qu'elle reçoit de la générosité publique.

Pour l'accomplissement de cette mission, elle est placée sous l'autorité du commandement et des directeurs du service de santé. Son intervention consiste: 1° à créer, dans les places de guerre et les localités qui lui sont désignées, des hôpitaux destinés à recevoir des malades et blessés appartenant aux armées; 2° à prêter son concours au service de l'arrière en ce qui concerne les trains d'évacuation, les infirmeries de gare et les hôpitaux auxiliaires du théâtre de la guerre. Ce concours ne peut être étendu ni au service de première ligne, ni aux hôpitaux d'évacuation.

Nul ne peut être employé par la Société de secours s'il n'est Français ou naturalisé Français, et s'il n'est dégagé de toutes les obligations imposées par la loi de recrutement. Néanmoins les hommes appartenant à la réserve de l'armée territoriale peuvent exceptionnellement, sur des autorisations nominatives du Ministre de la guerre, être admis à faire partie du personnel employé par la Société.

La Société est représentée dans chaque armée ou corps d'armée opérant isolément, par un délégué d'armée agréé et commissionné par le Ministre de la guerre. Lorsque la Société est appelée à coopérer au service des évacuations, elle est représentée par des *délégués spéciaux,* que nomme le délégué d'armée, sauf l'agrément de l'autorité militaire.

Le personnel de la Société, lorsqu'il est employé aux armées, est soumis aux lois et règlements militaires. Les délégués ne prennent aucune mesure, de quelque nature qu'elle soit, sans avoir obtenu l'assentiment préalable des chefs militaires; ils sont tenus de se conformer à tout ordre concernant le service, que ces chefs leur adressent directement ou par l'intermédiaire des directeurs du service de santé.

Le personnel de la Société est autorisé à porter un uniforme déterminé par le Ministre, ainsi que le brassard de la Convention de Genève. Les brassards sont exclusivement délivrés par le directeur du service de santé de la région, qui les revêt de son cachet et d'un numéro d'ordre et délivre en même temps une carte nominative portant le même numéro. Tout porteur de brassard doit être constamment muni de cette carte.

(1) Décret du 3 juillet 1884.

Pour les sociétés françaises et étrangères autres que la Société de secours, et pour les ambulances locales n'ayant pas le caractère d'association, voir page 129.

CHAPITRE XII. — SERVICE VÉTÉRINAIRE ET REMONTE.

§ Ier. — SERVICE VÉTÉRINAIRE.

Fonctionnement. — L'objet du service vétérinaire est défini page 129, ainsi que les relations de subordination des chefs de ce service aux chefs d'état-major.

L'*Inspecteur général du service vétérinaire* au grand quartier général exerce, sous les ordres d'un des aides-majors généraux, la haute surveillance du service sur le théâtre de la guerre. Il reçoit ou provoque les instructions du directeur général des chemins de fer et des étapes pour tout ce qui concerne le service vétérinaire dans les zones d'étapes des diverses armées.

Le *vétérinaire en chef* d'une armée centralise le service de l'armée proprement dite et de sa zone d'étapes. Il transmet, sous le couvert des chefs d'état-major, ses instructions techniques aux *chefs du service vétérinaire* des corps d'armée et de la direction des étapes.

Le service vétérinaire spécial des quartiers généraux est placé sous les ordres directs des commandants de ces quartiers généraux.

Service dans les troupes. — Le service s'exécute comme à l'intérieur. Les vétérinaires ne conservent avec eux, pour suivre les mouvements des troupes, que les chevaux très légèrement blessés ou simplement indisposés, dont la guérison n'exige que quelques jours de traitement. Dans les marches et pendant les opérations militaires, les vétérinaires des corps de troupes restent avec les chevaux indisponibles; ils disposent des cantines de pharmacie vétérinaire de campagne. Les chefs de corps peuvent toutefois prescrire aux aides-vétérinaires de suivre de plus près les escadrons ou batteries en opérations.

Après les actions militaires, les vétérinaires des corps de troupes visitent soigneusement les chevaux de leur corps et ceux pris sur l'ennemi. Tous les chevaux atteints de fractures, ceux dont les blessures laissent peu d'espoir de guérison ou demanderaient un traitement très long, sont immédiatement abattus. — Les chevaux recueillis sur les champs de bataille sont visités par les vétérinaires chefs de service des corps d'armée, aidés de leurs auxiliaires.

Quand une maladie contagieuse se déclare, les vétérinaires passent tous les jours des visites de santé. Les animaux atteints de morve ou de farcin, ou simplement douteux, sont abattus sans délai, leurs harnais et effets de pansage sont détruits; des mesures de désinfection sont prises dans la mesure du possible. Les chevaux affectés de gale sont dirigés, avec leurs effets de harnachement et de pansage, sur des dépôts spéciaux qu'on installe dans des fermes ou villages en dehors des lignes de communication ou de passage des troupes. Les chevaux ainsi isolés ne quittent les dépôts qu'après complète guérison et désinfection minutieuse des harnais et effets de pansage.

Dépôts de chevaux malades de campagne. — Ces dépôts reçoivent les chevaux blessés ou malades exigeant du repos et un traitement régulier, mais donnant l'espoir d'une guérison assez prochaine pour qu'ils puissent être remis en service pendant la campagne. On distingue les *grands dépôts*, affectés à plusieurs corps d'armée, et les *petits dépôts*, affectés à un seul corps d'armée. Ils doivent toujours être installés d'avance, en prévision des besoins, afin de permettre les évacuations aussitôt qu'elles sont nécessaires, et d'éviter les encombrements de chevaux indisponibles à la suite des troupes. Les grands dépôts sont créés par ordre du commandant de l'armée sur la proposition du vétérinaire en chef, les petits dépôts par ordre des commandants de corps d'armée sur la proposition des chefs du service vétérinaire. Ces chefs de service peuvent être désignés par le commandant de l'armée ou par les commandants de corps d'armée pour prendre temporairement la direction du service vétérinaire dans les dépôts; on leur adjoint des vétérinaires de réserve des compagnies du train des équipages militaires, ou des aide-vétérinaires des brigades de cavalerie de corps d'armée; au besoin on requiert des vétérinaires civils dans le pays. Chaque dépôt est placé sous les ordres d'un officier, auquel le vétérinaire chef du service du dépôt est toujours subordonné.

Dès que l'armée reprend sa marche en avant, les dépôts passent au service des étapes. Le directeur des étapes désigne, pour y faire le service, des officiers et des vétérinaires appartenant au service de l'arrière; les personnels de première ligne rejoignent les troupes d'opérations.

Ferrure et médicaments. — Taux de l'abonnement pour la ferrure en campagne, par cheval et par mois : 4 francs pour chevaux d'officiers de toutes armes. (Décision ministérielle du 14 juillet 1876.) La ferrure est à la charge des officiers pour tous les chevaux qui ne sont pas des chevaux de l'État.

Les médicaments nécessaires au traitement des chevaux des officiers de tout grade sont fournis gratuitement par la pharmacie vétérinaire du corps de troupes à cheval ou de l'établissement chargé de leur donner des soins.

Service sanitaire des animaux de boucherie. — Dans chaque corps d'armée, des vétérinaires de réserve du train des équipages sont désignés pour la visite des animaux de boucherie dans les convois des subsistances et dans les parcs de corps d'armée de l'entreprise des vivres-viande; ils inspectent les troupeaux, visitent les prairies, examinent l'eau des abreuvoirs, et indiquent les mesures d'hygiène à prendre. Ces vétérinaires prennent les ordres des fonctionnaires de l'intendance. En cas d'épizootie, les troupeaux et parcs sont visités par les vétérinaires de corps d'armée.

Le chef d'état-major du service des étapes de chaque armée fait désigner, par le chef du service vétérinaire des étapes, des vétérinaires militaires ou civils pour visiter les parcs d'armée et les entrepôts de l'entreprise des vivres-viande; ces vétérinaires relèvent, pour cette partie de leur service, des intendants ou sous-intendants d'étapes. Si une épizootie se déclare, le chef d'état-major général peut charger le vétérinaire en chef de l'armée de visiter les parcs et entrepôts et de donner les prescriptions relatives à la maladie.

§ II. — REMONTE.

Le dépôt de remonte mobile d'un corps d'armée est commandé par un officier du train, sous les ordres duquel est placé le vétérinaire chargé du service. Il est spécialement destiné au remplacement des chevaux des officiers sans troupe. Les corps de troupes peuvent y puiser sur l'ordre du commandant du corps d'armée.

Les corps de troupes, ainsi que le dépôt lui-même, sont alimentés en animaux de remplacement, soit par des envois de l'intérieur, soit par des achats ou réquisitions faits dans la zone des étapes, soit par les prises sur l'ennemi.

La réforme des chevaux délivrés à titre gratuit est prononcée par le commandant du corps d'armée, sur le vu: 1° d'un procès-verbal dressé par le vétérinaire et visé par le sous-intendant; 2° de l'avis motivé du chef de corps ou de service. Aux armées, les animaux réformés sont vendus par les payeurs, à la diligence et en présence des fonctionnaires de l'intendance.

L'officier est responsable de la perte du cheval qui lui a été fourni, ainsi que des accidents ou tares qui en déprécient la valeur. — Lorsqu'un cheval livré à titre gratuit vient à succomber, ou en cas d'accident, faire établir un procès-verbal.

Les livrets des chevaux d'officiers sans troupe restent entre les mains des officiers détenteurs des animaux.

Chapitre XIII. — SERVICE DES SUBSISTANCES.

§ 1ᵉʳ. — COMPOSITION ET TAUX DES RATIONS.

Allocations en marche ou en station.

Lorsqu'une armée doit entrer en campagne, le Ministre de la guerre détermine le tarif des rations qui devra lui être appliqué; il fixe le nombre et la composition des rations affectées à chaque grade. Le général en chef peut apporter des modifications à ce tarif, et autoriser les substitutions que les ressources du pays rendent nécessaires. Il peut aussi ordonner des distributions extraordinaires ou des augmentations de ration lorsque l'état de fatigue des troupes l'exige. Ce droit peut être délégué aux commandants de corps d'armée et aux généraux commandant les colonnes pendant les marches.

Tout changement dans la composition ou la quotité des rations est mis à l'ordre.

Actuellement, la composition des rations est la suivante :

Ration journalière. — Comprenant des vivres-pain, des vivres, viande et des petits vivres :

Vivres-pain (pain de table).	Pain ordinaire	0ᵏ,750
	ou pain biscuité	0,700
	ou biscuit	0,550
Vivres-viande	Viande fraîche	0,300
	ou viande de conserve (gelée ou bouillon compris)	0,200
	ou bœuf salé	0,300
	ou lard salé	0,240
Petits vivres........	Légumes ..... Riz (2 jours sur 3)	0,030
	Autres légumes : haricots, pois, lentilles, etc. (1 jour sur 3)...	0,060
	Sel..	0,016
	Sucre	0,021
	Café .... Café torréfié, en grains	0,016
	ou café vert	0,019

Le droit aux vivres de campagne est ouvert à toute troupe mobilisée, à dater du jour de son départ pour se rendre à un point de concentration.

Pain de soupe. — Il doit être acheté par les troupes elles-mêmes, dans le pays, sur les fonds de l'ordinaire. Lorsqu'elles ne peuvent s'en procurer, l'administration leur en distribue quand elle le peut, à titre de remboursement. Taux de la ration : 0ᵏ,250 de pain ordinaire ou de pain biscuité, ou 0ᵏ,185 de biscuit. — La ration de pain de table et pain de soupe est donc de 1 kilogramme pour le pain ordinaire, de 0ᵏ,950 pour le pain biscuité et de 0ᵏ,735 pour le biscuit.

Liquides. — Ils ne sont distribués qu'exceptionnellement, sur l'ordre du commandant en chef. Taux de la ration : 1/4 de litre de vin, ou 1/2 litre de bière ou de cidre, ou $0^l,0625$ d'eau-de-vie.

Eau. — Lorsqu'il est nécessaire de la rationner, on donne par 24 heures 5 litres d'eau en été et 3 en hiver par homme pour boire et faire la soupe, et 40 litres en toute saison par cheval.

Tabac. — Il est alloué par jour à chaque sous-officier ou soldat ayant l'habitude de fumer, 15 gr. de tabac de cantine, remboursable au prix de $1^f,50$ le kilogr.; à chaque officier, 20 gr. de tabac dit caporal.

Chauffage. — 1° Ration journalière pour la cuisson des aliments attribuée aux troupes campées, baraquées ou bivouaquées : $1^k,200$ de bois ou $0^k,600$ de charbon de terre (ration double pour les sous-officiers), plus $0^k,050$ de bois ou $0^k,030$ de charbon par homme pour la préparation du café.

2° Ration journalière de chauffage, pendant la saison froide seulement, pour les troupes campées ou baraquées, et en toute saison pour les troupes bivouaquées : $1^k,200$ de bois ou $0^k,600$ de charbon de terre.

3° Feux de bivouac : supplément de $0^k,600$ de bois, pouvant être alloué aux troupes bivouaquées, en sus de la ration de chauffage, sur l'ordre du commandement.

Paille de couchage. — Pour troupes campées sous la tente ou baraquées : elle est renouvelée tous les 15 jours en station; la ration est de 5 kilogr. par homme, en paille longue, et de 7 kilogr. en paille courte.

Lorsque la troupe est bivouaquée, la paille de couchage n'est en principe allouée qu'en demi-ration, soit $2^k,500$; elle est d'ailleurs remplacée, à moins de demande contraire du commandement, par une ration supplémentaire de chauffage ($0^k,800$ de bois en été, et $1^k,200$ en hiver).

Les troupes de passage cantonnées chez l'habitant peuvent recevoir, *à titre exceptionnel* et sur l'ordre du commandant de corps d'armée, une ration ou demi-ration de paille de couchage.

Les troupes cantonnées sur un même point pendant plus de 3 jours ont droit à la paille de couchage : 5 kilogr. par homme.

Fourrages. — 1° Cavalerie de réserve, états-majors, intendance, gendarmerie, trains réguliers et auxiliaires : 4 kilogr. foin, 2 kilogr. paille, $5^k,800$ avoine.

2° Artillerie (chevaux de selle et de trait des régiments) et officiers des trains : 4 kilogr. foin, 2 kilogr. paille, $5^k,600$ avoine.

3° Cavalerie de ligne, officiers des troupes du génie, officiers d'infanterie, de santé et d'administration : 4 kilogr. foin, 2 kilogr. paille, 4ᵏ,800 avoine.

4° Cavalerie légère : 3 kil. foin, 2 kil. paille, 4ᵏ,750 avoine.

5° Chevaux arabes : 3 kil. foin, 2 kil. paille, 4ᵏ,500 avoine.

6° Mulets, quelle que soit l'arme à laquelle ils appartiennent : 3 kilogr. foin, 2 kilogr. paille, 4ᵏ,500 avoine.

7° Animaux de boucherie des troupeaux : il faut compter 10 kilogr. de foin par jour pour la nourriture d'un bœuf et 1 kilogr. pour celle d'un mouton.

Substitutions. — En règle générale, elles ne doivent se faire que pour une partie seulement des distributions :

Au foin : poids égal de fourrages artificiels ; double du poids de paille ; triple du poids de carottes ; moitié du poids d'avoine ou d'orge ;

A la paille : moitié du poids de foin ; quart du poids d'avoine ou d'orge ;

A l'avoine : double du poids de foin ; quatre fois le poids de paille ; poids égal d'orge, de seigle, de blé, de maïs, de sarrasin ou de féveroles ; une fois et demie le poids de son ; huit dixièmes du poids de farine d'orge.

Fourrages verts. — La ration de vert est de 50 kilogr. pour la cavalerie de réserve, l'artillerie et les trains, 45 kilogr. pour la cavalerie de ligne et 40 kilogr. pour la cavalerie légère. On y ajoute 2ᵏ,500 de paille et 3 kilogr., 2ᵏ,500 ou 2 kilogr. d'avoine, suivant l'arme.

Pour un bœuf il faut environ 50 kilogr. de vert par jour, sans autre nourriture, et pour un mouton, 6ᵏ,500.

§ II. — RENSEIGNEMENTS SUR LES DIFFÉRENTES DENRÉES.

Vivres-pain.

Pain ordinaire : pains de 1ᵏ,500 (2 rations de table) ; on le transporte en vrac, ou par 20 pains dans des sacs dont la tare est de 1ᵏ,100. Il doit se conserver 5 jours en été et 8 en hiver. En marche, cette durée est très réduite.

Pain biscuité : pains de 1ᵏ,400 (2 rations de table) ; on le transporte comme le pain ordinaire. Il doit se conserver de 20 à 25 jours.

Biscuit : galettes de 0ᵏ,200 en moyenne (3 1/2 à 4 galettes font une ration de 0ᵏ,735 comprenant le biscuit de table et celui de soupe) ; on le transporte en caisses dont la tare est de 12 à 14 kilogr. et la contenance de 64 à 68 rations de 0ᵏ,735. Poids moyen d'une caisse de biscuit pleine : 62 kilogr.

Fabrication du pain ordinaire. — On peut cuire en moyenne 25 rations de $0^k,750$ par mètre carré de four, et faire de 12 à 14 fournées par 24 heures quand on dispose de 2 brigades comprenant chacune 1 brigadier de four, 2 pétrisseurs et 1 servant de four ; avec 3 brigades, on peut faire jusqu'à 16 fournées par 24 heures.

Lorsqu'on n'a pas de levain préparé d'avance, il faut 17 à 18 heures, et quelquefois jusqu'à 36 heures, pour en fabriquer. — Le pétrissage dure de 30 minutes à une heure ; la fermentation en panetons, de 20 à 45 minutes ; la cuisson, de 3/4 d'heure à une heure ; le ressuage, de 14 à 20 heures. — Si le pain doit être transporté en chemin de fer, il ne faut le charger que 24 heures après sa sortie du four.

Four de campagne en maçonnerie, dit *four de construction.* — Pour le construire, il faut un atelier de 14 hommes qui peuvent terminer le travail en 25 à 26 heures lorsque les matériaux sont rendus à pied d'œuvre. — Contenance : 200 rations par fournée.

Four portatif, en fer et tôle. — Il est renfermé dans 5 caisses ; poids total, y compris la tare des caisses et les accessoires : 958 kil. ; volume total : $1^{mc},428$. — Un atelier de 6 hommes peut préparer l'âtre, dresser le four et le couvrir de terre en 3 heures 1/2 à 4 heures. — Contenance normale : 180 rations par fournée ; au besoin, 200 rations.

Four roulant : se compose de deux fours superposés, enveloppés dans un coffre métallique qui repose sur un train complet de voiture à 4 roues. Il est réservé pour le service en marche ; attelage ordinaire, 4 chevaux. — Contenance pratique, 160 à 168 rations pour les 2 fours. On peut, *en station*, y cuire en 24 heures 14 et même 16 fournées ; en marche, la production est moitié moindre. — Poids total, 2650 kilogr.

Fabrication du pain biscuité. — La cuisson est plus longue que celle du pain ordinaire de près de moitié, et le nombre des pains par fournée inférieur de 1/6. Le pain biscuité ne doit, autant que possible, être chargé qu'après un ressuage de 36 heures.

Farines et blés. — Les sacs de farine ou de blé de l'administration sont ordinairement réglés à 80 ou 100 kilogr. nets ; tare $1^k,100$.

Rendement en pain ordinaire : 186, 193 ou 200 rations de $0^k,750$ par 100 kilogr. de farine de blé tendre, mitadin ou dur ; 144, 156 ou 172 rations de $0^k,750$ par 100 kilogr. de blé tendre, mitadin ou dur.

Le rendement des farines et des blés en pain biscuité est plus faible de 4 à 5 rations que le rendement en pain ordinaire.

Avec des meules de $1^m,50$ de diamètre, on peut moudre par 24 heures et par paire de meules 20 à 25 quintaux métriques de blé.

Poids d'un hectolitre de blé : 74 à 80 kilogr., suivant l'espèce et l'essence.

Vivres-viande.

Viande fraîche. — On ne distribue ordinairement que du bœuf, de la vache ou du mouton; la viande de taureau doit être exclue en règle générale. Lorsque la distribution est faite moins de 12 heures après l'abat, on force le poids de 3 o/o, afin de tenir compte du déchet occasionné par le refroidissement de la viande.

Pour conduire les troupeaux, il faut au moins 1 toucheur par 20 bœufs ou par 50 moutons. On peut faire faire 30 kilomètres par jour aux bestiaux, à la condition de ne pas les presser, et si la chaleur n'est pas trop forte.

Rendement des bestiaux : au plus, 45 p. o/o du poids brut constaté après 6 heures de jeûne, soit pour un bœuf de 300 kilogr., environ 450 rations de $0^k,300$, et pour un mouton de 25 kilogr., environ 37 rations.

Conserves. — Boîtes cylindriques, dont la tare est $0^k,230$, contenant 1 kilogr. de viande nette (5 rations de $0^k,200$, y compris la gelée ou le bouillon). — Les boîtes sont réunies par 48 (240 rations) dans des caisses dont la tare est de 12 kilogr. et qui, pleines, pèsent en moyenne 71 kilogr.

Salaisons. — Barils du poids brut de 70 à 140 kilogr. et contenant de 45 à 90 kilogr. de viande distribuable, nette de sel et de saumure.

Petits vivres (ou vivres de campagne).

Ils sont habituellement en sacs (tare $1^k,100$), réglés à 80 kilogr. nets, représentant : pour le riz 2666 rations, pour les légumes secs 1333 rations, pour le sel 5000 rations, et pour le sucre 3810 rations; et à 40 kilogr. nets pour le café torréfié en grains, 2500 rations.

Le sucre peut aussi être en pains, sans emballage, ou renfermé dans des caisses (tare $14^k,400$) contenant net 83 kilogr. représentant 3952 rations.

Les sacs de café sont des sacs doubles formés de 2 moitiés de sac cousues ensemble. On emballe encore le café torréfié dans des caisses garnies de papier (tare $15^k,100$) contenant net 48 kilogr. représentant 3000 rations.

Un hectolitre de riz pèse de 81 à 86 kilogr; un hectolitre de légumes pèse de 75 à 78 kilogr. pour les haricots, de 78 à 85 kilogr. pour les lentilles et de 78 à 80 kilogr. pour les pois.

Liquides.

L'eau-de-vie est transportée en barils de 50 litres (800 rations), le vin en bordelaises de 225 litres (900 rations) ou en pipes de

500 litres (2000 rations). La tare des récipients est de 10, de 25 ou de 40 kilogr.

Fourrages.

L'avoine est transportée en sacs (tare 1ᵏ,100) réglés à 70 kilogr. nets (12 rations de cavalerie de réserve, 12 1/2 d'artillerie, 14 1/2 de cavalerie de ligne, 14 3/4 de cavalerie légère, 15 1/2 de chevaux arabes et mulets).

Un hectolitre d'avoine pèse de 45 à 50 kilogr.; 10 litres représentent donc à peu près une ration de cavalerie de ligne, et 12 litres une ration de cavalerie de réserve.

Un mètre cube de paille en bottes pèse en moyenne 62 kilogr.; de foin, 65 kilogr. Pour transporter le foin, on le comprime de manière à lui donner une densité de 250 à 300 kilogr. par mètre cube, et l'on en forme des balles de 75, de 125 ou de 150 kilogr.

Conserves de fourrages. (Question actuellement à l'étude.)

Poids moyen de 1000 rations ensachées ou encaissées.

NATURE DES DENRÉES.	POIDS de la RATION.	POIDS BRUT en KILOGRAMMES.	NOMBRE des COLIS.
Pain ordinaire, en sacs	750ᵍʳ	777ᵏ,50	25
	1000	1036,66	33 1/3
Pain biscuité, en sacs	700	727,50	25
	950	987,50	34
Biscuit, en caisses....................	550	708,00	11 1/3
	735	947,90	15 1/6
Viande de conserve, en caisses.........	200	296,00	4 1/6
Riz, en sacs	30	30,50	3,8
Légumes secs, en sacs	60	61,10	3/4
Sel, en sacs	16	16,00	1/5
Sucre...... en sacs	21	21,50	1/4
en caisses	21	24,60	1/4
Café torréfié en sacs	16	16,50	2/5
en caisses	16	21,03	1/3
Rations complètes (biscuit à 735ᵍʳ, viande de conserve, riz, sel, sucre et café)......	1ᵏ,018	1345,50	"
Avoine, en Cavalerie de ligne	4,800	4876,50	69 3/5
sacs ..... Artillerie.................	5,600	5688,00	80
Pour 1000 rations de pain ordinaire, il faut :			
Farine de blé tendre.....................	750	544,00	5 2/5
mitadin	750	525,00	5 1/6
dur......................	750	506,00	5
Blé ...... tendre.....................	750	702,00	7
mitadin	750	648,00	6 1/2
dur......................	750	588,00	5 5/6

Chauffage.

Un mètre cube ou stère de bois en bûches, quartiers ou rondins pèse de 250 à 350 kilogr. pour les essences tendres, et de 450 à 500 kilogr. pour les essences dures.

Un mètre cube de houille pèse de 850 à 875 kilogr.

Données sur le chargement des voitures et wagons.

(Rations de 750 grammes pour le pain ordinaire, de 700 grammes pour le pain biscuité et de 735 grammes pour le biscuit.)

NATURE des DENRÉES.	VOITURES RÉGIMENTAIRES à 1 cheval. Modèle 1874.	FOURGONS à 2 CHEVAUX	CHARIOT de PARC à 4 chevaux.	WAGONS COUVERTS de 10 tonnes.	WAGONS PLATS de 10 tonnes.	WAGONS ENCADRÉS et découverts de 10 tonnes.
Blé, farine — en sacs de 80k	6	10	14	10000 k	10000 k	9560 k
en sacs de 100k	5	8	12	10000 k	10000 k	9500 k
Pain ordin. — en vrac	666 R	900 R	1100 R	6354 R	"	4266 R
en sacs	560 R	800 R	880 R	5200 R	5000 R	4000 R
Pain biscuité — en vrac	715 R	954 R	1166 R	6880 R	"	4600 R
en sacs	600 R	880 R	960 R	5480 R	5200 R	4160 R
Biscuit en caisses	8	14	20	146	140	112
	528 R	924 R	1320 R	9636 R	9240 R	7392 R
Sucre — en vrac	44 P	75 P	118 P	10 000 k	"	9400 k
en caisses	5	9	14	8 632 L	8632 k	7719 k
en sacs	7	12	19	9 910 L	"	8400 k
Café torréfié — en caisses	8	13	15	6 076 L	6027 k	5187 k
en sacs de 40k	10	20	30	7 200 k	8000 k	5400 k
Légumes secs, riz, sel, en sacs de 80k	6	10	17	10000 k	10000 k	9560 k
Eau-de-vie, barils de 50 litres	8	14	23	85 hl	"	60 hl,80
Vin — en bordelaises, 225 lit.	2	3	5	77 hl,65	67 hl,50	76 hl,50
en pipes, 500 litres	"	2	2	77 hl,50	60 hl	65 hl
Conserves de viande en caisse	7	12	20	141	141	141
	1680 R	2880 R	4,800 R	33840 R	38840 R	33840 R
Lard salé — de 45k	7	12	18	6345 k	"	5062 k
en barils de 90k	3	6	9	6525 k	6570 k	5940 k
Foin en balles pressées de 85k	3	10	17	3750 k	5325 k	3280 k
Avoine en sacs de 70k	7	12	19	141	141	130
Bois de chauffage	500 k	800 k	1,200 k	"	4200 k	2850 k
Bœufs de 300 kil. en moyenne	"	"	"	9	"	9
Moutons tondus de 25k en moyenne	"	"	"	70	"	70

Temps nécessaire au chargement des convois. —*Voiture régimentaire* : pain, 10 minutes; conserves, 12; avoine, 8; moyenne, 10 minutes. — *Fourgon et voiture de réquisition* : pain, 12 minutes; farines, 10 à 11; conserves, 15; avoine, 12; moyenne, 12 minutes. — *Chariot de parc* : pain, 15 minutes; farines, 12; conserves, 20; avoine, 18; moyenne, 17 minutes.

Le chargement exige 4 à 6 hommes par équipe (y compris les conducteurs, qui doivent y participer), savoir : un homme dans la voiture pour arrimer; un ou deux hommes au pied de la voiture pour prendre les colis des porteurs et les remettre aux arrimeurs; les autres prennent aux piles, portent ou brouettent. Si les voitures peuvent venir se ranger contre les masses de denrées ou contre les wagons à décharger, on économise un ou deux hommes par équipe. — Le déchargement, y compris l'arrimage des denrées déchargées, exige le même nombre d'hommes que le chargement, et quelques minutes de moins.

En comptant en moyenne sur 1 heure par équipe pour charger 5 voitures, le chargement ou le déchargement d'un jour de vivres exige : 1 équipe et 1 heure pour le train d'un régiment d'infanterie; 4 équipes et 2 heures (chargement) ou 1 heure 3/4 (déchargement) pour un convoi administratif de division; 4 équipes et 2 heures 3/4 (chargement) ou 2 heures 1/2 (déchargement) pour un convoi administratif de quartier général; 7 équipes et 4 heures (chargement) ou 3 heures 1/2 (déchargement) pour une section de convoi auxiliaire à 150 voitures.

Données sur les transports de vivres par chemin de fer. — Le transport d'un jour de vivres pour un corps d'armée exige environ 15 wagons de 10 tonnes (8 pour le pain, 6 pour l'avoine, 1 pour les petits vivres), soit un demi-train. Il ne faut que 12 wagons si le pain est remplacé par le biscuit, et 10 s'il est remplacé par la farine. Avec 5 équipes (40 hommes) et un développement de quais permettant d'opérer simultanément sur 5 wagons, il faut compter 2 heures 1/2 pour le chargement et 2 heures pour le déchargement.

Un jour de viande sur pied pour un corps d'armée représente environ 90 têtes de bétail, exigeant 9 à 10 wagons, dont le chargement ou le déchargement dure environ 1 heure. Un train de bétail (36 à 40 wagons) suffit journellement au réapprovisionnement du parc d'une armée de 4 corps d'armée.

§ III. — ALIMENTATION PENDANT LES TRANSPORTS PAR MER.

La subsistance des troupes est assurée par l'administration de la marine (voir page 250). La nourriture des chevaux seule est à la charge de l'administration de la guerre. Le taux des rations de fourrage est de :

3ᵏ,5o foin, 2ᵏ,5o orge, 2ᵏ farine d'orge et son.			Cavalerie de réserve, artillerie et train.
3ᵏ,oo — 2ᵏ,oo — 2ᵏ			Cavalerie de ligne.
2ᵏ,5o — 1ᵏ,75 — 2ᵏ			Cavalerie légère et chevaux arabes.

Il est alloué à chaque cheval embarqué 15 ou 16 litres d'eau par jour, suivant l'arme.

§ IV. — ALIMENTATION PENDANT LES TRANSPORTS DE CONCENTRATION.

Voir 2ᵉ Partie, chapitre VII, § 1ᵉʳ, pages 85 et 86.

§ V. — ALIMENTATION PENDANT LA PÉRIODE DE CONCENTRATION.

L'alimentation est assurée pendant la concentration :

1° Par les approvisionnements que les troupes apportent avec elles en descendant de chemin de fer, en sus des vivres de réserve du sac, savoir : pour les troupes dont les vivres ont été recomplétés à la dernière station halte-repas, 2 jours de pain et de petits vivres et 1 jour d'avoine (1 jour 1/2 pour la cavalerie) ; — pour les troupes dont le trajet trop court en chemin de fer (12 heures au plus) ne comporte pas d'arrêt dans une station halte-repas, les mêmes quantités, diminuées d'environ 1/2 jour de pain et d'avoine consommé en route et non remplacé ; — pour les troupes qui n'ont pas voyagé en chemin de fer, les mêmes quantités, diminuées des consommations et augmentées des perceptions faites pendant la route.

Ces ressources permettent aux troupes d'attendre que le fonctionnement du service d'alimentation dans les cantonnements de concentration, ou des réquisitions pendant les premières marches, soit pleinement assuré.

2° Par les approvisionnements de concentration formés en temps de paix, et transportés dès les premiers jours de la mobilisation sur les points désignés comme *centres de fabrication* à proximité des cantonnements. Sur ces mêmes points sont dirigés un matériel spécial de fours ainsi que les boulangeries de campagne de corps d'armée. Au moyen de voitures de réquisition encadrées par des détachements de cavalerie, l'administration fait transporter des centres de fabrication sur les *centres de distribution* (3 par corps d'armée) *le pain, les vivres de campagne et l'avoine.* De là, ces denrées sont réparties dans les divers cantonnements par les trains régimentaires, libérés de leur biscuit et formés en deux échelons.

3° Par voie d'achats sur place ou de réquisition, en ce qui concerne *la viande fraîche, la paille et le foin, les liquides et le chauffage.*

§ VI. — ALIMENTATION DES ARMÉES EN OPÉRATIONS.

Bases du service.

Pendant la période des opérations actives, l'alimentation des troupes est assurée : par la nourriture chez l'habitant; par la distribution directe des denrées réunies sur les lieux par les officiers d'approvisionnement ou les services administratifs; par des prélèvements sur les trains régimentaires et les convois administratifs; à défaut d'autres ressources, par les vivres du sac.

Les trains régimentaires et les convois administratifs sont recomplétés eux-mêmes, soit par le produit de l'exploitation locale, soit par les approvisionnements rassemblés en arrière.

L'ensemble du service comprend ainsi deux genres d'opérations, l'*exploitation des ressources locales* et le *ravitaillement par l'arrière.* Ces deux modes de vivre sont employés simultanément ou successivement, selon les circonstances.

En principe, toute unité doit tirer du pays occupé tout ce qu'il est possible d'en exiger; le complément est demandé aux convois administratifs, et par suite aux envois de l'arrière.

Il appartient au commandement, renseigné par l'intendance, de régler chaque jour le mode d'alimentation des différents corps, et au besoin des diverses fractions d'un même corps.

Afin d'assurer sans confusion ni compétition l'exploitation des ressources locales, le commandement doit déterminer avec précision quelles seront, sur le territoire occupé, les zones dans lesquelles doivent agir : d'une part les officiers, fonctionnaires et agents chargés de pourvoir au jour le jour à la subsistance des troupes dans les brigades et divisions; et d'autre part le service des étapes dont la tâche consiste à ravitailler les convois et à créer des magasins d'étapes à l'arrière. En outre, dans la zone même des cantonnements, il est indispensable que les corps de troupes et les agents administratifs opèrent sur des points distincts et bien délimités, afin de ne pas entraver réciproquement leurs opérations. En conséquence, lorsqu'il est prescrit de vivre sur le pays, les généraux commmandant les corps d'armée, les divisions et les brigades doivent assigner à chaque unité ou fraction d'unité une zone de réquisition dans laquelle elle agira seule, en procédant soit par voie d'*achats,* soit par voie de *réquisitions.*

Les fonctionnaires de l'intendance transmettent aux organes d'exécution du service des subsistances, ainsi qu'aux municipalités des localités à exploiter, les instructions techniques pour l'exécution des ordres du commandement.

En règle générale, le service administratif des corps d'armée et divisions exploite les centres importants dont les ressources doivent être réparties, ainsi que les localités occupées par plusieurs corps de troupes. Les officiers d'approvisionnement exploitent les localités moins importantes et occupées par un seul corps.

En opérations, le personnel des subsistances attaché aux convois administratifs se fractionne en trois groupes : 1° le personnel *d'exploitation* qui marche derrière l'avant-garde, contribue à l'exploitation du pays, paye les fournitures et cantonne avec les troupes; 2° le personnel *du troupeau*, qui marche avec les colonnes de bétail (partie derrière l'avant-garde, partie derrière les trains régimentaires, voir page 192), assure l'abat et les distributions de viande en utilisant au besoin les boucheries du pays, et cantonne avec les troupes; 3° le personnel *des convois*, qui marche et cantonne avec ces derniers et en assure le service.

Officiers d'approvisionnement. — Il existe deux catégories d'officiers d'approvisionnement : ceux des corps de troupes, qui gèrent au titre de leur corps comme délégués des conseils d'administration; ceux des quartiers généraux et des ambulances, qui gèrent comme annexes du convoi administratif du quartier général ou de la division dont ils relèvent.

Leurs fonctions peuvent se résumer ainsi : commandement du train régimentaire et entretien du matériel; prise en charge des denrées qu'il contient; garde et conservation de ces denrées; distribution aux parties prenantes, réapprovisionnement du train régimentaire, soit en puisant aux convois administratifs ou à des magasins désignés, soit au moyen d'achats ou de réquisitions.

L'officier d'approvisionnement a un double rôle. Comme chef du train régimentaire et comme distributeur aux troupes, il fait un service intérieur et ne dépend que de son chef de corps. Comme *pourvoyeur*, c'est-à-dire chargé de trouver des ressources alimentaires, il participe à l'exécution générale du service administratif, et reçoit du sous-intendant, pour l'application des ordres du commandement relatifs à l'alimentation, l'impulsion technique ainsi que les renseignements sur les ressources du pays, sur les localités à exploiter, sur les mesures à prendre en vue des éventualités à prévoir pour le lendemain. Les officiers d'approvisionnement rendent compte à leur chef de corps. Quand l'action du sous-intendant ne peut s'exercer, les officiers d'approvisionnement agissent de leur propre initiative dans le sens des instructions antérieures et des ordres donnés par le chef de corps.

Approvisionnements de première ligne.

Les approvisionnements de première ligne comportent, pour les corps d'armée, huit jours de vivres, dont la répartition a été donnée page 86.

Exploitation des ressources locales.

On exploite le pays par la nourriture chez l'habitant, par l'achat, par la réquisition, et dans quelques cas par des procédés exceptionnels, tels que récoltes sur pied, coupes de bois, etc.

La *nourriture par l'habitant qui loge* est le procédé le plus pratique et le plus favorable à la liberté des mouvements. Elle doit être exigée quand les cantonnements sont larges, le pays riche et peuplé, ou encore pendant la période des marches rapides et des poursuites. En tout temps elle est à recommander pour les petits détachements, les courriers, les isolés. On peut demander la nourriture à raison de 4 à 6 hommes par feu, ou même par habitant en cas de nécessité extrême. Les ordres sont donnés sous forme de réquisitions (voir page 106 et ci-après, chapitre XIV). On peut aussi procéder par conventions amiables avec les municipalités; dans ce cas, la nourriture est assimilée aux achats. La composition des repas pour la troupe et les officiers, ainsi que le prix de remboursement, s'il y a lieu, sont notifiés aux populations au moyen des affiches générales dont les états-majors et les corps de troupes sont pourvus à l'avance.

L'exploitation par *achats et réquisitions* produit ses résultats sous deux formes : distributions directes aux troupes (ce qui a toujours lieu pour le bois, le foin, la paille); versements aux trains régimentaires et aux convois administratifs en remplacement des denrées prélevées pour les distributions.

Pendant les marches en avant, les sous-intendants et les officiers d'administration ou d'approvisionnement précèdent autant que possible les troupes dans les cantonnements, afin de procéder, avant l'arrivée de ces dernières, aux opérations nécessaires d'achats ou de réquisitions, dans la zone assignée à chaque unité par le commandement. Les fourrages et le chauffage sont achetés ou requis pour tout l'effectif; pour les autres denrées, on opère dans la limite des ordres donnés et, à défaut de denrées réglementaires, on utilise les denrées similaires à titre d'équivalent.

Dès que les trains régimentaires sont arrivés, les officiers d'approvisionnement distribuent, par prélèvement sur ces convois, un jour de pain, de petits vivres et d'avoine. Le soir même, ou au plus tard le lendemain matin, ils font charger sur les voitures le produit des réquisitions ou des achats locaux. Le complément du chargement est demandé, s'il y a lieu, aux convois administratifs.

Le payement des achats effectués par l'officier d'approvisionnement est assuré par lui sur les fonds généraux de la caisse du corps, qui lui fait journellement les avances nécessaires. Le corps rentre dans ses avances au moyen de remboursements demandés au comptable des subsistances. Si ce comptable est sur les lieux, les payements peuvent être faits directement par lui.

Lorsqu'il est reconnu impossible d'opérer par achats à l'amiable, l'officier d'approvisionnement, muni de la délégation du droit de réquisition, se présente à l'autorité municipale, lui remet les ordres de réquisition, règle avec elle le lieu et le mode de livraison des denrées, et délivre les reçus des fournitures faites. (Voir chapitre xiv.)

Il est toujours avantageux d'envoyer aux communes *avis préalable* des prestations à fournir. Cet avis est donné : par l'intendant du corps d'armée aux localités dont l'exploitation lui a été réservée pour une répartition ultérieure ou pour la formation d'approvisionnements; par les sous-intendants aux localités assignées en commun à plusieurs corps de troupes; par les officiers d'approvisionnement dans tous les autres cas.

La cavalerie qui précède les colonnes concourt à l'exploitation du pays pour les besoins généraux : 1° en rassemblant des denrées qu'elle envoie à l'arrière; 2° en mettant en œuvre l'activité des communes dans un rayon déterminé, pour faire préparer des ressources que les colonnes en marche prélèveront à leur passage; 3° en transmettant seulement aux communes les ordres de réquisition ou les avis préalables émanant des autorités de l'armée.

Ravitaillement sur l'arrière.

Approvisionnements. — Les approvisionnements de l'arrière sont rassemblés ou créés aux stations-magasins, aux stations têtes d'étapes de guerre, aux gîtes principaux d'étapes de route et dans les boulangeries de campagne.

La formation et le remplacement des approvisionnements dans les *stations-magasins* situées en deçà de la base d'opérations (voir page 87) sont du ressort de l'administration centrale. Mais c'est aux services administratifs attachés à la direction des étapes de chaque armée, qu'il appartient de provoquer les ordres d'expédition des denrées de ces stations-magasins sur les stations têtes d'étapes de guerre, ainsi que la formation, l'expédition et le remplacement des trains de vivres dits *en-cas mobiles.*

Les stations-magasins qui passent dans la zone relevant de l'armée, par suite d'un déplacement de la base d'opérations, et celles qui sont créées dans cette zone au cours des opérations, sont administrées par l'intendant en chef de l'armée à laquelle elles sont affectées.

A raison de leur mobilité, les *stations têtes d'étapes de guerre*, ainsi que leurs *annexes volantes*, ne comportent pas de grands magasins, mais seulement des *dépôts* d'une contenance d'un à deux jours de vivres pour l'effectif des corps d'armée qu'elles desservent. Ces dépôts sont placés, soit hors de la gare mais à proximité, soit dans la gare même selon les conditions déterminées par le service des chemins de fer.

Les *magasins des gîtes principaux* d'étapes de route ont une fixation déterminée par l'intendant de l'armée. On les forme autant que possible par l'exploitation locale (surtout pour ceux qui sont les plus éloignés des têtes des voies ferrées); le complément est demandé de proche en proche aux magasins de l'arrière.

Au cours des opérations, les boulangeries de campagne fonctionnent d'ordinaire auprès des stations têtes d'étapes de guerre ou dans les gîtes principaux les plus avancés. Elles peuvent cependant être installées plus en avant et jusqu'aux têtes d'étapes de route si les conditions sont favorables. Tout en s'efforçant de les rapprocher de l'armée pour faciliter le transport du pain, on doit s'abstenir de déplacements trop fréquents, qui diminueraient la production. Pendant les stationnements prolongés, les boulangeries de campagne sont restituées à leur corps d'armée et s'établissent dans le voisinage des cantonnements.

Ravitaillement pendant les stationnements. — *Rôle des équipages des corps d'armée.* — Chaque corps d'armée dispose : 1° des trains régimentaires libérés de leur biscuit; 2° de deux sections, également libérées de leur biscuit, des convois administratifs.

Les trains régimentaires restent toujours à la disposition des officiers d'approvisionnement; leur rôle principal consiste à faire le service des cantonnements, des avant-postes et des détachements. Cependant, en station, les deux échelons de ces trains vont à tour de rôle se recompléter en arrière à une demi-étape au plus (12 à 15 kilomètres), au point où stationnent les convois administratifs.

Ces derniers convois se ravitaillent eux-mêmes sur les approvisionnements les plus avancés du service des étapes (stations têtes d'étapes de guerre ou têtes d'étapes de route) disposés à *deux étapes* au plus des cantonnements du gros des troupes, soit en général à une étape et demie des convois administratifs. Les deux sections disponibles de ces convois suffisent pour le va-et-vient du ravitaillement à cette distance, en forçant au besoin l'étape dans les voyages à vide. Les deux sections chargées de biscuit sont conservées comme réserve roulante pour les éventualités.

Rôle du service des étapes. — Tant que la distance entre les cantonnements des troupes et les stations têtes d'étapes de guerre ne dépasse pas deux marches, le service administratif des étapes réunit ses approvisionnements dans ces têtes d'étapes ou dans leurs annexes temporaires; il y prépare chaque matin un jour complet de vivres, et dans cette limite ravitaille les équipages des corps d'armée dès qu'ils se présentent. S'il a été donné avis que des besoins plus importants se sont manifestés, il y est pourvu par des demandes supplémentaires à la station-magasin ou par l'appel des en-cas mobiles.

Pendant cette période, les têtes d'étapes de route ne sont pas en fonctions, les *convois auxiliaires* stationnent dans les cantonnements que le directeur des étapes leur a assignés. Les 4 jours de biscuit entrant dans leur chargement sont maintenus sur roues ou déposés dans les magasins du lieu, selon la durée présumée du stationnement. Lorsque ce biscuit reste chargé, il est réparti sur les 4 sections ou sur 2 seulement, suivant que celles-ci sont à 75 ou à 150 voitures (voir page 86).

Lorsque la distance entre les cantonnements et les têtes d'étapes de guerre dépasse deux étapes, le service des têtes d'étapes de route commence à fonctionner et les convois auxiliaires sont portés à 150 voitures. Leurs deux sections non chargées entrent seules en action au début, les deux autres forment réserve roulante. Le sous-intendant de chaque tête d'étapes de route présente chaque jour au ravitaillement des convois administratifs un jour de vivres complet, soit à la tête d'étapes elle-même, soit sur une section des convois auxiliaires en un point plus avancé désigné par le commandement pour le contact avec les convois administratifs. Les sections vides des convois auxiliaires vont à tour de rôle se recompléter à la station tête d'étapes de guerre lorsque celle-ci n'est qu'à une étape en arrière.

Si cette dernière distance est plus grande, ou si les besoins des corps d'armée dépassent un jour de vivres, les deux autres sections des convois auxiliaires parcipent à leur tour au ravitaillement; à cet effet, leur biscuit est successivement déchargé en magasin et remplacé par du pain provenant des boulangeries de campagne. Les 4 sections se recomplètent aux stations têtes d'étapes de guerre jusqu'à la limite de deux étapes en arrière.

Si la distance entre les têtes d'étapes de route et les stations têtes d'étapes de guerre excède deux étapes, on forme sur chacune des lignes de communication de l'armée, et notamment dans les gîtes principaux d'étapes, des magasins intermédiaires distants de 2 à 4 étapes. Les convois auxiliaires, après ravitaillement des convois administratifs comme il est dit ci-dessus, viennent se recom-

pléter sur le magasin le plus proche ou, si ce dernier est à plus
de deux étapes, sur des *convois de réquisition* éventuels qui amènent
les vivres du magasin en un point intermédiaire où se fait le contact. D'autres convois de réquisition circulent d'un magasin à
l'autre, pour entretenir l'approvisionnement du plus avancé dans
la limite de ce que l'exploitation locale ne peut lui restituer.

Les mouvements de denrées entre les divers magasins ont lieu,
à partir de la station tête d'étapes de guerre, au moyen d'équipages de réquisition organisés par les soins des commandants
d'étapes. (Voir pages 256 et 269.) Chacun de ces équipages est ordinairement chargé des transports entre un gîte principal et le
suivant, par conséquent sur un parcours de 3 à 4 étapes seulement;
il est mis successivement ou partiellement à la disposition des
divers services d'après les instructions du directeur des étapes.

Les transports de vivres ou de denrées peuvent être organisés
par *convois,* par *relais de voitures* ou par *relais d'attelages*. En convois, les équipages font la totalité du trajet entre le point de départ et le point de destination, à raison d'une étape par jour, et
reviennent au point de départ en doublant certaines étapes s'ils
n'ont pas de chargement de retour. C'est le procédé le plus simple
mais le plus long. — Dans le second mode, on décharge chaque
soir sur de nouvelles voitures réunies à cet effet. On peut alors
faire franchir au chargement deux étapes en une seule journée à
l'allure du pas : mais alors, si le mouvement doit être journalier,
il faut en chaque lieu de déchargement deux équipages de voitures
et d'attelages faisant un service alternatif dans la même direction
et revenant le lendemain au point de départ. — Avec le troisième
mode, le fonctionnement est le même, sauf qu'on évite le déchargement des voitures, et que les relais se composent seulement
d'attelages et de conducteurs. — On peut encore employer dans
certains cas un autre mode de transport dit *par relais successifs,*
lorsqu'il s'agit par exemple de ravitailler par des moyens de
production fixes une colonne de convois qui s'avance progressi-
vement, ou d'accélérer le transport du pain fabriqué par les boulangeries de campagne.

Pour l'encadrement et l'administration des équipages de réquisitions, voir page 263.

Ravitaillement pendant les marches en avant. — On emploie les
mêmes procédés que pendant les stationnements, mais on s'attache
à limiter dans la mesure du possible les marches rétrogrades des
équipages et convois, en envoyant les sections chargées au-devant
des sections vides.

Dans ces périodes, les trains régimentaires ne font pas de mouvement en arrière. Chaque jour, une des sections de chaque convoi

administratif est désignée pour prendre le contact d'un des échelons des trains régimentaires, soit en forçant l'étape du jour jusqu'au point assigné, soit en rejoignant dans la marche du lendemain les trains régimentaires aux points où ceux-ci ont reçu
l'ordre de l'attendre. On n'emploie au jeu du ravitaillement que les
deux sections des convois administratifs non chargées de biscuit,
la nécessité de conserver les deux autres comme réserve s'impo-
sant davantage encore pendant les marches.

Le gros des convois auxiliaires cantonne journellement à une
étape en arrière des convois administratifs, en se tenant au besoin en avant des têtes d'étapes de route. Dans ces conditions,
après avoir fourni sa propre étape, la section désignée pour le
ravitaillement peut, par une demi-étape supplémentaire, atteindre
le point où la section des convois administratifs a, soit la veille au
soir, soit le jour même, recomplété les trains régimentaires.

Les convois auxiliaires font participer d'abord leurs deux sections libres, puis leurs deux dernières sections, au ravitaillement
des convois administratifs et à leur propre réapprovisionnement
Ils sont eux-mêmes recomplétés par des convois éventuels de
réquisition, formés aux stations têtes d'étapes de guerre ou dans
les gîtes principaux les plus avancés, et que le service des étapes
dirige successivement et le plus rapidement possible à la rencontre des sections vides des convois auxiliaires revenant en
arrière.

Le ravitaillement en marche présente de très grandes difficultés;
dans le cas de marches rapides et consécutives, le ravitaillement
total est à peu près inexécutable. On doit donc profiter, pour les
réapprovisionnements, de tous les arrêts qui se produisent dans
la marche des colonnes. L'exploitation du pays soit par les troupes
en marche, soit par les services administratifs des divers convois,
diminue d'ailleurs l'importance des envois de l'arrière, et l'on
doit ne rien négliger pour atteindre ce résultat.

Ravitaillement pendant les marches rétrogrades. — Dans les re-
traites, l'ordre de marche des divers éléments des colonnes se
trouve inversé: les voitures des convois administratifs, celles même
des trains régimentaires, sont échelonnées en tête et le plus loin
possible en avant des troupes.

Le service des étapes prépare, sur chaque ligne de communication de l'armée et distinctement par corps d'armée, des dépôts
échelonnés de vivres dont l'importance est déterminée par le général en chef. Ces dépôts ravitaillent au passage les convois administratifs qui devancent les colonnes de troupes.

Chaque commandant de corps d'armée fait ensuite établir par
les convois administratifs des dépôts de vivres échelonnés par

division sur les lignes de marche, en des points de passage obligé où les troupes s'arrêtent en halte gardée pendant les distributions si elles ne doivent y cantonner. Les restants de ces distributions sont laissés, sous la garde de quelques hommes, pour les besoins des arrière-gardes, ou emportés sur quelques voitures du pays, ou abandonnés sur place.

A défaut de ces dispositions, on amène dans les bivouacs ou cantonnements un contact momentané des trains régimentaires avec les convois.

L'alimentation des arrière-gardes présente toujours des difficultés particulières. On devra leur faire parvenir des vivres sur voitures ou leur réserver des dépôts spéciaux en des lieux désignés.

Pendant les premiers jours d'une retraite, il est presque impossible d'exploiter les ressources locales; on peut tout au plus loger chez l'habitant et se faire nourrir par lui.

Dans le cas où l'armée est rejetée hors des lignes de marche ainsi préparées, il faut s'étendre pour vivre sur le pays et user de tous les moyens pour forcer l'habitant à subvenir aux besoins des troupes.

Ravitaillement pendant le combat. — Pendant un combat, la consommation des vivres du sac est le seul moyen d'alimentation possible; c'est pourquoi il est si important de les réserver.

Lorsqu'un engagement peut être prévu à l'avance, on prescrit, dès la veille, une distribution spéciale de biscuit et de viande de conserve pour recompléter les vivres du sac, si pour une raison quelconque ils ont été entamés. Le jour du combat, les trains régimentaires s'échelonnent à une certaine distance en arrière; on utilise ce moment d'immobilité pour recompléter, s'il y a lieu, leur chargement auprès des sections les plus avancées des convois administratifs. Si l'on couche sur les positions, on fait avancer pendant la nuit les trains régimentaires et, au besoin, une fraction des convois administratifs, pour qu'une distribution puisse avoir lieu dès les premières heures du lendemain.

Distributions.

1° Aux corps de troupes: sur bons collectifs établis par le trésorier et visés par le major ou l'officier qui en remplit les fonctions;

2° Aux parties prenantes isolées: sur bons individuels relatant le nom, le grade et la fonction, établis et signés par la partie prenante.

Pour les ordonnances, secrétaires, conducteurs de voitures, etc, détachés avec un officier, les bons sont faits au nom des corps de troupes auxquels ils appartiennent, et signés par cet officier. Les bons de vivres, de fourrages, de chauffage peuvent être collectifs et établis par tables, soit pour les groupes d'officiers, soit pour les groupes d'hommes de troupe. Au verso des bons sont énoncés les noms, grades et qualités des militaires, ainsi que le nombre des rations attribuées à chacun d'eux. (Voir pages 153 et 154.)

Les distributions de denrées remboursables ne sont faites que sur la présentation de bons (autant que possible établis sur papier de couleur) rappelant la date de la décision qui autorise la distribution.

Le commandement fixe les lieux et heures des distributions : en marche, elles sont faites d'ordinaire immédiatement après l'arrivée des troupes pour les denrées réunies sur place et pour la viande fraîche, et dès l'arrivée des trains régimentaires pour les denrées à prélever sur ces trains. Pour la viande, l'ordre détermine les centres de distribution (généralement un par brigade) ou fait connaître comment les distributions seront assurées.

Pendant les périodes de marche, à moins d'ordres contraires, le pain et les petits vivres sont distribués le soir pour la journée du lendemain ; le bois, le foin, la paille et l'avoine, pour le jour de l'arrivée. La viande est, selon les circonstances, distribuée pour la journée même ou pour le lendemain ; dans ce dernier cas, elle est cuite pendant la nuit et emportée froide.

Pour les corps de troupe, l'officier d'approvisionnement conduit son convoi au point désigné, et procède à la distribution aux compagnies, escadrons et batteries, sous la présidence de l'officier de jour. Dans le cas de distribution directe aux troupes par les convois ou les magasins administratifs, l'officier de jour intervient seul pour la réception des denrées.

Quand on n'a pas le temps de procéder à des pesées régulières, on distribue en bloc, en se réglant sur les indications de contenance des caisses, sacs ou barils.

Service des vivres-viande.

Les entrepôts et le parc d'armée entretenus pour chaque armée par l'entrepreneur du service (voir page 88 et 261) relèvent de la direction des étapes. Le parc d'armée ravitaille les parcs de corps d'armée, qui relèvent du commandement de ces corps, et qui marchent généralement en arrière des dernières sections des convois administratifs.

Ces derniers parcs alimentent les troupeaux des divisions et du quartier général (voir page 87). Les officiers comptables de ces convois ont la responsabilité de la garde et de la conduite des troupeaux et sont chargés des abats et distributions aux troupes.

Pendant les marches, le bétail destiné à la distribution du soir suit l'avant-garde avec une partie du personnel du troupeau. Ce troupeau est arrêté dans les centres de distribution désignés par l'ordre journalier, où l'on organise immédiatement le service de la boucherie. Les officiers d'approvisionnement requièrent dans les cantonnements les voitures nécessaires pour aller chercher au lieu d'abatage la viande revenant à chaque groupe. La distribution aux troupes a lieu dès le retour de ces voitures.

On peut encore utiliser les boucheries dans les cantonnements, ou au besoin délivrer le bétail sur pied, que les corps abattent eux-mêmes avec leur matériel.

Les issues non vénales sont toujours enfouies à la diligence de l'administration ou des corps.

§ VII. — DISPOSITIONS SPÉCIALES A LA CAVALERIE INDÉPENDANTE.

L'alimentation journalière des fractions de cavalerie faisant le service d'exploration est assurée : en premier lieu par la nourriture chez l'habitant en second lieu au moyen d'achats et de réquisitions opérés sous la direction des chefs de corps par les officiers d'approvisionnement et par les commandants des escadrons et détachements de première ligne ; à défaut d'autres ressources, par la distribution de denrées prélevées sur le convoi de réserve. Ce convoi, qui porte seulement un jour de vivres et d'avoine, est formé par la réunion des fourgons à vivres des régiments et des batteries.

Les avances de fonds pour les achats sont faites sur la caisse du corps par l'officier payeur à l'officier d'approvisionnement et aux commandants des escadrons de première ligne, et par ceux-ci aux officiers des pelotons détachés. Ces derniers peuvent, à défaut d'autre procédé d'alimentation, confier une partie de ces avances aux sous-officiers commandant de petits détachements. On procède de même pour la délivrance des carnets de réquisitions, des carnets de reçus et des bons de nourriture chez l'habitant.

Les cavaliers isolés, estafettes, postes de correspondance, sont nourris par l'habitant et reçoivent à cet effet des bons ne comprenant que des demi-journées de nourriture. Il n'est alloué d'argent à ces cavaliers, en remplacement de vivres, que dans des circonstances exceptionnelles laissées à l'appréciation des officiers qui les ont envoyés.

Dans les fractions de cavalerie concentrées, les chefs de corps assurent l'alimentation de leur troupe conformément aux ordres des généraux commandant les brigades. Partout où se trouve un officier d'administration, il doit concourir à ce service ; le personnel administratif de la division peut à cet effet être divisé en groupes correspondant aux diverses brigades. Le sous-intendant de la division imprime à l'ensemble du service l'impulsion technique nécessaire, et veille spécialement au réapprovisionnement du convoi de réserve.

Quand la division de cavalerie est concentrée momentanément, les distributions peuvent être assurées au moyen du convoi de réserve, sectionné à cet effet en convois de brigade. Le personnel administratif et les officiers d'approvisionnement recomplètent immédiatement ce convoi par des achats ou des réquisitions. On provoque au besoin des envois de l'arrière.

Enfin, lorsque la division se trouve concentrée dans les lignes d'une armée, les régiments et batteries rentrent en possession de leurs voitures de vivres. Il est attribué immédiatement à la division, sur l'ordre du commandant de l'armée, un troupeau représentant 2 jours de viande sur pied, et un convoi administratif composé de voitures de réquisition et chargé de 4 jours de vivres et d'avoine. Ce convoi est licencié dès que la division se porte en avant.

Chapitre XIV. — RÉQUISITIONS.

Les dispositions légales ou réglementaires résumées ci-après concernent exclusivement les réquisitions faites en territoire national. Les réquisitions en territoire ennemi sont régies par les articles 104 à 110 du règlement sur le service en campagne, complétés, selon les cas, par les ordres généraux des commandants en chef.

Conditions dans lesquelles s'exerce le droit de réquisition.

Loi du 3 juillet 1877. — Art. 1ᵉʳ. — En cas de mobilisation partielle ou totale de l'armée, ou de rassemblement de troupes, le Ministre de la guerre détermine l'époque où commence, sur tout ou partie du territoire français, l'obligation de fournir les prestations nécessaires pour suppléer à l'insuffisance des moyens ordinaires d'approvisionnement de l'armée.

Art. 2. — Toutes les prestations donnent droit à des indemnités représentatives de leur valeur, sauf dans les cas spécialement déterminés par l'article 15.

Art. 3. — Le droit de requérir appartient à l'autorité militaire. Les réquisitions sont toujours formulées par écrit et signées. Elles mentionnent l'espèce et la quantité des prestations imposées et, autant que possible, leur durée. Il est toujours délivré un reçu des prestations fournies.

Extraits du décret du 2 août 1877. — En cas de mobilisation totale, l'autorité militaire peut user du droit de requérir depuis le jour de la mobilisation jusqu'au jour où l'armée est remise sur le pied de paix. En cas de mobilisation partielle ou de rassemblement de troupes, pour quelque cause que ce soit, des arrêtés du Ministre déterminent l'époque où pourra commencer, et celle où devra se terminer l'exercice du droit de réquisition, ainsi que les portions de territoire où ce droit pourra être exercé. Ces arrêtés sont publiés dans les communes. (Art. 1 et 2.)

Lorsque la mobilisation totale est ordonnée, les généraux commandant des armées, des corps d'armée, des divisions ou des troupes ayant une mission spéciale peuvent de plein droit exercer des réquisitions. En cas de mobilisation partielle ou de rassemblement de troupes, la faculté d'exercer des réquisitions n'appartient de plein droit qu'aux généraux commandant les corps d'armée et les rassemblements de troupes. Dans l'un et l'autre cas, les généraux peuvent déléguer le droit de requérir aux fonctionnaires de l'intendance ou aux officiers commandant des détachements. (Art. 3 et 4.)

Les ordres de réquisition sont détachés d'un carnet à souches qui est remis aux officiers appelés à exercer des réquisitions. Des carnets à souches d'ordre de réquisition contenant délégation du droit de requérir sont remis par les généraux aux chefs de corps ou de service, pour être délivrés par ceux-ci aux officiers sous leurs ordres qui pourraient être appelés à exercer des réquisitions. L'officier qui a reçu délégation du droit de requérir doit, après avoir terminé la mission pour laquelle il avait reçu cette délégation, remettre immédiatement son carnet d'ordres de réquisition à son chef de corps ou de service, qui le fait parvenir à la commission chargée du règlement des indemnités. (Art. 5, 6 et 10.)

Les reçus délivrés par les officiers chargés de la réception des prestations fournies sont extraits d'un carnet à souches fourni par l'autorité militaire, comme les carnets d'ordres de réquisition. (Art. 7.)

Exceptionnellement et seulement en temps de guerre, tout commandant de troupe ou chef de détachement opérant isolément peut, même sans être porteur d'un carnet de réquisitions, requérir sous sa responsabilité personnelle les prestations nécessaires aux besoins journaliers des hommes et des chevaux placés sous ses ordres. Les réquisitions ainsi exercées sont toujours faites par écrit et signées; elles sont établies en double expédition, dont l'une reste entre les mains du maire et l'autre est adressée immédiatement, par la voie hiérarchique, au général commandant le corps d'armée. Il est donné reçu des prestations fournies. (Art. 8 et 9.)

Prestations à fournir par voie de réquisition.

Loi du 3 juillet 1877. — Voir à la 3e Partie (pages 107 et 108) les articles 5 et 7 qui donnent la nomenclature des prestations exigibles par voie de réquisition.

Art. 6. — Les réquisitions relatives à l'emploi d'établissements industriels pour la fourniture de produits autres que ceux qui résultent de leur fabrication normale, ne pourront être exercées que sur un ordre du Ministre de la guerre ou d'un commandant d'armée ou de corps d'armée.

Extraits du décret du 2 août 1877. — Lorsqu'on requiert la nourriture des troupes logées chez l'habitant, il ne peut être exigé une nourriture supérieure à l'ordinaire de l'individu requis. (Art. 12.)

L'officier qui réquisitionne dans une commune des fournitures en vivres, denrées et fourrages pour la nourriture des hommes et des chevaux doit mentionner la quantité de rations requises et la quotité de la ration réglementaire. (Art. 13.)

Quand on requiert des chevaux, voitures ou harnais pour des transports devant amener un déplacement de plus de cinq jours, retour compris, il est procédé, avant la prise de possession, à une estimation contradictoire faite par l'officier requérant et le maire. Si des chevaux ou voitures requis sont perdus ou endommagés, le chef du détachement ou convoi doit délivrer au conducteur un certificat constatant le fait, appréciant les causes du dommage, et évaluant la perte subie, lorsqu'il n'y a pas eu d'estimation préalable. En cas de refus de délivrer ce certificat, le conducteur devra s'adresser immédiatement au juge de paix, ou au maire de la commune où s'est produit le dommage, pour en faire constater les causes et la valeur. (Art. 14, 15 et 16.)

Quand il est fait réquisition d'outils, matériaux, machines, bateaux, embarcations en dehors des eaux maritimes, etc., pour une durée de plus de huit jours, il est procédé au préalable à une estimation contradictoire entre l'officier requérant et le maire. S'il est, plus tard, restitué tout ou partie de ces objets, procès-verbal est dressé de cette restitution ainsi que des détériorations subies, et mention en est faite sur le reçu primitivement délivré, auquel le procès-verbal est annexé. (Art. 17.)

Si la réquisition de moulins a pour objet d'en attribuer temporairement l'usage exclusif à l'autorité militaire, il est procédé, avant et après la prise de possession, à une constatation sommaire par l'officier requérant et le maire. (Art 18.)

La nourriture est due par les chefs de détachement aux guides ou conducteurs requis, ainsi qu'aux chevaux, comme s'ils faisaient partie du détachement, pendant toute la durée de la réquisition. Les guides, messagers, conducteurs et ouvriers requis reçoivent, à l'expiration de leur mission, un certificat qui en constate l'exécution et qui est délivré: pour les guides, par les commandants de détachements; pour les messagers, par les destinataires; pour les conducteurs, par les chefs de convois; pour les ouvriers, par les chefs de service compétents. (Art. 19 et 20.)

Lorsqu'il y a lieu de requérir le traitement de malades ou blessés, les maires fournissent des locaux spéciaux, ou à défaut, répartissent lesdits malades ou blessés chez les habitants; mais s'il s'agit de maladies contagieuses, ils doivent pourvoir aux soins à donner dans des bâtiments où les malades puissent être séparés de la population et qui, au besoin, sont requis à cet effet. En cas d'urgence seulement, et quand il ne s'agit pas de maladies contagieuses, l'autorité militaire peut requérir directement des habitants le soin des malades ou blessés. Si des communes ou des habitants sont requis de recevoir des malades ou blessés, et si ceux-ci ne peuvent pas être soignés par les médecins de l'armée, les visites des médecins civils peuvent donner droit à une indemnité spéciale, qui est fixée par la commission d'évaluation sur la note du médecin certifiée par l'habitant qui a logé le malade ou le blessé, ou si faire se peut, par ce dernier lui-même, et visée par le maire de la commune. (Art. 21 et 22.)

Du logement et du cantonnement.

Extrait de la loi du 3 juillet 1877. — Art. 8, § 2. — Le cantonnement des troupes en station ou en marche est l'installation des hommes, des animaux et du matériel dans les maisons, établissements, écuries, bâtiments ou abris de toute nature appartenant soit aux particuliers, soit aux communes ou départements, soit à l'État, sans qu'il soit tenu compte des conditions d'installation attribuées, en ce qui concerne le logement, aux militaires de chaque grade, aux animaux et au matériel, mais en utilisant dans la mesure du nécessaire la contenance des locaux, sous la réserve toutefois que les propriétaires ou détenteurs conservent toujours le logement qui leur est indispensable.

ART. 10. — Il sera fait par les municipalités un recensement de tous les logements, établissements et écuries, que les habitants peuvent fournir pour le logement ou le cantonnement des troupes.

Ce recensement sera communiqué à l'autorité militaire. Il pourra être revisé en tout ou en partie dans les localités et aux époques fixées par le Ministre de la guerre.

Art. 12, § 2. — Sont dispensés de fournir le logement dans leur domicile les détenteurs de caisses publiques déposées dans ledit domicile, les veuves et filles vivant seules et les communautés religieuses de femmes. Mais les uns et les autres sont tenus d'y suppléer en fournissant le logement en nature chez d'autres habitants ; à défaut de quoi il y sera pourvu à leurs frais par les soins de la municipalité. (Voir, page 170, l'interprétation de cet article en matière de cantonnement.)

Art. 13. — Les habitants ne seront jamais délogés de la chambre et du lit où ils ont l'habitude de coucher ; ils ne pourront néanmoins, sous ce prétexte, se soustraire à la charge du logement selon leurs facultés. Hors le cas de mobilisation, le maire ne pourra envahir le domicile des absents ; il devra loger ailleurs à leurs frais.

Art. 14. — Les troupes seront responsables des dégâts et dommages occasionnés par elles dans leurs logements ou cantonnements. Les habitants qui auront à se plaindre à cet égard adresseront leurs réclamations par l'intermédiaire de la municipalité, afin qu'il y soit fait droit si elles sont fondées. Lesdites réclamations devront être adressées et les dégâts constatés, à peine de déchéance, avant le départ de la troupe.

Art. 15. — Ne donnent pas lieu à l'indemnité prévue à l'art. 2 : 1° le logement des troupes de passage chez l'habitant ou leur cantonnement pour une durée maximum de trois nuits dans chaque mois, ladite durée s'appliquant indistinctement au séjour d'un seul corps ou de corps différents chez les mêmes habitants ; ....3° le logement chez l'habitant ou le cantonnement des troupes rassemblées dans les lieux de mobilisation et leurs dépendances pendant la période de mobilisation, dont un décret fixe la durée.

Art. 16. — En toutes circonstances, les troupes auront droit, chez l'habitant, au feu et à la chandelle.

Extraits du décret du 2 août 1877. — Les états de cantonnement dressés par les maires en exécution de l'article 10 de la loi indiquent approximativement, en distinguant l'agglomération principale et les hameaux détachés : le nombre d'hommes qui peuvent être cantonnés dans les maisons, établissements, écuries, bâtiments ou abris de toute nature appartenant soit aux particuliers, soit aux communes, soit à l'État, sous la seule réserve que les propriétaires ou détenteurs conserveront toujours les locaux qui leur sont indispensables pour leur logement et celui de leurs animaux, denrées et marchandises. (Art. 23.)

Après revision de ces états par des officiers, des tableaux récapitulatifs sont imprimés ou autographiés par les soins de l'autorité militaire et tenus à la disposition des officiers généraux ainsi que des intendants militaires. Un extrait est envoyé par les commandants de région aux maires. Ceux-ci dressent ensuite, avec le concours des conseillers municipaux., un état indicatif des ressources de chaque maison pour le logement ou le cantonnement des troupes d'après le nombre fixé par l'extrait du tableau précité. Lorsqu'ils sont requis de loger ou de cantonner des militaires, les maires suivent le plus exactement possible l'ordre de cet état indicatif. (Art. 24, 25 et 26.)

Les officiers appelés à requérir le logement chez l'habitant ou le cantonnement des troupes sous leurs ordres doivent consulter les états prévus par les articles ci-dessus, et ne réclamer dans chaque commune le logement que pour un nombre d'hommes et de chevaux inférieur ou au plus égal à celui qui est indiqué par lesdits tableaux. (Art. 12).

S'il est reconnu que des dégâts ont été commis chez un ou plusieurs habitants par des soldats qui y étaient logés ou cantonnés, procès-verbal en est dressé con-tradictoirement par le maire de la commune et par l'officier chargé d'examiner la réclamation. En cas de mobilisation, le procès-verbal sert à l'intéressé comme une réquisition ordinaire, pour poursuivre le règlement de l'indemnité. (Art. 28.)

En temps de guerre et en cas de départ inopiné des troupes, si aucun officier n'a été laissé en arrière pour recevoir les réclamations, tout individu qui croit avoir à se plaindre de dégâts commis par des soldats logés chez lui, et qui n'a pu faire sa réclamation avant le départ de la troupe, porte sa plainte au juge de paix ou à défaut au maire; cette plainte doit être remise moins de trois heures après le départ de la troupe. Le juge de paix ou le maire se transporte sur les lieux et dresse un procès-verbal qui est remis à l'intéressé pour faire valoir ses droits comme en matière de réquisition. (Art. 29.)

L'officier qui commande une troupe logée ou cantonnée dans une commune remet au maire, avant de la quitter, un état indiquant l'effectif en officiers, sous-officiers, soldats, chevaux, mulets et voitures, ainsi que la date d'arrivée et celle du départ. Cet état n'est pas fourni lorsqu'il s'agit du logement ou cantonnement de militaires pendant la période de mobilisation. (Art. 30.)

Taux des indemnités. — *Logement*, par jour: 1 officier logé seul, 1 franc; 2 officiers logés ensemble, 1 fr. 50 cent.; 1 sous-officier, 15 centimes; 1 soldat, 10 centimes; 1 cheval, 5 centimes plus le fumier. *Cantonnement:* par homme et par jour, 5 centimes; par cheval, le fumier. (Art. 33.)

Exécution des réquisitions.

Loi du 3 juillet 1877. — Art. 19. — Toute réquisition doit être adressée à la commune; elle est notifiée au maire. Toutefois, si aucun membre de la municipalité ne se trouve au siège de la commune, ou si une réquisition urgente est nécessaire sur un point éloigné du siège de la commune et qu'il soit impossible de la notifier régulièrement, la réquisition peut être adressée directe-ment par l'autorité militaire aux habitants. Les réquisitions exercées sur une commune ne doivent porter que sur les res-sources qui y existent, sans pouvoir les absorber complètement.

Art. 20. — Le maire, assisté, sauf le cas de force majeure ou d'extrême urgence, de deux membres du conseil municipal et de deux des habitants les plus imposés de la commune, répartit les pres-tations exigées entre les habitants et les contribuables, alors même que ceux-ci n'habitent pas la commune et n'y sont pas repré-sentés. Cette répartition est obligatoire pour tous ceux qui y sont compris. Il est délivré par le maire à chacun d'eux un reçu des prestations fournies. Le maire prendra les mesures nécessitées par les circonstances pour que, dans le cas d'absence de tout habitant ou contribuable, la répartition, en ce qui le concerne, soit effective. Au lieu de procéder par répartition, le maire, assisté comme il est dit ci-dessus, peut, au compte de la commune, pourvoir directement à la fourniture et à la livraison des prestations requises ; les dépenses qu'entraine cette opération sont imputées sur les ressources générales du budget municipal. Dans les cas prévus par le 1ᵉʳ S de l'article 19, ou lorsque les prestations requises ne sont pas fournies dans les délais prescrits, l'autorité militaire fait d'office la répartition entre les habitants.

Art. 21. — Dans le cas de refus de la municipalité, le maire ou celui qui en fait fonctions peut être condamné à une amende de 25 à 500 francs. Si le fait provient du mauvais vouloir des habitants, le recouvrement des prestations est assuré au besoin par la force ; en outre, les habitants qui n'obtempèrent pas aux ordres de réquisition sont passibles d'une amende qui peut s'élever au double de la prestation requise. En temps de guerre, quiconque abandonne le service pour lequel il est requis personnellement est, par application des dispositions portées à l'article 62 du code de justice militaire, traduit devant le conseil de guerre et peut être condamné à la peine de l'emprisonnement de 6 jours à 5 ans, dans les termes de l'article 194 du même code.

Art. 22. — Tout militaire qui, en matière de réquisitions, abuse des pouvoirs qui lui sont conférés, ou qui refuse de donner reçu des quantités fournies, est puni de la peine de l'emprisonnement dans les termes de l'article 194 du code de justice militaire ; tout militaire qui exerce des réquisitions sans avoir qualité pour le faire est puni, si ces réquisitions sont faites sans violence, conformément au 5ᵉ S de l'article 248 du code de justice militaire. Si ces réquisitions sont exercées avec violence, il est puni conformément à l'article 250 du même code. Le tout sans préjudice des restitutions auxquelles il peut être condamné.

Art. 34. — Les communes ne peuvent comprendre, dans la répartition des prestations qu'elles sont requises de fournir, aucun objet appartenant aux compagnies de chemins de fer.

Extraits du décret du 2 août 1877. — Lorsque des détachements de différents corps ou de troupes de différentes armes se trouvent à la fois dans une commune, les réquisitions ne peuvent être ordonnées que par l'officier auquel le commandement appartient en vertu des règlements militaires. Cette disposition ne s'applique pas aux réquisitions qui peuvent être ordonnées pour les besoins généraux de l'armée par les officiers généraux et les fonctionnaires de l'intendance. (Art. 34.)

Les réquisitions sont toujours adressées au maire de chaque commune ou, en son absence, à son suppléant légal, sauf dans les cas prévus au S 1 de l'article 19 et sous réserve des peines édictées à l'article 21 de la loi. Lorsqu'un officier ne trouve aucun membre de la municipalité au siège de la commune, ou lorsqu'il est obligé d'exercer une réquisition urgente dans un hameau éloigné et qu'il n'a pas le temps de prévenir le maire, il s'adresse autant que possible à un conseiller municipal ou à son défaut, à un habitant, pour se faire aider dans la répartition des prestations à fournir. (Art. 35 et 36.)

Si le maire déclare que les quantités requises excèdent les ressources de la commune, il doit d'abord livrer toutes les prestations qu'il lui est possible de fournir. L'autorité militaire peut toujours, dans ce cas, faire procéder à des vérifications. Lorsque celle-ci trouve des denrées qui ont été indûment refusées, elle s'en empare, même par la force, et signale le fait à l'autorité judiciaire. Ne sont pas considérés comme prestations disponibles ou comme fournitures susceptibles d'être réquisitionnées : 1° les vivres destinés à l'alimentation d'une famille et ne dépassant pas sa consommation pendant 3 jours; 2° les grains ou autres denrées alimentaires qui se trouvent dans un établissement agricole, industriel ou autre et ne dépassant pas la consommation de 8 jours; 3° les fourrages qui se trouvent chez un cultivateur et ne dépassant pas la consommation de ses bestiaux pendant 15 jours. (Art. 37 et 38.)

Lorsque le maire reçoit une réquisition, il convoque, sauf le cas d'extrême urgence, deux des membres du conseil municipal et deux des plus imposés dans l'ordre du tableau, en laissant de côté ceux qui habitent loin du centre de la commune. Quel que soit le nombre des personnes qui répondent à la convocation du maire, celui-ci procède, seul ou avec les membres présents, à la répartition des réquisitions, et ses décisions sont exécutoires sans appel. S'il y a lieu de requérir la prestation d'un habitant absent et non représenté, le maire peut, au besoin, faire ouvrir la porte de vive force et faire procéder d'office à la livraison des fournitures requises. Dans ce cas, il requiert deux témoins et dresse un procès-verbal des opérations. (Art. 39 et 40.)

Le maire fait procéder, en sa présence ou en présence d'un délégué, à la remise des fournitures aux parties prenantes et s'en fait donner reçu. Il tient registre des prestations fournies par chaque habitant, soit en vertu de la répartition par lui faite, soit en vertu de réquisitions directes, et mentionne les quantités fournies et les prix réclamés; il délivre des reçus aux prestataires. Les habitants qui sont l'objet de réquisitions directes portent à la mairie les reçus qu'ils ont obtenus de l'autorité militaire et les échangent contre des reçus de l'autorité municipale. Il en est de même des certificats qui sont délivrés aux habitants pour constater l'accomplissement d'un service requis. (Art. 41.)

En temps de guerre, si une personne requise d'un service personnel abandonne son poste, l'officier qui constate cet abandon adresse une plainte à l'autorité militaire compétente. (Art. 42.)

Règlement des indemnités.

Les autorités militaires ou administratives de l'armée ne participent, en territoire national, ni à la liquidation, ni au payement des indemnités pour prestations requises. Ces opérations sont faites par les autorités administratives du territoire avec le concours de commissions départementales d'évaluation, conformément aux règles tracées par les articles 24 à 28 de la loi et 44 à 56 du décret.

CHAPITRE XV. — TRÉSORERIE ET POSTES.

Ensemble du service. — Le service de la trésorerie et des postes aux armées a pour objet : 1° d'opérer, à l'exclusion de tous les autres services, les recettes provenant du Trésor public ou faites pour le compte de l'État; 2° de pourvoir à l'acquittement de toutes les dépenses régulièrement ordonnancées ; 3° d'exécuter le service des postes au delà des stations têtes d'étapes de guerre.

Le personnel comprend des agents supérieurs, agents et sous-agents appartenant aux administrations des finances et des postes, et commissionnés par le Ministre des finances. Les agents ne peuvent être proposés pour l'avancement et les récompenses que par leurs chefs hiérarchiques ; les notes et propositions qui les concernent sont remises par les payeurs généraux aux officiers généraux près desquels ils sont placés ; ceux-ci les transmettent au Ministre des finances avec leur avis. Les traitements, salaires et indemnités du personnel mobilisé sont déterminés par le même Ministre. Pour la hiérarchie, les droits aux diverses prestations à la charge du ministère de la guerre, ainsi que pour le droit aux chevaux à titre gratuit et aux ordonnances, voir pages 35 et 147.

Le matériel de bureau est fourni par l'administration des finances; le matériel roulant et les attelages, par le ministère de la guerre.

Le service est dirigé : au grand quartier général par un payeur général ; dans une armée par un payeur général ; dans un corps d'armée et dans une direction d'étapes par un payeur principal ; dans une division par un payeur particulier. Chacun de ces chefs de service dirige les bureaux de l'unité à laquelle il est attaché et surveille l'exécution du service dans les unités d'ordre inférieur. Des payeurs en sous-ordre gèrent les différents bureaux.

Fonctionnement du service de trésorerie. — Les caisses sont alimentées par le Ministre des finances, conformément aux instructions adressées à cet effet à chaque payeur général. L'autorité militaire fournit, sur la demande des payeurs, des gardes pour les caisses et des escortes pour les transports de fonds. Tous les dix jours au moins, les intendants d'armée remettent aux payeurs généraux une évaluation des dépenses présumées nécessaires pendant la dizaine suivante, pour chacun des divers ordonnateurs de l'armée. Réciproquement, les payeurs généraux remettent tous les dix jours au moins aux intendants d'armée une situation de leur caisse et de celle de chacun de leurs préposés, avec indication des ressources attendues ou espérées pendant le mois. Pareil échange de communications est obligatoire dans tout corps d'armée, division ou brigade opérant isolément. Les recettes extraordinaires provenant de prises ou de saisies sont constatées par des procès-verbaux dressés par les fonctionnaires de l'intendance avec le concours des payeurs ou de leurs délégués. Il en est de même pour les pertes ou enlèvements de fonds, de valeurs, de pièces comptables ou de matériel.

Le commandement militaire peut ordonner toutes les vérifications de caisses qu'il juge nécessaires ; les vérifications sont faites

Indications sur les monnaies étrangères.

		VALEUR au pair.	POIDS légal.	TITRE légal.
Allemagne. *(Monnaie de compte : reichs-mark de 100 pfennig.)*				
Or......	20 marks..........................	24f69	7gr,965	
	10 marks..........................	12,35	3 ,982	900
	5 marks...........................	6,17	1 ,991	
Argent..	5 marks...........................	5,56	27 ,777	
	2 marks...........................	2,22	11 ,111	
	1 mark, ou 100 pfennig............	1,11	5 ,555	900
	1/2 mark, ou 50 pfennig...........	0,56	2 ,777	
	1/5 mark, ou 20 pfennig...........	0,22	1 ,111	
Angleterre. *(Monnaie de compte : livre sterling de 20 shillings.)*				
Or......	Souverain, 20 shillings...........	25,22	7 ,988	916,66
	Demi-souverain...................	12,61	3 ,994	
Argent..	Couronne.........................	5,81	28 ,276	
	Demi-couronne...................	2,91	14 ,138	
	Florin, 2 schillings...............	2,32	11 ,310	
	Schilling, 12 pence...............	1,16	5 ,655	
	6 pence..........................	0,58	2 ,828	925,00
	4 pence..........................	0,39	1 ,885	
	3 pence..........................	0,29	1 ,414	
	2 pence..........................	0,19	0 ,942	
	1 penny..........................	0,10	0 ,471	
Autriche-Hongrie. *(Monnaie de compte : florin de 100 kreutzer.)*				
Or......	Quadruple ducat..................	47,41	13 ,000	986
	Ducat............................	11,85	3 ,490	
	8 florins, 20 francs..............	20,00	6 ,452	900
	4 florins, 10 francs..............	10,00	3 ,226	
Argent..	2 florins.........................	4,94	24 ,691	900
	1 florin, 100 kreutzer............	2,47	12 ,345	
	1/4 florin, 25 kreutzer...........	0,62	5 ,341	520
	20 kreutzer.......................	0,29	2 ,666	500
	10 kreutzer.......................	0,15	1 ,666	400
	Thaler 1780, monnaie de commerce	5,20	28 ,075	833
Espagne. *(Monnaie de compte : escudo de 10 réaux.)*				
Or......	Doublon, 10 escudos..............	26,00	8 ,387	
	25 pesetas.......................	25,00	8 ,065	900
	4 escudos........................	10,40	3 ,355	
	2 escudos, 20 réales.............	5,20	1 ,677	
Argent..	5 pesetas.........................	5,00	25 ,000	900
	2 pesetas.........................	1,86	10 ,000	
	1 peseta.........................	0,93	5 ,000	835
	2 réales = 1/2 peseta............	0,46	2 ,500	
	Duro, 2 escudos..................	5,19	25 ,960	900
	Escudo, 10 réales................	2,60	12 ,980	

Belgique, Italie, Suisse : même système monétaire qu'en France, en vertu de la convention internationale du 5 novembre 1878.

par les fonctionnaires de l'intendance et constatées par procès-verbal. Ces vérifications sont obligatoires lors de tout changement de titulaire d'une caisse, et tous les soirs dans une place assiégée.

Les opérations d'ordonnancement et de payement ont lieu conformément aux prescriptions des règlements sur la comptabilité publique. Pour les autorisations de dépenses délivrées par les généraux en chef, voir page 130.

Renseignements sur les monnaies françaises. — Cent francs pèsent 10 kilogrammes en monnaie de billon, 0^{kil},500 en argent, 32^{gr},258 en or. Un fourgon du service de la trésorerie et des postes peut porter 642 kilogrammes, soit 2 millions environ en or ou 125000 francs en argent.

Monnaies étrangères. — Le tarif des monnaies étrangères qu'il peut y avoir lieu d'employer est établi par le Ministre des finances et mis à l'ordre de l'armée après avoir été accepté par le Ministre de la guerre. En cas d'urgence, ce tarif est établi ou modifié à titre provisoire par le commandant en chef, sur la proposition du payeur général. Les pièces justificatives des opérations de recette et de dépense, basées sur des monnaies étrangères, sont toujours traduites en francs avant d'être présentées aux caisses publiques.

Fonctionnement du service postal. — L'Administration des postes assure par ses propres moyens le service postal jusqu'aux stations têtes d'étapes de guerre. Elle établit dans chacune de ces stations un bureau dénommé *bureau-frontière*, qui échange ses correspondances avec le bureau tête d'étapes installé dans la même localité par le service de la trésorerie et des postes aux armées.

Service dans la zone des étapes. — Le service de la trésorerie et des postes de la direction d'étapes d'une armée établit des *lignes postales* entre les stations têtes d'étapes de guerre affectées à cette armée et les quartiers généraux des corps d'armée. Ces lignes passent par les têtes d'étapes de route ; l'une d'elles dessert le quartier général de l'armée.

Une ligne postale d'étapes peut être organisée comme il suit, en admettant que la station tête d'étapes de guerre est distante de 4 à 6 étapes de la tête d'étapes de route, avec gîte principal d'étapes vers le milieu du parcours ; que la tête d'étapes de route est à 2 étapes des quartiers généraux de deux corps d'armée, sur lesquels elle dirige deux embranchements de ligne postale.

1° *Bureau d'étapes de station tête d'étapes de guerre.* — 1 payeur particulier ; 2 brigades d'étapes, comprenant chacune 1 payeur adjoint, 1 commis de trésorerie ; 1 gardien de caisse ou de bureau ; 2 agents mobiles ; 3 trains postaux (1 courrier, 1 postillon, 1 malle-poste, 2 chevaux de trait ; 4 relais (1 postillon et 2 chevaux). Le postillon et les chevaux de trait sont fournis par le train des équipages.

Une des brigades gère le bureau de la station tête d'étapes de guerre, la seconde sert à installer un bureau dans le gîte principal. Des 3 trains postaux, l'un est en marche, un autre en réserve au point de départ, le dernier disponible à la tête d'étapes de route. Un relais est placé dans chaque gîte d'étapes et à la tête d'étapes de route (au delà de 4 étapes, on a recours aux attelages de réquisition). Les agents mobiles font les installations et surveillent le service, chacun sur la moitié du parcours.

2° *Bureau d'étapes d'une tête d'étapes de route.* — 1 payeur particulier; 1 brigade d'étapes, gérant le bureau; 3 agents mobiles montés, 5 trains postaux, 4 relais. (Éléments composés comme ci-dessus.) 2 trains postaux sont en marche; 2 disponibles, avec un relais chacun, auprès des quartiers généraux de corps d'armée; le cinquième en réserve à la tête d'étapes de route; 1 relais sur la moitié du parcours de chacune des deux lignes; les agents mobiles installent et surveillent le service.

Des dispositions analogues sont prises pour les services postaux éventuels à organiser sur les lignes d'étapes auxiliaires. Une réserve de personnel et de matériel est constituée à cet effet dans l'une des stations têtes d'étapes de guerre de chaque armée.

Service postal dans les cantonnements. — Le service postal dans la zone occupée par les troupes est fait au moyen des fourgons de correspondance, des voitures levées de boîtes et des sous-officiers du train estafettes des postes, savoir : — entre le quartier général d'armée et les quartiers généraux de corps d'armée auxquels il n'est pas relié par la ligne postale d'étapes, par le personnel de trésorerie et postes du quartier général d'armée; — entre un quartier général de corps d'armée, les quartiers généraux de division et les troupes non endivisionnées, par le personnel du quartier général de corps d'armée; — entre un quartier général de division d'infanterie et les troupes de la division, par le personnel du quartier général de la division; — entre une brigade de cavalerie de corps détachée en avant et le quartier général dudit corps d'armée ou d'une de ses divisions d'infanterie, par le personnel affecté exceptionnellement à cette brigade (voir page 35).

Le service postal entre les troupes d'une division de cavalerie, le quartier général de cette division et le corps d'armée le plus voisin est exécuté par le personnel de la trésorerie et des postes attaché à cette division, en utilisant au besoin les postes de correspondance de cavalerie établis pour relier la division à l'armée qu'elle éclaire.

Le service de trésorerie et des postes du grand quartier général établit, au moyen du personnel et du matériel dont il dispose (voir pages 38 et 39), les relations postales avec les quartiers généraux des diverses armées.

Toutes les dispositions relatives au fonctionnement des communications postales, aux conditions de transport des dépêches, aux jours et heures de départ des courriers et à leurs escortes, quand il y a lieu, sont arrêtées par les généraux sur la proposition des chefs de service de la trésorerie et des postes attachés aux divers quartiers généraux.

Les sous-officiers estafettes des postes sont munis d'une sacoche ou d'un portefeuille ; il leur est délivré des commissions de vaguemestre par les chefs d'état-major ; ils peuvent être chargés du transport de toutes les dépêches, y compris les articles argent et chargements, entre les bureaux de poste de campagne et les vaguemestres des corps, et réciproquement.

Vaguemestres des corps de troupe. — Les vaguemestres sont pourvus d'une *commission* ou acte de nomination, délivrée par le corps ou service auquel ils appartiennent, et qui reste entre les mains des payeurs.

Toute personne appartenant à un corps ou service qui a constitué un vaguemestre ne peut recevoir les lettres, paquets, mandats d'argent, etc., qui lui sont adressés, que par l'intermédiaire de ce vaguemestre. Il n'est fait exception que pour les officiers, ainsi que pour les hommes de troupe isolés, qui peuvent recevoir individuellement les objets à eux adressés, sur production de leur feuille de route ou de toute autre pièce établissant leur identité.

Franchise postale. — Les lettres adressées aux militaires en campagne ou expédiées par eux jouissent de la franchise, à la condition de ne pas dépasser le poids de 15 grammes.

Les correspondances de service doivent porter sur la suscription le contreseing de l'officier ou fonctionnaire expéditeur. Cette disposition, qui a pour objet de distinguer des correspondances privées les dépêches de service, assure à celles-ci la franchise, quel que soit leur poids, ainsi que la priorité pour l'expédition et la distribution.

CHAPITRE XVI. — JUSTICE MILITAIRE AUX ARMÉES.

§ 1er. — TRIBUNAUX MILITAIRES. — LEUR COMPÉTENCE.

Dans les armées actives, « un ou deux Conseils de guerre sont « établis sur l'ordre du Ministre de la guerre dans chaque division, « ainsi qu'au quartier général de l'armée et, s'il y a lieu, au quar- « tier général de chaque corps d'armée. Si une division active

« ou un détachement de la force d'un bataillon au moins sont.ap-
« pelés à opérer isolément, un ou deux Conseils de guerre peuvent
« également être formés dans la division ou le détachement. » (Code
militaire, art. 33.)

« Il est établi un conseil de revision au quartier général.de l'ar-
« mée. Le général en chef de l'armée ou le général commandant le
« corps d'armée peut, en outre, selon les besoins du service, éta-
« blir un Conseil de revision pour une ou plusieurs divisions,
« pour un ou plusieurs détachements. » (Code militaire, art. 38.)

Tant que l'accusé n'est pas d'un grade supérieur à celui de lieutenant-colonel, le nombre des juges du conseil de guerre est de 5,
y compris le président.

Le conseil de revision est composé de 5 membres; on peut, si
l'on manque d'officiers, réduire ce nombre à 3.

Pour les listes d'aptitude à tenir dans les états-majors, voir
page 124.

Sont justiciables des tribunaux militaires aux armées : 1° les
justiciables en temps de paix; 2° tous les individus employés
à quelque titre que ce soit dans un service quelconque de l'armée; 3° tous les individus à la suite de l'armée en vertu de permissions; 4° en territoire ennemi, tous les auteurs ou complices
des crimes ou délits prévus par le code militaire; 5° sur le territoire français en présence de l'ennemi, les étrangers prévenus des
mêmes crimes ou délits, et tous les individus prévenus de trahison,
espionnage, embauchage, vol ou violence au préjudice d'un blessé,
pillage et destruction du matériel de guerre ou des objets et bâtiments au service de l'armée.

§ II. — PROCÉDURE.

A. — Conseils de guerre.

Les officiers de police judiciaire constatent les crimes ou délits,
en recherchent les auteurs et les livrent à l'autorité militaire.

La police judiciaire militaire est faite par les adjudants de place,
les militaires de la gendarmerie, les chefs de poste, les gardes d'artillerie, les adjoints du génie et, en cas de flagrant délit, par les
rapporteurs des conseils de guerre. Les commandants d'armes et
majors de garnison, les chefs de corps, de détachements ou de services, et les membres de l'intendance, peuvent faire eux-mêmes ou
faire faire par la police judiciaire les actes nécessaires pour la
constatation des crimes ou délits. Les chefs de corps peuvent déléguer ces pouvoirs à un officier sous leurs ordres.

Les officiers de police judiciaire peuvent établir des procès-verbaux de constatation du corps du délit, de l'état des lieux, de

déposition des témoins et d'interrogatoire de l'inculpé. En cas de flagrant délit, ils font arrêter le coupable et dressent procès-verbal à ce sujet. Hors ce cas, un militaire ne peut être arrêté que sur l'ordre de ses chefs. Les officiers de police judiciaire aux armées sont autorisés à pénétrer seuls dans les lieux habités, lorsqu'il ne se trouve sur les lieux aucune autorité civile chargée de les assister.

Quand le prévenu appartient à un corps de troupes, le chef de corps ou de détachement rédige une plainte qu'il envoie par la voie hiérarchique à l'autorité chargée de donner l'ordre d'informer, avec un rapport du capitaine, un relevé de punitions, un état signalétique, une situation de masse et la déposition écrite des témoins. En cas de désertion, on y joint un état des effets emportés et un rapport sur les circonstances qui ont accompagné la désertion.

L'ordre d'informer est donné au commissaire rapporteur par le général en chef, le commandant de corps d'armée, le général de division ou le commandant du détachement, selon la catégorie à laquelle appartient l'unité près de laquelle le conseil de guerre est établi. L'ordre d'informer est donné soit d'office, soit sur l'examen d'une plainte établie comme il vient d'être dit, ou des procès-verbaux et rapports envoyés à l'autorité. On remet à l'auteur de la plainte, s'il y a lieu, un récépissé de plainte accompagné d'un ordre d'écrou.

Les prévenus arrêtés sont conduits par la gendarmerie devant le général commandant la fraction de l'armée à laquelle ils appartiennent (service en campagne, art. 222). Les pièces de conviction sont remises au chef d'état-major (art. 230).

Des prisons destinées à recevoir les militaires de tout grade, les gens sans aveu ou suspects, etc., sont établies dans les quartiers généraux par les soins des prévôts ou des commandants de la force publique. Elles sont sous l'autorité de ces officiers et sous la surveillance des commandants des quartiers généraux. (Service en campagne, art. 229.) Les prisonniers y sont nourris au moyen de rations perçues en même temps que celles de la prévôté sur des bons établis au titre de la justice militaire. Ces rations sont les mêmes que celles de la troupe, à l'exception du vin et autres liquides. (Décret du 24 juillet 1875.)

Le commissaire rapporteur interroge le prévenu, entend les témoins et établit le procès-verbal de chacune de ses opérations; il donne ensuite lecture à l'inculpé des dépositions des témoins et constate l'accomplissement de cette formalité dans le procès-verbal d'interrogatoire qui est alors clos.

Le commissaire rapporteur fait son rapport et l'envoie, avec le dossier, à l'autorité qui a donné l'ordre d'informer. Celle-ci rend, selon le résultat de l'instruction, l'ordre de mise en jugement ou l'ordonnance de non-lieu. Dans ce dernier cas, on prescrit de mettre le prévenu immédiatement en liberté.

On peut supprimer l'instruction préalable; et donner directement l'ordre de mise en jugement, sur le simple examen de la plainte ou d'office. (Code militaire, art. 156.)

Lorsqu'il y a ordre de mise en jugement, celui qui l'a donné l'envoie au commissaire rapporteur en fixant le jour et l'heure de la réunion du conseil; on en donne également avis au président du conseil. Le commissaire rapporteur fait les convocations nécessaires. Vingt-quatre heures au moins avant la séance, il fait la citation à l'accusé en lui faisant connaître le fait pour lequel il est mis en jugement, le texte de la loi applicable, les noms des témoins appelés. La citation notifie en outre à l'accusé le nom d'un défenseur d'office qui lui a été désigné par le commissaire; elle l'avertit qu'il peut cependant en choisir un autre jusqu'à l'ouverture des débats.

Le défenseur est soit un militaire, soit un avocat ou avoué, soit, si le président le permet, un parent ou un ami de l'accusé. Il peut, dès que les formalités indiquées ci-dessus sont remplies, communiquer avec l'accusé, et prendre connaissance de l'affaire, ainsi que de tous les documents et renseignements recueillis.

Tenue de l'audience. — L'accusé a le droit, sans formalités ni citations préalables, de faire entendre les témoins à décharge présents qu'il aura désignés au commissaire rapporteur avant l'ouverture des débats.

Des exemplaires du code militaire, du code d'instruction criminelle et du code pénal sont déposés sur le bureau.

Le président a la police de l'audience; il dirige les débats en se conformant aux prescriptions du code de justice militaire et du code d'instruction criminelle, interroge le prévenu et les témoins, ordonne le huis clos, s'il y a lieu. Le tribunal juge sans désemparer; la séance ne peut être suspendue que pour donner aux juges, aux témoins et à l'accusé le repos nécessaire; ces interruptions ne peuvent jamais excéder quarante-huit heures. Les juges délibèrent seuls et sans communiquer avec personne jusqu'à ce que le jugement soit rendu. Les questions posées par le président sont résolues et la peine prononcée à la majorité de 5 ou 3 voix contre 2, selon que le conseil a 7 ou 5 membres; cette majorité n'est obligatoire qu'autant que les questions sont résolues contre l'accusé. Le président donne lecture du jugement en séance publique, l'accusé absent; quand ce dernier est acquitté, le président donne l'ordre de le mettre immédiatement en liberté s'il n'est retenu pour une autre cause.

Le commissaire rapporteur fait donner en sa présence lecture du jugement à l'accusé par le greffier, la garde étant sous les armes. Il l'avertit qu'il a vingt-quatre heures pour se pourvoir en revision, à moins que ce droit n'ait été suspendu par un *décret du Chef de l'État rendu en conseil des Ministres*, ou par une *décision du gouverneur* si l'on est dans une place assiégée. Cette mesure doit, en tout cas, avoir été portée à la connaissance des troupes par la voie de l'ordre et, s'il y a lieu, à celle de la population par voie d'affiches. (Code militaire, art. 71.)

B. — Conseils de revision.

Le recours en revision se fait au moyen d'une déclaration reçue par le greffier ou le directeur de la prison. Le commissaire rapporteur du conseil de guerre envoie le dossier à son collègue du conseil de revision ; ce dossier est déposé au greffe pendant vingt-quatre heures pour que le défenseur puisse en prendre connaissance, et remis ensuite à un juge désigné par le président comme rapporteur. Le conseil prononce dans les trois jours à dater du dépôt des pièces.

Le jugement, rendu à la simple majorité des voix, est prononcé en audience publique par le président.

Si le recours est rejeté, on adresse le dossier au commissaire rapporteur du conseil de guerre, en donnant avis à l'autorité militaire. Si le jugement est annulé, l'affaire est renvoyée devant un autre conseil de guerre.

§ III. — EXÉCUTION DES JUGEMENTS.

Les jugements sont exécutoires vingt-quatre heures après l'expiration du délai fixé pour le recours en revision, s'il n'en a pas été formé, ou, dans le cas contraire, vingt-quatre heures après la réception du jugement qui a rejeté le recours. Ces délais commencent toujours à l'expiration du jour où a eu lieu le fait qui en est le point de départ.

Dans le cas de suspension du pourvoi en revision, prévu par l'article 71 du code de justice militaire, les condamnations soit à la peine de mort, soit à toute autre peine infamante, ne sont exécutées que sur un ordre signé de l'officier qui a ordonné la mise en jugement.

Un extrait du jugement, portant mention des frais, est immédiatement adressé à l'autorité militaire, au corps auquel appartient le condamné et à l'établissement où il doit subir sa peine.

Une expédition de l'exécutoire du jugement destinée au Ministre des finances est adressée au Ministre de la guerre avec l'état comprenant tous les jugements rendus dans le courant du mois.

Les peines des travaux forcés, de la déportation, de la détention, de la réclusion et du bannissement entraînent toujours la dégradation militaire, qui a lieu à la parade. La formule de la dégradation : *N. N., vous êtes indigne de porter les armes, au nom du peuple français nous vous dégradons*, est prononcée par le commandant des troupes réunies, après la lecture faite du jugement ; les insignes et accessoires de l'uniforme sont enlevés au condamné par le plus ancien sous-officier du détachement.

Le condamné à la peine des travaux publics est conduit à la parade revêtu de l'habillement des détenus. Il y entend la lecture de son jugement.

Les condamnés à une autre peine que la peine capitale sont, lorsque le jugement a reçu son effet, remis à la gendarmerie. Celle-ci est chargée, sur un ordre de l'autorité militaire, de les conduire au lieu où ils doivent subir leur peine, ou de les livrer aux autorités civiles s'ils ont cessé d'appartenir à l'armée. On remet au chef de l'escorte, qui en donne un reçu, une copie certifiée de l'ordre en vertu duquel le transfèrement a lieu, et les pièces qui doivent accompagner le condamné (extrait du jugement, état signalétique, relevé de punitions, et situation de masse).

La condamnation à mort d'un militaire, en vertu des lois pénales ordinaires, entraîne de plein droit la dégradation. Les condamnés à mort par un conseil de guerre sont fusillés devant les troupes en armes. Le piquet d'exécution est pris dans le corps du condamné, ou dans un des corps présents sur les lieux s'il n'appartient pas à l'un d'eux. Il est commandé par un adjudant, et composé de 4 sergents, 4 caporaux et 4 soldats, pris à tour de rôle, en commençant par les plus anciens. Les armes sont chargées avant l'arrivée du condamné. Un 5e soldat et un 5e sergent sont commandés dans les mêmes conditions : le premier, pour bander les yeux du condamné et le faire mettre à genoux, et le second pour lui donner le coup de grâce. Un des juges du conseil doit être présent à l'exécution ; il est assisté par le greffier, qui en dresse procès-verbal.

A partir du moment où l'exécution a été ordonnée, toute communication avec un condamné à mort est interdite, sauf pour ses proches parents, son défenseur et l'aumônier.

Le condamné est amené sur le terrain par un détachement de 50 hommes ; il n'est pas porteur de ses insignes. Lorsqu'il arrive devant les troupes, elles portent les armes, les tambours ou les clairons battent ou sonnent aux champs. Le condamné est placé au lieu de l'exécution ; pendant la lecture de l'extrait du jugement par le greffier, on lui bande les yeux et on le fait mettre à genoux. Le piquet formé sur deux rangs s'approche à 6 mètres du condamné et, celui-ci étant laissé seul, l'adjudant, placé à 4 pas sur la droite, et à 2 pas en avant du piquet, lève son épée. A ce signal, les 12 hommes mettent en joue, visant le milieu de la poitrine; l'adjudant restant l'épée haute, laisse au piquet le temps d'assurer son tir, puis il commande *feu*, commandement instantanément suivi d'exécution. Le 5ᵉ sous-officier donne ensuite le coup de grâce.

Les exécutions multiples sont toujours simultanées, les condamnés sont placés sur la même ligne et séparés par un intervalle de 10 mètres. Un seul adjudant commande le feu à tous les piquets.

L'exécution terminée, les troupes défilent devant le mort. Le commandant d'armes (commandant de cantonnement) prend les mesures nécessaires pour l'inhumation.

CHAPITRE XVII. — GENDARMERIE.

Le service de la gendarmerie aux armées est réglé par le titre XIV du décret du 26 octobre 1883 sur le service des armées en campagne, articles 220 à 236, et par le décret du 24 juillet 1875. Les attributions générales de la gendarmerie ont été reproduites page 130.

Service des prévôtés. — L'inspecteur général des prévôtés exerce sa juridiction sur tout le territoire occupé par les armées; il dirige et surveille le service des prévôtés. Les grands prévôts des armées, les prévôts des corps d'armée et des directions d'étapes, et les commandants de la force publique, ont les mêmes attributions dans l'arrondissement de l'unité à laquelle ils sont attachés. Un de leurs principaux devoirs est de protéger les habitants du pays contre le pillage ou toute autre violence. La juridiction prévôtale embrasse tout ce qui est relatif aux crimes, délits et contraventions commis dans l'arrondissement des armées, dans les limites fixées par les articles 51, 52, 75, 173, 174 et 271 du Code de justice militaire.

Les prévôts et commandants de la force publique ont dans leurs attributions :

1° La police des individus non militaires, marchands, vivandiers et domestiques autorisés à suivre l'armée; ils leur délivrent des permissions et des patentes, sous l'approbation et le visa des chefs d'état-major; ils exercent la plus grande surveillance sur les détenteurs de ces permissions et patentes en vue d'empêcher et de réprimer l'espionnage; ils font exécuter les prescriptions des chefs d'état-major relatives à la qualité et au tarif des denrées, ainsi qu'aux plaques dont les marchands et vivandiers, de même que leurs

voitures, doivent être pourvus; ils visent les patentes des cantiniers des corps de troupe; ils assistent les médecins et pharmaciens
chargés d'apprécier la qualité des comestibles; ils vérifient les
poids et mesures; ils prononcent sur les infractions et demandes
de dommages-intérêts dans la limite de leur compétence; ils privent
temporairement les délinquants de leur patente et les renvoient
de l'armée en cas de récidive;

2° La surveillance des vagabonds, gens sans aveu ou suspects,
femmes de mauvaise vie, etc.;

3° Les prisons des quartiers généraux (voir page 327);

4° La surveillance des déserteurs ennemis amenés dans les
quartiers généraux;

5° La garde des prisonniers de guerre, quand elle n'est pas
confiée à des escortes spéciales;

6° La police des sauvegardes (voir page 124); les hommes
employés à ce service sont pris de préférence dans la gendarmerie.

Comme officiers de police judiciaire, les militaires de la gendarmerie commencent les informations, recherchent et arrêtent
les prévenus, donnent aux commissaires rapporteurs près les
conseils de guerre tous les documents que ceux-ci demandent et
qu'ils peuvent se procurer. Ils défèrent à la réquisition de compa-
raître comme témoins, quand elle leur est faite régulièrement.
Les prévôts et commandants de la force publique reçoivent dans
les vingt-quatre heures le signalement des déserteurs et des prisonniers évadés, et prennent les mesures nécessaires pour leur
arrestation.

Service des convois. — Dans chaque corps d'armée, un capitaine
de gendarmerie *vaguemestre* est chargé de réunir et de former le
train régimentaire du quartier général, d'après les ordres du chef
d'état-major, et d'en assurer la police. Il lui est adjoint deux maréchaux des logis de gendarmerie à cheval qui prennent le titre de
vaguemestres adjoints.

Dans chaque division, le commandant de la force publique a
les mêmes attributions en ce qui concerne le train régimentaire
de la division. Ces officiers sont subordonnés au prévôt, qui
prend le commandement de tout le train régimentaire lorsque le
corps d'armée marche sur une seule route.

Si une troupe de ligne est employée conjointement avec la gendarmerie à l'escorte des convois et équipages, le commandement
appartient à grade égal à l'officier de gendarmerie.

L'article 163 du service en campagne, qui définit les devoirs
Ces vaguemestres, a été reproduit page 114.

Devoirs généraux. — Toute la gendarmerie d'un corps d'armée est considérée comme ne faisant qu'un seul corps au point de vue administratif. Les gendarmes des différents détachements peuvent être employés aux divers services de l'arme, sur l'ordre du commandant du corps d'armée et la proposition du prévôt.

Dans les marches, la gendarmerie suit les colonnes, arrête les pillards et fait rejoindre les traînards. Dans les cantonnements et bivouacs, elle fait des patrouilles de jour et de nuit pour maintenir l'ordre, veille à la propreté et à la salubrité, notamment en requérant les corps de troupe de faire enfouir les détritus des abatages ainsi que les animaux morts. Pendant les combats, elle s'échelonne en arrière des troupes engagées, ramène au feu les soldats qui quittent le rang, désigne aux blessés l'emplacement des postes de secours et aux officiers les dépôts de munitions. En cas de panique, toute la prévôté est réunie pour opposer une digue aux fuyards. Après le combat, la gendarmerie participe au service de police organisé sur le champ de bataille (voir page 119). Si l'on bat en retraite, elle se place sur le flanc et entre les troupes et les équipages, fait dégager rapidement les routes et arrête les mouvements précipités qui peuvent dégénérer en déroute. Des détachements de gendarmerie peuvent être mis à la disposition des commissions de ligne où de chemins de fer de campagne pour la police des trains et des gares.

Les officiers et les hommes de troupe de toutes armes sont tenus de prêter main-forte à la gendarmerie sur sa réquisition; en cas de refus, il en est rendu compte au chef d'état-major. Lorsque les officiers et autres militaires de la gendarmerie interviennent comme agents de la force publique, au nom de la loi, nul n'a le droit d'entraver leur autorité ou de résister à leurs injonctions. Tout militaire ou employé à l'armée qui a connaissance d'un crime ou d'un délit doit en donner avis sur-le-champ à la gendarmerie, et répondre catégoriquement aux questions qui sont posées par elle à ce sujet.

Les militaires de la gendarmerie ne peuvent être punis que par leurs chefs directs et par les généraux et chefs d'état-major des corps auxquels ils appartiennent.

La gendarmerie ne relève que de ses chefs directs, ainsi que des généraux et chefs d'état-major près desquels elle est placée; les réquisitions qui lui sont adressées doivent, hors le cas d'urgence, passer par l'intermédiaire des officiers chefs de service dans les divisions et les corps d'armée.

Les prévôts et commandants de la force publique reçoivent les ordres des généraux et des chefs d'état-major pour le service journalier; ils leur rendent compte de l'exécution et leur doivent des rapports sur toutes les parties du service.

Chapitre XVIII. — ÉTAT CIVIL AUX ARMÉES.

Ce qui suit s'applique également aux armées opérant à l'intérieur, lorsque les actes de l'état civil ne peuvent être dressés par les officiers publics ordinaires.

§ Ier. — ACTES PUBLICS DE L'ÉTAT CIVIL.

Officiers de l'état civil. — Les fonctions d'officier de l'état civil sont remplies, savoir : *dans les corps de troupes,* par le trésorier ou l'officier chargé de la tenue des contrôles nominatifs; *pour les officiers sans troupe ou employés,* par les intendants et sous-intendants attachés soit aux corps d'armée, soit aux divisions ou brigades actives.

Tenue des registres. — Les actes de l'état civil doivent énoncer le lieu, l'année, le jour, l'heure où ils sont reçus; les noms et prénoms dans l'ordre de l'extrait de naissance, âge, profession et domicile de tous ceux qui y sont dénommés comme objet de l'acte ou comme témoins. Ces actes doivent être inscrits sur les registres de suite, sans aucun blanc. Les ratures et les renvois sont approuvés et signés de la même manière que le corps de l'acte. Il n'est rien écrit par abréviation, et aucune date ne peut être mise en chiffres. Toute altération, tout faux dans les actes de l'état civil, toute inscription de ces actes sur une feuille volante et autrement que sur les registres à ce destinés, donne lieu aux dommages-intérêts des parties, sans préjudice des peines portées au Code pénal.

Il est tenu, dans chaque corps de troupes, un registre pour les actes de l'état civil relatifs aux individus de ce corps; il en est tenu également aux états-majors de l'armée, des corps d'armée et des directions d'étapes, pour les actes relatifs aux officiers sans troupe et aux employés.

Les registres sont cotés et parafés dans les corps par le chef de corps, dans les états-majors par le chef d'état-major. Lorsqu'une division opère isolément, elle est pourvue d'un registre qui est coté par le chef d'état-major de son corps d'armée; l'intendant en est prévenu.

Les registres tenus à l'état-major sont sous la garde et la surveillance du chef d'état-major, dans les bureaux duquel les actes doivent être dressés. Toutefois ils peuvent être confiés momentanément au fonctionnaire chargé de les tenir.

À la fin de la campagne, les registres sont envoyés au Ministre. Des extraits lui sont adressés tous les mois.

Naissances. — Deux témoins; déclaration dans les dix jours de l'accouchement. Dans les dix jours qui suivent l'inscription, envoi d'un extrait à l'officier de l'état civil du dernier domicile et au Ministre.

Mariages. — Pour pouvoir contracter mariage, le militaire en campagne doit avoir six mois au moins de présence au corps. Deux publications sont faites à huit jours d'intervalle, le dimanche, au dernier domicile des deux époux, et mises, vingt-cinq jours avant la célébration, à l'ordre du régiment, ou pour les officiers sans troupe et les employés, à l'ordre du corps d'armée ou de l'armée.

Envoyer immédiatement une expédition de l'acte de mariage au dernier domicile de chacun des époux.

Les officiers de tout grade ne peuvent se marier qu'après en avoir obtenu la permission par écrit du Ministre de la guerre. En transmettant la demande, le chef de corps et les généraux doivent y joindre leur avis motivé, après avoir recueilli les renseignements nécessaires pour s'éclairer.

Décès. — Les actes sont rédigés sur l'attestation de trois témoins, et l'extrait envoyé dans les dix jours à l'officier de l'état civil du dernier domicile. Dans les hôpitaux et ambulances, l'acte est dressé par l'officier d'administration comptable. A l'égard des militaires tués sur le champ de bataille, l'officier de l'état civil est informé, à la suite de chaque action, du nom des militaires manquants. Il fait appeler ensuite, pour chaque individu, les trois témoins voulus par la loi, qui attestent la cause de l'absence. Il constate par ce moyen, mais par des actes séparés, soit la mort, soit la disparition des hommes absents.

Les actes de disparition sont envoyés au Ministre mensuellement avec les autres actes de l'état civil.

Recueillir avec le plus grand soin les livrets et les plaques d'identité des militaires décédés.

§ II. — ACTES PRIVÉS DE L'ÉTAT CIVIL.

Ils sont enregistrés dans les corps ou états-majors sur un mémorial, sans détails.

Procurations. — Délivrées par le conseil d'administration du corps et pour les officiers sans troupe par un fonctionnaire de l'intendance.

Certificats de vie. — Établis par le conseil d'administration ou le sous-intendant, selon le cas.

Testaments. — Sont reçus par un officier du grade de chef de bataillon au moins, en présence de deux témoins, ou par deux

fonctionnaires de l'intendance, ou par un fonctionnaire de l'intendance en présence de deux témoins. Dans un hôpital ou une ambulance, le testament est reçu par l'officier de santé en chef,
assisté de l'officier comptable de l'hôpital. Les témoins ne peuvent
être ni les légataires, ni les parents ou alliés du testateur jusqu'au
quatrième degré, ni le commis ou délégué de l'individu par lequel
l'acte est reçu. Il est donné au testataire lecture de son testament;
mention en est faite dans l'acte.

Les testaments sont transmis par voie sûre à l'intendant de l'armée et par lui au Ministre.

La personne qui a rédigé le testament doit, aussitôt la mort
du testateur, en donner avis aux personnes qu'elle sait y avoir
intérêt.

Tutelle des enfants présents à l'armée. — Le conseil d'administration du corps ou, pour les militaires sans troupe, le chef
hiérarchique ou le chef d'état-major, nomment un tuteur temporaire, qui prévient sans retard la famille du décès du père de
l'enfant.

CHAPITRE XIX. — DROIT INTERNATIONAL.

§ Ier. — HOSTILITÉS.

Moyens de nuire à l'ennemi. — Les lois de la guerre ne reconnaissent pas aux belligérants un pouvoir illimité quant au choix
des moyens de nuire à l'ennemi; elles en proscrivent un certain
nombre, les uns comme perfides, les autres comme barbares.

Il y a perfidie: à faire usage du poison ou des armes empoi-
sonnées; à propager sur le territoire ennemi des substances destinées à engendrer des maladies contagieuses; à manifester l'intention de se rendre pour frapper ensuite son adversaire sans défiance;
à faire usage du drapeau parlementaire, du brassard ou du drapeau
de Genève en dehors des cas où l'emploi en est autorisé; à chercher
à se débarrasser d'un adversaire en s'introduisant près de lui sous de
fausses apparences pour attenter à sa vie; à provoquer l'assassinat
d'un ennemi par des dons ou promesses à des traîtres, en le décla-
rant hors la loi, ou en mettant sa tête à prix. — Il est toutefois
permis de dessécher les sources, de détourner les rivières ou de
mêler à l'eau des substances qui l'empêchent manifestement d'être
potable; de se servir, *avant le combat,* de l'uniforme, des sonneries,
des signaux et du drapeau de l'ennemi pour approcher l'adversaire
ou l'attirer dans une embuscade. Chacun des belligérants étant
tenu de rester constamment sur ses gardes et devant s'attendre à
toute espèce de surprises, les ruses de guerre sont permises,
pourvu qu'elles soient exemptes de perfidie.

Toute cruauté, violence ou rigueur inutile est interdite. On ne doit jamais frapper, blesser ni tuer un ennemi qui se rend; à moins de rébellion ou de tentative d'évasion, on a seulement le droit de le désarmer, de le surveiller et de le mettre dans l'impossibilité de nuire. Si les hasards de la bataille lui rendent la liberté et qu'il soit capturé de nouveau, il ne peut être puni pour avoir recommencé à combattre. On ne doit ni refuser de faire quartier, ni déclarer qu'on n'en accordera pas, ni proclamer par avance qu'on n'en acceptera pas. Les belligérants doivent s'interdire pour toute troupe régulièrement organisée l'emploi d'armes et de projectiles ou de matières propres à causer des souffrances inutiles. En vertu de la déclaration de Saint-Pétersbourg du 11 décembre 1868, les puissances contractantes ont renoncé, en cas de guerre entre elles, « à l'emploi par leurs troupes de terre et de mer, de tout projectile d'un poids inférieur à 400 grammes, qui serait explosible ou chargé de matières fulminantes ou inflammables. »

Sièges et bombardements. — Le belligérant a le droit de réduire par la force les villes ennemies qui ne se soumettent pas de plein gré; il n'y a pas à distinguer à cet égard les villes ouvertes des villes fortifiées.

Lorsqu'une ville est située de telle sorte que le feu d'un fort voisin empêche l'assaillant d'y entrer et de s'y maintenir, le bombardement peut être dirigé aussi bien sur la ville que sur la forteresse. Il en est autrement si nul obstacle n'est opposé à l'occupation de la ville; l'assaillant commettrait un acte odieux et condamnable s'il menaçait de la détruire pour obliger la forteresse à ouvrir ses portes.

Avant d'attaquer ou de bloquer une place, il est d'usage de la sommer de se rendre; mais cette démarche devient inutile si l'intention de résister est manifestement indiquée par les actes et les préparatifs des défenseurs.

Il n'y a pas obligation stricte de faire précéder d'un avertissement le bombardement d'une place; mais l'assiégeant ne doit pas, sans des motifs d'une gravité particulière, négliger l'accomplissement de ce devoir d'humanité. Les règles actuelles du droit de la guerre autorisent à bombarder l'intérieur d'une place assiégée, mais elles prescrivent d'user de certains ménagements pour épargner les édifices consacrés aux sciences, aux arts, aux cultes et à la bienfaisance, les hôpitaux et les ambulances. Il appartient à l'assiégé de désigner ces établissements par des marques visibles (drapeau de Genève pour les hôpitaux et ambulances, insigne différent pour les musées, les églises, les écoles); mais les édifices pour lesquels l'inviolabilité est ainsi réclamée ne doivent pas être employés accessoirement à un service de guerre (casernement, bureaux militaires, observatoires, etc.).

L'assiégeant n'est pas tenu de laisser sortir la population non combattante, mais il fera bien d'y consentir si les opérations du siège n'en peuvent souffrir. Le commandant de la place a d'ailleurs le devoir de garder et d'entretenir la population civile à laquelle le passage est refusé par l'ennemi.

C'est un droit absolu pour l'assiégeant d'interdire toute communication entre la ville assiégée et l'extérieur; cette prohibition est opposable à tous, aux neutres, au corps diplomatique et consulaire étranger aussi bien qu'aux citoyens.

Il est défendu, lorsqu'on somme une place de se rendre, d'ajouter qu'en cas de refus les défenseurs n'auront pas de merci à attendre. Une ville prise d'assaut ne doit être ni livrée au pillage ni soumise, à raison de sa résistance, à un traitement plus rigoureux qu'une ville non défendue; encore moins est-il permis de passer la garnison au fil de l'épée.

Représailles. — Lorsqu'un belligérant croit avoir à se plaindre d'infractions aux lois de la guerre, il doit d'abord dénoncer ces infractions à l'ennemi, demander que des mesures soient prises pour en prévenir le retour, provoquer des explications et réclamer des réparations. Ce n'est que dans le cas où, les faits dûment constatés, les satisfactions et garanties demandées sont refusées, qu'il est légitimement fondé à recourir à des représailles.

Les représailles sont parfois la seule sanction efficace du droit de la guerre, mais elles constituent toujours par elles-mêmes une violation de ce même droit. On doit donc en restreindre l'exercice aux mesures strictement indispensables pour assurer le résultat qu'on se propose, sans jamais dépasser en rigueur les infractions qu'il s'agit de réprimer.

Belligérants. — Le droit des gens ne reconnaît pas le caractère de belligérants à tous ceux qui prennent part à la guerre. Aux belligérants seuls, il confère en cas de capture le droit d'être traités comme prisonniers de guerre. En principe, la qualité de belligérant est acquise à toute personne qui combat pour son pays, et se conforme aux lois de la guerre. Tels peuvent être les hommes constitués en corps francs, guérillas ou francs-tireurs, s'ils ne commettent aucune infraction à ces lois, s'ils font la guerre ouvertement, et s'ils sont munis d'un signe fixe et reconnaissable à distance. Le caractère de belligérant ne saurait être refusé non plus à la population d'un territoire non occupé qui, à l'approche des troupes d'invasion, prend spontanément les armes sans avoir le temps ou les moyens de s'organiser. Mais les lois actuelles de la guerre ne tolèrent pas qu'on surprenne la confiance de l'adversaire en se faisant passer, suivant les circonstances, tantôt pour un habitant paisible, tantôt pour un ennemi qui doit être combattu. Il est donc interdit de dissimuler, à l'occasion, le signe des combattants, et la peine d'une pareille fraude n'est rien moins que la perte du caractère de belligérant.

Les officiers ou fonctionnaires chargés de l'administration, de la police et de la justice (prévôts, commissaires, gendarmes et juges), les vivandiers, les fournisseurs, les guides, les convoyeurs, les messagers, les aérostiers, les employés de télégraphe ou de chemins de fer, bien qu'ils ne combattent pas, n'en constituent pas moins des adversaires dont on a intérêt à supprimer l'action. Les usages de la guerre autorisent à s'emparer de leurs personnes en leur attribuant le droit au traitement des prisonniers de guerre.

Espions. — Les espions sont justiciables des conseils de guerre. Aucun officier, quel que soit le commandement qu'il exerce, n'est autorisé à ordonner l'exécution sommaire des individus accusés ou pris en flagrant délit d'espionnage; il lui suffit de s'assurer de leurs personnes et de les mettre à la disposition des autorités compétentes.

La peine de l'espionnage est la mort, avec faculté pour les juges d'abaisser la peine en cas de circonstances atténuantes, quand il s'agit d'individus non militaires. La tentative d'espionnage est considérée et punie comme le fait lui-même. Est assimilé à l'espionnage le fait d'avoir, sciemment, recélé ou fait recéler les espions ou les ennemis envoyés à la découverte. Le droit des gens n'établit pas de distinction entre l'espion qui agit par patriotisme et celui qui obéit à l'intérêt ou à toute autre passion vile; l'admission des circonstances atténuantes permet seule aux juges de traiter différemment les deux catégories.

L'espion ne peut être poursuivi et puni que s'il est pris sur le fait. Un militaire qui a rejoint son corps, un citoyen qui a regagné le pays non occupé, après avoir fait acte d'espionnage, ne peut être inquiété pour ce fait s'il tombe plus tard entre les mains de l'ennemi, soit pendant un combat, soit par suite de l'occupation du lieu de sa résidence.

Le caractère essentiel de l'espionnage est la dissimulation du dessein poursuivi; l'intention se présume d'après les circonstances. Ainsi un ennemi qui s'introduit déguisé dans une place ou un cantonnement est par là même présumé espion. Au contraire on ne considérera jamais comme espions les militaires en uniforme, pénétrant ouvertement dans les lignes ennemies pour recueillir des informations; on les repousse et on les tue s'ils se défendent; on les traite en prisonniers de guerre s'ils se rendent.

Traîtres. — Le crime de trahison, commis par les nationaux en territoire national, relève du droit public intérieur et est prévu par le Code de justice militaire. Le droit des gens permet de qualifier également de trahison certaines infractions commises sur le territoire ennemi par les habitants mêmes de ce territoire, au préjudice des envahisseurs. Est punissable comme trahison toute désobéissance aux prohibitions établies par l'occupant dans l'intérêt de la sécurité de ses troupes et du succès de ses opérations, et en particulier toute transmission d'avis et de renseignements sur les forces et les mouvements de l'occupant.

De même que l'espion, le traître ne doit pas être puni sans jugement préalable, et il est justiciable des conseils de guerre; la peine est la mort, sauf admission de circonstances atténuantes.

§ II. — PARLEMENTAIRES.

On désigne sous le nom de parlementaire toute personne, militaire ou non, qui est déléguée par l'un des belligérants pour entrer en pourparlers avec l'autre, et qui se présente sous la sauvegarde du drapeau blanc. Le parlementaire et ses assistants sont inviolables; on ne doit ni tirer sur eux, ni user de violence à leur égard, ni les faire prisonniers. L'infraction à ces prescriptions n'engage pas toutefois la responsabilité du belligérant si elle est due à une cause accidentelle (ignorance d'un soldat, balle égarée, etc.). En pareil cas, la partie incriminée doit faire les enquêtes et fournir les explications de nature à établir sa bonne foi.

Envoi d'un parlementaire. — Les parlementaires sont accompagnés d'une escorte d'une force variable, d'un trompette et d'un brigadier porteur d'un drapeau blanc.

Le parlementaire franchit la ligne des avant-postes par un endroit bien en vue; il est précédé à 25 mètres par son trompette et son porte-fanion; son escorte le suit; arrivé à petite portée des sentinelles ennemies, il s'arrête et fait sonner trois appels. Dès qu'il est aperçu, il remet lentement et ostensiblement le sabre au fourreau et s'avance avec son porte-fanion et son trompette. Il tâche d'être mis le plus tôt possible en rapport avec un officier. S'il est simplement porteur d'une dépêche, il la remet contre un reçu au commandant de la grand'garde. S'il est chargé de communications verbales, il demande à être conduit à l'état-major.

Les parlementaires doivent toujours rentrer au pas.

Réception d'un parlementaire. — « Lorsqu'un parlementaire se présente, les sentinelles l'arrêtent en dehors des lignes, et le font tourner du côté opposé au poste et à l'armée. Le chef du petit poste vient le reconnaître, prend ses dépêches et les envoie au commandant de la grand'garde. Celui-ci en donne reçu et les fait parvenir sans retard au chef des troupes par l'intermédiaire du commandant des avant-postes. Pour éviter toute indiscrétion, le chef du petit poste reste auprès du parlementaire; à l'arrivée du reçu des dépêches, celui-ci est immédiatement congédié.

» Si le parlementaire demande à être reçu par le commandant des troupes, le chef du petit poste lui fait bander les yeux ainsi qu'à son trompette, et les conduit au petit poste où ils attendent l'ordre d'introduction. Cet ordre ne peut être donné que par le commandant des troupes lui-même. Tandis que le trompette reste au petit poste, le parlementaire est envoyé, les yeux bandés, à la grand'garde, d'où un officier le conduit à la réserve des avant-postes, puis au commandant des troupes. Il est ramené avec les mêmes précautions au poste où il s'est présenté.

» Dans certains cas, le parlementaire doit être retenu temporairement; par exemple quand il a pu recueillir des renseignements ou surprendre des mouvements qu'il importe de tenir cachés à l'ennemi.

» Toute conversation avec un parlementaire est rigoureusement interdite. » (Service en campagne, art. 174.)

On peut refuser de recevoir les parlementaires, mais on ne peut les traiter en ennemis que s'ils refusent de se retirer.

Les usages de la guerre autorisent à déclarer qu'on ne recevra pas de parlementaires pendant un temps déterminé. Toutefois, quand l'adversaire n'en a pas été avisé, le parlementaire conserve son droit à l'inviolabilité. On se borne à lui faire connaître aux avant-postes qu'il ne peut être reçu, et on le somme de se retirer.

§ III. — CONVENTIONS MILITAIRES.

Suspensions d'armes et armistices. — La *suspension d'armes* est une convention essentiellement militaire, qui intervient pour une très courte durée entre les chefs de corps ou de détachements opposés, et dont les effets ne s'appliquent qu'à des points déterminés du théâtre de la lutte.

L'armistice ou *trève* est une convention plus générale, d'un caractère à la fois politique et militaire, conclue entre les commandants des forces en présence, avec l'autorisation des gouvernements respectifs.

Ces conventions lient les contractants dès qu'elles sont conclues, mais elles n'obligent les combattants que lorsqu'elles leur ont été notifiées.

Pendant leur durée, les combattants doivent cesser le feu, ne plus gagner de terrain, s'interdire toute attaque et toute reconnaissance au delà des lignes; mais ils peuvent se fortifier et se ravitailler sur le terrain qu'ils occupent, à moins de stipulations contraires formelles.

Si l'armistice est violé par l'un des belligérants, l'autre est autorisé à dénoncer la convention et à reprendre les hostilités. Mais entre la dénonciation et la reprise des hostilités, il doit laisser un délai suffisant pour que l'adversaire puisse prévenir ses troupes. La détermination de ce délai est laissée à l'appréciation de celui qui dénonce l'armistice. Cependant, s'il s'agissait d'une attaque tentée par l'une des parties au mépris de la parole donnée, l'autre serait fondée à repousser l'agression, puis à prendre l'offensive sans formalité préalable.

Si l'armistice vient à être violé par des individus isolés agissant de leur propre mouvement, le belligérant lésé ne saurait trouver dans les infractions commises un motif suffisant pour dénoncer la convention.

Les parties contractantes doivent régler avec le plus grand soin les questions relatives au commencement et à la durée de la convention, aux corps engagés, à la zone provisoirement neutralisée, aux rapports avec les populations dans cette zone, etc. Mais les relations entre les deux territoires occupés par les belligérants doivent être défendues comme au plus fort des hostilités.

Capitulations. — Une capitulation est une convention militaire qui met fin, avec ou sans conditions, à la résistance d'un corps de troupes enfermé dans une place ou cerné en rase campagne.

« Est puni de mort, avec dégradation militaire, tout gouverneur ou commandant qui, mis en jugement après avis d'un conseil d'enquête, est reconnu coupable d'avoir capitulé avec l'ennemi et rendu la place qui lui était confiée, sans avoir épuisé tous les moyens de défense dont il disposait, et sans avoir fait ce que prescrivaient le devoir et l'honneur. — Tout général, tout commandant d'une troupe armée, qui capitule en rase campagne, est puni : 1° de la peine de mort, avec dégradation militaire, si la capitulation a eu pour résultat de faire poser les armes à sa troupe, ou si, avant de traiter verbalement ou par écrit, il n'a pas fait tout ce que lui prescrivaient le devoir et l'honneur ; 2° de la destitution dans tous les autres cas. » (Code de justice militaire, art. 209 et 210.)

« Lorsque le gouverneur d'une place ou le commandant d'un fort est arrivé au terme de la résistance, il détruit les drapeaux. S'il est obligé de se rendre, il ne doit jamais comprendre dans une convention avec l'ennemi les forts détachés ou autres ouvrages fermés qui seraient encore susceptibles de prolonger leur résistance. Lors de la reddition, il ne sépare jamais son sort de celui de ses officiers et de ses troupes. Il s'occupe surtout du soin d'améliorer les conditions faites aux soldats et de stipuler pour les blessés et les malades toutes les clauses d'exception et de faveur qu'il peut obtenir » (Service en campagne, art. 288.)

« Le gouverneur d'une place décide seul et sous sa responsabilité de l'époque et des termes de la capitulation. Jusque-là, il a le moins de communications possible avec l'ennemi ; il n'en tolère aucune, il ne sort jamais lui-même de la place pour parlementer ; il ne confie cette mission qu'à des officiers dont la fermeté, la présence d'esprit et le dévouement lui sont personnellement connus » (Service dans les places, art. 209.)

La capitulation existe d'une manière définitive dès que l'accord des contractants est régulièrement établi; mais elle peut être dénoncée par l'une des parties, si l'autre se refuse à en exécuter certaines clauses. La loyauté oblige celui qui capitule à ne pas profiter de l'intervalle compris entre la signature du traité et l'exécution de la capitulation, pour modifier l'état des choses, détruire les ouvrages, briser les armes, etc.

Les capitulations lient non seulement ceux qui les ont signées, mais aussi les gouvernements de qui relèvent les signataires, en dehors toutefois des obligations que ces derniers n'avaient pas la capacité de contracter. Ainsi un gouverneur n'a pas qualité pour traiter de l'attribution définitive de la place qu'il commande, d'une cession de territoire, ou de la cessation des hostilités sur une partie du territoire située en dehors de son autorité.

Une capitulation peut n'être précédée d'aucune négociation; on se rend alors à discrétion. Quand on négocie, les questions à régler sont les suivantes : sort de la garnison; désarmement de la place et de ses défenseurs; remise des armes et du matériel; propriété privée; évacuation et prise de possession de la place; médecins et blessés; stipulations concernant la population civile. — La garnison est ordinairement déclarée prisonnière de guerre; les officiers peuvent être autorisés à garder leur épée. Les prisonniers conservent la propriété des effets, objets et valeurs qui leur appartiennent, mais la possession peut leur en être provisoirement retirée, par mesure de sécurité. Il est prescrit aux officiers français de refuser toute clause de faveur qui séparerait leur sort de celui de leurs soldats.

Cartels d'échange. — Les belligérants ne sont astreints à l'échange des prisonniers que s'ils ont précédemment conclu à cet égard un règlement particulier qui porte le nom de *cartel*. À moins de stipulations spéciales, les échanges se font d'après le principe de l'égalité de grade, par rang d'ancienneté de captivité, sans qu'il soit tenu compte de l'arme. Chacun des belligérants reste chargé de l'entretien de ses prisonniers jusqu'au moment où l'échange s'effectue.

§ IV. — PRISONNIERS ET INTERNÉS.

Prisonniers de guerre. — Le combattant n'a sur les ennemis capturés que les pouvoirs nécessaires pour s'assurer de leur personne et les mettre à la disposition de l'autorité supérieure; c'est au gouvernement seul qu'il appartient de disposer de leur sort. En cas d'insubordination, les prisonniers s'exposent à toutes les rigueurs propres à forcer leur soumission.

Ce qui leur appartient personnellement reste leur propriété, mais peut leur être provisoirement retiré; les armes peuvent être définitivement confisquées.

Les prisonniers de guerre sont ordinairement soumis à l'internement (résidence forcée, appels quotidiens et surveillance particulière); ils peuvent être enfermés si les circonstances en imposent la nécessité, ou pour infractions aux règlements édictés par le belligérant qui les détient. Ils peuvent être contraints à travailler; mais l'ouvrage auquel on les emploie ne doit point avoir un rapport direct avec les opérations sur le théâtre de la guerre. Pour la répartition des travaux, il est tenu compte du grade, et l'officier n'est pas assujetti aux mêmes corvées que les soldats. Il est interdit d'extorquer aux prisonniers, par menaces ou mauvais traitements, des renseignements contraires aux intérêts de leur pays; mais ils sont tenus de donner des indications exactes sur leur identité et leur grade.

Le gouvernement qui détient les prisonniers est tenu de pourvoir convenablement à leur entretien, dans des conditions qui se rapprochent de celui des troupes nationales. (En France, ce traitement est défini par le tarif n° 2 joint au règlement du 6 mai 1859.)

L'emploi de la force est permis contre un prisonnier surpris pendant sa fuite; cependant le recours aux armes doit être précédé d'une sommation de s'arrêter et de se rendre. Si le prisonnier évadé est repris avant d'avoir pu rejoindre l'armée de son gouvernement ou quitter le territoire soumis au capteur, il ne peut être puni que disciplinairement ou soumis pour l'avenir à une surveillance plus rigoureuse. Quant à celui qui a réussi à s'échapper, il n'est passible d'aucune peine s'il vient à être repris plus tard.

Les lois internationales reconnaissent aux belligérants le droit d'accorder aux prisonniers de guerre de tout grade la faculté d'obtenir la liberté sur parole, mais non celui de leur imposer ce bénéfice. Le contrat qui intervient dans ce cas est un contrat de droit strict, c'est-à-dire que le prisonnier n'est tenu que de remplir rigoureusement les conditions souscrites. Mais ce contrat oblige son propre gouvernement, qui ne doit exiger ni accepter du prisonnier sur parole aucun service contraire à la parole donnée, lors même que ce dernier aurait, en acceptant le contrat, commis une infraction aux prescriptions de la loi nationale.

Le prisonnier libéré sur parole, et repris portant les armes contre le gouvernement envers lequel il s'était engagé d'honneur, peut être privé des droits de belligérant et traduit devant les tribunaux militaires. L'article 204 du Code de justice militaire punit de mort « tout prisonnier de guerre qui, ayant faussé sa parole, est repris les armes à la main. »

Internés en pays neutre. — Lorsque des combattants isolés ou des corps organisés passent, pour échapper à l'ennemi, sur le territoire d'un neutre, celui-ci a le droit et le devoir de les désarmer et de les interner jusqu'à la fin de la guerre. Le neutre a les pouvoirs nécessaires pour assurer la garde et la soumission des internés, et pour réprimer les infractions qu'ils commettraient contre les lois locales ou les règlements édictés à leur égard. Les officiers peuvent être laissés libres, sur parole de ne pas quitter le pays sans autorisation. A défaut de conventions préalables, l'humanité oblige l'État neutre à pourvoir à l'entretien des internés, sauf à se faire rembourser ultérieurement de ses dépenses.

Les États neutres doivent s'abstenir d'autoriser le passage des convois de blessés et de malades sur leur territoire, avant de s'être assurés de l'assentiment des deux belligérants. Le passage peut être permis aux blessés se présentant isolément ou par petits groupes ; mais on peut les soumettre à l'internement.

§ V. — MALADES ET BLESSÉS.

1° Convention internationale de Genève pour l'amélioration du sort des militaires blessés dans les armées en campagne.

Art. 1er. Les ambulances et les hôpitaux militaires seront reconnus neutres, et, comme tels, protégés et respectés par les belligérants, aussi longtemps qu'il s'y trouvera des malades ou des blessés.

La neutralité cesserait, si ces ambulances ou ces hôpitaux étaient gardés par une force militaire.

Art. 2. Le personnel des hôpitaux et des ambulances, comprenant l'intendance, les services de santé, d'administration, de transport des blessés, ainsi que les aumôniers, participera au bénéfice de la neutralité lorsqu'il fonctionnera, et tant qu'il restera des blessés à relever ou à secourir.

Art. 3. Les personnes désignées dans l'article précédent pourront, même après l'occupation par l'ennemi, continuer à remplir leurs fonctions dans l'hôpital ou l'ambulance qu'elles desservent, ou se retirer pour rejoindre le corps auquel elles appartiennent.

Dans ces circonstances, lorsque ces personnes cesseront leurs fonctions, elles seront remises aux avant-postes ennemis par les soins de l'armée occupante.

Art. 4. Le matériel des hôpitaux militaires demeurant soumis aux lois de la guerre, les personnes attachées à ces hôpitaux ne pourront, en se retirant, emporter que les objets qui sont leur propriété particulière.

Dans les mêmes circonstances, au contraire, l'ambulance conservera son matériel.

Art. 5. Les habitants du pays qui porteront secours aux blessés seront respectés et demeureront libres.

Les généraux des puissances belligérantes auront pour mission de prévenir les habitants de l'appel fait à leur humanité et de la neutralité qui en sera la conséquence.

Tout blessé recueilli et soigné dans une maison y servira de sauvegarde. L'habitant qui aura recueilli chez lui des blessés sera dispensé du logement des troupes, ainsi que d'une partie des contributions de guerre qui seraient imposées.

Art. 6. Les militaires blessés ou malades seront recueillis et soignés, à quelque nation qu'ils appartiendront.

Les commandants en chef auront la faculté de remettre immédiatement aux avant-postes ennemis les militaires ennemis blessés pendant le combat, lorsque les circonstances le permettront, et du consentement des deux parties.

Seront renvoyés dans leur pays ceux qui, après guérison, seront reconnus incapables de servir.

Les autres pourront être également renvoyés, à la condition de ne pas reprendre les armes pendant la durée de la guerre.

Les évacuations, avec le personnel qui les dirige, seront couvertes par une neutralité absolue.

Art. 7. Un drapeau distinctif et uniforme sera adopté pour les hôpitaux, les ambulances et les évacuations. Il devra être, en toute circonstance, accompagné du drapeau national.

Un brassard sera également admis pour le personnel neutralisé; mais la délivrance en sera laissée à l'autorité militaire.

Le drapeau et le brassard portent une croix rouge sur fond blanc.

Art. 8. Les détails d'exécution de la présente convention seront réglés par les commandants en chef des armées belligérantes, d'après les instructions de leurs gouvernements respectifs, et conformément aux principes généraux énoncés dans cette convention.

Fait à Genève, le 22 août 1864.

2° Articles additionnels du 20 octobre 1868.

(Ces articles n'ont pas encore été ratifiés par les puissances signataires, ils n'ont donc pas force obligatoire. Toutefois, au début de la guerre de 1870, les deux belligérants s'étaient engagés à en observer les stipulations pendant la campagne.)

Art. 1er. Le personnel désigné dans l'article 2 de la convention continuera, après l'occupation par l'ennemi, à donner, dans la mesure des besoins, ses soins aux malades et aux blessés de l'ambulance ou de l'hôpital qu'il dessert.

Lorsqu'il demandera à se retirer, le commandant des troupes occupantes fixera le moment de ce départ, qu'il ne pourra toutefois différer que pour une courte durée, en cas de nécessités militaires.

Art. 2. Des dispositions devront être prises par les puissances belligérantes pour assurer au personnel neutralisé, tombé entre les mains de l'armée ennemie, la jouissance intégrale de son traitement.

Art. 3. Dans les conditions prévues par les articles 1 et 4 de la convention, la dénomination d'ambulance s'applique aux hôpitaux de campagne et autres établissements temporaires qui suivent les troupes sur les champs de bataille pour y recevoir des malades et des blessés.

Art. 4. Conformément à l'esprit de l'article 5 de la convention et aux réserves mentionnées au protocole de 1864, il est expliqué que, pour la répartition des charges relatives au logement des troupes et aux contributions de guerre, il ne sera tenu compte que dans la mesure de l'équité du zèle charitable déployé par les habitants.

Art. 5. Par extension de l'article 6 de la convention, il est stipulé que, sous la réserve des officiers dont la possession importerait au sort des armes, et dans les limites fixées par le deuxième paragraphe de cet article, les blessés tombés entre les mains de l'ennemi, lors même qu'ils ne seraient pas reconnus incapables de servir, devront être renvoyés dans leur pays après leur guérison, ou plus tôt si faire se peut, à la condition toutefois de ne pas reprendre les armes pendant la durée de la guerre.

§ VI. — DES MORTS.

Dans l'intérêt des familles, et pour la régularité de l'état civil, les belligérants se communiquent les listes des morts tombés en leur pouvoir. Il ne faut donc jamais, même sur le champ de bataille, procéder à l'inhumation d'un ennemi décédé, sans conserver son livret ou sans recueillir, à défaut, le numéro de son régiment et de sa compagnie et tous autres indices de nature à établir son identité.

Ces indications sont communiquées le plus promptement possible à l'ennemi, à qui l'on remet en même temps les objets trouvés sur le défunt et qui étaient sa propriété personnelle.

Le respect des morts et des blessés est de règle absolue chez les nations civilisées.

TABLE DES MATIÈRES.

1re PARTIE.

ORGANISATION.

2ᵉ PARTIE.

MATÉRIEL ET APPROVISIONNEMENTS.

3e PARTIE.

SERVICE DES OFFICIERS D'ÉTAT-MAJOR EN CAMPAGNE.

4ᵉ PARTIE.

DÉTAILS CONCERNANT LES DIVERS SERVICES.

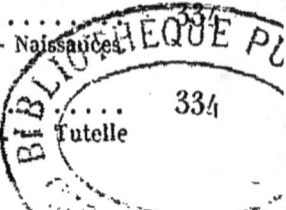

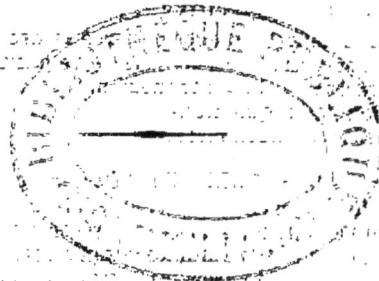

www.ingramcontent.com/pod-product-compliance
Lightning Source LLC
Chambersburg PA
CBHW071629270326
41928CB00010B/1841